文化伟人代表作图释书系

An Illustrated Series of Masterpieces of the Great Minds

非凡的阅读

从影响每一代学人的知识名著开始

　　知识分子阅读，不仅是指其特有的阅读姿态和思考方式，更重要的还包括读物的选择。在众多当代出版物中，哪些读物的知识价值最具引领性，许多人都很难确切判定。

　　"文化伟人代表作图释书系"所选择的，正是对人类知识体系的构建有着重大影响的伟大人物的代表著作，这些著述不仅从各自不同的角度深刻影响着人类文明的发展进程，而且自面世之日起，便不断改变着我们对世界和自然的认知，不仅给了我们思考的勇气和力量，更让我们实现了对自身的一次次突破。

　　这些著述大都篇幅宏大，难以适应当代阅读的特有习惯。为此，对其中的一部分著述，我们在凝练编译的基础上，以插图的方式对书中的知识精要进行了必要补述，既突出了原著的伟大之处，又消除了更多人可能存在的阅读障碍。

　　我们相信，一切尖端的知识都能轻松理解，一切深奥的思想都可以真切领悟。

■ 文化伟人代表作图释书系

The History of Western Philosophy

耿 丽 / 编译

西方哲学史

〔英〕伯特兰·罗素 / 著

重庆出版集团 重庆出版社

图书在版编目（CIP）数据

西方哲学史 /（英）伯特兰·罗素著；耿丽编译. —重庆：重庆出版社，2016.11（2023.7重印）

ISBN 978-7-229-11232-5

Ⅰ.①西… Ⅱ.①伯… ②耿… Ⅲ.①西方哲学—哲学史 Ⅳ.①B5

中国版本图书馆CIP数据核字（2016）第116784号

西方哲学史
XIFANG ZHEXUESHI

〔英〕伯特兰·罗素　著　耿丽　编译

策 划 人：刘太亨
责任编辑：刘　喆
责任校对：廖应碧
特约编辑：任海洋
封面设计：日日新
版式设计：曲　丹

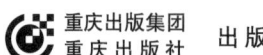出版

重庆市南岸区南滨路162号1幢　邮编：400061　http://www.cqph.com
重庆市联谊印务有限公司印刷
重庆出版集团图书发行有限公司发行
全国新华书店经销

开本：720mm×1000mm　1/16　印张：33.5　字数：475千
2005年1月第1版　2016年11月第3版　2023年7月第12次印刷
ISBN 978-7-229-11232-5

定价：58.00元

如有印装质量问题，请向本集团图书发行有限公司调换：023-61520678

版权所有　侵权必究

TRANSLATOR'S PREFACE | **编译者语**

《西方哲学史》是英国哲学家伯特兰·罗素享誉世界的一部学术名著。本书在美国一出版，即轰动了学术界，好评如潮。20世纪60年代，本书被介绍到中国，至今已再版十多次。几十年来，《西方哲学史》以其精湛的思想，深邃的内涵影响了广大的中国知识分子。

本书作者罗素是中国人熟悉的一位哲学家，1920年至1921年曾在北京大学任客座教授。罗素早期哲学思想属于新实证主义，晚年逐渐转向逻辑实证主义。

罗素还是一位著名的数学家，他的《数学原理》一书在西方数学界占有一席之地。

罗素对文学情有独钟，精研学术之余，还从事文学创作。1950年，罗素获得诺贝尔文学奖。

罗素有一句名言："一种哲学要有价值，应该建立在一个宽大坚实的知识基础之上，这个知识基础不单是关乎哲学的。"罗素本人就是这句名言的实践者。他的哲学著作涉及学科之多，令人叹为观止。评论家认为："罗素的学识比他同时代的任何人都渊博，怀特海或许是一个例外。"而怀特海本人则对罗素非常佩服，他形容罗素"是柏拉图的一个对话的化身"。

本书是罗素最重要的哲学代表作之一。在本书中，作者从人类第一个哲学学派——米利都学派着笔，向我们描述了自公元前6世纪到近代的哲学发展轮廓；在长达两千多年的历史中，几乎任何一个重要的哲学观点我们都可以在这部著作中找到清晰的评述。作者对这些哲学观点的评述清晰而机智，表现了一个学术大家深邃、精湛的思想。但他对马克思等思想家也有不少误解，存在明显局限。

《西方哲学史》原著较长，为了便于读者阅读，我们对原著进行了凝练编译；在忠实于原著的基础上，尽量使其语言通俗化。此外，我们还选择了四百余幅世界名画穿插其间。这些名画,都是在绘画史上有影响的名作。名著和名画,相互辉映,是本书的一大特色。读者在阅读本书文字时,这些世界级画作将会给你带来赏心悦目的感受。

编译学术名著是一项富有挑战性的工作,我们不敢说已经做得十全十美,如有疏漏之处,还望读者诸君指正。

绪论

哲学,就这个词的理解而言,我认为它是介于神学与科学之间的东西。和神学一样,它蕴涵着人类对那些确定的知识和不确定的事物的思考;它又像科学,向人类理性寻求答案而不是向权威寻求答案。一切确切的知识都属于科学,在这之外的教条都属于神学。而介于两者之间的这个领域就是哲学。

人类自脱离动物界以来,一直在探索宇宙和人类本身的奥妙。事实证明,要了解一个时代、一个民族,就必须了解它的哲学。

哲学起源于公元前6世纪的希腊,经历了漫长的历程,伴随着基督教的兴起

□ **西方哲学的发源地**

公元前6世纪至公元前5世纪,人类的理性思维第一次在希腊本土以及地中海沿岸,特别是小亚细亚西部、意大利南部的西方世界出现。早期哲学家几乎都生活在这一区域,他们的哲学被称为古希腊罗马哲学,是西方哲学最初发生和发展的阶段。

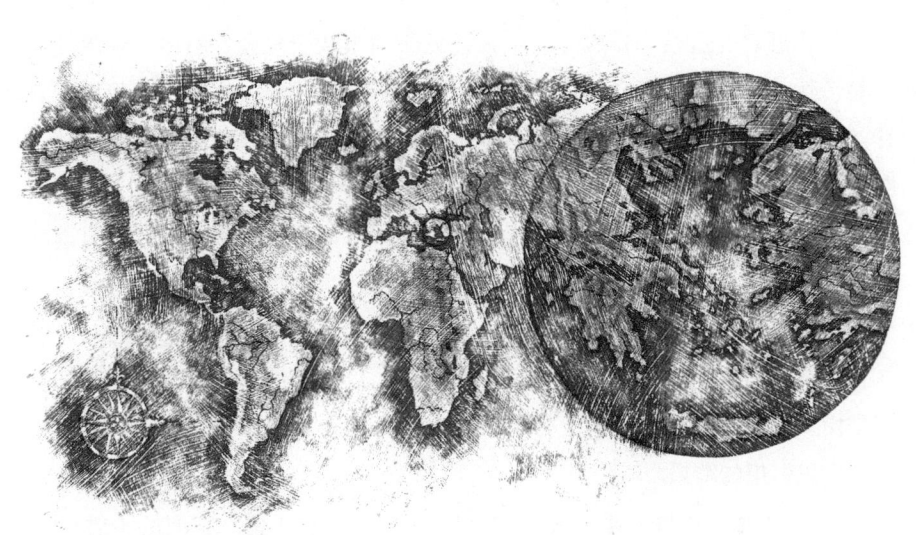

□ 国王向女祭司求救

哲学与宗教有着固有的联系，宗教以神为中心，对哲学家们提出了挑战。希腊的德尔菲阿波罗神庙享有崇高的声望，希腊人在面对危机时会向神庙求助。图为一位国王向阿波罗神庙一位媒介女祭司求助的情景。

和罗马帝国的灭亡，它又淹没在神学之中。哲学的第二个时期为11世纪至14世纪。这个时期，哲学完全受天主教会支配。哲学的第三个时期，从17世纪到今天。和前面两个时期相比，它更多地受到了科学发展的影响。

上古时期，希腊人的伦理体系适应了公民们的生活方式，并且有很多政治成分在内；而中古时期表现出来的哲学，并不是那个时代的镜子，而仅仅是各个派别思想的镜子。

文艺复兴时期，新的思维风行知识界，人们对传统的理论体系感到厌倦，视其为心灵的桎梏。在知识分子中，对新生事物的兴趣代替了对于推理、议论、体系化的兴趣。

16世纪以后，宗教改革在欧洲思想史上开始占据主导地位。马丁·路德的宗教改革在北欧受到上层统治者和民众的普遍欢迎。

这一时期，天主教教会的发展给哲学思想带来了巨大冲击。在天主教学说里，神的旨意要通过教会作媒介，个人意见必须服从于教会。然而，新教徒否认教会是传达神的旨意的媒介，认为真理只能从圣经里寻求，每一个人都可以自己解释圣经。人们的解释如果有分歧，也不能由任何一个权威来解决这一分歧。在新教徒看来，人的灵魂和上帝之间不需要任何人充当媒介。

这是一场思想上的革命，影响巨大。真理不再需要权威来判断，它只遵从于人的内心。一种新的趋势出现了：政治方面，无政府主义风行；宗教方面，神秘主义大行其道。

笛卡尔是近代哲学的先驱。其思想核心为：以自己的思想作为根本，外在事物都是由人的思想推导出来的。费布特把这种思想发展到极端，认为世间万物只不过是自我思想的结果。

之后，浪漫主义和主观主义在欧洲思想界又掀起狂澜。它们的不健康的形式，使得以洛克为代表的自由主义哲学家对其进行了矫正。之后，教会权威和国家崇拜理论一直困扰着哲学界，霍希斯、卢梭、里格尔代表了这种理论的各个方面，他们的思想与共产主义相距甚远，而共产主义是一种更趋近于与"国家崇拜"极其相似的社会形态。

哲学家可分为两类：一类是希望加强社会管制的哲学家，一类是渴望放松社会管制的哲学家。二者各执一词。

近代以来，自由主义与宗教的冲突愈演愈烈。自由主义者都倾向于科学、功利和理性，它成为传统宗教的敌人。自由主义的本质就是企图不受教条束缚而获得一种社会秩序。而这种企图是否可以成功，只有未来才能够断定了。

目录 CONTENTS

编译者语 / 1
绪论 / 1

第一卷　古代哲学

第一章　希腊文明 / 3
希腊文明的兴起 ······ 4
米利都学派 ······ 6
毕达哥拉斯 ······ 8
赫拉克利特 ······ 11
巴门尼德 ······ 17
恩培多克勒 ······ 20

第二章　雅典与文化的关系 / 25
雅典——希腊城邦的骄傲 ······ 26
阿那克萨戈拉 ······ 28
原子论者 ······ 31
普罗泰戈拉 ······ 36

第三章　苏格拉底 / 39
《申辩篇》 ······ 40
神秘的苏格拉底 ······ 43

第四章　斯巴达及其影响 / 47

斯巴达的社会结构 ·················· 48
斯巴达的军事地位 ·················· 51
斯巴达的宪法 ····················· 53

第五章　柏拉图 / 55

柏拉图理论的来源 ·················· 56
柏拉图的乌托邦 ···················· 59
柏拉图的理念论 ···················· 64
柏拉图的不朽论 ···················· 70
柏拉图的宇宙生成论 ················ 74
柏拉图哲学中的知识与知觉 ·········· 77

第六章　亚里士多德及希腊早期的天文学 / 79

亚里士多德的形而上学 ·············· 80
亚里士多德的伦理学 ················ 86
亚里士多德的政治学 ················ 91
亚里士多德的逻辑学 ················ 100
亚里士多德的物理学 ················ 106
希腊早期的数学与天文学 ············ 110

第七章　希腊化时代 / 115

由于不幸，他们不得不成为无赖 ······ 116
犬儒学派与怀疑派 ·················· 120
伊壁鸠鲁派 ······················· 125
斯多葛主义 ······················· 129

第八章　罗马帝国与文化的关系 / 133

罗马帝国与被征服国家的相互影响 ····· 134
普罗提诺 ························· 142

第二卷　天主教哲学

第一章　天主教哲学的产生和发展 / 155

天主教哲学的起源 …………………… 156
文艺复兴和宗教改革瓦解了中世纪的综合思想体系 … 160

第二章　犹太人的宗教发展 /163

基督教中的犹太要素 …………………… 164
犹太人的宗教发展史 …………………… 166
《以诺书》与旧约全书七十人译本 …………………… 171
基督教最初的四个世纪 …………………… 173
欧利根 …………………… 177

第三章　基督教的三位博士 /179

圣安布罗斯 …………………… 180
圣杰罗姆 …………………… 185
圣奥古斯丁 …………………… 189

第四章　圣奥古斯丁的哲学与神学 / 195

纯粹哲学 …………………… 196
上帝之城 …………………… 199
与裴拉鸠斯的辩论 …………………… 207

第五章　蛮族入侵和西罗马帝国的衰亡 / 209

蛮族入侵 …………………… 210
教会关于人性和神性的争辩 …………………… 212
鲍依修斯的《哲学的慰藉》 …………………… 215

第六章　修道院的创立和早期基督教活动 / 219

修道运动和修道院的创立 …………………… 220

　　　　　边奈狄克特教派 …………………………… 222
　　　　　教皇大格雷高里 …………………………… 227

第七章　黑暗时期中的罗马教皇制 / 233
　　　　　教皇摆脱皇权获得独立 …………………… 234
　　　　　教皇与皇帝的相互依存关系 ……………… 238
　　　　　"黑暗时期"的纷争 ……………………… 242

第八章　约翰·司各脱 / 247
　　　　　司各脱杂粥 ………………………………… 248
　　　　　司各脱学说中的非正统教义性 …………… 251

第九章　11世纪的教会改革 / 253
　　　　　反对买卖圣职运动 ………………………… 254
　　　　　独身主义 …………………………………… 256
　　　　　教会改革 …………………………………… 258
　　　　　格雷高里七世 ……………………………… 260
　　　　　理智复兴 …………………………………… 263

第十章　伊斯兰教文化及其哲学 / 265
　　　　　阿拉伯人的征战 …………………………… 266
　　　　　伊斯兰教世界的两位哲学家 ……………… 270

第十一章　权力冲突与经院哲学的成长 / 273
　　　　　帝国与教廷的冲突 ………………………… 274
　　　　　伦巴底城市群的兴起 ……………………… 276
　　　　　十字军 ……………………………………… 279
　　　　　经院哲学的成长 …………………………… 280

第十二章　皇帝、教皇及异端教派 / 283

  13世纪的重大事件 …………………………… 284
  异端教派 …………………………………………… 289

第十三章　圣托马斯·阿奎那 / 295

  "天使博士" ………………………………………… 296
  上帝存在的五个论证 …………………………… 298
  上帝是智慧的化身 ……………………………… 300
  论人类灵魂和伦理问题 ………………………… 302
  论肉身的复活 …………………………………… 304

第十四章　弗兰西斯教团的经院哲学家 / 305

  罗吉尔·培根 …………………………………… 306
  邓斯·司各脱 …………………………………… 308
  奥卡姆的威廉 …………………………………… 309

第十五章　教皇制的衰落 /311

  基督教的成长及教廷的世俗化 ………………… 312
  鲍尼法斯八世与教廷的衰落 …………………… 316
  教廷的分裂与全教会议 ………………………… 320
  威克利夫 ………………………………………… 323

第三卷　近代哲学

第一章　近代哲学与意大利文艺复兴运动 / 329

  近代哲学与科学 ………………………………… 330
  意大利文艺复兴运动 …………………………… 333
  马基雅维利 ……………………………………… 335
  埃拉斯摩和莫尔 ………………………………… 339

第二章　宗教改革运动与科学的勃兴 / 345

宗教改革运动 …………………………… 346
科学的勃兴 ……………………………… 349
弗兰西斯·培根 ………………………… 353

第三章　霍布斯的《利维坦》/ 355

少年天才 ………………………………… 356
《利维坦》 ……………………………… 358
霍布斯的"理想国" ……………………… 360
君主制的鼓吹者 ………………………… 361
霍布斯的国家理论 ……………………… 363

第四章　理性主义者 / 365

勒内·笛卡尔 …………………………… 366
第二个伽利略 …………………………… 369
斯宾诺莎 ………………………………… 373
莱布尼茨和"神存在"的四大论证 ……… 376

第五章　自由主义思潮与浪漫主义运动 / 381

自由主义的历史考察 …………………… 382
卢梭 ……………………………………… 386
浪漫主义的发展 ………………………… 393
浪漫主义的特征和价值观 ……………… 398

第六章　自由主义哲学家洛克 / 401

洛克与他的理性论 ……………………… 402
经验主义的始祖 ………………………… 405
洛克的道德观 …………………………… 407
洛克对世袭主义的批判 ………………… 411
洛克的"自然法"和财产论 ……………… 414

　　　　洛克的"社会契约论" …………………… 418
　　　　"制约与均衡"说 ………………………… 421
　　　　洛克的影响 ……………………………… 424

第七章　经验主义哲学家 / 427
　　　　贝克莱 …………………………………… 428
　　　　休　谟 …………………………………… 433

第八章　康　德 / 439
　　　　哲学家之路 ……………………………… 440
　　　　康德的两组哲学命题及二律背反说 …… 442
　　　　康德的《道德形而上学》 ……………… 444
　　　　作为和平主义者的康德 ………………… 446
　　　　康德的空间和时间理论 ………………… 447

第九章　19世纪思潮 / 449
　　　　德国、法国、英国哲学思潮 …………… 450
　　　　科学和机器生产 ………………………… 456

第十章　黑格尔学 / 459
　　　　一个神秘主义者 ………………………… 460
　　　　黑格尔关于国家和战争的观点 ………… 464

第十一章　拜伦、叔本华、尼采 / 469
　　　　拜　伦 …………………………………… 470
　　　　叔本华 …………………………………… 474
　　　　尼　采 …………………………………… 478

第十二章　功利主义者 / 483
　　　　功利主义的代表人物——边沁 ………… 484

　　　　达尔文主义与社会主义 ················ 488

第十三章　卡尔·马克思 / 491
　　　　马克思其人 ························ 492
　　　　马克思的唯物史观 ·················· 496

第十四章　柏格森、詹姆斯、杜威及逻辑分析哲学 / 501
　　　　柏格森 ···························· 502
　　　　詹姆斯 ···························· 507
　　　　杜　威 ···························· 511
　　　　逻辑分析哲学 ······················ 514

第一卷 | 古代哲学

　　古希腊文明是一个奇迹。

　　早在公元前6世纪，哲学和科学一起在这块土地上诞生了。

　　古希腊的先哲们在数学、物理学、天文学、逻辑学、哲学诸方面都取得了惊人的成绩，涌现了如苏格拉底、柏拉图、亚里士多德这些光耀千古的伟人。

　　古希腊的哲学家几乎都是自然科学方面的专家。人类最早的数学、几何学、物理学的定理很多都是他们提出的。

　　他们的思想，至今还在指引着人类前进。

第一章　希腊文明

　　人类文明史上，最使人感到惊艳的莫过于古希腊文明的骤然兴起。虽然构成文明的要素已经在埃及和美索不达米亚存在了好几千年，但是其中却始终缺少着某些因素，直到希腊人将它们创造出来。

希腊文明的兴起

古希腊人不仅在文学领域取得了辉煌成就，而且在科学领域也作出了极大的贡献。古希腊人首创了数学、各类科学和哲学；他们最先写出了不同于编年表的历史著作。

哲学是从泰勒斯开始的。由于他曾预言过一次日食，因而我们可以据此知道他大约生活在公元前6世纪。在人类早期，哲学和科学是不分的，两者都诞生于公元前6世纪初期。

在古埃及，文字的发明大约在公元前4000年前后；这与巴比伦发明文字的时间相仿。

埃及和美索不达米亚早期文明的发展得益于尼罗河、底格里斯河和幼发拉底河，它们推动了农业的发展。

埃及的神学和巴比伦的神学不同。埃及人更关注死亡，他们相信人死之后灵魂要进入阴间，他们坚信总有一天灵魂会回到身体里，因而就产生了木乃伊及豪华的法老陵墓群。金字塔就是在这一时期建造的。以后，埃及文明开始衰落，宗教上的保守主义使得文明的进步成为不可能。

和埃及相比，巴比伦的文明带有更多黩武好战的性质。美索不达米亚平原上的各城邦之间互相争伐，而巴比伦也是其中的城邦之一，后来它将其他各个城邦吞并，建立了巴比伦

□ **古希腊的医疗技术**

古希腊文明让世界为之称奇。除了文学成就，他们的科技水平也闪烁着光芒，如欧几里得著有《几何原本》，阿基米德发现了杠杆原理。图为古希腊一位医生手握解剖刀为病人放血的情景。

帝国。

一种宗教只要和一个帝国联系在一起，政治的因素就会改变宗教的原始面貌。历史事实反复证明了这一点。

巴比伦的宗教和埃及的宗教不同，它更关注现实的幸福。巫术、占星术虽然不是巴比伦所特有的，然而，它比其他地方更兴盛。巴比伦在科学方面也取得了巨大成就，如：一天分为24小时，一周分为360度等都是他们的发现。

□ 赞美荷马　法国　安格尔

荷马史诗相传由盲诗人荷马创作。它以整个希腊及四周的大海为故事发生发展的主要背景，展现了古代希腊社会的图景，被誉为"希腊的圣经"。

大约在公元前2500年至公元前1400年，在克里特曾出现过极为先进的文明，史称"米诺斯文明"。在米诺斯文明毁灭之前，它传到了希腊，发展成为荷马史诗所描绘的迈锡尼文明。

希腊文明的第一个产儿是荷马。一般认为，"荷马"不是一个诗人，而是众多诗人的符号。荷马史诗完成于公元前6世纪，而与此同时，古希腊的数学、科学、哲学也开始发端。在这一时期，世界上其他地区大都发生了具有历史意义的事件，如孔子、佛陀、琐罗亚斯特也是在这个世纪诞生的。

奥尔弗斯教派的兴起是宗教史上的一个大事件。他们相信灵魂的轮回；教义的主要目的是要达到"纯洁"，这就要通过教礼的净化，以及避免受到污染。奥尔弗斯教徒都是苦行僧，喜欢饮酒。他们认为，在"激情状态"中，可以获得其他方法所不能得到的神秘知识和力量。这种神秘成分被毕达哥拉斯带进了希腊哲学中，后来又通过柏拉图融入到带有宗教性的哲学里面去了。

奥尔弗斯教派和同时流行于印度的佛教，二者有惊人的相似之处，虽然它们之间没有任何接触。奥尔弗斯教派和奥林匹克宗教不同，他们建立了教会，不分性别、种族都可以参加。由于奥尔弗斯教派的影响，哲学观念作为一种生活方式，开始出现在人类社会中。

米利都学派

米利都学派以泰勒斯、阿那克西曼德、阿那克西美尼为代表。史称"三杰"。

泰勒斯是一个奇迹。任何哲学教科书都承认，他是人类哲学史第一人。

泰勒斯生于小亚细亚的米利都，米利都是一个繁荣的商业城市。大概是因为当时社会上贫富差距过大所引发的激烈的阶级斗争启发了他的思维，泰勒斯异常聪慧，在天文学、几何学上都有很高的造诣。据说希腊人所了解的几何知识就是他到埃及旅行时探求到并带回来的。他亦是希腊七哲之一，当中每位哲人都有一句闻名天下的格言。而他的格言是："万物源于水。"泰勒斯把水看作万物的"原质"，并且认为大地漂浮于水上，我们可以把这看作科学的假说。从这一假设可以看出，他的科学和哲学虽然粗糙，但都能启发人们的思想和观察力。

有很多关于泰勒斯的轶事，如亚里士多德在他的《政治学》中就有记载："泰勒斯精通天象，还在冬天时他就预测到，来年的橄榄会迎来一次大丰收。于是他拿

□ **古希腊时期哲学派别及代表人物**

古希腊哲学是西方哲学的萌芽，自产生之日起，就形成了不同的哲学派别和众多杰出的代表人物，在苏格拉底、柏拉图、亚里士多德这些哲学大家之外，古希腊哲学的优秀代表有米利都学派的泰勒斯、阿那克西曼德、阿那克西美尼，爱菲斯学派的赫拉克利特，埃利亚学派的巴门尼德等。早期希腊哲学家对后世产生了持续的影响，为现代科学与哲学铺设了道路。

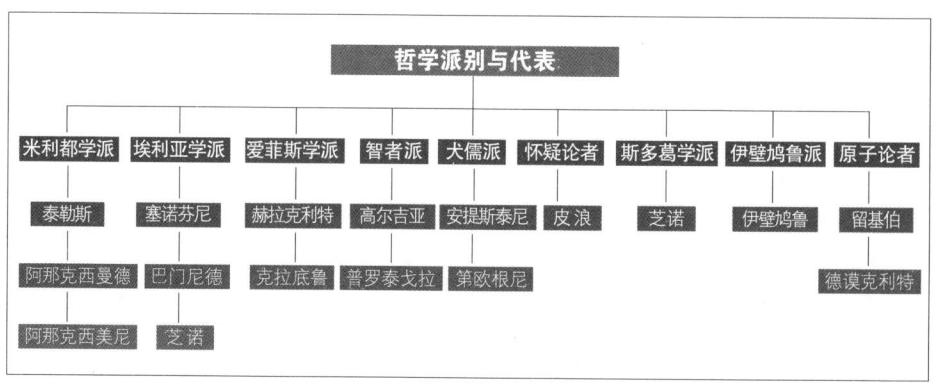

出自己的全部积蓄，租下了丘斯和米利都的所有橄榄榨油机，因为当时没人跟他讨价还价，他的租价其实非常低。到了橄榄收获的时节，人们对榨油机的需求突然猛增，于是他抬高价格，把榨油机全租了出去，他因此发了一笔横财。"

米利都派的第二个哲学家是阿那克西曼德，他是泰勒斯的学生，精于天文地理，相传世界上第一张地图就是他绘制的。他最重要的贡献是在天文学方面，他认识到天体是环绕北极星运转的，因此将天空绘成了一个完整体，球体的概念从此被引入到天文学领域。

□ 阿那克西曼德

阿那克西曼德是古希腊科学创始人泰勒斯的学生，也是第一位绘制世界地图的人。他当时已经认识到，地球无所依傍地悬浮在空中。虽然这一发现十分惊人，但在当时很长一段时期内，人们还是认为地球是平的。

他还认为万物都出自于一个"元质"，但这个"元质"不是泰勒斯所说的水，也不是我们所知道的任何物质。它是永恒的、无穷无尽的，它"包围着整个世界"。而且，这个"元质"可以转化为各种各样的物质，这些物质之间又能互相转化。对此，他作出了下面充满睿智的论述：

"元质生万物，万物湮灭后又复归于它，这是命运使然，万物按时间顺序，它们彼此间因为不正义而互相补偿。"

他还提出了一种生物进化论。他认为，一切生命都是进化来的，而非犹太教和基督教所言是上帝创造的。人原本是生活在水中的动物，由于后来水干涸，出现陆地，原来的鳍变成了四肢。他相信人一定是从另一种动物演变而来的。

米利都学派最后一个代表是阿那克西美尼，他没有前两位有趣，但在某些方面取得了重大成就。他提出"气"的概念。他认为：人的灵魂是气，火是稀薄了的气，气可以化为水，凝固后就化成土，变为石头。这一理论的优越性在于，将不同实质的区别都转化为量的区别，而量又取决于气的凝聚程度。

米利都学派的重要性不在于它所取得的成就，而在于它的探索。作为一个商业城市，米利都原始的偏见和迷信已经被众多国家间的交往所冲淡。米利都学派三杰的思考可以说是科学的假说。在这些假说中，很少有神和道德的观念；他们在科学上的探索对后来的学者有很大的启发。

毕达哥拉斯

毕达哥拉斯（公元前580至前570年之间—约前500年）是古希腊哲学家和数学家，生于爱琴海中的萨摩斯岛，后来师承泰勒斯、阿那克西曼德。他的身世至今仍是个谜，有人说他是一个叫姆奈萨尔克的富人之子，还有人说他是阿波罗神的儿子。由于对当时的政府心怀不满，他后来离开了萨摩斯岛，据说曾前往埃及游学。公元前529年他移居意大利南部的克罗顿，后又搬至梅达彭提翁，直至去世。

毕达哥拉斯是哲学史上最有趣味而又最难理解的人物之一，他在克罗顿招收门徒，并建立了具有神秘色彩的"毕达哥拉斯同盟"。这个团体在克罗顿一度很有影响，但后来却遭到公民的反对。他所建立的宗教的主要教义是"灵魂的轮回"和"吃豆子"的罪恶性。同时，他的宗教作为宗教团体在很多国家取得控制权，并鼓吹是圣人的统治。毕达哥拉斯教派还立下了很多怪异的戒条，如：

（1）禁吃豆子。
（2）东西落在地上不要捡起来。
（3）不要去碰白色公鸡。
（4）不要用铁拨火。
（5）不要乱掐花环。
（6）不要吃整个面包。
（7）不要吃心。
（8）不要在大路上行走。

□ 毕达哥拉斯

毕达哥拉斯认为数学对哲学的重要作用在于：一切普遍性命题都来源于不证自明的真理，即数学真理。从此，哲学就离不开这个思想了。毕达哥拉斯的观点是"一切都是由数构成的"。而他在数学方面的影响要比他在哲学方面的成就大，一些由他发明的数学公式和几何原理至今仍然有效。

（9）不要让燕子停在屋里。

……

很明显，这些戒条都属于原始的禁忌意识。

康福德在《从宗教到哲学》一书中说："毕达哥拉斯代表了与科学对立的神秘主义思潮。"理性的事物与神秘的事物是相互对立的，它贯穿于整个人类历史中。而在希腊历史上，这种对立最初的表现是，奥林匹斯山众神与不太开化的其他神（近似于人类学者所说的原始信仰）之间的对立。如果仅从科学与神学的分野上看，毕达哥拉斯确实是站在神秘主义一边，但他的神秘主义具有特殊的理智性。他觉得自己身上具有某种神性，为此好像还曾自负地说："世间既有神，又有人，还有毕达哥拉斯。"

毕达哥拉斯认为，"灵魂是不朽的，是可以被转变的；世间的一切，都会通过某种循环再生，任何事物都不可能保持绝对新的；所有生命体都存在亲缘关系。"据说，他还给各种动物传道说法。

□ 七艺塔　17世纪

这是文艺复兴时期的绘画。毕达哥拉斯凭借他数学上的成就处在七艺的最高层，亚里士多德在第一层，因为逻辑是七艺的第一艺。

毕达哥拉斯所建立的宗教团体，不论男女都可以参加。这个团体实行一种公社式的生活方式，财产归公有，甚至连科学与数学等方面的发现也被看作集体的结晶。而且，出于某种神秘意义，最后都要归于毕达哥拉斯，甚至在他死后，也遵循这样的传统。其中一名叫希巴索斯的成员曾违背这一规定，后死于船只失事，有人便认为这是神对他的惩罚。因此，毕达哥拉斯死后就被视为一个神一样的人物，还被赋予各种神力。

毕达哥拉斯还是一个数学学派的创始人。他的著作已全部佚失，仅在亚里士多德等人的著作中保留了其部分观点。他认为"万物都是数"。这一说法在逻辑上看似毫无意义，但并非完全如此。在毕达哥拉斯派看来，数为宇宙提供了一个概念模型，数量和形状决定一切自然物体的形式，数不但有量的多寡，而且也具有几何形状。在这个意义上，他们把数理解为自然物体的形式和形象，是一切事物的根源。像平方、立方等名词，是他将数与骰子或纸牌上的形状联系在一起提出的。

毕达哥拉斯还意识到数在音乐中的重要性，一些数学名词，如"调和中项""调和级数"就是他为数学和音乐之间建立的联系。他对弦长比例与音乐和谐关系的探讨已经带有科学的萌芽，对五度相生律有重大贡献。

毕达哥拉斯最伟大的发现是关于直角三角形的命题，即：直角两夹边的平方和等于另一边的平方，即弦的平方。这一发现的意义在于：几何学逐步发展成为一门独立的学科，几何学的方法对哲学和科学的发展产生了深远影响；从柏拉图到康德，大部分哲学家都从中获益匪浅。

数学与神学的结合自毕达哥拉斯开始，这代表了希腊的、中世纪的以及直至康德为止的近代宗教哲学的特征。在柏拉图、圣奥古斯都、托马斯·阿奎那、笛卡尔、斯宾诺莎和康德身上，我们都能发现宗教与推理的密切联系，这些都源自毕达哥拉斯。他认为世界是永恒的，且只能显示于理智而不能显示于感官。可以说，没有他，基督教徒不会认为基督就是道，神学家也不会去探索上帝存在与灵魂不朽之间的逻辑关系。

赫拉克利特

赫拉克利特（约公元前540—约公元前480年至前470年之间）是古希腊一位极富传奇色彩的哲学家，爱菲斯学派的创始人，他出生在伊奥尼亚地区爱菲斯城邦的王族家庭里。他本来应该继承王位，但是他将王位让给了他的兄弟，自己跑到女神阿尔迪美斯庙附近隐居起来。据说，波斯国王大流士曾经写信邀请他去波斯宫廷教导希腊文化。他认为火是万物的本原，首次提出了对立面的统一与矛盾的学说，列宁称其为"辩证法的奠基人"。

根据赫拉克利特留存下来的著作判断，他不像是一个和蔼可亲的人。他几乎对所有享有盛名的前辈们几乎都进行过抨击。"该将荷马逐出竞技场，并加以鞭笞。""毕达哥拉斯……认为自己很有智慧，但那只是博闻强记和恶作剧的艺术罢了。"唯有条达穆斯一人免于他的谴责，赫拉克利特认为他是一个"比别人更值得重视的人"。如果要追问个中缘由，我们就会发现条达穆斯曾说过"绝大多数人都是坏人"。

□ 赫拉克利特　拉斐尔　16世纪

本图截取自拉斐尔的名作《雅典学院》。在原画中，独自沉思的赫拉克利特形象孤单，与他孤傲的天性相对应。他的格言："人的性格就是他的命运。"二千多年后，西格蒙特·弗洛伊德再次提出了这一精辟的思想。

赫拉克利特对战争和宗教的态度

我们可以看出，赫拉克利特对人类是鄙视的，他认为，只有强力才能迫使人类为自己的利益而行动。他说："牲畜都是被鞭子赶到牧场上去的。"

赫拉克利特信仰战争，他把战争比

□ 公元前5世纪的希腊酒坛

赫拉克利特认为战争是万物之王。这个酒坛上，展现的是希波战争中一名希腊士兵和一名波斯士兵的交战图。希腊士兵赤身裸体，头戴科林斯风格的头盔；波斯士兵则蓄着胡须、衣着严实。

喻为"万物之父""万物之王"。他说："战争使一些人成为神，使一些人成为人，使一些人成为奴隶，使一些奴隶成为自由人。"他对荷马所说的"但愿诸神和人都没有争斗"不以为然。他说："如果听从了荷马的祈祷，那么，万物都会被消灭。""应当知道，战争对一切都是共同的，斗争即正义，世间万物都是通过斗争而产生和灭亡的。"

赫拉克利特的活动期在公元前500年左右。他的事迹留传下来的很少，使其扬名于当时社会的主要是他所提出的"万物都处于流变状态"的学说。

他对同时代各种宗教的态度基本上是敌视的，但他所持并不是理性主义者应有的态度。下面两段话，可见他对当时神学的看法：

"人们所信奉的宗教是不神圣的！"

"人们用牺牲者的血涂在身上来使自己纯洁是徒然的，这正如一个人掉进泥坑里，却想用污泥来洗脚一样。这样做只会让别人认为你是疯子。"

赫拉克利特有自己的宗教观，他以独有的方式来解释当时的神学，以适应自己学说的需要。

遗憾的是，由于他过分蔑视流俗而又不擅长于宣传，因而没能成为一位宗教改革家。

伦理观

赫拉克利特的伦理观与尼采的很相似，都带有一种苦行主义色彩。他认为人的灵魂是水与火的混合物，水是卑贱的，火是高贵的，而灵魂中更多的是火，因此是"干燥"的。他说：

"干燥的灵魂是最智慧，最优秀的。"

"灵魂变成水就意味着死亡。"

"无论人们希望获得什么，都是以灵魂为代价的。"换句话说，赫拉克利特非常鄙视那些使人丧失灵魂的欲望。

"对立统一"论

赫拉克利特最有名的学说是他的"对立统一"论。他对这一学说的重视甚至超过"万物都处于流变状态"理论。

他说:"结合物既是整个的,又不是整个的;既是结合的,又是分开的;既是和谐的,又是不和谐的;从一切产生一,从一产生一切。"

"对立的力量会造成和谐,就像弓之于琴一样。"

"上升的路和下降的路是相同的"。

"善与恶是一回事"。

应该说,赫拉克利特这些思想闪耀着智慧的光芒,它包含着黑格尔哲学的萌芽;而黑格尔哲学正是通过对立、统一的综合向前发展的。

赫拉克利特的形而上学和阿那克西曼德的形而上学一样,自认为是被一种宇宙正义的观念所支配,这种观念防止了对立面中的任何一方获得完全的胜利。

"一切事物都转变成了火,火也转变成了一切事物,正如货物转变成了黄金,黄金转变成了货物一样。"

"气的死亡产生了火,火的死亡产生了气;土的死亡产生了水,水的死亡产生了土。"

"太阳不能越出它的限度,否则正义之神的女使就会把它找出来。"

"战争对一切都是共同的,斗争就是正义。"

赫拉克利特反复地提到与"众神"不同的"上帝":

"人的行为没有智慧,上帝的行为则有智慧。……在上帝看来,人是幼稚的,就像在成年人眼中儿童是幼稚的一样。……即使最智慧的人和上帝相比,也像一只猴子;然而,最美丽的猴子与人类相比,也是很丑陋的。"在赫拉克利特看来,上帝无疑是宇宙正义的化身。

□ 基里克斯陶杯 公元前3世纪

古希腊人的世界是海岸和岛屿的世界,因此,他们相信整个地球是漂浮在水上的。图中带有双把手的浅酒杯,即基里克斯陶杯,上面描绘的是海洋上的渔船。

"永恒的变化"学说

赫拉克利特认为，万物都处于流变的状态中，这是他最有名的观点，它与柏拉图在《泰阿泰德》中的两句名言："你不能两次踏进同一条河流，因为新的水不断地流过你的身旁"和"太阳每天都是新的"有异曲同工之妙。

赫拉克利特认为，"万物都处于流变状态"这句话具有普遍性，他的观点也表现在这句话里。但他的著作是通过引文才引起人们注意的，而且这些引文的大部分都是柏拉图和亚里士多德为了要反驳他才加以引用的。应该承认，那个时代的人物是伟大的，是值得我们赞叹的，因为透过他们的论敌所散布的恶意的烟幕，我们仍然能够感受到他们的伟大。毫无疑问，柏拉图和亚里士多德都赞同赫拉克利特曾经教导过他们的话："没有什么东西是永恒的，一切都是变化着的"（柏拉图）；"没有什么东西可以固定地存在"（亚里士多德）。

后面在谈到柏拉图的时候，我还要回过头来研究他的学说。柏拉图热衷于反驳他的学说。目前，我不想在哲学方面探讨他的学说，我只谈谈诗人和科学家对他的哲学的看法。

追求永恒，是引导人类研究哲学根深蒂固的本能。宗教和哲学不同，它是以"上帝"与"不朽"这两种形式去追求永恒。在宗教看来，上帝是没有变化的，也不会发生任何转变；上帝死后的生命也是永恒的。但生活在19世纪的人们反对这种静态的观念，而近代的自由神学也与过去的神学不同，他们坚信，天上也有进步，神性也有演化。如果人间的生活使人绝望了的话，那么只有祈求上天了。

下面看看诗人们的感受，他们悲叹着，时间有力量消灭他们所爱的一切：

时间使青春的娇妍枯萎了，

时间使美人的眉黛消失了，

时间饱餐着真理的盛宴，

时间之镰割刈着万物。

他们认为，诗是永存的：

时间之手尽管残酷，然而我期待，

我的诗篇将传之永久，万人争诵。

毫无疑问，这只是文人的自负而已。

一个神秘主义者，如果他还有些哲学思维的话，他就不能否认这一观念：凡是在时间之内的东西都是暂时的。于是，他们就发明一种永恒观念，他们认为，永恒存在于时间之外。按照某些神学家的说法,永生并不意味着在未来时间中的每一时刻里都存在着,而是意味着一种完全独立于时间之外的存在方式,其中既没有前,也没有后,因此变化也就没有逻辑性。伏汉曾经用诗歌表达这种见解:

那天夜里,我看见了"永恒",

它像是一个纯洁的大光环,

光辉而又寂静;

它的下面,"时间"被分为"时辰"和"岁月",

一些天体追逐着它们,

像是庞大的幽灵在移动;

世间的一切,都会被抛弃。

一些颇负盛名的哲学家曾以这种庄严的散文来阐述他们的哲学体系和观念;他们试图使我们相信,这种"永恒"经过不懈追求之后,人们会在理性上相信它的存在。

赫拉克利特本人虽然相信任何事物都处于变化之中,但仍然承认某种东西为永恒,即永不熄灭的活火。他认为,世界的"过去、现在和未来永远是一团永恒的活火"。我们在赫拉克利特学说里找不到从巴门尼德以来的那种"与无穷的时间延续相对立"的永恒的观念。

科学正像哲学一样,也在变化中寻找某种永恒的基础。化学似乎可以满足这种愿望。人们发现,毁灭万物的火,只不过是使万物变形而已;原素可以重新结合起来,燃烧之前就已存在的每一个原子,经过燃烧之后仍然存在着。人们据此认为,原子是不会被毁灭的,而物质世界中的一切变化仅仅是原素的重新排列而已。这种见解一直流行到放射现象被人们发现为止,那时,人们才发现原子是可以分裂的。

物理学领域,人们发现了电子和质子,这是物质世界中新的、更小的

□ **时间的力量**

赫拉克利特的永恒流变学说影响了其他哲学家,甚至科学家和诗人。他们认为,时间之内的东西都是暂时的。因此,他们致力于追求时间领域之外的一种永恒存在。

单位。原子是由电子和质子构成的，多年以来，它们曾被认为具有某种不可毁灭性。不幸的是，质子和电子耦合爆炸后，所形成的并不是新的物质，而是一种以光速在宇宙之中传递的波能。于是，这种波就成为代替物质的永恒之物了。但是"能"仅仅是物理过程中的一种特征。我们可以幻想地把它等同于赫拉克利特之火，但它却是燃烧的过程，而不是燃烧着的东西。"燃烧着的东西"已经从近代物理学中消逝了。

天文学已不再允许我们把天体看成是永恒的了。天文学家告诉我们：行星来自于太阳，太阳来自于星云。在经过漫长的岁月之后，它们终将会爆炸，到那时一切都会毁灭，然后返回到一种弥漫着的气体状态之中。也许，当这一末日来临时，他们会发现计算存在失误。

赫拉克利特关于永恒流变的学说是令人痛苦的，然而，科学在它面前却无能为力，科学无法否定这一学说。哲学家的抱负，就是想把那些已被科学扼杀了的希望重新在人们心中复活。为了这一目的，哲学家竭尽全力追求着那些永恒之物。这一追求是从巴门尼德开始的。

巴门尼德

巴门尼德（约公元前6世纪末—约公元前5世纪中叶）是古希腊哲学家，生于埃利亚。他认为"存在"是宇宙的本体，著有用散文诗体写成的《论自然》，现存已不完整。

巴门尼德和赫拉克利特的观点相反。赫拉克利特认为万物都在变化着，巴门尼德则说：没有事物是变化的。

巴门尼德是意大利南部人，活动期大约在公元前5世纪上半叶。意大利南部的哲学家更倾向于神秘主义和宗教，但由于受毕达哥拉斯的影响，数学在当地也很兴盛，但当时的数学是和神秘主义混在一起的。根据柏拉图的记载，苏格拉底年轻时曾和巴门尼德见过一面。不管这是不是事实，但柏拉图受过巴门尼德的影响，这在柏拉图的著作里可以看得出来。

巴门尼德在历史上的重要性主要在于他创造了一种形而上学的论证形式，这种论证形式影响深远，甚至还包括黑格尔在内。人们通常认为是他创造了逻辑，其实他真正创造的是逻辑基础上的形而上学。

巴门尼德的学说反映在他的《论自然》的散文诗中。他在诗中谈到：人的感官是骗人的，唯一真实的存在就是"一"。他认为

□ 巴门尼德　拉斐尔　16世纪

巴门尼德认为存在是永恒、不动、真实，可以被思想的；感性世界的具体事物是非存在、假象，不能被思想。没有存在之外的思想，被思想的东西和思想的目标是同一的。他第一次提出了"思想与存在是同一的"命题。提出的"存在"是对宇宙万物共同本质的抽象概括，从而使哲学摆脱了用具体物质形态说明世界本原的原始朴素形式。此概念也成为以后哲学讨论的中心概念。

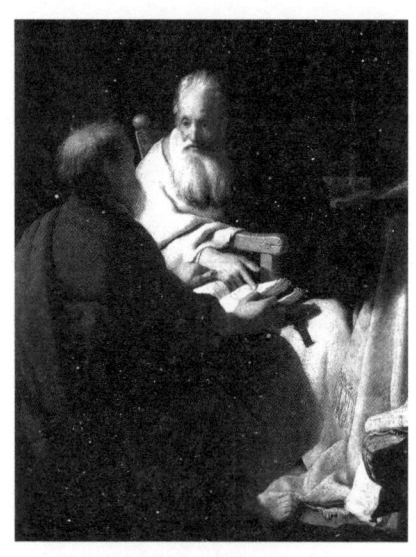

□ 两位哲学家　伦勃朗　1628年

哲学是思想的启示，是对真理的共同探讨。而探讨、论证和争辩是哲学的关键所在。可以说，至少两个人才可以从事哲学活动。

"一"是无限的、不可分的。他的"一"和赫拉克利特的"一"不同，巴门尼德所主张的"一"没有对立面的统一，因为它本身就没有对立面。例如：他认为"冷"就意味着"不热"，"黑暗"仅仅意味着"不光明"。他认为"一"是物质的实体，外形像球。"一"是不可分割的，因为它是无所不在的。

下面是《论自然》的片段：

"那么现存的又怎能在将来存在呢？怎么得以存在呢？如果它是过去存在的，现在就不存在；如果它将来是存在的，那么现在也就不存在。因此就消灭了变化，也就没有什么过渡了。"

"能够被思维的事物与思想存在的目标是同一的，因为你绝不能发现一个思想是没有它所要表达的存在物的。"

这种论证的本质是：当你思考的时候，你一定思考到某物；当你使用一个名字时，它定是某物的名字。思想和语言都需要在它们本身以外有某种客体。而且你既然可以在一个时刻而又在另一个时刻同样地想着一件事物或是说到它，因此凡是可以被思维的或是被说到的事物，必然在所有时间内都存在。这开创了哲学史上，通过思想与语言来推论整个世界的先例。

我们可以把这种论证作如下表示：如果语言不是毫无意义的，那么字词就必然意味着某物，而且它们并不仅仅意味着别的字词，还意味着某种存在的事物，无论我们是否提到它。比如，有人提到了乔治·华盛顿，就意味着历史上曾有人叫这个名字，不然它就没有任何意义，而且含有这个名字的话语也将毫无意义。在巴门尼德看来，既然我们在使用这个名字时是有所指的，那么乔治·华盛顿必然在过去存在过，而且从某种意义上说，他现在也必定存在着。

他的这一逻辑似乎并不正确。因为他进行论证的基础是，假定字词的意义恒常不变。但是，很多字虽然在字典或百科全书中有较权威的意义，可任何两个人在使用同一字时，不一定出于同一目的。

后来的哲学家们从巴门尼德身上继承的不是一切变化的不可能性，而是"实体"的不可毁灭性。他的后继者虽然没有明确使用"实体"这个词，但他们的思想中流露出了这一概念。有人将实体设想为，存在不同变化的谓语的永恒主语。因此它就成了哲学、心理学、物理学和神学中的一个根本概念，而且两千多年来未曾改变。

恩培多克勒

恩培多克勒（约公元前495—约公元前435年）是一个哲学家、预言者、科学家和江湖术士的混合体，在他的身上，这些人的特质得到充分的展现。恩培多克勒的鼎盛期约在公元前440年，他跟巴门尼德处于同一时代。

恩培多克勒出生在西西里南岸的阿克拉加斯，是一个民主派政治家，同时他又自封神明。在希腊大多数城市中，尤其是在西西里的城市中，民主和僭主（不合法的政权篡夺者。僭主政治指用武力等非常手段夺取政权的君主。公元前7世纪至公元前6世纪，这种现象普遍存在于希腊各城邦。）之间的冲突持续不断，一方的领袖一旦被击败，必会遭到杀戮或流放。而被流放的人常常会勾结希腊的敌人——东方的波斯帝国和西方的迦太基王国。恩培多克勒也曾遭到流放，但他似乎更愿意选择一种圣贤的事业而不是去干那些阴谋家的勾当。他很可能在流放以前就将政治与科学结合在一起，而且可能仅仅是到了晚年作为流放者的时候，他才成为一个预言家的。

有关恩培多克勒的传说在民间非常多。传说他曾经行过神迹。他用魔术和他的科学知识进行传道。据说他能够控制风，曾使一个已经死了一个月的女人复活。据说他为了证明自己是神，最后跳进埃特纳火山口而死。

诗人们曾经这样歌颂他：
伟大的恩培多克勒，
充满热情的灵魂，
他跳进了埃特纳火山口，

□ 恩培多克勒

恩培多克勒认为万物是由四种不变的物质，即他所谓的四根（土、水、火、空气）所构成，人也是由这四根构成。固体部分是土根，液体部分是水根，维持生命呼吸的是空气，血液主要是火根，思维是血液的作用。人死时身体的四根分散，各根与体外同类的根聚合，人的生命、思维也就消失了。

文化伟人代表作图释书系

> **□ 古典哲学家　15世纪**
> 中世纪和文艺复兴时期的艺术作品常常描绘古典时代的哲学家。在公元前7世纪和公元前6世纪，古典哲学家在希腊诞生了。从那时开始，他们的智慧对人类生活的各个方面产生了深刻的影响。

活活地烤焦了。

恩培多克勒跟巴门尼德一样，也用诗进行创作。卢克莱修对于作为诗人的恩培多克勒曾给予极高的评价。可惜的是，恩培多克勒的著作只保存下来一些片段，因此，对于他的诗才，我们只好存疑了。应该说，他的科学和宗教，彼此之间是不和谐的。因此我先谈他的科学，再谈他的哲学，最后谈他的宗教。

恩培多克勒对科学最重要的贡献就是发现了空气是一种独立的实体。因为他观察到：当一个瓶子或者任何器皿倒着放进水里的时候，水就不会进入瓶子里面去。他说："一个女孩子在玩弄发亮的铜制计时器，她用美丽的玉手压住管颈的开口，然后把这个计时器浸入银白色的、易变形的水中，这时，水并不会进入这个器皿，因为它内部空气的重量压着底下的小孔，把水往回堵住了，一直要等到她把手拿开，放出压缩的气流时，空气才会溢出，同量的水才会流进去。"

他也发现过一个离心力的例子：如果把一杯水系在一根绳子的一端，并将其旋转，水就不会流出来。

他认识到植物界也存在雌雄两性，而且还提出了类似演化论与适者生存的理论，当然，在那个时代，这种理论必然带有幻想的成分。他写道："四方散布着无数种族的生物，它们具有各种各样的生命形式，蔚为奇观。它们有的有头而无颈，有的有背而无肩，有的有眼而无额，其中还有孤零零的肢体在追求着结合。它们通过各种机缘进行结合，形成大量新生物：有长着成千上万只手的生物，有生出多张面孔、胸部朝着四面八方观看的生物，有牛身人面和牛面人身的生物；还有同时具备男性和女性的特性但无法生育的阴阳人。然而，最后存活下来的只有几种。"

在天文学方面，他认识到月亮是通过反射而发光的，而且他认为太阳也是如此。他指出，光线照射到地球也需要时间，但由于时间非常短，因而人们不能察觉；他还提出日食是由于月亮的位置居间而引起的。

恩培多克勒还是意大利医学领域的先驱者，这对那一时期的科学和哲学的思潮造成了重大影响，就连柏拉图和亚里士多德也不例外。

关于恩培多克勒的宇宙论，上面曾经提到，他确立了土、气、火与水四种原素的永恒性，并且它们可以以不同的比例混合起来，这样，便产生了世界上各种复杂的物质。它们被爱结合起来，又因斗争分离开来。在恩培多克勒看来，爱与斗争是和土、气、火、水同属一级的原始原质。有时爱占着上风，有时则是斗争占着上风。在历史上的某一个黄金时代，"爱"取得了完胜。在那个黄金时代，人们只崇拜塞浦路斯的爱神。恩培多克勒认为，世界上一切变化并不受任何目的支配，而是受"机遇"与"必然"的支配。人类社会似乎被一种循环存在的东西支配着：当各种元素被爱彻底地混合，斗争又逐渐地把它们分开；当斗争把它们分开之后，爱又逐渐地使它们结合在一起。因此，每种合成的实体都是暂时的，只有元素、爱和斗争才是永恒的。

在这个问题上，恩培多克勒的观点和赫拉克利特有着相似之处，但也有区别，恩培多克勒认为造成事物变化的原因不仅仅是斗争，准确地说是爱与斗争的共同作用。柏拉图在《智者篇》中将赫拉克利特和恩培多克勒相提并论，也是因为看到了这一点。

恩培多克勒认为物质世界是一个球体。在黄金时代，斗争在外而爱在内；之后，斗争开始逐渐进入内部，而爱随即被驱逐在外面；最坏的情形是：斗争完全居于球内，而爱完全处于球外。以后，事物就开始一种相反的运动，直到黄金时代又恢复为止。但黄金时

□ 古希腊雅典的哲学家

西方哲学起源于古希腊的一群被称为前苏格拉底时期的哲学家。他们拒绝传统的神话对他们周遭所见现象的解释，而赞同更理性的解释。也就是说，他们依靠推论和观察来阐明围绕他们的真实自然界，而非仅仅出自想象或神话，并使用合理的论点来告诉他人。因此，前苏格拉底时期的哲学家被称为欧洲第一批哲学家。

文化伟人代表作图释书系

代并不永远存在，发展到一定时候，事物的循环又开始重演。

恩培多克勒的宗教见解，大体上与毕达哥拉斯相同。在他留下的残篇中，他谈到一个人，这个人极有可能是毕达哥拉斯。他说："他们之中有一个人有了不起的学识，他精于巧思，并获得了巨大的智慧财富，只要他肯用心思考，他就很容易看出一切事物在十代甚至二十代期间的各种变化情况。"

恩培多克勒也自诩为神，他说：

"朋友们，你们住在这座背临城堡的大城里，从这里可以俯瞰阿克拉加斯黄色的岩石，这是外邦人的避难所。我要向你们致敬，因为你们从来不会干卑鄙的事情。我在你们中间漫游，我不是凡人，我是一位不朽的神明；我在你们中间受到了恰当的尊敬，人们给我戴上了丝带和花环。当我戴着丝带和花环走入人群，并穿行于繁华的城市中，人们便立刻向我致敬，人们追随着我，问我求福之道，有些人想求神谕，有些人祈求能从我这里得到神药……因为他们在漫长而愁苦的日子里遭受了各种疾病的摧折。"

□ 手持雷电的宙斯

希腊神话在西方哲学中起着重要的作用。依赖于神话关于人性的观念，哲学家们寻求理解人类理性与经验。在希腊神话中，宙斯是主管天空和气候的神，是众神之首。

但有时他又感觉自己是一个大罪人，为自己的不虔诚和不恭敬而赎罪：

"……只要有一个魔鬼因罪恶玷污了自己的双手，或背弃了自己的誓言，就会被流放三万年，并在艰难的生活道路上辗转，来世不在为人……我现在就是一个这样的魔鬼，一个被神抛弃的流亡者，因此我只能寄希望于残酷的斗争。"

柏拉图在他一篇著名的短文中作过一个生动的比喻：世界是一个洞穴，我们在洞穴内看到的，只不过是外界种种现实的暗影。巧合的是，恩培多克勒就曾这样预示过。

他还说道："那些通过多次投生而免罪之人，最后终于获得了与诸神同在的永恒幸福。当他们作为先知、歌者、医生和君主在人间出现时，已经荣升为神，与其他诸神同享香火和供奉，他们免于人间的灾难，不受运命的摆布并且不再受到伤害。"

他的这些话，几乎囊括了奥尔弗斯教义和毕达哥拉斯主义的一切内容。

恩培多克勒的创造性，除了科学以外，还有两个方面：一是四原素的学说，二是用爱和斗争来解释事物的变化。他抛弃了一元论，把自然过程看作是被偶然与必然所规定的，而不是被目的所规定的。在这些方面，他的哲学比巴门尼德、柏拉图和亚里士多德等人的哲学更富于科学性。的确，他也曾接受了当时流行的迷信，但即使如此，他也不比许多近代的科学家们逊色。

第二章　雅典与文化的关系

伯里克利时代的成就，或许是整个人类史上最令人惊叹的事件之一。那个时代产生的伟大作品一直深深地影响着后人。

雅典——希腊城邦的骄傲

雅典是在两次波斯战争中崛起的。在马拉松战役中，雅典大胜波斯王大流士；之后，在雅典领导下，希腊联合舰队又战胜了大流士之子薛西斯。这两次波斯战争的胜利，为雅典树立了极大威信，雅典逐渐取得了海上霸权，并将反波斯同盟转化为雅典帝国。雅典在伯里克利的英明领导下日益繁荣。

伯里克利时代，雅典取得了辉煌的成就。在此之前，无论文学还是艺术，雅典都落后于周围许多希腊城邦，而且也未出现过伟大的人物。在战争胜利、财富积累和重建需要的刺激下，雅典突然间涌现出大批建筑家、雕刻家和戏剧家，如悲剧诗人埃斯库罗斯和索福克勒斯，喜剧诗人阿里斯托芬；雕刻家斐狄阿斯等。他们取得的成就，直到今天人们还是无法企及。当时，雅典人口最多时也只有约23万人。如此少的人口，却创造出如此完美的作品，这在人类史上，任何一个有着同比例人口的地区，都不曾出现过这样的奇迹，这足以令人惊叹！

□ 希波战争中的希腊士兵

希波战争源于古代波斯帝国为了扩张版图而入侵希腊的战争，最终以希腊获胜而告终。希腊的胜利，除使得地中海地区成为西方世界的历史中心外，也使得希腊文明得以保存并发扬光大，奠定了希腊日后在西方文明中的基础。图中所绘的是在希波战争中的希腊士兵形象。

在哲学方面，雅典虽然只向人类贡献了两个名字：苏格拉底和柏拉图，但这足以令雅典自豪了。

然而，一个国家的黄金时代终究要过去。在伯里克利统治的后期，雅典内部各种政治力量的平衡终于被打破。它的内部受到民主政治

□ 苏格拉底和柏拉图

　　苏格拉底和柏拉图都是古希腊最著名的哲学家。柏拉图是苏格拉底的学生,他记载的和老师苏格拉底的对话录成为后人研究他们思想的主要来源。但许多记载的内容其实是柏拉图自己的看法,并非苏格拉底对于人类和政治的理想,所以至今仍存在许多争议。图中反映的是苏格拉底和柏拉图研究哲学的情景。

的威胁,外部受到斯巴达的觊觎。

　　公元前431至公元前404年,终于爆发了伯罗奔尼撒战争,在这次战争中,雅典彻底战败了,不过它的威望仍在,哲学仍然以雅典为中心,并持续了1000年之久。亚历山大城虽然在数学和科学方面超过了雅典,然而,亚里士多德和柏拉图却使雅典在哲学上始终保持着至高无上的地位。柏拉图讲过学的学园,寿命比其他任何学院都长久,直到罗马帝国皈依了基督教之后还延续了两个世纪,最后成为一座异教徒的孤岛。公元529年,最终被顽固不化的查士丁尼关闭。从此,欧洲迎来了一个无比黑暗的时代。

阿那克萨戈拉

阿那克萨戈拉（公元前500—公元前428年，古希腊哲学家。出生于爱奥尼亚的克拉佐美尼。他是米利都学派的阿那克西美尼的学生），作为一个哲学家，他虽然不能和毕达哥拉斯、赫拉克利特和巴门尼德相提并论，但他在哲学史上的重要性也不容忽视。阿那克萨戈拉是爱奥尼亚人，继承了爱奥尼亚的科学和理性主义的传统。他是向人们提示"心"可能是物理变化首要原因的第一人。

□ 阿那克萨戈拉

阿那克萨戈拉是米利都学派的哲学家阿那克西美尼的学生。在希波战争结束后，他被老师带到了雅典。因此，他是第一个把哲学介绍给雅典的人。他把一切运动都归之于心灵或灵魂的作用。

他一生中大约有30年是在雅典度过的。他可能是在伯里克利致力于开化国民事业时被招揽来的，也可能是来自米利都的阿斯巴西亚把他介绍给伯里克利的。柏拉图在《费德罗篇》中说：

"伯里克利似乎和阿那克萨戈拉的兴趣相投，伯里克利广泛地研究了有关宇宙事物的理论，并深刻理解了智与愚的本质。后来，他认识了阿那克萨戈拉，而这个领域正是阿那克萨戈拉所关注的。于是，伯里克利从阿那克萨戈拉那里汲取了足以提高自己演说艺术的东西。"

雅典公民对那些外来文化持排斥态度，并对文化的引进者表现了敌意。在伯里克利老年时，他的对头便从攻击他的朋友着手，掀起了一场反伯里克利的斗争。他们制定了一条新的法律，号召人们揭发那些不奉行宗教并宣扬各种有关"宇宙事物"理论的人。在这条法律的保护下，他们检举了阿那克萨戈拉，并给他安上了一条罪名：宣扬太阳是一块红热的石头，月亮是土。最后判决如何，却众说纷纭，但从此以后，阿那克萨戈拉就离开了雅典。据说是伯里克利把他从监狱中救出，并设法使他逃离的。回到爱奥尼亚后，阿那克萨戈拉创办了一所学校。他死后，根据他的遗嘱，他的忌日成为了学生们的假日。

阿那克萨戈拉认为，万物都可以被无限地分割，哪怕是最小的物质也都包含着各种原素。事物所表现出来的，是其中包含得最多的原素。例如，万物都包含着火，但只有当火原素占优势时，我们才能称之为火。像恩培多克勒一样，阿那克萨戈拉也反对虚空。他说，滴漏或者吹得鼓起来的皮证明，所有的地方都存在着空气。他和前人的不同之处在于，他把"心"和死物区别开来，认为"心"也参与了生活体组成的实质。他说：每一个事物中都包含有各种事物的一部分，只有心除外；"心"有支配一切生物的力量，它是无限的，并且可以自我支配；它不与任何事物混合。除了心外，每一个事物不管多么小，都包含着它的对立面，如热与冷、白与黑等。他还认为雪中也包含着黑色的物质。

□ 海洋之神俄刻阿诺斯

在哲学产生之前，古希腊人就有了以神话形式表现出的世界观和人生观。而古希腊哲学家则利用神话提供的相关思想资料，以系统理论创立了哲学思想。米利都学派的泰勒斯正是继承了荷马史诗《伊利亚特》和赫西俄德《神谱》中把海洋之神俄刻阿诺斯说成是一切江河之父的思想，才提出了水是万物本原的哲学。此图为海洋之神俄刻阿诺斯。

心是一切运动的根源。它造成了一种旋转，然后逐渐扩展到整个世界，使最轻的事物飘到表面，而最重的事物落向中心。所有的心都是一样的，动物的心也和人的心一样善良。人类的优越性在于有一双手；不同个体间所存在的一切智力差异，实际上都是由于身体结构的不同造成的。

无论是亚里士多德还是苏格拉底，都认为阿那克萨戈拉只是介绍了"心"，但没有阐明它在实际生活中的运用。亚里士多德说，阿那克萨戈拉仅仅是将"心"作为事物的一种"因"，因为他并不知道事物还有别的"因"。凡是他有

□ 阿那克萨戈拉与伯里克利

阿那克萨戈拉认为地球是一个圆柱体，相信天体和地球的性质大体上是相同的，否认天体是神圣，主张"精神"是生命世界的变化及动力来源。由于他否认天体是神圣的，因此被控亵渎神圣，据说是由伯里克利（古希腊奴隶主民主政治的代表、政治家，在阿那克萨戈拉停留在雅典的时期，与阿那克萨戈拉成为好友）的调解才得以活命。

能力解释之处，他作出的解释都是机械的。他反对以必然与偶然作为事物的起源，但我们从他的宇宙论中又找不到任何"天意"的影子。在伦理学或宗教方面，他似乎没有做太多思考；或许像他的检举者所说的那样，阿那克萨戈拉是一个无神论者。毫无疑问，除毕达哥拉斯以外，在他之前的所有学者，如巴门尼德等对他都有很大的影响。

阿那克萨戈拉在科学方面也有很大的成就。在人类历史上，他第一个解释了月亮是由于反射而发光的星体。他还提出了关于月食的正确理论，并指出月亮位于太阳之下。他说，太阳和星星都是火炽的石头，由于地球距离它们十分遥远，因而我们感觉不到星星发出的热力。太阳比伯罗奔尼撒半岛还要大。他还推测月亮上有山，而且有居民。

据说阿那克萨戈拉出于阿那克西美尼学派（该学派认为，气体是万物之源，不同物质都是通过气体聚散中产生的，并认为火是最精纯的空气）。毫无疑问，他身上有着爱奥尼亚人特有的理性主义和科学传统。他对伦理学与宗教没什么兴趣，但那个时代，人们都偏好伦理学与宗教，由于这种偏好，使一种蒙昧主义的偏见被带进了古希腊哲学中。

阿那克萨戈拉不是第一流的学者，但是，作为第一个把哲学带给雅典的人，他无疑是很重要的人物。

原子论者

原子论者的创始人是留基伯和德谟克利特。人们一般很难将这两人区分开来,因为不管在哪儿,他们总是被相提并论,以至于人们会把留基伯的一些作品当作是德谟克利特的。

留基伯活动的鼎盛时期大约在公元前440年前后,他出生于古希腊的米利都,并继承了米利都理性主义哲学的传统。巴门尼德和芝诺都对他产生过深刻的影响。他的生平事迹留存下来的非常少,甚至连伊壁鸠鲁都曾否认他的存在,近代一些学者也提出过同样的观点。但是,亚里士多德在自己的著作中都提到过他,还引用了他的部分文章,如果他只是传说中的人物的话,那真太令人费解了。

德谟克利特的存在就比留基伯确定多了。他活动的鼎盛期大约是在公元前420年前后。他来自色雷斯的阿布德拉地区,曾到东方和南方的很多国家游学,后来回到家乡,直至终老。策勒尔对他评价很高,说:"就知识的广博性而言,他超过了所有古代和当代的哲学家,在思维的尖锐性和逻辑性方面也能够超过当中的绝大多数"。

□ 留基伯

留基伯是公元前5世纪的古希腊哲学家。他提出了著名的原子论,认为世间万物都是由不可分割的物质,即原子组成。宇宙间的原子数是无穷无尽的,它们的大小、形状、重量等各自不同,不能被毁灭,也不能被创造。其原子论的观点是从埃利亚学派中"存在"的概念发展而来的。

原子观

留基伯和德谟克利特的观点已经

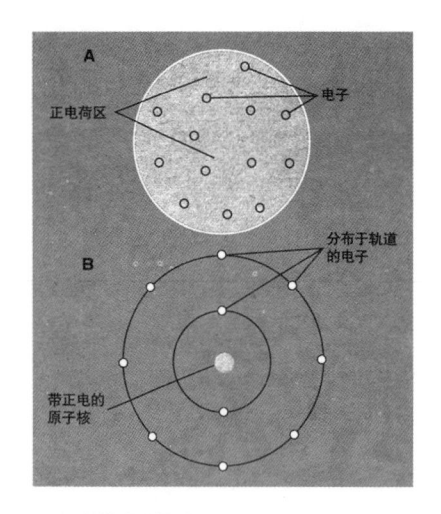

□ 早期的原子模型

德谟克利特认为，原子永恒不变地运动，无数原子都处于旋涡中，由旋涡产生了物体，从而产生了世界。

很接近近代哲学的观点。他们认为万物都是由原子构成的，原子在物理上是不可分的，也是不可被毁灭的；原子之间存在虚空，原子是永远运动着的；原子的数目和种类都是无限的，而它们的形状和大小则存在差异。据亚里士多德记载，原子论者还认为原子在热度方面也各不相同，那些构成火的球状原子热量最高；关于原子的质量，德谟克利特认为："任何不可分割的越占优势，则重量越大。"

原子是永远运动着的，这一点没有任何人表示质疑，而在原始运动的特性问题上，则众说纷纭。比如说策勒尔就把原子想象成永远在降落的物体，原子越重，降落得就越快，因而就会撞击到那些较轻的原子，随即像台球一样被弹回来。这种观点肯定出自伊壁鸠鲁，而他的理论很大程度上是德谟克利特和亚里士多德的折中之见。但是，我们可以从大量资料中推测出，留基伯和德谟克利特并未赋予他们的原子重量这一特性。根据他们的观点，原子最初是在杂乱无章地运动着。德谟克利特说，在无限的虚空里没有上下之分，而原子在灵魂中的运动就像无风时尘埃在一道阳光下的运动。较之伊壁鸠鲁，他的观点显然更为明智。

否定"机缘"说

在他们生活的那个时代，批评者们总是谴责原子论者把万物都归于机缘。而事实恰恰相反，原子论者都是严格的决定论者，他们认为万物的生息都遵循某种自然规律。德谟克利特曾断然否定事物是因为机缘才发生的说法。留基伯也同样否定"机缘"。他说："没有任何事物是无端发生的，万物的发生都有理由，而且都是必然的。"由于留基伯和德谟克利特都未对原子的原始运动加以说明，因而引起了亚里士多德和其他学者的抱怨，而事实上，原子论者在这一点上比指责他们的人更为科学。进一步说，相比古代学者提出的其他所有理论，原子论更接近近代科学。

拒用"目的"或"最终因"解释世界

用"目的"或者"最终因"的观念解释世界，这是苏格拉底、柏拉图、亚里士多德等大多数哲学家的做法。原子论者却与之相反，他们不用"目的"或者"最终因"解释世界。前者的解释角度适用于人事方面。问："面包师为什么要做面包？""因为人们会感觉饥饿。"再如："为什么要修建铁路？""因为人们想要旅行。"显然，人们的这种解释主要着眼于事物的目的。当我们对一件事情提出"为什么"时，可能包含了两种意思：一是，这件事的目的是什么；二是，是什么事情导致了这件事。两者中必有其一。对前者作出回答，就是用"目的"或"最终因"来解释；对后者作出回答，则是一种机械论。大量经验表明，科学知识都是由机械论的问题引发出来的。原子论者问的都是机械论问题并给出机械论的答案。可直到文艺复兴，学者们都对目的论更感兴趣，因此科学逐步被引入了死胡同。

原子论者对原子的原始运动未加说明，可能是为了避开"创世主"这一话题。举个例子：一件事以另一件事为原因，"另一件事情"又以第三件事为原因，如此类推。但是，如果我们要求推出一个"最终原因"的话，我们就不得不回到创世主那儿去，而创世主本身必须是没有原因的。但原子论者又是严格的决定论者，认为万事万物都是有原因的，因此他们只好不做说明。

□ 德谟克利特

德谟克利特是留基伯的学生，同留基伯一样认为万物的本原是原子和虚空。原子是不可再分的物质微粒，虚空是原子运动的场所。人们的认识是从事物中流射出来的原子形成的"影像"作用于感官与心灵而产生的。在伦理观上，他强调幸福论，主张道德的标准就是快乐和幸福。著有《小宇宙秩序》《论自然》《论人生》等，但仅有残篇传世。

完美的理论工作

原子论者是幸运的，他们提出的假说终于在两千多年后被人们证明，但他们的信念在当时是既缺乏稳固的基础，又非常危险的。

德谟克利特相当完美地完成了他的理论工作，其中，有些工作是很有意思的。比如，他说原子是不可渗透、不可分割的，因为它内部没有空隙。一个人用刀切苹果，刀必须找到一个切入点；如果苹果内部没有空隙，它就会无限坚硬，从物理学上讲，是不可分割的。德谟克利特认为，原子内部是不起变化的，事实上它就是巴门尼德所说的"一"。原子的存在方式就是运动和碰撞，或者互相结合。原子的形状各式各样，火是由小球状的原子构成的，而人的灵魂的形状与火差不多。原子因为碰撞，从而产生了旋涡，旋涡又产生了物体，并最终产生了世界。原子论者还对宇宙进行了推测，他们认为，宇宙中存在各种各样的世界，有些在生长，有些逐渐消亡；有些可能没有太阳和月亮，有些可能有几个太阳和月亮。而每个世界都有始有终。这种宇宙观可以用雪莱的诗句来概括：

世界永远地、不断在运动，

从它们的降临直至毁灭。

像河流里的水珠，

闪烁着、爆破着，最终消逝。

生命自原始的泥土中萌发，每个生命体的各个部分都包含着火，而大脑和胸中的尤多。（很多权威学者对此存在争议。）思想也属于运动，并且还能引发其他运动。知觉和思想是一种生理过程。知觉又分为感性知觉和悟性知觉，后者只依赖于被知觉的事物，而前者同时还要依赖人的感官，因此人们极易受蒙蔽。与洛克一样，德谟克利特也认为客体本身并不具有温暖、美味、颜色等性质，这些都源自人的感官；而重量、密度及硬度则是客体本身固有的性质。

德谟克利特是一个彻底的唯物主义者，他认为，灵魂是由原子构成的，人的思维也是一个物理过程。宇宙中没有目的，只有机械规则驾驭着的原子。他不相

□ 不灭的原子

原子永远不会消失，因而，一颗正在爆炸的星球（如图中的蟹状星云）的原子可能在太空中飘游，直至最后成为某个星球上物质（如地球上的动物和植物）的组成部分。

信世俗的宗教。在伦理学方面，他认为生活的目的就是快乐，而情感的节制和修养的提升是获得快乐最好的途径。他不喜欢热情和充满激情的行为，他甚至反对恋爱，因为他担心，欢乐可能会颠倒人的意识；他看重友谊，但他认为女人很坏；他也不要小孩，他说，对孩子的教育会搅乱他的哲学思维。

所有中世纪以前的哲学家，都曾经被一种错误的思想所害（作者在这里是指宗教神学思想），而德谟克利特是避免了这种损害的最后一个哲学家。他的哲学思想不仅仅是科学的，而且是富有创造性、充满生气的。

德谟克利特之后，哲学开始不恰当地强调人的因素，这是一个错误。直到文艺复兴，哲学才重新获得了先哲们所具有的生气和独立性。

普罗泰戈拉

普罗泰戈拉（公元前481—约前411）是古希腊哲学家，智者派的代表人物之一。生于希腊的阿布德拉，曾两次访问雅典，与民主派政治家伯里克利结为挚友。著有《论真理与反驳》《论德性》《论神》，现仅存若干片段。

普罗泰戈拉是怀疑派中智者的领袖。"智者"类似于教授。由于古代还没有公共教育这类设施，因此，智者施教的对象只是那些愿意自费的学生。毫无疑问，这种教育是有阶级偏见的。当时的雅典和其他城市一样，民主派虽然在政治上取得了胜利，但并没有削弱那些旧贵族世家的财富。体现出我们心目中所谓希腊文化的，基本上都是富人：他们享受着教育资源，闲暇时就游历四方，在哲学辩论中磨炼自己机智的应变能力。民主制的胜利

□ **智者向民众传授雄辩术**

法国学者费奈隆说："民众支配雅典，演说支配民众。"由此可见雄辩术在古希腊是何等重要。在古希腊，擅长辩论的人被尊称为"智者"，其中包括自然科学家、诗人、音乐家等。图为智者正在向民众传授雄辩术。

并未真正撼动奴隶制，富人们的财富积累仍然建立在压迫平民的基础上。

"智者"的价值

古雅典的民主政治是有严重局限性的，妇女和奴隶没有民主权利。但是，它在某些方面又比现代的任何民主体制更加民主。例如：法官和大部分行政官员都是在普通老百姓中通过抽签选出来的，而且任职时间较短。因此他们都是普通公民，身上固有的偏见表现得很明显，缺乏职业素养。在法庭判案中，参加审判的法官一般都很多，原告和被告都是亲自出席，而不像现代社会这样由律师作为代理人。因此，一个案件的胜负大部分因素取决于当事人是否掌握了在演说时打动听众的技巧。法庭虽然规定了当事人必须亲自出席庭审，亲自发言，但当事人可以聘一个专家代替他写发言稿，或者花钱去学习在法庭辩论中取得胜利所必需的技巧。智者在这种背景下应运而生，他们是专门传授这种技巧的人。

在这样的社会制度下，那些遭受民主派政治家敌视的人希望掌握辩论技巧，以便随时出席法庭审判，为自己辩护。这就是当时智者为何受到一个阶级的欢迎而不受另一个阶级欢迎的原因。

下面一段文字，摘录于留传下来的《攸狄底姆斯篇》，体现了智者们的诡辩才能：

狄奥尼索多拉斯：你说你有一条狗？

克里西普斯：是呀，有一条恶狗。

狄：他有小狗吗？

克：是呀，小狗们也和它一个样。

狄：狗是它们的父亲吗？

克：是呀，我看到他和小狗的母亲在一起。

狄：他不是你的吗？

克：他确实是我的呀。

狄：他是父亲，而且他又是你的；所以他就是你的父亲，而小狗就是你的兄弟了。

智者普罗泰戈拉的故事在古希腊流传很广。其中有个故事说，普罗泰戈拉教一个年轻人辩论术，双方约定：如果这个青年在第一次

□ 普罗泰戈拉

普罗泰戈拉被柏拉图认为是古希腊诡辩学派的哲学家。他用一种特殊的思维形式，即悖论与对手进行辩论，被称为"普罗泰戈拉悖论"。这种悖论与诡辩的关系密切，可以为论者在进行诡辩时提供论辩工具。

诉讼中就获胜的话，才交学费，否则免费。而这个青年的第一次诉讼就遇到普罗泰戈拉，他控告这个青年，要他交学费。

这个故事无疑是编造的，但却说明了一般人心目中智者与法院的关系。

特立独行的"智者"

普罗泰戈拉壮年时常周游于希腊各城邦，以收费教授知识为生。柏拉图对智者们收费的做法嗤之以鼻，还曾无情地诋毁过他们。柏拉图的这种谴责其实有失公允，因为他忽视了智者们并不像他一样拥有大量私有财产，更无从体会到他们生计的艰难。

智者与当时的大多数哲学家们还有一个不同之处：其他一些传道授业者通常会建立一所学校，学校在某种程度上还具有一定兄弟会的性质，并设一些与僧院类似的规矩，学生大都有共同生活，而且提出的一些学说还对外界保密。而智者们只传授年轻人辩论术，以及与此相关的一些知识。他们有些像现代的律师，只教给人们如何进行辩护或者反对某种意见的技巧，并不从事某种理论的宣传，与宗教、道德没有关系。这种教育方式，给那些把哲学、宗教结合在一起，并以坚持一种理念作为生活方式的人们带来了思想震撼，他们讥讽智者这种行为是轻佻的、不道德的。

智者之所以引起当时及后世很多普通人和哲学家的厌恶，归根结底还是因为他们的智力水平超越了众人。要想全心全意追求真理，就不能掺杂任何道德因素。智者们对一切都要论证到底，直至得出结论，当然这往往会使他们走向怀疑主义。不管论证什么，他们总是会迸发出一股强大的逻辑力量。

普罗泰戈拉因提出了一种学说而声名鹊起：

"人是万物的尺度，是存在的事物存在的尺度，也是不存在的事物不存在的尺度。"

这段话后来被称为"普罗泰戈拉命题"。

这个"命题"被理解为每个人都是万物的尺度。于是，当人们意见出现分歧时，就没有一个客观标准来判断谁对谁错，最后，只有坠入怀疑主义的泥淖。对客观真理的否定，也使很多人倾向于自我裁断该相信什么。因此，普罗泰戈拉最终走上了一条捍卫法律、风尚和传统道德之路。尽管他不确定神是否存在，却坚持认为应当对神保持崇敬。

第三章　苏格拉底

　　苏格拉底（公元前469—前399）是古希腊哲学家、公民陪审员，生于雅典。本人无著作传世，其言行见于柏拉图的一些对话体著作和色诺芬的《苏格拉底言行回忆录》。在欧洲哲学史上，他第一个提出唯心主义目的论，认为一切都是神的创造与安排。

《申辩篇》

苏格拉底出身于雅典的中产阶级家庭,他的一生几乎是在辩论中度过的。他向人们讲授哲学,和"智者"不同,他不是为了钱而是为了宣传他的理念。公元前399年被判死刑,死时约70岁。

目前,我们对苏格拉底的了解主要靠他两个弟子的回忆。一个是色诺芬的《苏格拉底言行回忆录》,另一个是柏拉图的对话体著作。

一般认为《申辩篇》是关于苏格拉底的最具有历史真实性的一篇对话。据说,这篇对话是苏格拉底在受审时为自己所作的辩护。审判时,柏拉图在场,他记录下来的话就是苏格拉底在受审时的发言。应该说,这大体是符合历史事实的。这篇对话,虽然存在着某种局限性,但仍然为我们刻画出了苏格拉底其人。

当时他的罪状是:"苏格拉底是一个怪人,一个作恶者。他窥视天上地下的事物,颠倒黑白,把坏的说成好的,并以此去教导他人。"检察官坚持认为,苏格拉底所犯的罪是攻击国家信奉的神,并且宣扬他自己的新神,并以此教导青年,败坏了青年的道德。其实,当权者敌视苏格拉底的真正理由是:他的学生大都属于贵族,当权者认为他和贵族有勾结,但由于已经大赦,这个理由不能在法庭

□ 苏格拉底

在苏格拉底以前,希腊的哲学主要研究宇宙的本源是什么,世界由什么构成等自然哲学的问题。而苏格拉底认为再研究这些问题对拯救国家没有现实意义,于是他转为研究人类本身,即研究人类的伦理问题,比如什么是正义,什么是国家,具有什么品质的人才能治理好国家等。后人称这种苏格拉底的哲学为"伦理哲学"。

公开提出来，只好寻找其他理由给他定罪。根据雅典法律，他本可以要求判处相对死刑来说更轻的刑罚，而这个尺度又必须是法庭认可的较重的处罚，从而可以免于一死。但苏格拉底只愿意接受区区30个米尼的罚金。这种处罚确实太轻了，以致惹怒了大多数法官，从而宣判了他的死刑。

在法庭上，苏格拉底对检察官的起诉一一进行了反驳：

□ **哲学史上的关键时刻**

公元前399年，苏格拉底被指控不接受既定的雅典信条，经陪审团表决后被雅典法庭判处死刑。苏格拉底在审判中申辩说：最高的美德是智慧。这一刻成为哲学史上的关键时刻。

一、起诉书说苏格拉底否认国家的神，宣扬自己的新神。但是，检察官美立都又说苏格拉底是一个无神论者，并引用苏格拉底的话："太阳是石头，月亮是土。"苏格拉底当即驳斥美立都："你大概是在控诉阿那克萨戈拉吧，你去剧场花一个德拉克玛就能听到他的观点。"他以此指出，起诉书控告他"宣扬新的神"，而法官又说他是彻底的无神论者，二者自相矛盾。

二、起诉书指责苏格拉底败坏青年。他反驳说：出席庭审的人中很多是我的学生和学生的父母兄弟，而起诉书并没有提出哪一个青年被他"败坏"了，这些人中也没有谁见证到他败坏过哪一个青年。他拒绝遵循当时的惯例，把儿女带到法庭上哭哭啼啼，以便软化法官们的心。他说，这种情景会给法庭带来污点，并使整个雅典城都显得可笑。

法庭宣判他的死刑后，苏格拉底作了最后的发言：

"现在，你们这些给我定罪的人，我要向你们预言，我就要死去了，而人临死时的预言是会应验的。我死后，你们将立即遭受比死刑更重的惩罚。……如果你们认为用杀人的办法就能阻止别人谴责你们的罪恶，那你们就错了；那是一种既不可能而又不荣誉的逃避办法，而最容易、最高尚的办法并不是阻止别人说话，而是要纠正自己的心态。"

紧接着，他转向那些投票支持开释他的法官说，他那天所做的一切事情，神

□ 苏格拉底之死　大卫　1787年

　　苏格拉底是哲学家中慷慨赴死的第一人。这幅油画画出了苏格拉底即将喝毒药被处死时的情景。他手指天空，认为天国是他的最终归宿。

始终没有反对：

"这是一次预言，以示我遭遇的可能是一件好事。"在苏格拉底看来，死要么是一场无梦之眠，要么就是灵魂将移居到另一个世界。

"如果一个人能和奥尔弗斯、缪索斯、赫西阿德、荷马对话，那他还有什么东西不可以放弃呢？……在另一个世界里，不会因为一个人提出了问题，就把他处死，绝对不会。那个世界的人们，除了比我们更幸福外，他们还获得了永生……"

"时辰已经到了，我们各走各的吧。我去死，你们去活，谁更好呢？只有神才知道。"

《申辩篇》为我们清晰地描绘出了某一类型的人：一个自信满满的人，思维敏捷，不被世俗成败所累，相信自己被一个神圣的声音引导着，并坚信唯有思想清明才能拥有健康的生活。忽略最后一点的话，他俨然一个清教徒或基督教的殉道者。他的遗言任谁听了都会觉得他坚信灵魂的不朽，尽管他表面上流露出了一种不确定性。基督徒会因为害怕永世受苦而惶惶不安，而他完全没有这种忧虑；他相信自己在另一个世界的生活会是幸福的。

神秘的苏格拉底

在世俗人看来，苏格拉底是一个十分神秘的人，有人甚至认为他的精神有问题。有两件关于他的轶事广为流传：

有一天清晨，苏格拉底独自在户外沉思，苦苦思索如何解决一个棘手的问题。从清晨到中午，他一直一动不动地站在那里思考。中午时分，人们开始注意他了，来来往往的人都在议论这件事。此时正值夏日，晚上有几个爱奥尼亚人出于好奇，搬来铺盖卷，守着苏格拉底，看他是否会在此站一整夜。果然，苏格拉底一直站到第二天清晨。太阳出来了，他向太阳做了祈祷才离开。

还有一次，苏格拉底和亚里士托德姆一块儿去参加一个宴会。路上，苏格拉底又在出神想问题，以致没有跟上。亚里士托德姆没在意身边这位朋友的动向，他到达宴会地点后，直到主人向他问起，亚里士托德姆才发现苏格拉底没和自己在一起。于是，他们马上派一个奴隶寻找，结果发现苏格拉底就站在邻家的走廊下。奴隶回来说："他

□ 臧蒂普把水倒在苏格拉底头上　17世纪

苏格拉底著名的爱情名言：你若能得到一位贤妻，你就能得到极大的快乐；你若得到一个悍妇，就能将你造就成一位哲学家。这其实是苏格拉底切身体会的总结。此图描绘的就是苏格拉底妻子臧蒂普的疯狂行为。据说，一次苏格拉底正给学生讲课，臧蒂普突然闯入，不由分说便破口大骂，而苏格拉底却神情自若。过了一段时间，骂够了的臧蒂普离开了教室，于是苏格拉底转身继续上课。突然，一盆冷水泼来，把苏格拉底淋成了落汤鸡。学生本以为苏格拉底会发怒，谁知他却幽默地说道："我知道，打雷之后必然下雨。"也许正是这种漫骂中的定力，让苏格拉底得以沉思人的本性，成为大哲学家。

呆呆地站在那里，我招呼他，他一动不动。"参加宴会的人中有人了解苏格拉底，解释说："他有这个习惯，随时会站下来，无缘无故地出神。"当宴会过了一半时，苏格拉底才到。

人人都将苏格拉底描述得很丑，鼻子扁平，肚子硕大；色诺芬在《筵话篇》中称"他比萨提尔滑稽戏里的一切丑汉还更丑"。他总是衣衫褴褛，赤脚而行；他不惧寒暑和饥渴，人人都为之震惊。阿尔西拜阿底斯在《筵话篇》中描述过苏格拉底服兵役时的情形：

"我们的给养被敌人切断，被迫枵腹行军，这时苏格拉底表现出了惊人的耐力。他对寒冷也有极强的忍耐力。我们曾经历过一次可怕的严霜，其他人不是躲在屋里，就是穿起若干层衣服，双脚包上毛毡，把自己包裹得像个怪物；而苏格

□ 伯罗奔尼撒战争

伯罗奔尼撒战争是从公元前431年到公元前404年，以雅典为首的提洛同盟与以斯巴达为首的伯罗奔尼撒联盟之间的一系列战役。最终斯巴达获得胜利，该战役结束了雅典的经典时代，也结束了希腊的民主时代，战争给繁荣的古希腊带来了前所未有的破坏，导致战后希腊奴隶制城邦的危机，整个希腊开始由盛转衰。色诺芬的历史著作《希腊史》被认为是修昔底德《伯罗奔尼撒战争史》之续编，叙事始于公元前411年，止于公元前362年。

文化伟人代表作图释书系

拉底却依旧穿着平日的衣服，赤脚走在冰上，比其他穿鞋的士兵走得更稳。"

苏格拉底对情欲的驾驭能力常常为人称道。他极少饮酒，可一旦喝起来，就会把所有人都喝倒，几乎没人见他醉过。在爱情上，无论多么强烈的诱惑，他也始终是"柏拉图式"的。他是一个完美的奥尔弗斯式的圣者；当灵魂和肉体二者对立时，他做到了灵魂对肉体的完全控制。面对死亡，他能冷漠视之，就是这种控制能力的最后证明。可他同时又不是一个正统的奥尔弗斯派，他只接受其中的基本教义，对迷信与净化仪式则全无旁及。

□ 年老的尊者　1世纪

这幅关于苏格拉底的壁画作于1世纪的罗马乡村，当时，他已经成为罗马帝国知识界的文化英雄。

"自知自己无知"

苏格拉底学说主要聚焦于伦理学，而非科学方面，这在他的《申辩篇》中有所流露。他说："我与物理学是没有缘分的"。与柏拉图的那些对话是公认最接近苏格拉底的，在这些对话中，苏格拉底主要是探讨了伦理学的一些定义，《沙米底斯篇》讨论了节制和中庸主义，《李西斯篇》谈论了友谊，《拉什斯篇》讨论了勇敢。在探讨这些问题时，苏格拉底始终坚持说自己一无所知，并且说，他之所以比其他人聪明就在于他知道自己一无所知；然而，坚持说自己一无所知，并不意味着知识是不能得到的。相反，苏格拉底不但认为对知识的探求具有十分重大的意义，而且认为通过努力，知识是能够获得的。

与"自知自己无知"相联系的是"美德即知识"。苏格拉底认为，一个人的德行与知识有着密切联系，这代表古希腊思想的一个特征，并与基督教思想相对立。基督教认为，一个人内心的纯洁才是最本质的东西。由此出发，一个完全无知的人和有学问的人之间也可以找到共同之处。

希腊伦理学和基督教伦理学之间的这一区别，一直贯穿至今。

辩证思维

辩证法就是一种通过问答探求知识的方法，这并不是苏格拉底最早提出的，但他运用并发展了这一方法。他传授知识是通过谈话进行的，在谈话中，他侧重于问，经常采用诘问的方式，理清对方的思路，引出或帮助对方建立正确的知识体系，因此他更像一个助产士。即使是在被判处死刑时，他也用辩证的方法思考："我可以在另一个世界继续提问和追求知识，不会再有人将我处死。"苏格拉底的辩证思维深入到事物的本质，苏格拉底认为：哲学家的定义应该是热爱智慧的人，而不是有智慧的人，他为哲学研究开创了一个新的领域，使哲学"从天上回到了人间"，在哲学史上具有伟大的意义。

第四章　斯巴达及其影响

斯巴达的现实和神话对希腊人的思想产生了重大影响，现实曾使斯巴达人打败了雅典，神话则影响了后来希腊人的政治学说。其中神话的影响更大。柏拉图及后来的无数作家都从斯巴达神话中汲取了营养。普鲁塔克的《莱库格斯传》中所赞颂的理想后来形成了卢梭、尼采的理论和国家社会主义学说的来源。

斯巴达的社会结构

斯巴达是拉哥尼亚的首都，位于伯罗奔尼撒东南。在多利亚人从北方入侵时，斯巴达人便征服了这片地区，这里的原住民随即沦为农奴，这些农奴被称作希洛特（Helot）。在历史上，一切土地都属于斯巴达人。但斯巴达人的法律和习俗禁止自己耕种土地，因为他们认为劳动可耻，而且还会妨碍他们永远服兵役的自由。斯巴达人的法律规定，农奴不能买卖，只能和土地附着在一起。他们将土地分为若干份地，每个成年的斯巴达男子都拥有一块份地或者几块份地。份地供给普通的斯巴达人，贵族有其自己的领地。

法律规定份地由父子相承，也可以通过遗嘱赠与，但不能转让。他们将土地

□ 斯巴达

斯巴达是古代希腊仅次于雅典的强大城邦，是典型的农奴制国家。斯巴达的人民分为三个阶级：第一阶级为斯巴达人，享有完全的公民权，虽有田但不自耕，其专职是服兵役与任官吏；第二为庇里阿西人，从事工商业但无参政权，不得享有完全的公民权利；第三阶级为希洛特，即农奴，他们常隶属于土地而为第一阶级服务，战时也随第一阶级服军役。

文化伟人代表作图释书系

交给希洛特耕种，本人每年从希洛特那里收取70个梅德尼（约相当于105蒲式耳）的粮食，并为他的妻子收取12个梅德尼及一定数量的酒和果品。此外，一切物产都属于希洛特。希洛特跟斯巴达人一样，都是希腊人，他们对自己遭受奴役的状况痛恨不已。一旦抓住机会就起来反抗，但总是被斯巴达的秘密警察镇压，他们还每年对希洛特宣战一次，顺理成章地杀死那些他们认为不驯服的人。希洛特的主人无权将其释放，唯有国家才可以，希洛特们只有英勇作战才可能得到被释放的机会，这是相当罕见的。

斯巴达男子到了20岁可以结婚，但必须在"男子之家"里生活，直到30岁为止。30岁以后，他就是一个成熟公民了。每一个公民都在食堂一起吃饭，为此，他必须从自己的份地收获的实物中拿出一部分上交。斯巴达在国民财富的分配上实行的是一种平均主义的政策，既不让一个公民匮乏，也不让一个公民富有，每个人只能靠自己份地的出产生活。斯巴达人生活的简朴闻名遐迩。

□ 斯巴达武士像

斯巴达重视军事、崇尚武力，打仗与征服他人成为斯巴达男人唯一的事业，因而斯巴达出了许多勇士。此残缺的雕像为斯巴达国王列奥尼达，希波战争期间，他在温泉关率三百勇士力抗波斯数万大军。

斯巴达的女孩子和男孩子一样接受体育锻炼。特别之处是，女孩子必须和男孩子在一起赤身裸体地进行锻炼。这些裸露的少女们在青年男子的面前进行游戏、运动和跳舞，目的是要引诱男人们去和她们结婚。普鲁塔克的《莱库格斯传》对此进行了详细描述：

他们要求少女们也要练习赛跑、角力、掷铁饼、投标枪，目的是使她们身体壮硕，以便怀孕后孩子能从她们健壮的身体里吸取营养，从而使孩子发育得更好……虽然少女们坦然地赤身裸体着，但却没有什么淫荡之处，所有的运动都是在和谐地嬉戏中进行的。

不肯结婚的人会被视为"犯法"。处罚的方式是：在最寒冷的天气里，被罚者赤身裸体地站立在年轻人锻炼和跳舞的地方外围，任凭风雪吹打。

一位老年男人如果有一位年轻的妻子，而他也容许自己的妻子和别的男青年生孩子的话，这位老人并不会受到人们的指责。"一个正直的男人爱上了别人的妻子，这种事也是合法的。……他可以请求她的丈夫让他和她同床，使他得以开垦这块丰富的土地，并且播下壮硕佳儿的种子。"在这个问题上，人们决不会有丝毫的嫉妒，因为在立法者眼中，孩子属于公共的，不属于私人所有。

妇女们不许流露出怨恨国家的情绪。她们可以对懦夫表示鄙视，如果她们所鄙视的懦夫是自己儿子的话，还会受到国家的表彰。她们新生的婴儿如果因为孱弱而被处死，或者她们的儿子战死在疆场，她们却不可以悲伤，她们被其他的希腊人公认为是最有贞操的；但如果一个已婚的妇女没有生育，这时国家会要求她去与别的男人媾合，如果这个男人比她自己的丈夫更有生育能力，她是不会有任何反抗的。在斯巴达，生育子女受到法律的鼓励，一个父亲有了三个儿子就可以豁免兵役，有四个儿子就可以豁免对国家的一切税负。

斯巴达的军事地位

战争是斯巴达人的唯一职业。斯巴达人从出生开始就要接受战争的训练。孩子出生后,第一关就是接受部族首领的检查。结果只有两个:病弱的孩子被抛弃掉,茁壮的孩子留下来进行抚养。男孩子到了7岁,就必须离开家到寄宿学校去受训,他们分成若干组,每组都选出一个懂事而勇敢的孩子来发号施令。这种生活一直持续到20岁为止。通过训练,他们变得性格坚强,不怕痛苦,服从纪律,成为一个全心全意为国家利益而战的战士。而文化、科学教育在这个学校是被完全排斥的,他们认为这是毫无意义的。

斯巴达由此成为一个陆地上无人能敌的国家,斯巴达人成为一个勇士种族。

温泉关之战(公元前480年)虽然战术上失败了,却最能表明他们勇敢。温泉关是崇山峻岭间的一条通道,斯巴达国王列奥尼达带领300名斯巴达人及6 000名盟军在这个狭小的关隘依托优势地形,抵抗了3天,阻挡了在数量上几十倍于自己的波斯军队。不过最后由于叛徒埃彼阿提斯的出卖,引波斯御林军"不朽者"绕道后山,夹击斯巴达人。波斯人潮水般扑向关口,腹背

□ 列奥尼达在温泉关 大卫

温泉关之战是希波战争中的著名战役,斯巴达国王列奥尼达率军出战。根据斯巴达的戒律,在卡尼亚节和奥林匹克节日期间必须停止军事行动。但他们不愿看到温泉关落入波斯人手里,因此派出了这支数量微小,但都是精锐战士的部队。他们最终在温泉关阻挡了在数量上比自己多几十倍的波斯大军。

受敌的斯巴达人坚守自己的阵地，奋勇迎战，直至全部阵亡。当时有两个人因为生眼病，近乎失明，没有参战。可后来其中一个人坚持让他的希洛特把他带上战场，最终被敌人杀害。另一个叫亚里士托德姆的人病得实在太严重，就没有上阵。回到斯巴达后，他被所有人排斥，并被人们称作"懦夫亚里士托德姆"。一年后，他参加了普拉提亚之战，在斯巴达人大获全胜的这场战役中，他英勇战死沙场，洗刷了自己的耻辱。

为了纪念斯巴达三百勇士的英勇战绩，古希腊诗人西摩尼在一尊狮子状的纪念碑上镌刻下这样的铭文：

"异乡人，

你若到斯巴达。

请转告那里的公民：

我们阵亡此地，

至死犹恪守誓言。"

在很长的一段时期里，斯巴达人证明了自己在陆上是无敌的。他们一直保持着他们的霸权，直到公元前371年留克特拉之战中被底比斯人打败为止。这一战结束了斯巴达人军事上的崇高地位。

斯巴达的宪法

斯巴达的宪法设置了两个王,他们分属于两个不同家族,王位是世袭的。其中一个王有指挥军队的权力,和平时期他们主持国家祭祀和处理家族案件。在公共的宴会上,他们得到的食品比其他人多一倍。王去世时,要举行全国哀悼。两个王皆为三十人制长老议会成员,除了两个王以外,其余28人必须是年逾六十的贵族。这是一个终身职位,由全体公民选举出来,但只能由贵族担任。长老会议是最高司法机关,其主要任务是审判案件。一切国家大事先由长老议会讨论决定,然后交公民大会通过。如不能通过,长老有权宣布休会。

公民大会包括全体具有公民身份的人。公民大会不能主动提出任何动议,但有权对任何动议进行表决。任何法律不经它同意,都是无效的。但在法律生效前,必须先由长老们和行政官宣布决定。

除此之外,斯巴达的政府机构还包括另外四个部分,其中监察官制度是斯巴达所独有的。宪法一共设置了5个监察官,他们从全体公民中选举出来。选举的方法就是人类最原始的抽签法。设置监察官的目的显然是为了要平衡王权。宪法规定,王每个月都必须宣誓拥护宪法,接着就是监察官宣誓。只要王信守誓言,他们就拥护王。王在出征的时候,有两个监察官跟随并监视他的行动,他们有审判国王的权力。

□ 斯巴达贵族

"斯巴达"原来的意思是"可以耕种的平原"。约在公元前11世纪,一批叫作多利亚人的希腊部落,南下侵入拉哥尼亚,他们毁掉原有的城邦,在这里居住下来。斯巴达人就是指来到这里的多利亚人,后来发展成一个奴隶主贵族专政的国家。

□ 斯巴达王

这是古希腊的一种有双把手的浅酒杯，即基里克斯陶杯上的图案，描绘了在爱与美的女神阿芙洛狄忒（左一）和月神与狩猎女神阿尔忒弥斯（右一）的见证下，斯巴达王（左二）追捕帕里斯（左三）的情景。

斯巴达人虽然制定了宪法及有关的法律，但实际上他们并没有人们想象的那么完美。他们的理论已经完全脱离了实际。尽管官方常常进行鄙弃财富、要爱好纯朴生活之类的教育，但社会中的腐败仍令人瞠目。生活在斯巴达盛期的希罗多德曾提到，没有一个斯巴达人能拒绝贿赂。斯巴达妇女的贞洁受到了人们的质疑，因为有好几次王位继承人之所以遭到废黜，都是因为他们是自己母亲的私生子。斯巴达人爱国不屈也是有疑问的，一个著名的例证是：普拉提亚之战的胜利者、斯巴达王鲍萨尼亚斯，经不住诱惑，被波斯王薛西斯收买而成为了叛国贼。

斯巴达的政策具有非常狭隘的地域性。小亚细亚及其邻近的岛屿最初被波斯人控制着，后来雅典人试图解放他们的同胞而对波斯人宣战，但斯巴达人却作壁上观；只要不威胁到伯罗奔尼撒半岛的安全，斯巴达人就不会关心其他希腊城邦的处境。希腊各城邦都曾努力联合在一起，但最终都被斯巴达人的狭隘观念挫败。

"没有自由"的斯巴达人

斯巴达人生来就被严格的纪律和生活秩序束缚。任何随心所欲的行为都会被认定为违法，他们的城邦就像一座冰冷的军营，每个人都有各自的职责和岗位，都怀着一种永远为国家服务的情操。斯巴达人还被禁止出国旅行，外国人没事也不得进入斯巴达，因为他们担心本国人的德行会被外国人败坏。商人、工匠和劳作者必须恪守本分，不得从事其他生产活动。国家禁止私人拥有金银，货币只能用铁铸造，不能使用金银。重重限制扫除了"一切虚浮无益的学问"，切断了与外界的贸易往来，这一切都使得斯巴达成为了一个孤立的小王国。

第五章　柏拉图

柏拉图（公元前427—前347年），古希腊伟大的哲学家，也是西方文化史上最伟大的哲学家和思想家之一，他和老师苏格拉底，学生亚里士多德并称为希腊三哲。公元前387年柏拉图在雅典创办学园，逐步建立起欧洲哲学史上第一个庞大的客观唯心主义体系。这个体系的中心是理念论。柏拉图是西方哲学史上第一个有大量著作传世的哲学家。

柏拉图理论的来源

柏拉图和亚里士多德是哲学史上最有影响的两个人。就他们两人而论,柏拉图对后世的影响尤其大。原因是:第一,亚里士多德本人就是柏拉图学说的传人;第二,直到13世纪为止,基督教的神学和哲学始终是更具有柏拉图式而非亚里士多德式的。

柏拉图哲学有五个重要方面:① 乌托邦思想。它是后世一长串乌托邦中最早的一个。② 他的理念论。这是解决哲学中共相问题的首次尝试。③灵魂不朽论。④宇宙起源理论。⑤"回忆说",即把知识看作是回忆而不是知觉的知识观。

□ 柏拉图

柏拉图是西方哲学乃至整个西方文化中最伟大的哲学家和思想家。虽然哲学史早在柏拉图之前就已经存在,但许多人还是认为哲学的真正开端始于柏拉图。

柏拉图生于公元前427年,即伯罗奔尼撒战争初期。他是雅典贵族出身,与三十僭主(公元前404年伯罗奔尼撒战争后,斯巴达在雅典扶植的、以克里提阿斯为首的三十大贵族专制统治的寡头政治集团。)统治时期的许多人物都有关系。雅典战败后,他认为失败的原因是民主体制。由于家庭关系和他的社会地位,柏拉图鄙视民主体制。他是苏格拉底的学生,对老师怀有深深的敬意;而苏格拉底是被民主派判的死刑。因此,他到斯巴达那里寻找他理想国的影子是很正常的事情。后代的人们赞美柏拉图,但并不理解柏拉图;盲目地认为伟人的话总是正确的,这是时代的通病。就好像是一个现代的英国人或美国人却在宣传极权主义。

柏拉图一生深受毕达哥拉斯、巴门尼德、赫拉克利特、苏格拉底的影响。

从毕达哥拉斯那里,他得到了哲学中的奥

尔弗斯主义思想，包括宗教倾向、灵魂不朽，出世精神、僧侣情致，还有对数学的尊崇，以及理智与神秘主义的交织。

从巴门尼德那里，他得到了以下信仰，如：实在是永恒的，没有时间性的；并且根据逻辑的理由来讲，一切变化都是虚幻的。

从赫拉克利特那里，他受到了"没有任何东西是永恒的"等学说的浸染。他将赫拉克利特与巴门尼德两者的学说结合起来，得出一个新结论，即：知识不是由感官获得，而是通过理智。

从苏格拉底那里，他继承了对社会伦理的深刻关切，以及为世界寻求目的论解释而非机械论解释的那种企图。在苏格拉底的影响下，"善"成了他一切思想的主导。

□ 柏拉图与亚里士多德

亚里士多德是柏拉图的学生，然而，在哲学的思想上，师徒两人却各自有着不同的想法，常为此发生争执。亚里士多德曾说："吾爱吾师，吾更爱真理。"后来，他提出实在论哲学观，就是对柏拉图观念论哲学的批判。此图描绘的是人们想象中的柏拉图与亚里士多德之间的对话情景。

这些方面与政治上的权威主义存在密切联系，具体表现为：

一、"善"与"实在"都是永恒的，没有时间性的，最美好的国家是最低限度的变动与最大限度的静止完美结合，这样一个国家的统治者就应该是一位充分理解了"善"的永恒性的人。

二、同其他一切神秘主义者一样，柏拉图的信仰中也存在一种确实性的核心，而且这种确实性要想与人相通，就必须依靠某种生活方式。一个人要想做一个优秀的政治家，就必须理解"善"的本质，而这就必须把知识和道德完美结合在一起后才能实现。如果让不具备这一点的人参与执政，则无疑会给国家带来不同程度的破坏。

三、要想按柏拉图的原则塑造一个好的统治者，就需要大量教育。而在这些教育中，数学教育是必不可少的，他认为这是最本质的东西，也最能体现一个人的智慧。

四、和希腊大多数哲学家一样，柏拉图认为闲暇是智慧的主要条件。因此，智慧与那些为了生存不得不每天劳作的人无缘，只能在那些拥有大量生活资料，或享受国家俸禄、不必为生活担忧的人们身上找到。毫无疑问，这种观点本质上是典型的贵族主义。

如果把柏拉图上述思想与近代思想比较，就会发现两个问题：① 到底有没有"智慧"这样一种东西？② 如果有这个东西，能否设计一部宪法以赋予它政治权力？

具备上述意义的"智慧"不能是任何特殊技能，如鞋匠、医生或军人所掌握的专业技能。它必须是某种更一般化的东西，有人掌握了之后能够更有智慧地治理国家的东西。

现在我们假设有"智慧"这样一种东西，我们也设计了一部宪法，给"智慧者"赋予了政治权力。问题是，我们能不能用宪法形式把政府交给有"智慧"的人呢？常识告诉我们，多数人例如议会是可能犯错误的，事实上他们也确实不时会犯错误。贵族政体并不一定具备智慧，君主制则往往是愚钝的；教皇虽然具有不可置疑性，却造成过很多严重错误。那么，把政府交给大学毕业生怎么样？或者交给神学院的博士？又或者交给那些虽然出身贫贱，但最终发家致富的人呢？实践证明，没有任何一种法定选择的公民比全体人民更有智慧。

可能有人会提出：一个人只要接受适当的训练，就可以获得政治智慧。但是，接下来的问题是，什么叫"适当的训练"？这是难以定义的。归根到底，这是一个有关党派的问题。

看来，找出一群"有智慧"的人来，再把政府交托给他们，这仍然是一个难以解决的问题。这就是为什么我们要拥护民主制度的根本原因。

柏拉图的乌托邦

柏拉图最重要的对话是《国家篇》，该篇包括三部分内容：

第一部分：建立一个理想国。这是人类历史上最早出现的乌托邦思想。

第二部分：通过讨论，柏拉图得出结论：统治者必须是哲学家。

第三部分：讨论各种国家体制的优缺点。

下面是柏拉图给我们描述的理想国情景：

在理想国中，柏拉图一开始就把公民分成三个阶级：普通人、兵士、卫国者。三个阶级中只有卫国者才有政治权力，他们的人数比另两个阶级的要少。卫国者最初由立法者选定，此后便转为世袭，但在某些特殊情况下，可以把低等阶级中有希望的孩子提拔到卫国者中来；而卫国者的孩子如果不令人满意，也可以把他们降级。

为了保证卫国者能够完全实现立法者的意图，柏拉图在教育、宗教、经济、生物等方面提出了各种建议。

其中优先考虑的就是教育。教育分为两部分：音乐和体育。它们的内涵比现在广泛得多，音乐是指文艺女神所掌管的所有事物，相当于我们现在所说的"文化"；体育则是指与身体训练和涉及适应能力的一切事物，比我们现在所说的"运动"更广泛。

通过学习音乐，卫国者被培养成为我们所熟悉的英国式绅士。柏拉图那个时代的雅典，某些方面有些像19世纪的英国：也有一个富有的，但并未垄断政治权力的贵族阶级；贵族们以他们庄严、优雅的举止获得社会地位。但在柏拉图的乌托邦中，贵族的统治是毫无掣肘的。

理想国培养的主要品质是威严、礼仪和勇敢。从幼年开始，卫国者们所接触的文学和音乐就开始受到严格的审查。

母亲和保姆只能对孩子讲述官方定下的故事。荷马和赫西俄德的故事和诗篇不能讲述，因为在他们的作品中"神"也有邪恶。必须让青年明白，神是圣洁

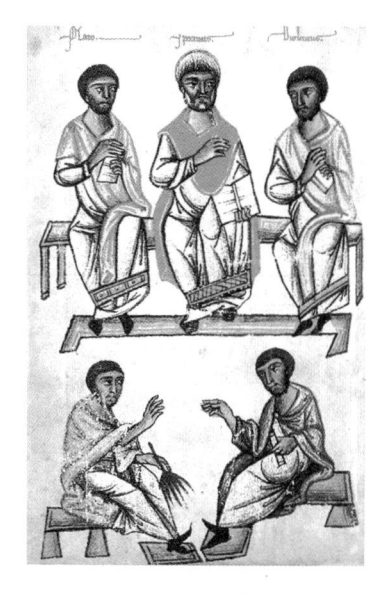

□ 想象的情形

此图是当时出版的某书插图中柏拉图（上排左）的画像。在印刷术发明之前，手稿中往往有各种插图。这些插图成为我们了解研究古代哲学家面目的主要依据之一。

的，也是一切美好事物的缔造者。再有，他们的作品中有些内容被认为是可怕的，使人产生对死亡的恐惧，这会让战士在战场上产生贪生的思想。应当告诫他们被敌人奴役比死亡更可怕。其次，按照礼仪规定，人们不可放声大笑，而荷马曾描写过"那些幸福的神大笑不止"的情景，要是孩子们能够引征这段话，那么老师还怎么能够有效地谴责孩子们的大声喧哗呢？另外，荷马史诗中有些片段是盛赞大型宴会的，有些是描写"神"的欲望的。这些都和理想国宣扬的"节制"观念相矛盾。那些关于好人遭殃、坏人承欢的故事也被禁止讲述，因为这可能会给柔弱的心灵带来伤害。

柏拉图对戏剧是完全排斥的。他认为好人不应该模仿坏人；女人、奴隶和下等人也不应该是演员模仿的对象。但是，戏剧是生活的反映，不可能没有"坏人"。没有办法，柏拉图只好决定把戏剧家从他的城邦赶出去：

"如果有一位能模仿任何事情的演员来到这里，并要为我们表演，我们要把他奉为一个可爱而神圣的人物，表现出对他的崇敬之情；但同时我们也要明确地告诉他，我们国家的法律对他这类人是禁止的。因此，我们给他涂上香料，戴上花冠，把他送至其他城邦。"

在音乐方面，吕底亚和爱奥尼亚的乐曲都遭到禁止，因为他们认为前者表达的是悲苦之情，而后者全是靡靡之音。只有那些体现英勇行为与祥和生活，节奏简单的音乐才被允许。

理想国对青年的体能训练极其严厉。饮食方面，只准吃烤鱼烤肉，不准吃其他方法烹制的鱼肉，而且不准加任何作料，更不准吃任何点心。据柏拉图说，只要按照他的食谱进餐，绝不会生病，当然也就不需要医生了。

年轻人到了一定年龄后，必须让他们去经受种种"诱惑"；看恐怖的事物使他们不致怯懦，经历享乐也不能动摇他们的意志。通过这些考验后，他们就是一个真正的卫国者了。

经济方面。柏拉图为卫国者们设计了一种彻底的共产主义经济制度。卫国者要过类似于军营的生活，住小房间，吃简单的食物；除了生活必需品外，不得有任何私人财产。城邦是为全体人民谋幸福的，并不是为某一特定阶层谋福利。在柏拉图看来，财富和贫困都是有害的，在他的理想国中这两者都不存在。

婚姻方面。柏拉图把共产主义制度运用到家庭中来。他认为所有东西都应该共享，包括妻子和孩子。他还主张女孩应该接受与男孩同样的教育，学习音乐、体育和作战技术。女人和男人在一切方面都完全平等。有哲学天赋的女子，适合做卫国者，好战的女子则可以成为优秀的战士。

立法者选定了男女青年作为卫国者后，就要求他们住在同一个房间，一起吃饭。女人们无一例外地是这些男人共同的妻子，没有一个男人能独自拥有他的妻子。要让新郎和新娘们相信，他们的结合是自己抽签的结果（实际上是统治者根据优生原则来分配的）。在这种"婚姻"制度下，体质、教养最好的男人将有最多的儿女。孩子一出生，马上从父母身边带走，绝对不能让亲生父母知道谁是他们的孩子，也不能让孩子们知道谁是自己的亲生父母。如果生下的是畸形的孩子，或者是低劣的父母所生的孩子，"都要放到一个人所不知的神秘地方去，那是他们应该去的地方"。生育孩子必须经国家批准，否则不合法。母亲的年龄在20岁—40岁之间，父亲的年龄在25—55岁之间。在这个年龄限制之外，性行为也是自由的，但必须强制流产或者将婴儿杀死。

由于每个孩子都不知道自己的亲生父母是谁，所以，孩子们就把每一个年龄相当于父亲的男人称为父亲，对"母亲""兄弟""姐妹"也如此。柏拉图之所以做出这种要求，无疑是为了限制私有感情，为占统治地位的公共精神消除障碍，维护私有财产取消制度。那些坚持独身的僧侣，可能也是出于类似的目的。

神学方面。柏拉图编造了一个"高贵的谎言"：撒谎是政府的权力。这个"谎言"编造得相当完美。"谎言"最重要的部分就是"神"创造了三个阶层：高贵者是用金子做成的，次一等的是用银子做成的，一般老百姓是用铜或铁做成的。用金子做的人适合做卫国者，用银子做的人适于当士兵，而其他人则应该做体力劳动者。

柏拉图也意识到，要使目前这一代人相信这个神话是不大可能的。他认为，作为对神的信仰，可以在两个世代内培养起来。通过教育，使两个世代以后的人

□ 柏拉图的雅典学园　尚·德维　1898年

这幅画展现了以柏拉图为中心，12位肤色各异的学生对称散布在周围聆听教诲的情景。柏拉图哲学在各时代都有着广泛的影响。

们不对这个神话产生怀疑。这个看法有一定的正确性，日本人在这方面就取得了成功。比如，日本人从小就被告知，天皇是由"日神"诞生的。日本比全世界一切国家建国都要早等等。在日本教育界，任何一个老师，如果对此表示怀疑，马上就会被扣上"反日"的罪名而被开除。

以上就是柏拉图"理想国"的内容。他在讨论完理想国的各项制度后，为正义下了一个定义：正义就是每个人都做自己的工作而不要做一个多管闲事的人。当每个阶级都各做自己的工作而不干涉其他阶级的工作时，整个城邦就是正义的了。但柏拉图似乎并没能认识到强迫别人接受这样的神话，这与哲学并不相容，并且它包含着一种足以损害人类理智的教育。

柏拉图口中的正义在于人人都安分守己而不要做一个多管闲事的人：当商人、辅助者和卫国者各做自己的工作而不干涉其他阶级的工作时，整个城邦就是正义的。毋庸置疑，每个人都致力于自己的工作这条训诫是正确的，但与现在所说的"正义"并不一致。这里所说的"正义"二字是基于希腊一种极为重要的思想观念得出的，可能并不恰当，因此有必要回顾一下阿那克西曼德说过的话：

"万物皆由它而生，万物湮灭后又复归于它，这是命运使然。因为万物按照既定的时间为它们彼此间的不正义而相互补偿。"

哲学出现之前，希腊人就已产生了一种宗教或伦理的宇宙理论。根据这种理论，每个人或每件事物的地位与职责都是规定好了的。但这并不取决于神的意志，而是与连神都要服从的某种自然规律联系在一起。柏拉图的正义就是建立在这一基础之上。

"正义"这个词有法律和政治思想两种不同方向的意义，前者的意义与柏拉图的观念更为相似，它与平等没有关系，主要是指财产权。《国家篇》一开篇就提出了"正义"的定义：正义在于偿还债务。随后，柏拉图认为这并不恰当，随即又舍弃了这一定义，但在整篇对话中，我们仍能窥视其中的某些部分。

柏拉图关于"正义"的定义有两点值得注意：① 它使得权力和特权的不平等但不是不正义，成为可能。卫国者必须拥有一切权力，因为他们是全社会最有智慧的人。在这个定义里，只有当其他阶级里出现了有人比卫国者更有智慧的情景，才是不正义的。这就是他为什么要在对话中提出公民升级和降级的原因。② 柏拉图关于"正义"的定义要预先假设有一个"国家"，这个国家无论是按传统方式建立起来的，还是按柏拉图"理想国"方式建立起来，它的目的只有一个，就是要实现某种伦理的理想。他所说的每个人的工作，不是由各人的兴趣决定，就是由国家根据他的能力决定，柏拉图更倾向于后者。因此，在确定一个人工作的过程中，政府的意图起着主导作用。

考察完了柏拉图的"理想国"，有一个问题值得注意：柏拉图的乌托邦和中世纪以后所有的乌托邦不同，他是准备付诸实践的乌托邦，并不是现代人所认为的，那是理想主义者的"幻想"。"理想国"中的许多制度，在当时的斯巴达已经得到实现。当时的城邦，请一位哲学家来拟订法律是通行的做法。梭伦就曾经为雅典这样做过，毕达哥拉斯也为图里这样做过。如果一群柏拉图主义者要在西班牙、高卢沿海岸建立一个他们心目中的"理想国"，那是完全有可能的。

对于柏拉图来说，他很不幸，命运把他带到了叙拉古。这是一个发达的商业城邦，当时，叙拉古等城邦正在和迦太基进行战争。在这样的气氛中，任何哲学家都不可能有什么作为。

柏拉图的理念论

什么叫哲学家

在《国家篇》中，柏拉图用了大量的篇幅来讨论纯粹的哲学问题。他说：假设哲学家是王，或者世界上的王和君主都具有哲学家的精神和力量，能把政治和智慧相结合，并把那些只具备一方面的能力而在另一方面则完全平庸的人驱除出去，那么，这个城邦就会安宁而富强；否则，城邦就会遭受灾难。不但城邦得不到安宁，连全人类都不会安宁……

如果真是这样，我们就要问：到底怎样的人才能被称为哲学家？构成一个哲学家需要哪些品质？

柏拉图说：哲学家是能够"洞见真理"的人。

□《雅典学派》 拉斐尔

柏拉图多才多艺，在很多方面都有所成就。他的《对话录》是有史以来最优美的希腊散文，既是艺术品，又是哲学著作。但是，当他试图对实际的政治施加影响时，却未能获得成功。该图描绘了柏拉图在雅典学派中讲学的场景。

假设有一个人爱好美的事物，他决心去看一切新悲剧，去看一切新图画，去听一切新音乐。我们说，这个人并不就是哲学家，因为他只是爱美的事物，而哲学家则是深深地爱着美的本身。一个人仅仅爱美，那是在梦中，而认识美本身的那个人，才是清醒的。"爱美"的人只是有意见，而"认识美"的人则有知识。

□ **柏拉图的乌托邦　圣纳扎罗**

在柏拉图所描绘的乌托邦中，公民被分为三种类型：卫国者、兵士和普通人，分别代表智慧、勇敢和欲望三种品性。卫国者依靠自己的哲学智慧和道德力量统治国家；兵士辅助治国，用忠诚和勇敢保卫国家的安全；普通人则为全国提供物质生活资料。然而，卫国者是德高望重的哲学家，只有哲学家才能认识理念，具有完美的德行和高超的智慧，公正地治理国家。这幅油画反映的就是这样的思想。

那么，"知识"和"意见"的区别在哪里呢？柏拉图对此下了一个结论：意见属于人的感官所接触到的客观事物，而知识属于超越感官的永恒世界。比如：意见可以涉及各个美的事物，但知识却可以触及到美的本质，即触及到"美的自身"。

由讨论"什么是哲学家"深入到"意见"和"知识"的区别，再回到前面讲的"国家应该由哲学家来治理"，柏拉图为理想国设计了两种开国方式：一种是哲学家成为统治者，一种是统治者成为哲学家。从历史上看，第一种方式几乎没有任何可能性。况且，在一个未经哲学洗礼的城邦，哲学家是不受欢迎的；但一个世袭的君主却可以成为一个哲学家。而且"只需一个君主就行了，只要一个城邦都服从他的意志，他就有能力制定出一个难以置信的理想政体"。柏拉图希望能在叙拉古的僭主小狄奥尼修斯身上实现他的理想，然而，这位年轻君主的所作所为让他感到很失望。

柏拉图的"理念"学说

在柏拉图的一系列学说中，有些内容并非源自前人，其中就有他的"理念"论。这一理论由逻辑和形而上学两部分构成。逻辑部分主要针对字的一般意义。如"猫"这个字，在逻辑上它的意义不是指每一只不同的猫，而是指所有猫都具有的普遍性质,这种性质不随任何猫的出生而产生,也不随哪只猫的死去而消亡。也就是说,它是"永恒"的。

如果从形而上学部分来说,"猫"字代表一只理想的猫,即神创造出来的唯一的"猫",每一只不同的猫都具有"猫性",但彼此都有差异,正是由于这种差异,也就出现了众多有各自特点的个体猫。

□ 掌管天文的缪斯女神

根据柏拉图的理念论,哲学家必须研究数学、几何学与天文学。在柏拉图之前,天文学主要围绕四边形的宇宙论而讨论,自柏拉图开始,古希腊天文学有了新的特色——用几何系统来表示天体的运动。图为掌管天文的缪斯女神乌兰尼亚的雕像。

在《国家篇》最后一卷中,柏拉图对他的"理念"学说进行了详细阐述。

柏拉图认为,众多的个体必然有一个共同的名字,有一个共同的"理念"形式。比如,虽然有许多张床,但作为"理念"的床只有一个。就像镜子里的床,仅仅是现象而非实在,如同现实中的床也不是实在的,只是"理念的摹本";"理念"才是唯一的、实在的床;而且,"理念"这个床是由神创造的。面对神创造出来的唯一的床,人们思考出的是"知识",而面对木匠制造出的一张张不同的床,我们脑海中产生的只能是"意见"。因此,哲学家们感兴趣的只是理念的床,并不包括感官所接触到的若干张床。

柏拉图在建构他的"理念"学说时,先进行了一些预备性讨论。首先,他把理智世界和感觉世界进行了划分,又把理智划分为"理性"和"悟性"。二者之中,理性是认识的高级形式,它只涉及纯粹的理念,它使用的方法是辩证的。而"悟性"则是数学里运用的那种理智。"悟性"低于理性的原因是,它使用的假设是它自身不能验证的。比如,在几何学里,"假设ABC是一个直线三角形"。如果要问：它实际上是不是一个直线三角形，那是不合规矩的。虽然我们有把握说它绝不是一个直线三角形，因为至今为止，我们还不能画出一条绝对的直线来。数学的特点是：它永远不能告诉我们实际有什么，它只能告诉我们：如果……则会有什么。感觉世界里没有直线，如果数学不能给我们提供比假设更有说服力的真理，那我们就必须在一个超感觉的世界里找出超感觉的直线存在的证据来。柏拉图认为，悟性是无法完成这个任务的，只有理性可以做到这一点。理性证明了，在空间中存在一个直线三角形，关于他的任何几何学命题我们可以绝对地给予肯定。

□ 术士们的黄道十二宫

在古代，把从事天文、医药、占卜等活动的人统称为术士。术士常常会在仔细研究了天体和黄道十二宫的变化情况后再来安排其仪式。

柏拉图试图通过视觉类比，将理智洞见和感觉洞见清楚地区分开来。他认为视觉有别于其他感官，它不但需要眼睛和对象，还需要光线。阳光下的物体，人们会看得非常清晰；而在朦胧昏暗的状态下，物体会变得模糊；黑暗降临，人们就几乎什么也看不见了。理念世界相当于阳光照射下人们所看到的物体，而现实世界则是一片混沌。眼睛就仿佛灵魂，而阳光就是真理或者"善"。对此，他是这样描述的：

"灵魂如同眼睛：当它凝视着在真理照耀下的事物时，就能读懂它们，并散射着理智之光；可当它转身看向朦胧时，只能闪烁不定，一会儿觉得看到的是这种物体，一会儿又觉得是另一种，就像丧失了理智……被识别出的东西具有真理性，而作出识别的人则具有认识能力，这就是我所说的理念，你们将会把它视作知识的原因。"

至此，那个著名的"洞穴比喻"就被引出来了。他说：有一个很大的地下洞穴，洞顶有一道通光口一直通到洞穴内部，许多囚犯被关在里面。囚徒们的四肢和头颈被套上了枷锁，头不能转向后面，只能向前看。他们前面是一堵墙，身后是熊熊燃烧的火焰。他们不知道自己和火之间隔着一面与人一样高的土墙，他们自己和一些东西的影子被火光投射到墙上，远处不时传来人说话的回声。柏拉图说，就这样，囚徒们一生所感觉到的唯一实在就是这些影子和回声。可以设想，在这种情况下，他们自然会认为这些影子和回声是全部的现实。

如果有一天，一个囚徒摆脱了枷锁，逃出洞穴，来到光天化日之下，他看到了那些稀奇古怪但又很实在的事物，他肯定会呆若木鸡；感到自己以前被那些影子欺骗了。于是，他想回到洞穴去，把真理告诉那些和他一样受骗的囚徒，指给他们出来的道路。然而他很难说服那些囚徒，因为，如果离开阳光，他眼前是一片漆黑，什么也看不见，而别人会觉得他逃出去后变成了一个大傻瓜。

这个"洞穴比喻"含意十分深刻，它告诉我们：人类本身囚禁在自己的心里，人与人之间无法辨别彼此的真实身份。人类的经验不是现实的经验，而是存在于人类的思维之中。

毫无疑问，柏拉图的"理念"学说包含着很多明显的错误。但是，它却是哲学发展史上的里程碑，因为它最早强调了共相的问题，此后这一问题便以不同的形式传承了下来，直至今日。

柏拉图的理想天体

在天文学上，柏拉图的理论很奇怪：他不关心宇宙中运行的实际天体，而是关心所谓的"理想天体"及其运动中的数学问题。这在现代人看来非常荒谬，但非常巧合的是，实验天文学证明了这是一种很有价值的观点。

在古希腊，每个人都认为天体应该体现"数学之美"，而如何才能做到这一点？希腊人认为，只有行星在做圆周运动时才能做到。因为柏拉图的理论核心之一就是"善"，所以这个问题对他显得特别重要。这就引出了一个问题：有没有一种假说把行星表面上的无秩序转化为秩序和美呢？如果有，那么柏拉图"善"的理念就能得到证明，它的合法性、正当性就会更加有力量。萨摩的亚里士达克提出了符合这一标准的假说：

□ 日心说

哥白尼于1543年出版的《天体运行论》中，摒弃了托勒密地心体系，系统地提出了日心体系，从而实现了天文学的根本变革。

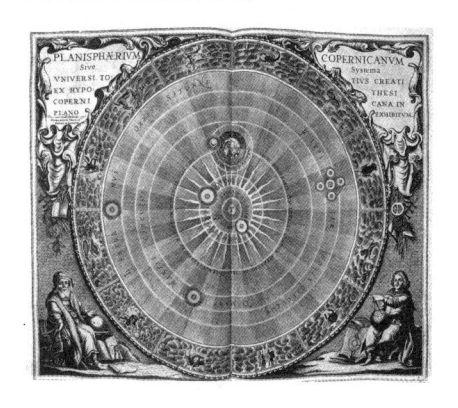

文化伟人代表作图释书系

所有的行星，包括地球，都以圆周运动的形式围绕太阳运行。两千多年来，这一观点一直被人称为妄说。但是，近代的哥白尼竟证明了这个假说。这似乎证明了柏拉图在天文学上的观点是正确的。然而，不幸的是，开普勒发现了行星是以椭圆形而不是以圆形在运动，太阳位于一个焦点而不是位于圆心；之后，牛顿又发现了它们甚至不是以标准的椭圆形在运动。于是，柏拉图所追求的那种"理想天体"的美，终于化成了一场虚幻。

以上一段历史说明了一个普遍真理：一个假说如果能启发人们以一种新的方式去思考事物的话，那么，这一假说不论多么荒谬，它都是有用的。

有趣的是，尽管柏拉图对数学和几何学赋予了极大的热情，而这两门科学也曾对他的哲学发生过很大的影响，但近代的柏拉图主义者却几乎不懂数学，这实在是有愧于先贤了。

柏拉图的不朽论

以"斐多"命名的对话写的是苏格拉底饮鸩前后的谈话。《斐多篇》表现了柏拉图心目中具有最高智慧又不畏死亡的理想人物的形象。

苏格拉底一开始就说:"任何有哲学精神的人都是不怕死的,而且还会欢迎死亡的到来,但他不想自行了断,因为那是不合法的。"有人就问,自杀为什么不合法。他回答:"在一个秘密流传的学说中,人被比作囚犯,囚犯不能打开门逃跑;对于这个秘密,我还没有深刻理解。"在他眼中,人神之间的关系,就相当于牛羊和它们主人间的关系;他说,如果牛羊自行了断性命,主人是会生气的。因此,"人不能了结自己的生命,要等待神来召唤,我现在就在等候神的召唤"。他并不畏惧死亡,因为他坚信自己是"去见其他善良而睿智的神,是去跟故去的人们会合,他们比现世及后世的人们都过得好。还有很多更美好的事物在等候着我……"

苏格拉底在临死前说:死是灵魂与肉体

□ 埃及壁画中的死者的灵魂

从远古时期开始,人们就开始相信灵魂是不朽的,古希腊哲学家柏拉图认为灵魂是单纯的、不能加以分解的,有生命和自发性,是精神世界的、理性的、纯粹的。此图表现死者灵魂被带到埃及法老面前,而死神阿努比斯在一旁监视。

的分离。

他说："单凭肉体需要食物这一点，它就是人类无穷尽的烦恼的根源。身体容易生病，因而妨碍我们追求真理；身体让我们充满了爱恋、肉欲、畏惧及各种各样的幻想；总之，它剥夺了我们的一切思想的能力。战争、杀戮、不停的纷争都来自于肉体的欲望。战争是因为爱钱引起的，因为只有钱，才能供给肉体享用。由于贪婪，我们便没有时间去学习哲学；而最可怕的是，即使我们有时间去思考，但肉体的欲望总是会打断我们，给思考造成混乱，以致看不到真理。经验已经证明，如果人类要对任何事物具有真正的知识，就必须摆脱肉体，这样，灵魂才能看到事物的本源。这时，我们才能得到我们希望得到的知识。这一切，只能发生在我们死后，我们生前是无法得到的；因为灵魂和肉体如果结合在一起，就不可能有纯粹的知识。

"解脱了肉体的愚昧后，我们就会变得纯洁，并且和一切纯洁的事物相通。我们的四周都是光明，这种光明不是别的，而是来源于真理的光芒。……这种灵魂与肉体的分离和解脱就叫作死。……真正的哲学家永远都在寻求灵魂的解脱。"

这些话都带有神秘主义色彩，可能很大程度上都来自神秘教。"纯洁"一词原是奥尔弗斯派的一种说法，含有某种仪式上的意义。柏拉图赋予它新的意义：摆脱肉体需要的自由。他认为钱只是为肉体服务的，如果一个人的欲求降到最低，那他没有钱照样能活下去。但他同时又认为，哲学家不应该从事任何体力劳动，那他们只能依赖别人的钱生活了。因此，一个贫穷的国家是出现不了哲学家的。这些都是柏拉图对苏格拉底观点的发展。

在《斐多篇》中，西比斯对人死后灵魂是否永存表示怀疑，并要苏格拉底提出"灵魂不死"的证据来，苏格拉底对此进行了论证。

论证一：自然万物都有对立面，而万物是由它们的对立面产生出来的。既然生与死是对立面，那么，生与死之中的任何一方就必然产生另一方。所以，死者

□ 理性的秩序

在这幅16世纪罗马尼亚修道院的壁画中，柏拉图与数学家毕达哥拉斯、雅典伟大的改革家和执政官梭伦在一起。

的灵魂是在某个地方存在着，并会按适当的顺序回到地上去。圣保罗说，"种子若不死去就不会新生"，就是这个道理。

论证二：知识即回忆，因此，灵魂必定在一个人生前就已存在。支持这一观点的主要根据是：人类具有如"完全相等"这样的不能从经验中得出的观念。我们有大致相等的经验，但是绝对相等是永远不能在我们可以感觉到的对象中找到的；但我们可知道"绝对相等"的意义是什么。既然这些知识不是我们从经验里学到的，那么必定是从我们生前的存在中带来的。

"回忆说"被证明成立后，西比斯说："灵魂已有一半被证明了，那就是：我们在生前灵魂已存在；但还有另一半没有得到证明，即灵魂在人死后也像人生前一样存在着。"于是，苏格拉底又开始了以下证明：

"如前面所说，万物都是由它自己的对立面产生的，死必定产生生，生必定产生死。"这时，他又补充了一个观点，这个观点在哲学史上有着更悠久的历史："只有复杂的事物才可以被分解，灵魂和理念一样是单一的，而不是某种复合体。所有单一的事物都没有开始、变化和终结。它们的本质是不变的。"例如：绝对的美只有一个，而美的事物则是千变万化的。我们看见的事物都是暂时的，看不见的事物则是永恒的。人的身体看得见，但人的灵魂却是看不见的，因为灵魂是永恒的。

当灵魂将身体当作一种知觉工具时，它就会被身体牵引至一个变化莫测的领域，就会变得混乱而茫然。它一旦接触到变化，就会被世界所缠绕，失去清醒的意识……但当它回归自我，静心凝思时就会走进另一个世界，一个纯洁、不朽、永恒的世界……它不会再迷失方向，并与永恒相通，最终也变为永恒。

□ 苏珊娜和长老　保罗·委罗内塞　16世纪

苏珊娜是《圣经》中的人物，族中的两个长老觊觎她的美貌，在她沐浴时玷污了她。此幅绘画试图说明：柏拉图所谓"理性"，实际上是以强意识来压抑力比多（性冲动）的释放，而不是用正确的方法对人的欲望进行疏导。

在柏拉图看来，真正哲学家的灵魂在生时已经从肉欲的束缚之下解放了出来，他死后就与众神一起享福。但是，不纯洁的灵魂爱恋着肉体，就会变成荒冢里的幽魂，或进入到各种动物的身体里去，变成驴、狼或鹰。一个人虽然品德优异，但不是哲学家，死后将变为蜜蜂、黄蜂或蚂蚁等等。

唯有真正的哲学家死后才能升天。凡是不曾研究过哲学以及自身有污点的人，他们是不可能与神同在的；只有爱知识的人才能够与神同在。"这就是为什么真正信奉哲学的人要拒绝肉欲了。因为他们知道'灵魂只附着于人而已'。"

辩论到这里，西比斯便拿出毕达哥拉斯的"灵魂是一乐曲"的观点驳斥苏格拉底，还严肃地质问道："如果琴被毁掉，乐曲还能延续下去吗？"苏格拉底立刻否定了"灵魂是一乐曲"的说法，并指出一首乐曲相当复杂，而灵魂却无比单一。他还指出，"回忆说已经证明灵魂是预先存在的，而乐曲说却与此相违背……"

最后，苏格拉底描述了人死后灵魂的命运：善良者升天，作恶者入地狱，中间的则入炼狱。

在《斐多篇》中，柏拉图笔下的苏格拉底成了后世哲学家的典范。他对世俗的成败坦然处之，直到最后的时刻仍然保持着安详、儒雅与风趣，并对自己所信仰的真理表现出了深深的关怀。然而，他的缺点也是明显的，整篇"对话"充满了诡辩及不真诚，他试图用理智来证明他的论点，而不是把理智运用到追求知识上去。他还流露出些许沾沾自喜和油腔滑调。如果临死时他不去相信他是要与众神在一起享受永恒的福祉，那么他的勇敢必会更加受人尊崇。遗憾的是，他没有这样做。苏格拉底在思维上是不科学的，他只是想方设法要证明宇宙会投合他的标准。这是对真理的背叛，这是一种哲学罪恶。我们相信，作为一个纯粹的人，他无愧于圣者的美誉；而作为一个哲学家，他可能要在科学的炼狱里受难了。

柏拉图的宇宙生成论

《蒂迈欧篇》包含着柏拉图的宇宙生成论,虽然其中很多说法并不准确,但对古代和中世纪的思想都产生过巨大影响。

这篇对话中的主角不再是苏格拉底,而是一个叫蒂迈欧的毕达哥拉斯派天文学家。他所讲的大量内容,上迄大西岛的传说,下至人类的创生。

他首先指出:

"一切不变的事物都能被理智和理性认知,而一切可变的则为意见所认知。世界既然是可以感知的,那就不可能是永恒的,而一定是神所创造的。神是善的,他参照永恒来创造世界,并赋予万物他自己的特点,使它们尽可能完美。由于整个世界处于一种杂乱无章的运动中,因此神就为其创立了一条秩序。神将理智放入灵魂,又将灵魂放入身体。他将整个世界创造为一个既有灵魂又有理智,比例和

□ 造物主

《圣经》中说:上帝头一天创造了白天和黑夜,接着几天又创造了日月星辰,以及各种动物,到第六天就创造了我们人类。

谐，永恒运动着的生命体。"

随后，他还对时间起源和行星作了一番解说：

"创造主和父看到神按照自己的影像创造出来的生物后，感到万分喜悦，于是他决定进一步完善摹本，使其更像原本；原本既是永恒的，他就要努力让宇宙也变为永恒。而要把生命完美不朽的特性赋予一个生物又根本不可能，因此他只好为永恒造出一种运动着的影像。天上的秩序安排好后，这种影像便成了既具有永恒性，又遵循数目运动的新事物，也就是我们所说的'时间'。"

时间和天体是同时出现的。神创造出了太阳，于是出现了白昼与黑夜的相续，动物也因而开始学习有关数目和时间的知识……

蒂迈欧还说造物主赋予每个星体一个灵魂。灵魂有感觉，会产生爱情、恐惧和愤怒；他们要想正直地活着，就必须克服这些情感。一个人如果一生为善，死后就会来到他所属的星座，并在那儿幸福地生活下去。但是，如果他一生作恶多端，来世就会变为女人；如果来世仍然恶习不改，再世就会变为牲畜，并一直轮回下去，直至理性最终获胜。神将灵魂分别放在地球、月亮和其他星体上，并让诸神去塑造他们的身体。

蒂迈欧接着提出了一种非常奇怪的空间理论，他说：

"有一种存在是永远不会变化的，它不能被创造，也不能被毁灭，它永远不接受外部的任何东西，也永远不到其他任何东西中去，一切感官都察觉不到它，唯有理智可以思索它。还有一种存在和它极为相似，但这是被创造出来的，永远运动着的，能被感官所知觉的……第三种就是空间，它是永恒的，不能被毁灭的，并为所有创造物提供了居所；不用感官，它只靠某种虚假的理性就能被认知，而且它不一定是实在的，我们看到它时就像身处梦境……"

蒂迈欧认为，物质世界不是由土、气、水、火构成的，它的真正元素其实是两种直角三角形：正方形之半和等边三角形之半。最初，整个物质世界都处于一片混乱，"每种元素的地位都不同，后来它们才被赋予一定秩序，从而形成宇宙"。神是以形和数来塑造它们的，而且把它们塑造得近乎完美。上述两种直角三角形是最美的形式，神就是用它们来创造物质。在五种正多面体中，有四种都可以用这两种三角形构造出来，而四种元素各自的原子又都是正多面体。土的原子是立方体，火的原子是四面体，气的原子是八面体，水的原子是二十面体。

在柏拉图所处的时代，正多面体理论还是一种新发现。这一理论是泰阿泰德提出的，他首次证明了只存在五种正多面体，还发现了八面体和二十面体。正四面体、八面体和二十面体都是由柏拉图所说的两种等边三角形构成的，而十二面体却是一种正五边形构造，因此他就没有将其与四种元素联系在一起。

"神还有第五种建构宇宙的方式。"这是柏拉图对十二面体所作的唯一描述，似乎是在暗示宇宙是一个十二面体，可他又在其他地方说宇宙是一个球体。这些矛盾的说法令后人感到困惑。

上面的话题结束后，蒂迈欧又开始详细分析人的灵魂。他说，灵魂分为不朽和有朽两种。不朽的灵魂由造物主创造；有朽的灵魂由诸神创造，并"受制于可怕的无法抗拒的情感，包括最能激起罪恶的快乐、抑制善良的痛苦、难以平息的怒火、引人误入歧途的希望，以及粗暴与恐惧。诸神遵照某种必然规律将这些情感与非理性感觉和毫无顾忌的情爱糅合在一起，创造出人。"他最后总结道：不朽的灵魂在头脑中，有朽的灵魂则在胸中。

柏拉图哲学中的知识与知觉

近代人一般都认为知识依靠于知觉是理所当然的。然而，在柏拉图及其他一些学派的哲学家那里，却有不同的看法。他们认为，没有任何一种称为"知识"的东西是从感官来的；所谓"知识"，必须是具有概念的。按照他们的看法，"2 +2 = 4"是真正的知识，但是，如"雪是白的"之类的陈述，则是含混的、不确切的，因而不能在哲学体系中占一席之地。

这种观点可以上溯到巴门尼德，但成为一种明确的哲学形式则应归功于柏拉图。在《泰阿泰德篇》中，柏拉图系统阐述了这一思想。他说：我们是通过眼睛和耳朵来知觉，而不是用眼睛和耳朵在知觉。我们有些知识并不与任何感官相联系。例如：我们知道声音和颜色是不一样的，但没有一种感官可以知觉这两者；没有任何感官可以知觉"一般的存在与不存在，相似与不相似，同一与不同一，以及一与多"；也不适用诸如"荣誉与不荣誉，好与坏"等。"心灵通过它自身的功能思想和某些事物的特性，其他的事物则通过身体的官能。"通过触觉，我们知觉到了硬与软，但是，判断它们存在、对立的则是心灵。只有心灵才能达到"存

□ **奏乐天使　杨·凡·艾克**

柏拉图认为，没有一种知识是从感官来的，正如没有一种感官能知觉声音和颜色。我们面对这幅画时，能通过（而不是用）眼睛看到画面的颜色和意象，但不能用耳朵感知画中天使所奏出的美妙音乐。

在"这一层面，而只有达到了"存在"，我们才能达到真理。人类不能仅仅通过感官认识事物，因为仅仅通过感官并不能知晓事物是否"存在"。知识在于思索而不在于印象。知识不是知觉。因为知觉"既然不能认识存在，所以它也就不能认识真理"。

第六章
亚里士多德及希腊早期的天文学

亚里士多德（公元前384—前322年）是古希腊哲学家、科学家，生于色雷斯的斯塔吉拉。他在十八岁时来到雅典，跟随柏拉图学习，他在学园待了近20年，直到公元前348至前347年柏拉图逝世才离开。此后，他开始游历四方。公元前343年应邀去马其顿王国首都佩拉任太子亚历山大的老师。公元前335年前往雅典，创办里克昂学园，从事讲学与研究，并在居留期间写出了他的绝大部分著作。亚历山大死后，雅典人开始反叛，并攻击亚力山大的朋友，亚里士多德也受到牵连。他被判处"不敬神"的罪名。他不愿像苏格拉底那样束手就擒，得到消息后急忙外逃，第二年死于他乡。

亚里士多德的形而上学

"共相"学说

亚里士多德的形而上学大致可以说是被常识感冲淡了的柏拉图主义。由于很难将柏拉图和常识感糅合在一块儿，因此亚里士多德的理论就显得让人难以理解。他的一些观念有时貌似一个哲学门外汉的普通见解，有时又像是对柏拉图主义的一种新表达。我们不能特别强调他的某一段话，因为他可能又在其他地方对此做了修正。要理解他的"共相"学说和他的"形式与质料"理论，最简单的办法就是首先搞清他的学说中属于常识感的那一部分。

□ 亚里士多德

作为古希腊著名的哲学家，亚里士多德开创了以观察和经验为依据，而不是以抽象思维为依据的哲学方法。此图是亚里士多德在1493年的《纽伦堡编年史》中的插图，他被描绘成一个15世纪的学者。

共相论在一定限度内还是非常简单的。在语言方面，其中既有专有名词，又有形容词。专用名词适用于事物或人，它本身带有唯一性，例如：太阳、月亮、法国、拿破仑等这些都是独一无二的，所使用的范围十分有限。另一方面，像"人、猫、狗"之类，则适用于广泛的不同事物。"共相"就是要研究这些字的含义，以及像"白、硬、圆"等形容词的含义。他说："'共相'一词是指具有可以述说许多个主体性质的东西，'个体'一词是指不能这样加以述说的东西。"

一个专用名词所指的东西就是"实体"，而一个形容词或一个名词类词（"人、猫、狗。"）所指的东西就叫"共相"。具体来说，实体是指"这个"，共相是指"这类",指的是事物的种类而不是指某一个特殊事物。亚里士多德说:"任何一个共相的名词要成为一个实体的名词,都是不可能的。……每个事物的实体都有它特有的东西;但共相则是共同的,因为被称作共相的已是那种属于一个以上的事物的东西。"这一段话的意思是:共相不能独立存在,只能存在于特殊事物之中。

表面上看,亚里士多德的学说是极其平易的,但要把它搞精确却是不易的。假如我说"有足球赛这样一种东西",人们会认为这个说法是很明白的。但假如我是指足球赛可以没有足球运动员而存在,人们就会认为这句话毫无意义了。同样,人们认为有父母之道这种东西,是因为世界上有很多父母;有"甜美"这样一种东西,因为生活中确实有很多甜美的事物。有红色,因为生活中确实有很多红色的东西。而且它们之间的这种依存关系不是相互的:踢足球的人即使永远没踢过足球,仍然是存在的;甜的东西通常也会变成酸的;我的脸平时很红,而有时也会变得苍白,但依然还是我的脸。因此,我们就自然得到一种结论:一个形容词的存在,依赖于一个专有名词所指的东西,但反过来并不是这样。亚里士多德想表达的就是这种意思。

□ 觉醒的奴隶 米开朗基罗

米开朗琪罗这幅未完成的雕塑,展示了"形式"与"质料"的关系。用于雕塑的大理石是质料,雕刻家塑造的奴隶形状就是形式。同时,这幅作品还向人展示了艺术家的意图和想法。

进一步看,亚里士多德的理论还可作这样的辨析:如果说足球赛没有足球运动员就不能存在,但它却可以没有这个或者那个足球运动员而存在。如果说一个人可以不踢足球而存在,但它却不能不做任何事情而存在。红色没某个主体就不能存在,但它却可以没有这个或者那个主体而存在。同样,一个主体不具备某种性质就不能存在,但它却可以没有这样或那样性质而存在。

其实,这种区别是以语言学的语法为根据作出的。语言学对所有词都做了分类,有专有名词、形容词和关系词等。因此我们可以说:"约翰是聪慧的,詹姆斯是愚笨的,约翰比詹姆斯要高。"在这句话中,"约翰"和"詹姆斯"是专有名词,"要高"则是一个关系词。自亚里士多德以来,形而上学哲学家们对这些语法区别的解释都是形而上的,他们说,"约翰"和"詹姆斯"是实质,而聪慧和愚笨是共相。此时,他们忽略了关系词。如果我们仔细分析就会发现,形而上方面的一些不同与这类语法上的不同,存在某种联系。但这种分析过程将相当漫长,而且还必须要创造出一种哲学语言,而且这种语言中还不能有与"约翰"和"詹姆斯",以及"聪慧"和"愚笨"相类似的字词。日常用语中的所有字词都要经过严格分析,并由意义较简单的字词来代替。直到这项任务完成,我们才能确切地讨论个体与共相的问题。

以上就是亚里士多德的"共相"学说,如果我没有讲清楚,那是因为它本身就不清楚。"共相"学说虽然模糊,但的确是理念论上的一个进步,它涉及到了哲学史上一些非常重要的问题。

"形式"与"质料"的区别

亚里士多德形而上学理论的另一个问题,就是"形式"和"质料"的区别。

要理解这两个概念,可以大理石为例来说明这一问题。大理石在这里就是质料,而雕刻家在大理石上塑造的形状就是形式。或者用亚里士多德的例子:如果一个人制造了一个铜球,这个铜球就是质料,球的形状就是形式。对平静的大海来说,水就是质料,平静就是形式。

□ 亚里士多德为学生上课 4世纪

亚里士多德的伟大贡献,还在于生物学和生理学。他的这些理论建立在仔细观察事实的基础之上。这幅画即是亚里士多德为学生上解剖课的情景。

亚里士多德认为,正是因为有了这种形式,质料才成为一种确定的东西,这种"确定"的东西便是事物的实质。构成"形式"的事物必定有界线。比如:用瓶子装起来的水能够和其余的水划分开,装起来的这一部分水就变成了一件"东西",反过来看,如果"这一部分"不能和其余的物质划分开,它就不是一件"东西"。一座雕像是一件"东西",但它的母体大理石从某种意义上来说,依旧是一块石头或一片山石的一部分。由于原子假说对我们根深蒂固的影响,我们不会说出"形式创造了实质"这种话。但是，如果每个原子也是一件"东西"的话，它也要具有某种"形式"才能与其他原子分开。

亚里士多德说，事物的形式就是它的本质和原始实质。共相虽然没有实质，但形式是有实质的。我们在制作铜球时，质料和形式都有了，只要把它们融合在一起就行了；这个人既没有制造铜，也没有制造形式。不是每件事物都有质料，在很多永恒的事物中，只有那些能在空间中移动的才有。事物因获得形式而增加了现实性，没有形式的质料不过只具有潜能而已。

□ **教育的典范**

亚里士多德认为理性的发展是教育的最终目的，主张国家应对奴隶主子弟进行公共教育，使他们的身体、德行和智慧得以和谐地发展。图为正在接受各种教育的古希腊人。

亚里士多德对质料与形式的看法曾遭到一些哲学家的批评，如策勒尔就说：

"亚里士多德对这一问题的论述不够明晰，他也像柏拉图一样，试图将理念实体化。他所说的'形式'，正如柏拉图提出的'理念'，本身就含有一种形而上的存在，并约束着一切个体事物……当理念与经验和直觉相隔甚远时，最终会由一种人类思想的逻辑产物，变为一种超感世界的直接表象，而且在此种意义上还会变为理智直觉的一个对象。"

他对这一批评只能作出一种回应。他会强调，两件事物不可能有同一形式。如果一个人制造了两个铜球，那每个球都有其特殊的圆性，而且这一特殊的圆性既是实质的，也是个别的；既表现出了一般"圆性"，又不等同于一般"圆性"。他的这种回答很可能激起更具说服力的反驳，因为在一步步追问下，他只能给出与自己的哲学观点完全相反的答案。

亚里士多德的质料与形式学说，跟潜能与现实的区别存在很大联系。质料被看作形式的一种潜能，某一事物发生变化后会具有更多形式，因此，这种变化又可以称为"演化"。神既是纯形式，又是纯现实，因此它不能有变化。从这一层面来看，这种学说充满了乐观主义，并具有目的论倾向：在这一学说里，整个宇宙及宇宙中的万物都在变得越来越美好。

亚里士多德的"神"

亚里士多德的神学非常有趣，而且和他的形而上学紧密联系在一起，事实上，他把我们称之为"形而上学"的东西也称为"神学"。由事物的形式和质料，他进一步说到"实质"。他说，事物有三种实质，即：第一种是人可以感觉到，又是可以毁灭的；第二种是人可以感觉到，但是不可毁灭的；第三种是人既不可能感觉到，又不可毁灭的。第一种包括植物和动物，第二种包括天体（亚里士多德认为它们除了运动没有其他任何变化），第三种包括人的理性、灵魂和神。

证明神存在的主要论据是"最初因"，亚里士多德认为：必须有某种事物产生运动，而事物本身是不运动的，是永恒的，是实质。他说：欲望的对象和思想的对象以此种方式造成了运动，但它们本身并不动。神是由于被爱而产生了运动，其他事物是其本身的运动在起作用。神是纯粹的思想，因为没有比思想更好的东西了。"生命属于神，因为思想的现实是生命，而神就是那种现实，因此神的自我依存这一现实，就是永恒的生命。"

"现在明白了，有一种永恒不动又独立于人可以感觉的事物之外的实质。……它没有大小，既不包含许多部分，又是不可分割的。……它是无感觉的，不可移动的。其他事物的变化都必然是失去位置的变化。"

基督教中的神明所具有的属性，在神身上是找不到的，因为神只有完美这一属性，将任何其他东西添加给它，都是对它完美性的破坏。人们不能将神定义为"唯一不动的推动者"。不动的推动者这一概念很难理解，要想读懂亚里士多德的意思，还需知道他关于原因的说法。他认为任何事物都有四种原因：质料因、形式因、动力因、目的因。以前面所说的大理石雕塑为例：质料因是大理石，形式因就是要塑造这座像的本质，动力因就是凿子与大理石的接触，目的因就是雕刻家心中的目的。因此，不动的推动者就可以看作是一种目的因，它为事物的变化提供了一种目的，推动事物朝完美的神演化。

在亚里士多德的宗教观念中，"神是幸福的、完美的、永恒的，它没有任何未实现的目的……一切生物都能在某种程度上感受到神的存在，并对神充满敬意，正是这种敬意推动它们向前。神成为一切活动的目的因。所谓变化就是赋予质料某种形式，但当发生变化的是可感觉的事物时，就会始终有一种质料充当下层基础，只有神是没有质料而只含形式的。于是世界不断朝更多形式演进，并愈加接近神。然而，这一过程是永远没有尽头的，因为质料不可能被完全消灭"。

灵魂不朽说

亚里士多德的学说非常复杂，极易被误解，这在他的"灵魂不朽说"中表现得尤为明显。在《论灵魂》一书中，他说灵魂与身体是结合在一起的，并会随着身体的消失而消失，"毋庸置疑，灵魂与身体是不可分割的"。但他随即又补充道："或者说，灵魂的某些部分的确如此"。他认为，灵魂与身体的关系即形式与质料的关系，灵魂是身体的目的因。

在这部书中，亚里士多德还对"灵魂"与"心灵"进行了区分，认为心灵比灵魂还高，更不受有形的身体的束缚。他说："心灵是这样的，它是植入灵魂的一种独立的实质，它是不可能被毁灭的。""我们还没有关于心灵或者思维能力的证据；它似乎是一种很有特点的灵魂，就像永恒的东西不同于可消逝的东西那样；唯有心灵能够独立存在于一切精神之外。可见，除了灵魂外，其他一切都是不能独立存在的。心灵是我们的一部分，它能理解数学和哲学；心灵的对象没有时间性，因此它本身也没有时间性。灵魂是可以推动身体，并能知觉可以感觉的对象的东西；它以自我滋养、自我感觉为特征，它的思维和动力亦是自身具备的。但心灵具有更高的思维功能，它与身体、感觉无关，因此心灵可以不朽。"

总之，凡是赋予了植物或者动物"实质"的，亚里士多德就称之为"灵魂"。但"心灵"却是另外一种不同的东西，与身体没什么联系，它可能是"灵魂"的一部分，但是，只有一小部分生物才具有它。作为思辨过程的心灵，它不能成为运动的原因，因为它永远不会想到一切实际的事物，也永远不会说人们应该避免什么或者应该追求什么。

亚里士多德的伦理学

在亚里士多德的所有著作中，阐述伦理学的论文共有三篇，而其中有两篇被公认为出自其弟子的手笔。第三篇，即《尼各马可伦理学》，大部分内容的可靠性应该是没问题的，但也有人认为其中一部分是从他弟子的著作中收录进去的。

亚里士多德的伦理观基本上代表了他那个时代的主流观念。这些观念中既没有柏拉图伦理学里的神秘宗教成分，也没有《国家篇》里关于财产和家庭的非正统理论。凡是处于已经循规蹈矩水平的中间状态的公民们，对于那些用来规范自己行为的原则，在这部伦理学著作中都能找到系统的阐述。这部书非常投合中年人的胃口，特别是17世纪以来，这完全成了他们压抑青年人热情的工具。但对于一个具有深厚感情的人，它只会令人生厌。

□ 亚里士多德的手稿
亚里士多德的学说在当时影响很大，很快就传遍了整个地中海世界。这是当时写在草纸上并保存下来的唯一一页手稿。

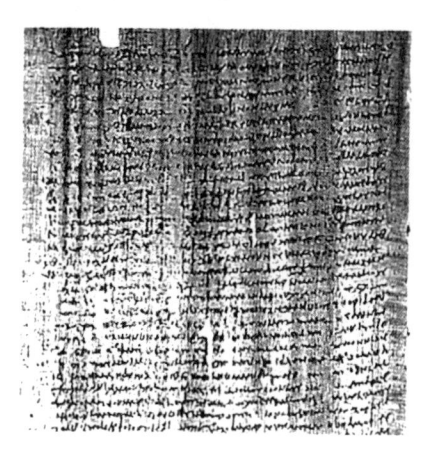

论德行

亚里士多德告诉我们，善就是幸福，是灵魂的一种活动。柏拉图把灵魂分为理性与非理性两部分，亚里士多德对此表示赞同，并且他又把非理性部分分为生长的和嗜欲的。如果灵魂活动就是朝向理性所赞许的善，那嗜欲部分多少也含有理性成分。理性本身是完全静止的，倘不借助嗜欲，它就无法通向任何实践活动。既然灵魂有两部分，与此对应就有两种德行，即理智的与道德的。理智的德行从教学中来，道德的德行来自于良好的习惯。立法者的任务就是通过培育公民善良的习惯，使其向善。有的人之所以正直，是因为他

文化伟人代表作图释书系

们的行为是正直的,其他德行亦然。亚里士多德认为公民获得善良的习惯是被迫的,他开导大家,一个人在做善事时会得到快乐。这使人联想起哈姆雷特对他母亲说的话:

> 即使您已经失节,也要努力学做一个贞节妇人的模样。

> 习惯像魔鬼,
> 虽然可以让人失去廉耻,
> 但它也可以是一个天使,
> 对于努力向善的人,
> 它将潜移默化,
> 使他弃恶从善。

他接着提出了一种中庸的德行观,"任何德行都位于两个极端正中,而每个极端都代表一种罪恶。对此,你只要考察一番各种德行就会信服。勇敢在怯懦与鲁莽之间;磊落在放浪与猥琐之间;谦逊在羞涩与无耻之间"。亚里士多德的这种说法并不严谨,因为有些德行并非如此,如真理性。

□ **亚里士多德的半身雕像**

在西方世界里,亚里士多德的半身雕像几乎已成了高雅文化的象征之一。此雕像重现了这位古希腊哲学家的相貌,突出的前额、松软的头发、鹰钩鼻、小眼睛以及嘴巴都刻画得栩栩如生。

论正义

亚里士多德关于道德问题的看法与当时贵族制的一些形式有关。在我们看来,凡是人,至少在伦理理论上都有平等的权利,而正义就包含平等。但亚里士多德则认为正义包含"正当的比例",它只是在某些时候才是平等的。

一个主人或父亲的正义与一个公民的正义不同,因为奴隶或子女是财产,而对自己拥有的财产怎么会不正义呢。对于能否与自己的奴隶成为朋友这个问题,亚里士多德说:"奴隶是活的工具。……作为奴隶,一个人不能和他交朋友。但作为人,则可以和他交朋友。因为人与人之间有一个共有的法律体系,他们可以作为同一个协定中的一方。"

亚里士多德认为,在父子关系中,如果儿子很坏,父亲可以不要儿子,但儿子却不能不要父亲，因为他承受的爱不是他所能报答的，特别是他的生命。在不平等关系上，这是对的。每个人所承受的爱应该与自己的价值成比例，在下者对于在上者的爱应该远远大于在上者对于在下者的爱；妻子、孩子、臣民对丈夫、父母、君主的爱，应该远远大于丈夫、父母、君主对他们的爱。在一个幸福的婚姻里，"男人依照他的价值，并就男人应该承担的责任来治家，而女人则专做她们应该做的事情"。男人不必去管女人分内的事情，而女人更不应该管男人分内的事。

亚里士多德心目中最好的人，不是基督教所宣传的圣人。他应该是不过分低估自己的能力，怀有一定骄傲感的人。他对骄傲或者说"恢宏大度"的品质给予很高的评价：

□ **老师和学生**

公元前341年，亚里士多德受马其顿国王腓力二世的聘请，担任年仅13岁的亚历山大的老师。亚里士多德给亚历山大授业解惑，涉及哲学、物理学、逻辑学、伦理学、政治学、经济学等诸多方面。此图为亚里士多德正在辅导少年亚历山大。

"恢宏大度的人既然是最好的人，就一定是善良的。他们的一切德行都是伟大的，他们不会逃避困难、作壁上观，也不会伤害别人……因此，恢宏大度是一切德行的冠冕。有了它，一切德行才更加伟大。但要真正做到恢宏大度是极其困难的，它需要品格的高贵和善良。具有恢宏大度德行的人，所关注的主要是荣誉，尤其是伟大、善良的人赋予他的荣誉。对一般人给予或出于某种猥琐目的获得的荣誉，他完全嗤之以鼻，因为这类荣誉根本配不上他。……有时，荣誉在他眼中也不值一提，更别提其他事物了。恢宏大度的人几乎藐视一切。"

"他们不会做无谓的牺牲，但在真正的危急时刻，他们会迎面而上，不惜付出自己的生命。他们乐于施人恩惠，但耻于受人之恩，因为前者是一个伟人的德行，后者却是低劣之人的表现。滴水之恩，他们总是报以涌泉。恢宏大度的人不要求或者几乎不要求任何东西，并且随时准备帮助别人。在身居高位的人面前，他们不失尊严；在中产阶级面前，他们不居功自傲。而且他们还爱憎分明，认为掩饰自己的感情是一种懦夫行为。……对一切事物的鄙视，使他们总是畅所欲言，吐露真情，但并不会对别人指手画脚。他们宁可要美好而无世俗价值的东西，也不要既实用又高昂的东西。他们总是缓步徐行、语调沉稳、谈吐优雅……"

然而，一个社会中不可能有太多这种人。如果仔细观察就会发现，他所认为具有"恢宏大度"德行的人其实大都是享有特殊地位的人。这就引出一个带有政治性的问题：一个社会由于它的基本结构的制约，它只能把最好的东西限于少数人，多数人只能得到次等的东西。对这样一个社会，我们能说它在道德上是令人满意的吗？柏拉图、亚里士多德、尼采对此的回答是肯定的，斯多葛派、基督教徒、民主主义者的回答则是否定的。基督教认为，道德的优点仅仅涉及行为。一个人能成为诗人、作曲家、画家，这是优点，但却不是道德上的优点。而在民主主义者看来，最重要的东西是权力和财产，一个社会如果在这点上是不正义的，那是他们所不能接受的。

友谊与快乐

《伦理学》一书中有很大一部分是论友谊的。亚里士多德认为，只有在善人之间才有完美的友谊，而且一个人不可能有太多朋友。人们不应该和一个比自己地位高的人做朋友，除非他有更完美的品德，值得我们尊敬。我们已经看到，社会中存在不平等的关系，比如夫妻关系、父子关系，在上者得到了更多的爱。人们也不能和神做朋友，因为神不爱我们。人能否和自己做朋友呢？亚里士多德断言：只有善人才可以和自己做朋友。他说，罪恶的人时时刻刻都恨着自己，善人不但应该爱自己，而且要高贵地爱自己。一个人遭受不幸时，朋友的慰藉是一种安慰，但我们在寻求他们的同情时不应该令他们烦恼。人不仅在痛苦中需要朋友，在快乐时也应该把自己的幸福让朋友们分享。"没有人愿意在他独自一人的条件下而选择全世界。人是政治的动物，是天性要和他人生活在一起的一种动物。"

亚里士多德在论快乐时是通情达理的，而柏拉图则是以苦行僧的眼光来看待快乐的。亚里士多德认为世人有三种关于快乐的观点：①认为快乐从来都是不好的；②有些快乐是好的，但多数快乐是不好的；③快乐是好的，但不是最好的。

亚里士多德对第一种观点反驳的根据是：痛苦肯定是不好的，那么快乐就必然是好的。他还举出一个例子，"人在受到鞭打时也能感到幸福，简直就是自欺欺人。"亚里士多德抛弃了那种认为快乐就是肉体上的快乐的观点，"一切事物都包含神圣成分，都有机会获得某种高等快乐。善人只有在遭受不幸时才会变得不快乐，而神是永恒不变的，那么它所享有的快乐也是永恒的。"他还认为快乐有好坏之分，要根据它是跟好的还是跟坏的行为联系在一起来判断。有些东西比快乐更为重要，一个人始终活在孩子的世界里可能非常快乐，但他不会永远只满足于这种快乐的。

他认为，人的快乐是和理性联系在一起的。幸福在于有德的活动，完美的幸福在于最好的活动，而最好的活动是静观的。静观使人悠闲，而悠闲是幸福中最本质的东西。亚里士多德认为神的活动是静观的，而在人类中，哲学家的活动是最近于神的，因而是最幸福、最美好的。

"能运用理性，并培养自身理性的人，其心灵状态最为美好，也更接近神。神对人世充满了关怀，人们所喜爱的应该是最为美好的东西，最接近理性的东西，而且也应对那些喜爱或敬仰这种东西的人心怀感恩。毫无疑问，能做到这一切的唯有哲学家。因此，哲学家与神最为亲近，他们比世界上任何人都要幸福。"

应该说，《伦理学》一书是缺乏感情的，这在希腊早期的哲学家中是没有的。亚里士多德对人缺乏热情的关怀，他甚至对友谊也很淡漠。在这部书中，他所表述的东西，对生活舒适但缺乏感情的人才有用。对那些被神和魔鬼迷住了的人，或者是对生活感到绝望的人，这本书不会有作用。

亚里士多德的政治学

一本有趣且很重要的书

亚里士多德的《政治学》是一本既有趣又很重要的书。说它有趣,是因为表现了当时那些所谓"有教养"的古希腊人的偏见;说它重要,是因为它成了直到中世纪末期一直有着重要影响的许多原则的根源。

亚里士多德在《政治学》中讨论的都是城邦,他没有预见到城邦就要成为历史陈迹了。由于希腊的分裂,大量独立的城邦涌现,这些城邦其实就成了一个个政治实验室。但这些实验并不适用于亚里士多德的政治学理论,他的学说在很多方面更适用于近代世界。

在《政治学》中,亚里士多德谈了很多有趣的"题外话",他告诉我们,幼利披底斯待在马其顿王阿其老斯的宫廷里时,一个名叫迪卡尼库斯的人曾骂他有口臭。国王为了让他平息怒气,允许他用鞭子抽打迪卡尼库斯。若干年后迪卡尼库斯参与了一次阴谋暗杀活动,成功杀死国王,当时幼利披底斯已经去世。他又告之我们一些"生活常识":妇女应当在冬天吹北风的时候受孕;一个人要小心谨慎,避免说下流话,因为"可耻的言语引诱人做可耻的事情"。又说除了在神

□ 亚里士多德《政治学》中的一页插图

"人是有待被教育的政治动物",是亚里士多德在《政治学》中对希腊城邦宪法研究总结后作出的结论。这里的教育是指学校、军事、艺术和宗教教育。图中反映的就是各种被教育的人。《政治学》是西方历史上第一部成体系的政治理论著作,它探讨了国家的起源、本质和理想的社会政治制度这些重要的政治理论问题。

殿里，任何地方都不容许猥亵。法律居然允许在神殿里说秽语！原注亚里士多德还劝导我们：不要早婚，因为早婚会生下柔弱的女孩，妻子会变得淫荡，丈夫则会发育不良。正当的结婚年龄是：男人37岁，女人18岁。

论国家

《政治学》一开篇就指出国家的重要性：国家是最高的集体，以"善"为目的。按照人类社会的发展阶段，家庭最先出现，家庭中存在着两种关系：夫妻关系和主奴关系。众多家庭组合成一个乡，众多乡组合成一个国家。国家虽然在发展阶段上晚于家庭，但在性质上却优先于家庭，优先于个人。人类社会充分发展时就是国家，因此全体应该优先于部分。亚里士多德举例说：一个人身体遭受毁灭后，一只手就不再是一只手了。这句话的意思是：只有当手与一个活着的躯体结合在一起时，手才有它存在的意义。同理，一个人不能单独实现自身的价值，只有当这个人是国家的一部分时，他才能够发挥作用。他说，创立"国家"的人是伟大的恩主，因为人如果没有法律约束就是最坏的动物，而法律得以存在、执行，其基础在于国家。国家的存在并不仅仅是为了进行商品交换和防止犯罪。"国家的目的是善良的生活。……国家就是家庭和乡组合成的一种完美自足的生活，幸福与荣誉的生活"。"政治社会的存在是为了高贵的行为，而不仅仅是为了单纯的共同相处。"

亚里士多德认为，既然国家是由众多家庭组合而成的，那么，讨论政治就应该从家庭开始。他在《政治学》中首先讨论了奴隶制。因为奴隶是家庭的一部分。他说，奴隶制是有利的、正当的，奴隶天生就低于主人。有些人生来就注定是被人统治的，另外一些人生来就是统治别人的。希腊人中不应该有奴隶，奴隶属于那些精神世界低劣的下等种族。驯服的动物被人统治时就很乖巧，这和那些天生的下等人被优胜者统治时的情形差不多。

□ 雅典放逐陶片

公元前5世纪，为限制个人权利，雅典使用陶片放逐制度，即投票人在陶片上写出将要被放逐10年的公民的名字。第一次遭受放逐的人士为希帕科斯，他曾于公元前496至前495年担任雅典执政官，是前雅典僭主庇西特拉图的亲戚。

亚里士多德对战争持肯定态度。他说：对那些天生就应该受人统治，却不肯屈服的人发动战争是正义的，在战争中把被征服者转化为奴隶是正当的。亚里士多德这一观点为古今一切征服者作了辩护，因为没有一个国家会承认自己天生下来就是应当被统治的。

他接着又对贸易进行了讨论，其中很多观点对经院学者产生了深刻影响。他说任何事物都具有正当和不正当两种用途；拿一双鞋来说，用来穿是它的正当用途，而用来交易就是不正当用途。从这一层面来看，那些以卖鞋为生的人就显出几分低贱。亚里士多德指出，要想发财致富，不能靠零售，应该通过一种自然方式，如经营房地产。通过这种方式获得的财富是有限的，而来自贸易活动的财富则是无限的。进行贸易必然要和货币打交道，但赚取货币并不意味着获得财富。通过贸易获取财富不是自然方式，因此必定引起他人的憎恶。"最可恶的就是高利贷，它不是从钱的自然对象中，而是从钱自身获利。钱原本是用于交换的，不是用来依靠利息增值的……在发财致富的所有方式中，最不自然的就是高利贷。"

在这部书中，亚里士多德还对柏拉图的乌托邦进行了批判。他先是作了很多有趣的论述，说乌托邦赋予国家太多统一性，以至于将其分为众多个体。接着，他针对柏拉图关于废除家庭的论证提出反驳，他说，柏拉图认为只

□ 亚里士多德给亚历山大上课

亚里士多德对亚历山大大帝的思想产生了重要的影响。因而，亚历山大大帝始终关心科学事业，尊重知识和智慧。图为亚里士多德正在为亚历山大上课的情景。

影响人类文明进程的文化与科学巨著

□ 早期伊斯兰的亚里士多德肖像

亚里士多德的哲学作品，从上古及中古时期，就被译成拉丁文、叙利亚文、阿拉伯文、意大利文、希伯来文、德语和英语等语言。他的思想是中世纪基督教思想与伊斯兰经院派哲学的支柱。伊斯兰世界最重要的思想家阿威罗伊，将伊斯兰的传统学说与亚里士多德的理性主义融合成自身的思想体系。图为早期伊斯兰人描绘的亚里士多德肖像。

需把"儿子"这个头衔加给所有可能构成亲子关系的成年男女，而那些成年男女就获得了像是自己真正儿女所具有的感情，这种假设是可笑的。他的看法相反：凡是大多数人共有的东西，恰恰最不为大家所关心。如果"儿女们"是很多"父母们"共同的儿女，那么他们就会"共同"地被人忽视；做一个实际的表兄弟要比作一个柏拉图式的"儿子"要好得多。亚里士多德进一步分析说：柏拉图的计划将会消灭爱情。既然妇女是公共的，那么由谁来当家呢？看来，那些想把共产主义和废除家庭二者结合起来的人，必然要搞一种人数众多、有着公共厨房、托儿所的公社家庭。这种制度有些像一所僧院，只不过"僧侣"们不需独身罢了。不要嘲笑柏拉图这个计划，比起柏拉图向我们推荐的其他许多计划来，它绝不是不能实现的事情。

柏拉图的共产主义惹恼了亚里士多德。他说，共产主义会引起人们对那些懒惰的人的憎恨，还会激发很多冲突和争端。如果人人都致力于自己的工作，就能避免很多这类问题。他坚持财产私有制，国家要以仁爱来引导人民，从而使得财产在使用上大部分成为公共的。仁爱和慷慨都是"善"的德行，但是只有私有制，才能够实现这种美好的德行。他最后反问道："如果柏拉图的设想如此完美，为什么其他人都没想到呢？"

论政府

亚里士多德在《政治学》中对政府的好坏下了个定义：当一个政府的目的在为整个集体谋好处时，它就是一个好政府；当它只顾及自身利益时，它就是一个坏政府。有三种政府是好政府，即：君主制、贵族制、立宪政府（或共和制）；有三种政府是坏政府，即：僭主制、寡头制、民主制。他进一步指出：好政府和坏政府是由当政者的道德品质决定的，而不是由宪法的形式决定的。贵族制是有德行的人的统治，寡头制是有钱人的统治。亚里士多德不认为一个人的德行和财产是成比例的。按照中庸之道的主张，他认为适度的财产最能够和一个人的德行结合在一起。人类并不借助于财富才能具备德行，相反，外在的财富要借助于德行。幸福、欢乐和德行，只有在那些心灵和性格上具有高度修养且拥有适当财富的人身上才能找得到，而那些虽然拥有多得无用的财富，内心却缺乏高尚品质的人，他们是没有幸福、欢乐和德行的。因此，最好的人的统治（贵族制）和最富有的人的统治（寡头制）是有区别的（最好的人只有适当的财富）。

亚里士多德强调以执政党的经济地位来区分寡头制与民主制。当富人完全不考虑穷人的利益时就是寡头制，如果权力在穷人手里，但如果一点不顾及富人的利益时就是民主制。

亚里士多德认为君主制比贵族制好，贵族制比共和制好。但是，哪怕是最好的制度，只要腐化，就会变为最坏的制度；因此，僭主制比寡头制更坏，寡头制比民主制更坏。由此出发，他为民主制进行了有限度的辩护：由于事实上大多数政府都是坏的，因此在实际的政府组成中，民主制可能是最好的。

读亚里士多德的《政治学》，有一点我们要记住：古希腊人的民主概念比我们现在要极端得多。亚里士多德认为用抽签来任命官员才是民主的，其他选择方法都是"寡头制"。在极端的民

□ 阿高拉风貌

在亚里士多德的政治观点中，有三种政府是坏政府，即：僭主制、寡头制、民主制。阿高拉是雅典民主的心脏，因此曾经受到亚里士多德严厉的批判。图为阿高拉遗址。

影响人类文明进程的文化与科学巨著

□ 僭主制

僭，就是僭越的意思。僭主制是柏拉图提出的一种城邦政体，是指军事领导人、贵族或任何得到机会的人通过政变或内战夺取了政权所建立的军事独裁政体。起初，"僭主"一词并无贬义，历史上有些僭主还曾推行社会改革，但后来此名称逐渐带有贬义，并演变为暴君的意思。

主制里，公民大会的权力在法律之上，并且独立决定每一个问题。雅典的法庭是由抽签选出的公民组成，不需要法学家的协助。可以想象，这些公民肯定易于被雄辩者折服，被党派感情所左右。所以当我们在《政治学》中，读到批评民主制的章节时，要联系当时的实际情况进行分析。

亚里士多德在《政治学》中对发生革命的原因进行了长篇论述。在希腊，革命的频繁就像以往在拉丁美洲一样，所以亚里士多德有着丰富的例子可以引证。革命的原因是寡头制和民主制的冲突。亚里士多德说，民主制让人产生一个信念，同等自由的人应该在所有方面都是平等的；而寡头制产生的事实是一些有社会地位的人要求得过多。"因此，只要两党在政府中的地位与他们预想的不相符，他们就会掀起革命。"

如何防止革命呢？亚里士多德认为必须做三件事情：① 政府对民众的宣传教育。② 尊重法律。③ 坚持法律和行政上的正义。他所说的正义就是"按比例的平等，使每个人都享受自己的所有"。然而，什么叫作"按比例的正义"？是按一个人财富多少的"比例"还是一个人"德行"的比例？看来，这个"按比例的平等"执行起来也是极困难的。

亚里士多德对贵族制和寡头制的区分，只有在贵族世袭制根深蒂固的国家才有意义。即便如此，一旦社会出现一个强大的非贵族富人阶级，政权就必须向他们倾斜，否则极易引发革命。而只有在以土地为唯一财富来源的地方，世袭贵族们才可能长期握有政权。长远来看，一切社会的不平等都是收入上的不平等。坚持寡头制的人认为收入与德行成比例；先知说他从未见过哪个正直的人会去乞讨；而亚里士多德则说善人的收入就是本该属于他的那部分，不会过多，也不会过少。

在讨论革命原因时，亚里士多德对僭主制进行了有趣的阐述。他说，僭主渴求财富，而君主渴望荣誉；僭主的卫兵来自雇佣兵，而君主的卫兵则来自公民。大多数僭主都善于蛊惑人心，他们总是通过向人民允诺保护其利益，反对贵族特权获取权力。亚里士多德对僭主做了一种"马基雅维利式"的讥讽。他说，一个僭主想要保住权力，必须防止有才能的人浮出水面，甚至不惜采用死刑。他必须禁止公共集会，防止反对者对大众的宣传。他不会允许文艺集合；他要防止人民之间相互了解，必须强迫人民在自己家门口过集体生活。他应该雇佣一些像叙拉古女侦探一样的人充当暗探。他必须暗中制造纷争，并使臣民变得穷困潦倒。他要想方设法使人民从事巨大的工程，就像埃及国王动员无数人建造金字塔那样。他应该赋予女人和奴隶一定权利，使他们也成为监视者。他还应该制造战争，使人民永远有事可做，并且永远需要一个"英明领袖"。

亚里士多德总结道："一个僭主并无太大罪恶。"他说，要想保留僭主制也可以通过另一种方法，即让僭主保持一定节制，并假装信仰宗教。但他并没有确定哪种方法会更有效。

论国家和个人权利

亚里士多德认为，对外征服不是国家的目的，一个国家应该追求和平幸福，尽管获得幸福有时也需要以战争为手段。至于一个国家究竟该有多大，他说，"大国永远都不可能治理好，因为人民太多秩序就必然遭到破坏。一个国家只要能实现自给自足就可以，过大反而是种负担，也会妨碍宪政的推行，而过小又会使选举和诉讼显得不公正。国家的疆域不可太广，站在一个山顶就能将领土尽收眼底是最好的。一个国家要想继续存在下去，还必须要有能捍卫自己的强大力量，而这样的国家到底该有多大，也许就要取决于工业和战阵技术的先进程度了。在亚里士多德所

□ 马其顿士兵

马其顿王国（约公元前800—前146年）位于古希腊西北部。国王亚历山大大帝于公元前330年灭亡波斯的阿契美尼德王朝，而后建立了一个西起希腊，东到印度河流域，南括埃及，北抵中亚，地跨欧、亚、非三洲的庞大帝国。图为格斗中的马其顿士兵。

□ 帕特农神庙

雅典记载于册的历史长达3000多年，被誉为"西方文明的摇篮"。雅典也是欧洲哲学的发源地，诞生了苏格拉底、柏拉图等一大批历史伟人，被称为民主的起源地。雅典至今仍保留了很多历史遗迹和大量的艺术作品，其中最著名的是雅典卫城的帕特农神庙，被视为西方文化的象征。

处的时期，城邦已完全过时，因为它连马其顿都无法抵御。而在今天看来，包括马其顿在内的整个希腊也都过时了。希腊或任何其他小国要想不受制于人，除非强大到能独自抵抗一切外来侵略，而要做到这一点，它至少要像美国和大英帝国加起来那么大，甚至更大。

关于个人权利，亚里士多德认为两种人不应该有公民权。一种是靠工作为生的人。因为"一个公民不应该像一个匠人或者一个商人那样生活，因为这种生活是不光彩的，是与德行相背离的"。另一种是农民，因为他们没有闲暇，也没有财产。他认为，只有那些有闲暇和有财产的人才应该具有公民权。他说，农民都是来自其他种族的奴隶；北方的种族精力旺盛，南方的种族机智聪慧，因此奴隶应该来自南方种族，因为要是他们精力旺盛的话就会造成很多麻烦。而希腊人是唯一一个既精力旺盛又机智聪慧的种族，他们比野蛮人更善于治理国家，只要他们团结一心，就能统治整个世界。

亚里士多德在《政治学》一书中对公民权利的设计与近代人的设计有很大不同，在他看来，国家的目的是培养有文化的君子。这些君子们把贵族精神与技艺爱好结合在一起。这种结合，只存在于伯里克利时代的雅典，存在于那些生活优裕的贵族之中，而不存在于民众中间。

在伯里克利统治末期，这种政治体制开始解体。没有文化的民众攻击伯里克利的同党，而他们则以阴谋、暗杀、非法专制等极不君子的行为来保护富人的权力。

苏格拉底死后，雅典民主制的顽固性受到削弱；不过雅典保住了一直以来的文化中心地位，但政治中心转移到了其他地方。当时的国家权力与其文化是分开的，权力被粗暴的军人掌控，而文化则属于弱势的希腊人或奴隶。

文化伟人代表作图释书系

野蛮人入侵后,"君子"换成了北方的野蛮人,而文化人则是南方雅致的教士们。这种情形一直延续到文艺复兴。那时,俗人开始掌握文化。文艺复兴以后,希腊人的"由有文化的君子来执政"的观念开始流行起来,到18世纪达到了顶点。

然而,这种局面很快就结束了。首先是法国大革命对旧制度的冲击。自从伯里克利时代以后,有文化的君子为了保护自己的权力而站在了群众的对立面,在这个过程中,他们不再是君子,同时也丧失了文化。第二个原因是工业文明的兴起带动了科学技术的发展。第三个原因是人民接受了教育,具备了阅读和写字的能力,但统治者并没有让他们具备科学文化知识,这就给新型的煽动者能够进行新型的宣传提供了可能,就像我们今天在独裁国家里所看到的那样。

论教育

《政治学》一书最后讨论的不是政治,而是教育。亚里士多德认为,受教育的对象只应该是那些将会成为公民的孩子。当然也可以教给奴隶们一些实用的技术,如烹饪等,但这并不属于教育。通过教育,国家要培养出适合现行政府体制的公民,因此寡头制和民主制或其他体制下的公民都是有区别的。在这里,亚里士多德所说的公民是享有政权的。孩子们应该被教授对他们自身有用的东西,但要避免庸俗化;如不能教他们任何歪曲身体形象的知识,或能使他们赚钱的技能。他们必须参加体育锻炼,但不用达到职业水准,因为很多为参加奥林匹克运动会而训练的孩子,都在某种程度上损害了自己的健康。他们还应该学习绘画,主要是为了欣赏美,以及学习带有道德教育意义的画作或雕刻。为了在欣赏音乐的同时能加以品评,他们还要学习唱歌和演奏乐器。当然,读书和写字也是他们必须要学习的,虽然这些也属于实用技术。但教育的目的不是实用,而是"德行"。

亚里士多德的逻辑学

亚里士多德在科学的许多领域都有非常大的影响。其中，在逻辑学方面的影响尤为显著。当柏拉图在形而上学方面享有至高无上的地位时，亚里士多德就已经是逻辑学方面的权威了，并且在整个中世纪都保持着这种地位。13世纪以来，基督教哲学家也把他奉为至高无上的权威。文艺复兴以后，这种权威地位大部分丧失了，但在逻辑学上，他仍然是至高无上的。直到今天，天主教哲学教师和其他亚里士多德的信徒仍然在顽固坚持那种过时了的体系，反对近代逻辑学的新发展。非常明显，亚里士多德在今天的影响是与现代思维的发展相背离的。由于有如此多的人赞美他，因而，他的学说，特别是逻辑学，直到今天仍然是学者们的战场。

亚里士多德在逻辑学上最重要的影响是他的三段论学说，即大前提、小前提、结论。以下是三段论的四种形式，其中"Barbara"形式最为著名：

每人都会死（大前提）。
苏格拉底是人（小前提）。
所以，苏格拉底会死（结论）。
或者：
每人都会死。
所有的希腊人都是人。
所以，所有的希腊人都会死。
"Celarnent"形式：
没有一条鱼是有理性的。
所有的鲨鱼都是鱼。
所以，没有一条鲨鱼是有理性的。
"Darii"形式：

□ 阿拉伯人描绘亚里士多德上课时情景

亚里士多德是形式逻辑学的奠基人。在形而上学方面，亚里士多德的哲学和神学思想在伊斯兰教和犹太教的传统上产生了深远影响，在中世纪，它继续影响着基督教神学，尤其是学术传统的天主教教会。

□ 数形逻辑　戈雅　18世纪

画面中，天国的光芒来自于一个三角形的出口。在西方文艺史上，三角形是基督教中"圣三位一体"的最有力的象征。古希腊哲学家柏拉图酷爱数形逻辑，他极力宣扬三角形是最有效、最坚固的形状。

每人都有理性。

有些动物是人。

所以，有些动物是有理性的。

"Ferio"形式：

没有一个希腊人是黑色的。

有些人是希腊人。

所以，有些人不是黑色的。

除了上述四种形式外，亚里士多德及其后继者认为，一切演绎推理，如果给以严格叙述，都可以是三段论式的。把所有论证都变为三段论形式，就可以避免一切错误了。

应该承认，亚里士多德创造的这一体系是形式逻辑的开端，从这一点来说，它是值得赞美的。但如果将它作为形式逻辑的结局来看，它的弱点也是明显的：

（1）这一体系存在着形式的缺点。

（2）对三段论评价过高。

（3）对演绎法这一论证形式评价过高。

一、形式的缺点。例如下面的两句话：

苏格拉底是人。

所有的希腊人都是人。

必须把这两者区别开来，而亚里士多德在《逻辑学》中是没有加以区别的。"所有的希腊人都是人"这句话一般理解为：有希腊人存在。如果没有这一含义，那么，亚里士多德的某些三段论形式就要无效。例如：

"所有的希腊人都是人，所有的希腊人都是白色的，所以有些人是白色的。"如果有希腊人存在，那么这个三段论就是有效的。但如果说：

"所有的金山都是山，所有的金山都是金的，所以有些山是金的。"这个结论就是错的，虽然前提可能都是真的。

根据以上例子，我们必须把"所有的希腊人都是人"这句话分为两个部分。一个部分说："有希腊人存在"，另一个部分说："如果有任何东西是一个希腊人，那它就是一个人。"这样，"所有的希腊人都是人"就比"苏格拉底是人"在形式上要复杂得多。"苏格拉底是人"以"苏格拉底"为主语，但"所有的希腊人都是人"的主语并不是"所有的希腊人"。因为在"有希腊人存在"和"如果有任何东西是一个希腊人，那它就是一个人"这两句话中，都没有任何与"所有的希腊人"相关的语素。

形而上学和认识论中的很多错误，都起源于这种纯形式的错误。形而上学的错误是由假设"所有的人"是"所有的人都会死"的主语，以及"苏格拉底"是"苏格拉底会死"的主语造成的。这可能会使人认为，"所有的人"与"苏格拉底"在某种意义上指的是属于同一类的一种整体。亚里士多德从而也就得出"种类

□ 四个伟大的哲学家

这份中世纪的意大利文手稿上有文艺复兴时期最受推崇的四个哲学家：亚里士多德（上左）、柏拉图（上右）、塞涅加（下右）、苏格拉底（下左）。

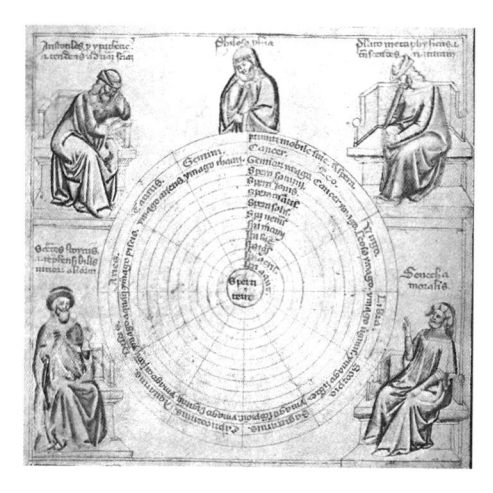

在某种意义上也就是实质"的结论。

这一错误将亚里士多德引向了另一种错误，他认为一个谓语的谓语能够充当原来主语的谓语。如果有人说"苏格拉底是希腊人，所有的希腊人都是人"，他就会认为"人"是"希腊人"的谓语，而"希腊人"又是"苏格拉底"的谓语，因此很容易地推出"人"是"苏格拉底"的谓语。但"人"实际上并不是"希腊人"的谓语。他就这样消除了名字与谓语之间的区别，这给哲学带来了很多灾难性后果。

二、对三段论形式评价过高。三段论只是演绎推理中的一种。比如，数学完全是演绎的，但就没有采取三段论式。虽然我们也许能将数学论证按照三段论形式书写，但那大有生搬硬套之嫌，而且没有多少说服力。举个算学的例子：假设我买了价值四元六角三分钱的东西，支付了一张五元的钞票，

□ 亚里士多德的《修辞学》书影

亚里士多德在《修辞学》中分析并提出了劝说的艺术，这不仅仅是指如何构思演说，还指如何使听众印象深刻。演说家的伎俩也在于此。

那对方应该找给我多少钱呢？将如此简单的数字写成三段论的形式，显然极为荒谬，而且还会掩盖这一论证的真实性。另外，在逻辑里面也有大量的非三段论推论，例如："马是一种动物，所以马的头是一种动物的头。"应该说，三段论只是演绎法的一部分，对于其他部分，它并没有当然的优先权。

由于他对三段论在演绎法中的过高评价，很多哲学家在研究数学推理的性质问题时都迷失了方向。

三、对演绎法评价过高。和近代哲学家相比，古希腊人赋予了演绎法更大的重要性。亚里士多德注意到了这个问题，并一再承认归纳法的重要性，但他仍和所有的希腊人一样，给予了演绎法不适当的重要地位。归纳法没有演绎法那样确切可靠，它只为人们提供或然性而非确切性；但从另一方面看，它给予了我们演绎法不能给予的新知识。除了逻辑学和纯粹数学，一切重要的推论几乎都是归纳的而非演绎的。法学和神学是两个例外，因为这两者的最初原则都来自条文（即法

典和皇帝的圣书），而这些条文是不允许受怀疑的。

除了《逻辑学》外，亚里士多德的《范畴篇》在哲学史上亦有相当的影响。

在《范畴篇》中，亚里士多德提出了十种范畴，即：实体、数量、性质、关系、地点、时间、姿态、状况、活动、遭受。他对"范畴"下的定义是：每一个不是复合的用语。他的意思大概是，每个无需借由别的字义进行解释，其本身就具有意义的字，都代表了一种实体或一种数量等。

"实体"的意义有主次之分。它的主要意义是指不叙说主词也不出现于主词的东西，即一个个体的物、人或动物。其次要意思是一个种或一个类，如"人、动物"。这种次要意义似乎有些牵强，而且助长了后世学者对形而上学不恰当的发挥。

"本质"是指一旦变化就必然丧失事物自身同一性的那些性质。以苏格拉底为例，他有时愉快、有时哀伤、有时健康、有时患病。既然这些性质变化了，但他仍然是苏格拉底，那么，这些就不是他的本质。"但苏格拉底是人"这一判断可以认为是他的本质。"本质"问题其实就是一个怎样用字的问题。对于具有个别差异的事物，我们有时会用同一个名字来称呼，我们将其看作一个独立个体的诸多不同表现；但实际上这只是出于口头表达的便利。因此，苏格拉底的"本质"正是由这类性质构成的，没有它们，"苏格拉底"这个名字对我们就丧失了意义。这个问题完全属于语言学的范畴：一个字可以有本质，而一件事物则不行。

事实上，"实体"的概念也是将纯粹的语言学问题转移到了形而上学上。在对世界进行描述时，如果把一些事件描写为"苏格拉底"的故事，把另一些事件描写为"史密斯先生"的故事，我们会发现非常方便。而这会使人自然联想到，"苏格拉底"或"史密斯先生"是指历史长河中某种恒久不变的东西，而且从某种意义上来说，他们甚至比那些事件更"真实"、更"稳固"。

只要认真分析，我们就会发现"实体"这一概念存在很多难以理解之处。亚里士多德认为实体是某些性质的主体，而且与其自身的所有性质都截然不同。可一旦将这些性质剥离，只想象实体自身，摆在我们面前的却是一片虚空。换个角度来说：我们通过什么来区分两种不同的实体呢？不能是它们的性质，因为按照实体的逻辑，性质的不同是以两种实体间存在数量差异为前提的。其实，"实体"只是一种把若干事件聚拢在一起的便捷方式。

亚里士多德的学说是古希腊思想创造期即将结束时才出现的，因而他被人们当作权威而全盘接受了下来。实际上，亚里士多德的学说除了三段论的形式理论外，几乎全是错误的，但两千多年的学术统治地位已经使得亚里士多德很难被推翻了。近代史上，科学、哲学的每一次进步都是在与亚里士多德弟子们的抗争中取得的。

亚里士多德的物理学

本章准备讨论亚里士多德的两部书,一部叫《物理学》,一部叫《论天》,这两部书之间有着密切的联系。历史上,这两部书都产生了极大的影响,并且一直统治着人类科学的发展,直到伽利略时代为止。像人们熟知的"第五种本质""月球以下"这些名词,都是从这两部书所表达的理论中得来的。

要理解亚里士多德及一般希腊人的物理学观点,就必须了解他们在想象方面的背景。每位哲学家其实都有两套体系,一套是他们向外界宣称的正式体系,另一套是较为简单甚至连他们自己也未曾意识到的体系。即使意识到了,他们可能也认为行不通,因此就将其彻底隐藏起来,并提出某种更加诡辩的观点。这种观点近似于他尚未成型的体系,他认为他已经将其加工得不可辩驳,他希望别人都能接受。他们完全靠接连不断的反驳实现这种诡辩,因此永远不可能得出正面结论,正面结论是他们预先想象好的。

对于物理学,亚里士多德在想象方面的背景与一个近代学者在想象方面的背景是大不相同的。今天,小孩子上学就开始学习力学,对机械的认识,在他的思维习惯里只有汽车和飞机,即使在他下意识里,也决不会想到那些会跑的汽车里会包含"马"这个概念,飞机的机翼是一只具有神奇力量的飞鸟的两翼。

在希腊,除了德谟克利特和阿基米德等少数天才外,没有人能够对运动作出科学的解说。有两种运动是重要的,即动物的运动与天体的运动。在近代

□ **亚里士多德的《物理学》**

亚里士多德是人类多种学科的创立者。他的代表作有《政治学》《尼各马可伦理学》《诗学》《修辞学》《物理学》《形而上学》等。物理学学科的名称正是来自亚里士多德这部著作的书名。亚里士多德在物理学方面的想象与一个近代学者是大不相同的。

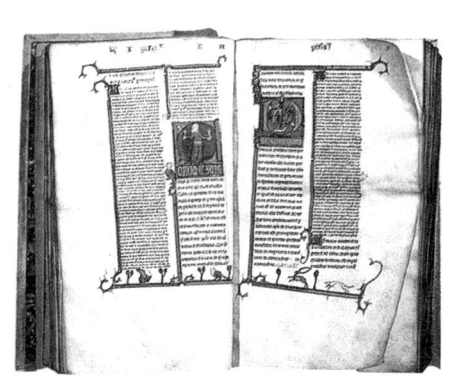

科学家看来，动物的身体是一架非常精致的、复杂的物理——化学结构的机械，每一项新的科学发现都会使动物与机械之间的鸿沟缩小。但在希腊人眼中，无生命的运动与动物的运动相结合似乎更为自然。今天，一个孩子仍然在用其能否运动来判断某个东西是活的动物或是其他事物。在亚里士多德看来，这个特点本身就揭示了物理学理论的基础。

现在来说天体。天体与动物的不同就在于其运动的规则性，但这可能仅仅是由于天体本身具有的完美性所致。每一个希腊哲学家从小就被教导，太阳和月亮是神。阿那克萨戈拉被控不敬神，就因为他否定太阳和月亮的神性。当一个哲学家不再把天体本身视为神明时，他自然就会把天体想成是由一位具有希腊人的爱好秩序与几何的简捷性的神明意志在推动着的物体。于是，运动的最后根源便落在了人的"意志"上。在人世间，便是人类与动物的随心所欲的意志；在天上，则是至高无上的设计者永恒不变的意志。这一点虽然并不一定适用于亚里士多德所阐述的所有内容，但却能为我们提供亚里士多德在想象方面的背景。

下面，让我们来看看亚里士多德究竟说过什么。

在亚里士多德的著作里，物理学这个词被人译为"自然"，但它与我们所说的"自然"这个词的意义不同。亚里士多德说，一件事物的"自然"（性质）就是它的目的，"自然"就是为了这个目的而存在的，他赋予了这个词一种目的论的涵义。有些事物是自然存在的，而有些事物则是由于别的原因而存在的。动物、植物和单纯的物体是自然存在的，它们具有自己内在的运动原则。自然是运动或者静止的根源。如果事物具有这一内在原则，它们便"具有自然"（性质）。"按

□ 凝视荷马胸像的亚里士多德　伦勃朗　1653年

　　这幅画是由著名画家伦勃朗所绘，他让满载着声誉和财富的亚里士多德，凝视着伟大的盲诗人荷马。在公元前四世纪，哲学包括了全部的科学，而正是亚里士多德理解、综合和系统化了当时的整个哲学体系。他身上的金链子来自于他最有声望的学生——亚历山大大帝。

照自然"这句话，就适用于这些事物的本质的属性。自然并不存在于质料之中，而是存在于形式中。一切潜在的事物都没有获得属于自己的自然（性质），只有当得到充分发展后，它们自身的属性才更明显。这一观点大概是在生物学的启发中得出的：橡子是一棵"潜在"的橡树。

亚里士多德还讨论了恩培多克勒的适者生存学说。他对这一学说持反对态度。他认为，事物是以固定的方式发生的，在它完成自己的发展之前，以前的一切过程都是为了实现这一目的。因此，凡是"由于连续不断的运动，从一个内在的原则发源而达到某种完成"的东西都是"自然的"。这一"自然"观在历史上成了科学进步的巨大障碍，并且成了伦理学上许多腐朽思想的根源，至今还在产生有害的影响。

亚里士多德说，运动就是潜存的事物正在实现。这一观点存在很多不足，而且与移动的相对性也不相容。当A相对于B而运动的时候，B也就相对于A而运动；如果说两者中有一个是运动的而另一个是静止的，这就毫无意义。一只狗抓到一块骨头时，人们出于常识可能会认为，狗是运动的而骨头是静止的，而且狗运动的目的是实现他的"自然"（性质）。但这种观点不能应用于没有生命的物质，并且在严格的科学意义上，任何一种运动都只能被看作是相对的。

亚里士多德反对留基伯和德谟克利特所主张的真空。关于时间，他反对有人认为时间是并不存在的观点。持这一观点的人认为，时间是由过去和未来所组成的，但过去已经不复存在而未来又尚未存在，所以时间是不存在的。亚里士多德认为，时间是一种可以计数的运动。他说，除非有一个人在计数，否则任何事物便不可能计数，而时间又包含着计数。他把时间看成是许多的时日或岁月的累积。亚里士多德还说，有些事物并不存在于时间之内，因此它们就是永恒的；他这里所指的也许是数目之类的东西。

运动一直是存在着的，并且将永远存在。

□ 明日黄花

反对亚里士多德世界观的声音在16世纪至17世纪出现了。这本出版于1616年的书探讨了人的不同特性。在这本书中，亚里士多德被比喻成驴子。

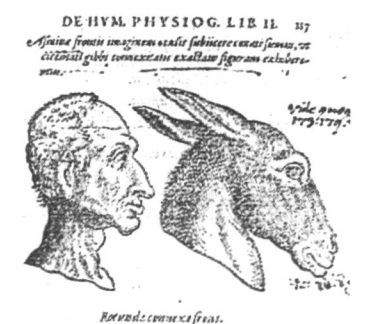

没有运动就没有时间，除了柏拉图之外，所有人都同意时间不是被创造的。

《论天》这部著作提出了一种理论：月亮以下的东西都是有生有灭的，而月亮之上的东西都是不生不灭的。大地是球形的，位于宇宙的中心。月亮以下，所有事物都是由土、水、气、火四种元素构成的，另有第五种元素则构成了天体。地上元素的自然运动是直线运动，第五种元素的自然运动则是圆周运动。每一层天都是一个完美的球形，越到上层就越神圣。恒星和行星不是由火构成的，而是由第五种元素构成的；它们的运动是由于它们所附着的那些层天球在运动的缘故。

地上的四种元素并不是永恒的，而是彼此影响而产生出来的。火就其自然运动而言，是绝对的轻；土则是绝对的重，气是相对的轻，而水则是相对的重。这一理论给后世的人们带来了很多困难。按照这一说法，被人认为是毁灭的彗星就必须划归到月亮以下的区域里。然而，17世纪时，人们却发现彗星的轨道是围绕着太阳的，并且很少能像月亮距离得这么近。既然地上物体的自然运动是直线的，那么，人们就认为沿水平方向发射出去的抛射体在一定时间之内是沿着水平方向运动的，然后开始垂直向下降落。伽利略发现，抛射体是沿着抛物线运动的。这样的发现吓坏了亚里士多德派。当哥白尼、开普勒和伽利略提出地球不是宇宙的中心，而是每天自转一次、每年绕太阳旋转一周时，他们就不得不两面宣战，一是圣经，二是亚里士多德。

亚里士多德的物理学与牛顿第一定律是不相符的。牛顿第一定律说，任何物体都要保持匀速直线运动或静止状态，直到外力迫使它改变运动状态为止。因此运动状态的变化就需要有外部的原因。这个观点不是用以说明运动，而是用以说明运动的变化，无论是速度的变化，还是方向的变化。亚里士多德关于天体是"自然的"那种圆运动，其实包含着运动方向的不断变化；按照牛顿的引力定律，就需要向心力。

现在，天体永恒不毁这一观点已被人们抛弃了。虽然太阳和星辰有着悠久的生命，但不是永恒不朽的。它们来自于星云，最后或者爆炸，或者冷却，总之，都要死亡。在我们可以预见的世界里，没有什么东西可以免于变化和毁灭；亚里士多德所鼓吹的与此相反的信仰，虽然为中世纪的基督徒所接受，但本质上是异教徒崇拜日月星辰的产物。

希腊早期的数学与天文学

数学"趣事"与成就

希腊人在艺术、文学、哲学、数学以及天文学方面都取得了极高的成就,而其中又以数学和天文学最为卓越。对他们的艺术、文学和哲学成就,每个人都可以根据自己的好恶进行品评;而他们在几何学上的成就却是毋庸置疑的,数学的证明方法基本上都源于古希腊。

数学研究是在一些实际问题的激发下开始的,关于这方面还流传着很多趣事。最早的一个故事是关于泰勒斯的。传说他在埃及时,那里的国王曾让他计算金字塔的高度。于是他选了一个阳光明媚的日子,等到太阳照耀下他影子的长度与他的身高相等时,他就开始测量金字塔的影子,这个影子的长度就等于金字塔的高度。据说几何学家阿加塔库斯在给伊斯奇鲁斯的戏剧画布景时得到了一个灵感,于是研究起透视定律。将一个立方体增加一倍的问题,据说是希腊一个神殿的祭司提出来的。有一个神谕告诉他们,神要的不是现在这样大的雕像,而是要大一倍的。他们就开始想方设法把原来雕像的尺寸增加一倍,但后来却发现这样做不对,因为雕像扩大了远不止一倍,会浪费很多钱。于是他们派人去向柏拉图及其门徒请教,几何学家们由此开始研究这一问题。

人们对毕达哥拉斯的事迹一

□ **古埃及星象图**

天文学,又称占星学。古埃及人关于星的研究都起源于农业生产的需要。他们发现尼罗河的泛滥和星体运动有关,所以他们很早就开始制作天文星象图。此图为古埃及第十九王朝法老塞提一世的坟墓天花板一角,描绘的是北边的星座。通过星象图,死去的法老就知道时间日期与季节变换。

直知之甚少，但普罗克鲁斯曾说他是"第一个将几何当作艺术的人"；而且很多实力派学者都认为，以毕达哥拉斯的名字命名的定理（即勾股定理：在一个直角三角形中，弦的平方等于两夹边的平方之和）就是他发现的。

攸多克索（约公元前408—前355年）在无理数被发现后，提出了关于比例的几何理论。在此之前，只存在关于比例的算术理论。根据这种理论，如果a乘以d等于b乘以c，那么a除以b就等于c除以d。有关无理数的几何理论未被提出来之前，这一定义只适用于有理数。攸多克索却提出了一种突破此种限制的新定义，其中还暗含了近代分析方法。后来，欧几里得进一步发展了这一理论。攸多克索还提出了"穷尽法"，这种方法是积分学的先导，后来被阿基米德成功运用。

欧几里得的《几何原本》是有史以来最伟大的著作之一，是希腊最完美理智的象征。虽然其中大多数理论并非他独创，但命题顺序和逻辑结构基本是他设计的。但是本书也存在某些局限性：他在书中只使用了演绎法，而且很多基本假设都没有得到很好的验证。

□ 天神艾特拉斯

古罗马人相信，宇宙是由天神艾特拉斯扛在肩上运转的。一千多年来，人们都认为地球位于宇宙的中心，而星辰围绕着地球运动。直到哥白尼创立了更为科学的宇宙结构体系——日心说，上述观点才被推翻。

欧几里得的几何学对实用价值持鄙视态度。据说一个学生在听了一段证明后问："学几何学有什么好处呢？"欧几里得便叫进一个奴隶吩咐道："拿三分钱来给这个学生，因为他非要从所学的知识中获得好处。"鄙视实用价值也是有道理的。在希腊时代，没有任何人想到圆锥曲线会有用处，直到17世纪伽利略才发现抛射体的运动轨迹是条抛物线，开普勒也发现行星是沿椭圆轨道运行的。因此，希腊人完全出于爱好所做的理论工作成为解决战术学与天文学问题的锁钥。

天文学成就

希腊人在天文学方面的成就同样引人注目。在希腊之前，巴比伦人和埃及人经过许多世纪的观察，已经为天文学的发展奠定了基础。他们记录下了行星的运

□ 阿基米德

阿基米德（公元前287年—前212年），伟大的古希腊哲学家、数学家、物理学家、力学家，静态力学和流体静力学的奠基人，并且享有"力学之父"的美称。

行，但是他们并不知道晨星和昏星是同一颗星（即金星）。巴比伦和埃及可能已经发现了食的周期，这使人们能够准确地预言月食发生的时间，但人们还不能预言日食发生的时间；因为日食并不是总是在同一个地点可以看得见的。巴比伦人首先把一个直角分为九十度，把一度分为六十分。巴比伦人喜欢六十这个数目，甚至还发明了一种以六十进位的计数体系。在希腊人以前，人们没有取得多少成就。

现在，让我们来看看希腊人最早的发现及正确的假说。

一、阿那克西曼德关于大地是浮荡的假说。他认为大地是浮荡着的，没有任何东西的支持。而亚里士多德反对这个假说，他认为大地位于中心永远不动，根据是：没有任何理由能够证明大地会朝着一个方向运动而不朝另一个方向运动。亚里士多德举例说，如果这一说法成立，那么，如果一个人站在圆心，即使在圆周的各点上都摆满了食品，他也会饿死，因为他没有理由选择某一部分食品而不选择另一部分食品。这就是所谓"布理当的驴"论证。因为不能在左右两边距离相等的两堆草之间作出选择，"布理当的驴"因而饿死了。

二、毕达哥拉斯关于"大地是球形的"假说。毕达哥拉斯可能是第一个提出大地是球形的人，这一假说不久就被科学证明了。阿那克萨戈拉发现：月亮是由于反光而发光的，并对月食现象提出了正确的解释。虽然他本人仍然认为大地是平的，但毕达哥拉斯学派却从月食时地影的形状得出了"地是球形的"的结论。由此，他们进一步推论地球是一颗行星。他们知道了晨星和昏星是同一颗星，并且认为包括地球在内所有的星都是沿着圆形而运动的，但不是环绕着太阳，而是环绕着"中心的火"而运动。他们已经发现：月亮总是以同一面对着地球，并且认为地球也是以同一面对着这个"中心的火"。他们将"中心的火"称作"宇宙之家""众神之母"。太阳是由于接受反射中心的火而发光的。除了地球之外，还存在着另一个物体，即"反地球"，这个"反地球"与中心的火距离相等。关于"反地球"的存在,他们提出了两个根据:一是他们观察到,月食有时是当日、月在地平线之上的时候出现的。这一现象的原因是折射,但他们并不知道什么叫折射;但他们认为,出现这种情形,必定是因为地球之外的另一个物体有影子所造成的。二是日、月、五星、地球与"反地球""中心的火"共同构成了十个天体。为什么提出"十"这个数字呢?因为"十"是毕达哥拉斯学派的一个神秘数字。毫无疑问,前一个根据是科学的,后一个根据则出自于这个学派数学上的神秘主义。

三、亚里士达克提出"哥白尼式"假说。亚里士达克大约生活在公元前310年至前230年,比阿基米德大25岁。他认为,一切行星、包括地球在内,都以圆形环绕着太阳旋转;同时,地球每24小时绕着自己的轴自转一周。然而,现存的亚里士达克的唯一作品《论日与月的大小与距离》仍然持"地球中心说"。学者认为,"哥白尼式"假说,可能是他在写完这部书之后提出的新见解,汤姆斯·希斯爵士也持这种看法。无论怎么说,亚里士达克曾经提出过哥白尼式的观点是毫无疑问的。

亚里士达克的"哥白尼式"假说提出后,除了塞琉古,其他古代天文学家都没有接受。这主要是受希巴古的影响所致。希巴古鼎盛于公元前161至前126年,希斯称他是"古代最伟大的天文学家"。希巴古是第一个对三角学进行系统阐述的人,岁差就是他发现的;他计算过太阴月的长度,误差都在一秒内;他对亚里士达克所计算的日月的大小和距离做了改进;他记录了850个恒星,还对其经纬度做了精确标注。为了找出反对亚里士达克的太阳中心说的论据,他运用并完善了亚婆罗尼提出的周转圆理论。

古代天文学家推算地球、日、月的大小以及日与月的距离时所使用的各种方法在理论上是颇有成效

□ 地心说

托勒密认为,地球处于宇宙中心静止不动。从地球向外依次有月球、水星、金星、太阳、火星、木星和土星,在各自的轨道上绕地球运转。地心说是世界上第一个行星体系模型。尽管它把地球当作宇宙中心是错误的,然而它的历史功绩不应抹杀。

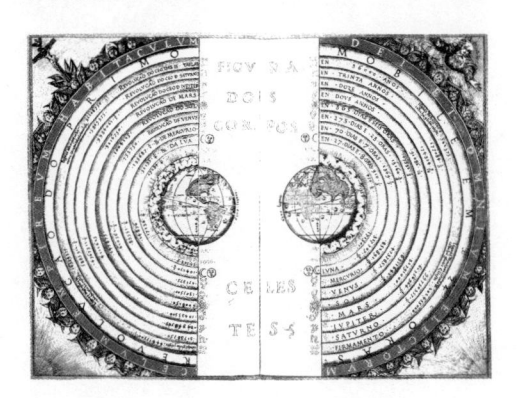

的，但他们却受到了缺乏精确仪器的制约。考虑到这一因素，可以认为，他们的许多成就是令今人惊叹的。伊拉托斯蒂尼推算地球的直径是7 850英里，这只比实际距离少50英里；托勒密推算月亮的平均距离是地球直径的29.5倍，而正确的数字是大约30.2倍，其误差也是很小的。

希腊的天文学不是动力学的，而是几何学的。古代人认为，天体都是在做等速的圆运动，或复合圆运动。他们头脑中尚未产生力的概念。所有天体都固定在天球上，而整个天球一直处于运动中。直至牛顿提出万有引力理论，天文学的几何学性质才受到削弱。但爱因斯坦在他的普遍相对论中又重新提出了一些几何学观点，力的概念几乎被摒弃。

天文学家的问题是：已知天体在天球上的运动，怎样能用假说来介绍第三个坐标，即深度，以便把现象描述得更加简明扼要。哥白尼假说的优点并不在于真实性而在于简捷性。希腊人以科学上的方式追求着能够"简化现象"的假说。如果将他们的前人以及他们的后人——直到哥白尼为止相比较，人们就不能不叹服他们令人惊异的天才。

希腊的另外两个伟大人物，即公元前3世纪的阿基米德和亚婆罗尼，是希腊第一流数学家中的最后代表。阿基米德是叙拉古国王的朋友，也有人认为是他的表兄弟，他在公元前212年罗马人攻占该城时被害；亚婆罗尼从青年时代就生活在亚历山大港。阿基米德不仅是一位数学家，而且还是一位物理学家与流体静力学家；亚婆罗尼主要是以他对于圆锥曲线的研究而闻名的。这两个人逝世后，伟大的时代宣告结束了。在罗马人的统治之下，希腊人丧失了因为政治自由而带来的自信；罗马军队在杀死阿基米德的同时，也就扼杀了整个希腊化世界的创造性的思想。

第七章　希腊化时代

　　人们通常说的希腊化时代是指马其顿统治时期。这一时期以克里奥巴特拉死后罗马并吞埃及而宣告结束。屈服与混乱，是这一时期的特点。

　　公元前3世纪以后，希腊哲学实际上已没有什么新东西了，直到公元3世纪新柏拉图主义的出现为止。同时，罗马世界正准备迎接基督教的胜利。

由于不幸，他们不得不成为无赖

古希腊语世界的历史可以分为三个时期：①自由城邦时期，②马其顿统治时期，③罗马帝国时期。

第二个时期即历史学家所称的"希腊化时代"。这一时期，希腊人在科学与数学方面仍不断取得重大进步。在哲学领域，涌现出了两个主要学派：伊壁鸠鲁学派和斯多葛学派。怀疑主义在这一时期已正式成为一种学说。

希腊世界在这一历史时期的改变是从亚历山大开始的。从公元前334年至前324年，十年间，他征服了小亚细亚、叙利亚、埃及、巴比伦、波斯、萨马尔干、大夏、旁遮普。就连波斯帝国这个人类历史上最大的帝国，也在三次战役中被摧毁了。亚历山大足迹所到之处，从阿富汗的深山、药杀水河畔到印度河支流上，都建立起了

□ **作为科学家的亚历山大**

亚历山大，古代马其顿国王。当他的军队席卷欧亚大陆时，伴随着狂风般卷起的铁骑，希腊文化也在某种程度上在世界传播开来。从这幅中世纪的画上可以看出，亚历山大已经使用玻璃潜水钟在探测海底世界。

文化伟人代表作图释书系

城市。亚历山大在这些城市推行希腊制度，同时采用一定程度的自治政策。尽管他的士兵多数是马其顿人，尽管大多数希腊人都不甘心接受他的统治，他一开始还是给自己安上了一个希腊文化使者的身份。随着领土的不断扩张，他逐步实行一系列促进希腊人与野蛮人友好相处的融合政策。

□ 大流士家属在马其顿亚历山大面前　维罗奈塞

公元前335年，亚历山大东征波斯，取得大胜，大流士三世逃遁，而其家属全部被俘。此图描绘了被俘的大流士家属在跪拜亚历山大大帝。

他采取这种政策是多种因素共同作用的结果。首先，他的军队并不是很庞大，要维持如此庞大的一个帝国，只靠武力是不可能的，还必须依靠与被征服人民的和平共处。其次，东方国家的人民已经习惯了帝王的统治，任何其他政府形式会使他们手足无措，亚历山大认为自己很适合扮演一位神圣君主的角色。在埃及，人民把他当成至高无上的法老；在波斯，人民将他奉为大王。这显然让他很受用。而他的那些马其顿"同伴"们对待他的态度，完全是西方贵族对其立宪君主的态度。他们不但不会像东方人那样在他面前卑躬屈膝，而且还时常规劝、指责他，有时甚至会控制强迫他。东方人是很驯服的，只要你能尊重他们的宗教信仰就行。亚历山大觉得这再简单不过了，他只需将埃及的阿蒙神或东方的其他神，与希腊的宙斯合而为一，并宣称自己就是神圣的神之子。

希腊人对野蛮人怀有强烈的优越感。亚里士多德说，北方种族精力充沛，南方种族文质彬彬，只有希腊人既精力充沛又文质彬彬。柏拉图和亚里士多德都主张希腊人不能做奴隶，而野蛮人可以。亚历山大不是纯种的希腊人，因此他想打破这种优越感。他不但自己娶了两个蛮族公主，还强迫手下的将领和波斯的贵族妇女通婚。这种政策的推行给人们带来了人类一体的观念；人们往昔对城邦和希腊种族的忠诚开始陷入一种尴尬境地。在实际生活中，希腊人和野蛮人之间相互影响：野蛮人从希腊人那里学到了先进的科学技术，而希腊人却从野蛮人那里学到了迷信。希腊文明在传播到世界更多地区时，已变得不怎么纯正。

希腊文明本质上是城市的。自从米利都学派以来，希腊在科学、哲学和文学上的杰出人物都是和商业城邦联系在一起的，而这些城邦通常都在野蛮人的环绕下。这种文明不是希腊人首创的，而是源自腓尼基人。在推罗、西顿和迦太基，和平时期国家主要依靠奴隶从事体力劳动来满足公民需求，而战争时期就依靠雇佣兵。这与19世纪后半叶远东地区的情形极为相似。新加坡、香港、上海及中国其他一些港口都成为欧洲人的贸易基地，靠着雇佣工的劳作，那里的白种人摇身成为了一群商业贵族。

如果没有战争干扰，这个时代应该是一个有钱但没有权势欲望的人享受生活的时代。一些圆滑的、靠献媚向上爬的学者可以享受着高度奢侈的生活，只要他们不介意成为愚昧的宫廷内侍的嘲弄对象。

然而，好景不长，在亚历山大征服的辉煌业绩之后，由于缺乏一个强有力的专制政权，社会开始动荡，希腊化世界从此陷入混乱。

□ 德尔菲神庙

德尔菲被看作世界的中心，以德尔菲神谕而著称，它是古希腊城邦共同的圣地。传说宙斯为了测量大地而分别向东西方放出了两只苍鹰，它们最终在德尔菲相遇。

在一些旧希腊城市，以往的公民精神还有所存留，但在亚历山大所建立的新城市中却荡然无存。一些新城市最初是由来自旧城市的移民组成的，因此两种城市始终被一条感情纽带维系着。

亚洲的统治者们一般都自诩为"亲希腊派"，在允许的范围内，他们在政策上和军事上与旧希腊城市保持着友好关系。这些城市渴望民主自治，免除纳贡，内政不受朝廷干涉。新城市虽然有一定程度的自治，但公民精神只保留在旧的希腊城市里。在亚历山大建立的新城市里，公民来源复杂，他们大多数人是冒险家，很像是西班牙的美洲征服者或者南非洲约翰内斯堡的移民，而不像早期的那些虔诚的希腊殖民者或者新英格兰开拓者。因此，亚历山大新建的城市中没有一个城市能够形成牢固的政治地位。更为严重的是，非希腊的宗教和迷信对希腊化的影响基本上为负面，希腊人在那里学到的主要是占星术和巫术。吉尔伯特·穆莱说："占星术降临希腊，就像一种新的疾病降临到某个偏僻的岛民身上一样。"占星术最早是一个名叫贝鲁索的迦勒底人在亚历山大时代传授给希腊人的。时间不久，就成燎原之势，后来，甚至大多数优秀的哲学家都信仰占星术。

混乱必然引起道德败坏，而道德败坏更甚于知识的衰退。当你知道你们一切储蓄明天就可能分文不值时，勤俭似乎就无用了；当你对别人诚实，而别人却欺骗你时，诚实几乎也无益了；当没有一种原则是重要的，或者没有一种原则能帮助人民取得胜利时，就不需要坚持原则了；当唯唯诺诺过日子才能苟全性命时，就没有维护真理的必要了。一个人的道德观如果除了琐碎的斤斤计较而没有深厚的文化底蕴，如果他还保留着勇气，他可能会成为这个世界的一个冒险家，如果他没有勇气，那他只能是一个默默无闻的怯弱的无赖。

属于这个时代的米南德说：

我知道有很多的人，

他们并不是天生的无赖，

由于不幸，

他们不得不成为无赖。

这就是公元前3世纪的道德特点，在那个时代，只有极少数人才是例外。即使在这极少数人中，恐惧也大于希望。生命的目的不是为了成就某种积极的善，而是为了逃避不幸。"哲学不再是引导一些大无畏的真理追求者前进的火炬，它成了跟随在生存斗争的人们后面收拾伤残者的一辆救护车。"

犬儒学派与怀疑派

知识分子和他们所处时代的关系在不同的时代差别很大。在那些幸运的时代，知识分子大体上与社会环境协调，这时候，他们必然会提出一些社会改革方案，他们相信这些方案会受到欢迎。即使社会不进行改革，他们也不会不喜欢这个世界。在另一些时代，知识分子渴望变革，他们号召大众起来进行激烈的革命；他们满怀激情，深信自己的理想在不久的将来就会实现。在"黑暗时代"，知识分子对世界和人生是绝望的，虽然他们知道这个时代需要什么，但却没有实现的希望。当他们感到地上的生活本质上是坏的时，只好把希望寄托于未来或某种不确定的"社会变革"上。

在某些时代，以上几种人生态度可以为不同的知识分子所采取。在19世纪，歌德是个快乐主义者，边沁是个改革者，雪莱是个革命者，李奥巴弟则是个悲观主义者。在大多数历史时期，伟大作家们身上都表现出某种共同风格。在英国，伊丽莎白统治时期及18世纪，他们倾向于快乐主义；在法国，1750年左右他们摇身变为革命派；在德国，自1813年起，他们又变为民族主义的。

在希腊化时期，希腊的哲学家们尽管对现实政治颇有微词，但他们对世界并不绝望。其至像毕达哥拉斯、柏拉图那样鄙弃现实而企图逃避于神秘主义的人，也有将统治者改变为圣贤的具体计划。但当政权一旦转移到马其顿人手中时，希腊的哲学家们就开始脱离了政

□ 第欧根尼

犬儒学派提倡回归自然，清心寡欲，鄙弃俗世的荣华富贵，要求人克己无求，独善其身。第欧根尼是犬儒学派最著名的代表，据说他住在一个木桶里，所拥有的全部财产只有一个木桶、一件斗篷、一支棍子和一个面包袋。

文化伟人代表作图释书系

治，专注于个人德行的修养或者寻求人生解脱之道了。他们不再追问：我们怎样才能创造一个好的制度、好的国家？而是在自言自语：在这个罪恶的世界里，一个人怎样才能保持自己的德行；或者，在这个悲惨世界中，人怎样才能获得幸福？

当知识分子变得愈来愈自私时，基督教终于给他们带来了个人得救的福音；于是，他们开始传教并创建基督教教会。知识分子终于可以全心全意在那里安身立命了；在这以前，没有一种制度给他们提供这种可能性。当然，他们仍然在思考，因为他们不能不思考。由于知识分子对政治合法的追求找不到出路，因而他们对其自身的思想在现实世界会产生什么效果几乎不抱希望。

犬儒派和怀疑派就是在这样的时代气氛中产生的。

□ 亚历山大造访第欧根尼

两种不同价值观在这里碰撞，世界的征服者同犬儒学派的领袖在一个奇异的场合见面。

亚历山大问他："你想要什么恩赐？"他回答说："只要你别挡住我的阳光。"

犬儒派

犬儒派出自安提斯泰尼，他是苏格拉底的学生，比柏拉图大二十岁左右。安提斯泰尼跟托尔斯泰在某些方面很相似，在各自所处的时期都很引人瞩目。年轻时代，他的生活圈子里都是苏格拉底的贵族弟子，他也一直是个很正统的人。但后来，不知是由于雅典的失败，还是苏格拉底之死，或其他原因，他突然摒弃了自己原先所重视的东西。除了善良，任何东西他都可以放弃。他与工人们打交道，进行露天演讲；他鄙视一切精致的哲学，信仰"回归自然"；他主张废除政府和婚姻，放弃私有财产和确定的宗教。他并不奉行苦行主义，可他断绝了对一切感官快乐的追求。他说："我宁愿疯狂也不愿快乐。"

而犬儒派的真正创始人是他的弟子第欧根尼。他来自欧济尼河上西诺普，他的老师最初不太喜欢他，因为他的父亲曾犯过涂改货币的罪名。安提斯泰尼想把他赶回家，可不论是劝导还是鞭打，他都无动于衷。他想获得"智慧"，而安提斯泰尼正是能传授他智慧的人。他的理想也是"涂改货币"，但他要涂改的是世上的一切"货币"，因为一切事物都盖着假印戳，包括人类。

他决心像狗一样活下去，所以被称为"犬儒"。他几乎排斥一切习俗，无论是宗教的、风尚的、服饰的，还是起居、饮食的或礼仪的。他宣扬人与人，甚至与动物之间的友爱。传说他常年住在一个桶里，但穆莱说是住在一个大瓮里（人类原始时期埋葬死人的瓮）。第欧根尼像印度苦行僧那样靠行乞为生。虽然贫穷，但当亚历山大去拜访他、问他想得到什么恩赐时，他回答道："只要你别挡住我的阳光。"

第欧根尼对"德行"十分钟情，他认为一切财富在德行面前都无足挂齿。因而他非常鄙视财富，追求从欲望中解脱出来的道德自由。他说："只要你对幸运带来的财物无动于衷，就可以从恐惧中解放出来。"第欧根尼是一个精力旺盛的人，但他的哲学却是一种投合劳苦倦极的人们的学说。这种学说除了对人世罪恶是一种抗议外，绝不可指望它对艺术、政治、科学或任何有用的事物有所帮助。

□ 塞克斯都·恩披里可的《皮浪学说概略》

皮浪是怀疑论的奠基人。他的思想在塞克斯都·恩披里可（约200年）那里得到了最详尽的阐述。塞克斯都因阐述皮浪的学说同样产生了巨大的影响。

公元前3世纪早期，犬儒学派风行于希腊。他们宣扬没有物质财产是多么轻松，饮食简单多么幸福；对故乡恋恋不舍，或哀悼自己孩子和朋友的死亡是多么愚蠢；还告诉人们在冬天不用穿昂贵的棉衣也能保暖等等。有一个叫德勒斯的犬儒学者说："如果我的孩子或妻子死了，难道我就要沉浸于悲痛，不顾及自己的生命和财产了吗？"今天，我们审视这些言论，真不知谁喜欢这些说教。是希望把穷人的苦难想象成仅仅是幻觉的大腹便便的商人呢？还是力图鄙视获得了成功的事业家们的哪些新的穷人呢？还是那些接受了恩赐的阿谀奉承者呢？德勒斯还曾对一个富人说："你慷慨地施舍于我，我痛快地予以接受，既不匍匐你面前乞求，也不心怀抱怨。"这似乎是一种很实用的学说。通俗化的犬儒主义并不禁绝人们追求某些有世俗价值的东西。

文化伟人代表作图释书系

犬儒派学说中的精华被斯多葛主义吸收，而后者则是一种更完备，更圆滑的哲学。

怀疑派

在犬儒学派盛行时，怀疑主义开始在希腊社会泛起。这个学派最初是由皮浪倡导的。他来自爱里斯城，曾是亚历山大军队中的一名士兵，并参加过对印度的远征，因此对旅行兴趣浓厚。他的学说没有什么新东西，只是对过去的怀疑学说加上了系统化、形式化的外衣。皮浪除了对感官的怀疑外，对道德和逻辑也开始怀疑。他认为，事物不可能有任何合理的解释。

怀疑主义打动了很多没有哲学头脑的人，它是懒人的精神安慰，因为它论证了一个不学无术的人与一个知名学者有同样的智慧；它成了一服解愁剂，大受欢迎。

作为一种哲学思想，怀疑主义应该称作"武断的怀疑"。举一个例子，面对某一事物，科学家说："我认为它是这样的，但我不能确定。"抱有好奇心的人说："我不知道它如何，但我想搞清楚。"怀疑主义者则说："没有人知道，而且永远也不可能有人知道。"

然而，皮浪的弟子蒂孟对这种"武断的怀疑"做出了理智的论证，按照希腊的逻辑立场，这一论证是很难反驳的。希腊人只承认演绎逻辑，而这又必须以公认自明的普遍原则为前提。而蒂孟认为不可能存在这种原则，因此一切都要靠其他事物来证明。那么一切论证就只能是循环的，或是为虚空配备的一条无限长的锁链。显然，这两种情形什么都无法证明。可见，这一论证正中在希腊居于统治地位的亚里士多德哲学的要害。

蒂孟的学说和休谟的学说有部分相似。他认为，人们从未观察到的事物是不能有效推知出来的；当我们发现两种现象总是相伴随时，我们就能从一个推知出另一个。蒂孟的著作大部分已经散失了，只留下来两句话：

"现象永远是失效的。"

"蜜是甜的，我决不肯定；蜜看来是甜的，我完全承认。"

蒂孟于公元前235年死于雅典。他的死标志着皮浪学派的终结。然而，他的学说经过一定程度的改造被有柏拉图传统的学园继承了。

这一哲学变革是阿塞西劳斯促成的，他与蒂孟是同时代的人。虽然柏拉图信仰超感的理智世界和灵魂的不朽，但他在某些方面也带有怀疑主义的色彩。柏拉图说苏格拉底自称一无所知，这话让人觉得有些讽刺质疑的意味；他的很多篇对话都没有给出最后的结论，似乎是想让读者保持一种怀疑。他的辩证法被认为是一种目的而不是手段，因而近似于对怀疑主义的一种辩护。阿塞西劳斯似乎就是这样理解柏拉图的，并认为自己是柏拉图忠诚的追随者。

在给学生授课时，他不建议立什么论点，并且总是反驳学生提出的一切论点。为了说明在论证一个命题时怎样才有说服力，他常会提出两个相互矛盾的命题。他的这类教学方法只适合那些有叛逆精神的学生。除了锻炼自身机智的反应能力，他们似乎没有学到任何东西。在阿塞西劳斯巨大的影响力下，怀疑主义在整个学园的地位维持了近两百年。

怀疑派几经沉浮，到公元3世纪，仍然影响着很多人，但这种影响已不再有任何积极意义。

伊壁鸠鲁派

艰难而伟大的一生

希腊化时期涌现出了两个新学派,一个是斯多葛派,一个是伊壁鸠鲁派。这两个学派是同时创立的,创立者芝诺和伊壁鸠鲁也是同时代人,分别是各自学派的领袖。

伊壁鸠鲁出身于一个贫穷的雅典殖民者家庭。他自述从14岁开始研究哲学。他曾受教于德谟克利特的弟子,深受德谟克利特"原子论"影响。

公元前311年伊壁鸠鲁创办了自己的学校,学校先后几次搬迁,最后定在雅典。他在公元前270年左右死于雅典。

由于青年时期历经坎坷,他想在雅典过一种平静的生活。他拥有一座房子和一处花园,花园就是他的讲堂。到雅典后,他的学员不断增加,到后来连奴隶和妓女都来听他讲学。他不像古代很多哲学家那样严肃深沉,他为人坦率。

伊壁鸠鲁生活非常简朴,主要的饮食是面包和水。他说:"当我靠面包和水生活时,我全身洋溢着快乐;我轻视奢侈的快乐,因为这种'快乐'总会伴着各种不便。"

疾病伴随了伊壁鸠鲁一生,但他一直以极大的勇气承受着;而且他还最先提出,"一个人受鞭挞时也可以是幸福的"。这在他写的两封信中体现了出来,一封是他去世前几天写的,另一封是去世当天写的。他在第一封信中说:"七

□ 伊壁鸠鲁

大卫·休谟在18世纪写下了这样的评论:

"伊壁鸠鲁的问题是难以回答的。"

也许伊壁鸠鲁的问题现在仍然无法回答:"如果他(上帝)想消灭邪恶却未能做到却又不愿意做,那他就是恶毒的。""如果他既能做到又愿意做,那么邪恶又是从何而来?"伏尔泰也说过非常类似的话。

天前我就彻底动弹不得了，末日的苦痛正折磨着我。如果我有什么不测，请你务必照顾美特罗多罗（伊壁鸠鲁的爱徒，当时已去世了）的孩子们几年，但花在他们身上的钱不能比现在为我花得多。"在第二封信中说："给你写这封信时，我即将死去，这是我一生中真正幸福的时刻。胃病和膀胱病一直折磨着我，此刻也未稍减，可尽管如此，我却回忆着属于我们的快乐时光。请你费心照料美特罗多罗的孩子们，就像你自小忠诚于我和哲学那样。"美特罗多罗是他最早的学生之一，此时已经去世，伊壁鸠鲁在遗嘱里为他的孩子们做了很多安排。

"快乐"哲学

伊壁鸠鲁的哲学主要是追求恬静，他认为快乐就是善。他说："快乐就是幸福生活的开端和归宿。"他在《生命的目的》一书中说："如果抽去了嗜好的快乐、爱情的快乐以及听觉、视觉的快乐，我不知道如何想象善。""心灵的快乐就是对肉体快乐的欣赏。心灵的快乐唯一高出肉体快乐的地方，就是我们可以观赏快乐而不观赏痛苦；比起身体的快乐来，我们更能控制心灵的快乐。"

□《物性论》书影

卢克莱修是伟大的伊壁鸠鲁派诗人。下图是基督教版本，显示他在伏案写作，图中的文章是他的著作《物性论》第一章的开首，是他献给爱神维纳斯的赞歌。

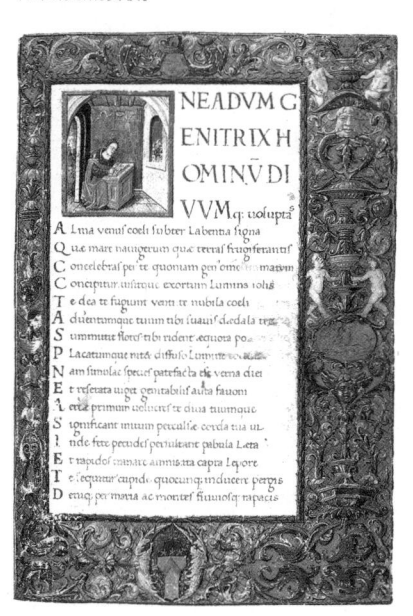

伊壁鸠鲁反对把快乐区别为积极和消极的快乐，或者动态和静止的快乐。动态的快乐是指达到了某种愿望的目的，但在这以前是伴随着痛苦的；静态的快乐是指一种平衡状态。人们在充饥过程中就是一种动态的快乐，而饱餐一顿后的平静状态就是一种静态的快乐。伊壁鸠鲁比较赞同静止的快乐。因为它比较纯净，没有掺杂其他东西，而且不必伴随痛苦。

性爱作为一种"动态"的快乐之一，伊壁鸠鲁对其是持否定态度的。他说："性交从来不会对人有好处，如果它不伤害人的话，那就是幸运的了。"他喜欢孩子，但他同时认为，婚姻和孩子会使人脱离更严肃的目标。

伊壁鸠鲁认为社会中最可靠的快乐是友谊。他说任何时代的人都只追求属于自己的快乐,这种追求有时很明智,有时很愚蠢;但他也常会做出一些与自己理论不符的举动,都是他善良的天性使然。他曾说:"友谊与快乐是相互伴随的,因此我们必须寻求友谊;没有友谊,我们就无法无忧无虑地生活,也不能快乐地生活。"

在有些人看来,伊壁鸠鲁的伦理学不够精细,不够崇高,但他本人却是非常善良率真的。抛开政治,抛开爱情,抛开一切感情活动;不要结婚生子,以免遭受失去亲人的痛苦;在人的心灵中,要学会欣赏快乐而不要欣赏痛苦。这就是伊壁鸠鲁对我们的忠告。

□ 骷髅

伊壁鸠鲁学派把骷髅作为死亡的象征,其蕴涵的意义就是"活着时要享受生活"。

相信神存在的"唯物论者"

伊壁鸠鲁是一个唯物论者,但不是决定论者。受德谟克利特影响,他相信世界是由原子和虚空构成的,但和德谟克利特不同的是,他不认为原子永远是被自然律完全控制的。他所说的原子具有重量,是不断向下坠落的,但不是朝着地心;而且有时受某种类似拥有自由意志的事物的影响,会稍微偏离坠落的轨道,从而撞上其他原子。

伊壁鸠鲁对纯粹的科学并没有多大兴趣,他重视科学,只是因为科学对很多迷信思想做了解释,揭露了它们的真相。当存在多种解释时,他认为不必在其中做任何选择。"关于月亮的盈亏有各种各样的解释,但只要这些解释不引向神就好;至于哪种解释是真的,探究起来毫无意义。"从这点就可以看出,伊壁鸠鲁派对科学发展的确没有作出任何实际贡献。

伊壁鸠鲁坚信神的存在,但他同时深信,神都是理智的快乐主义者,并不过问人间。所谓通神、占卜等都是迷信,相信命运也是迷信。由此出发,他认为没有理由害怕触犯神,或者害怕死后在地狱受罪。作为人,我们有自由意志,我们是命运的真正主人。人不能逃避死亡,而且死亡在某种程度上并不是坏事。

伊壁鸠鲁的弟子,诗人卢克莱修曾经用诗来表现他的哲学思想。他对老师如同对一位救世主，诗人用宗教崇拜式的语言赞颂了这位哲学家：

当人类在地上悲惨地呻吟，

人们都在宗教的重压下喘息，

而她，则在天际昂然露出头，

用她凶恶的面目怒视人类的时候，

一个希腊人，第一个敢于抬起凡人的眼睛抗拒恐怖。

不论是神灵的威名或者雷电的轰击，

或者那吓人的雷霆，

都不能使他畏惧；

相反，更激起他勇敢的心，

他以愤怒的热情第一个劈开，

那古老的自然之门的横木。

……

伊壁鸠鲁的时代是一个痛苦的时代，甚至连死亡也成了解脱痛苦的避难所。然而，怕死毕竟是人的本能，因此，他的学说除了作为少数人的信条外，几乎不能得到传播。然而，600年后，随着人们日益受到现实生活的压迫，他们也不断向宗教和哲学里寻找解脱妙药。哲学家们多数逃到新柏拉图主义里面去了；而老百姓则进入了各种各样的东方迷信，更多的人走进了基督教。基督教的福音和伊壁鸠鲁的福音完全相反。奇怪的是，与伊壁鸠鲁极其相似的各种学说，却在18世纪末被法国哲学家们复活了。

斯多葛主义

斯多葛主义和伊壁鸠鲁主义是同时代产物，但它的历史更长久，更多变化。它的创始人芝诺是一个唯物主义者，他的斯多葛主义基本上是犬儒主义和赫拉克利特思想的结合物。晚期的斯多葛派由于渗入了柏拉图主义而最终抛弃了唯物论。

早期的斯多葛派多数是叙利亚人，他们的作品流传至今的都是些片段；晚期则大多是罗马人，如塞涅卡、爱比克泰德和马尔库斯·奥勒留，他们的作品都完整保存了下来。与早期纯粹的希腊哲学相比，斯多葛主义在感情方面非常狭隘，并带有一定程度的狂热；但其中包含了当时社会所需要的内容，而且特别受统治者的欢迎。吉尔伯特·穆莱教授就曾说："亚历山大的所有后继者都宣称自己是斯多葛派。"

芝诺是腓尼基人，大约生于公元前4世纪后半叶的塞浦路斯岛上的西提姆。他当初可能因为商业原因来到雅典，之后却对哲学产生了兴趣。他对犬儒派的观点更情有独钟，但在某种程度上又是一个折中主义者。他被柏拉图的学生们指责剽窃了学园的哲学理论。斯多葛派尊敬苏格拉底，他们始终把苏格拉底视为自己的圣人。苏格拉底受审时的辩词，他那不愿逃亡的态度，不惧死亡的精神，罪人对自己的伤害要比对别人的伤害更大的说法，所有的一切都与斯多葛派的观念吻合。其他如苏格拉底的简朴，完全抛弃一切肉体的享受等，也得到斯多葛派的赞赏。但斯多葛派并不同意柏拉图的理念说，而且大都反对柏拉图灵魂不朽的论证。只是到了晚期，他们才对柏拉图的灵魂非物质说表示赞同。

□ 芝诺

斯多葛派创始人芝诺的学说大体上是犬儒主义与赫拉克利特思想的结合品。芝诺强调法律统治以及政治体制的普遍有效性。

除了圣教的断章引句外，他的著作未能流传下来。

□ 哲学皇帝

马可·奥勒留是拥有凯撒称号的罗马帝国最伟大的皇帝之一，于161年至180年在位。他不仅是一个很有智慧的君主，同时也是一个斯多葛派哲学家。

芝诺对形而上学不感兴趣，他所重视的只有德行。他试图利用常识来反对形而上学，而在希腊，常识就代表唯物主义，因此这给他带来极大困扰。他对形而上学的激烈反对导致自己最终陷入另一种形而上学。

斯多葛派始终坚持的主要学说是关于宇宙决定论和人类自由的观点。芝诺认为，宇宙中没有偶然性，自然界的过程是严格按照自然规律运行的。宇宙最初只有火，然后才形成其他原素：气、水、土。但是，宇宙发展到一定阶段迟早又有一场大火把一切物质毁灭；于是，一切又变为了火。而且，这场大火并不是最后的终结，而仅仅是一次循环的结束；宇宙在永无休止地重演这场"大火"。现在人类所看到的万物以前就曾经出现过，而且，以后还要无数次出现。

除了宇宙观外，斯多葛派最重视的就是伦理观。他们认为，人世间只有德行才是唯一的善；其他的如健康、幸福、财产这些东西都是微不足道的。而德行在于人的意志，所以德行的修养仅仅取决于自身。一个人可以很穷，但这并不妨碍德行的修养。暴君可以把他关在监狱里，但他仍可坚守自己的情操，与自然环境和谐相处下去。他可能被判极刑，但他可以像苏格拉底那样高贵地死去。暴君只能左右身外之物，而不能左右他人的德行。所以，任何人只要从世俗的观念中解脱出来，他内心就能得到完全的自由。

他的"德行"学说显然不太符合逻辑。假如德行是唯一的善，上帝只要全心全意造就德行就够了，可为什么还是有那么多邪恶呢？斯多葛派一直主张，残酷与非正义是受难者磨炼德行的最好机会，既然这样，而且德行又是唯一的善的话，为什么还要反对残酷与非正义呢？

由于过分看重个人的德行修养，斯多葛派的伦理学在处理家庭、友情等方面显得冷酷无情。他们不仅排斥坏的感情，而且还排斥好的感情。例如：当妻子或孩子死亡时，他头脑里想的是"这件事不要成为我修养德行的障碍"。因此，他并不会感到痛苦。他们对公共生活的态度也充满功利主义，那些能够锤炼他们意志和正义感的活动，他们可以参与；但那些对别人施以恩惠的事情，要尽量避免。因为在斯多葛派看来，除了自己的德行以外，其他一切都是与己无关的。

后期三大重要人物

在斯多葛派中，后期出现了三位更重要的人物：塞涅卡、爱比克泰德和马可·奥勒留。他们都与罗马有千丝万缕的联系，一个是大臣，一个是奴隶，一个是皇帝。

塞涅卡出身于一个有教养的西班牙人家庭，但全家住在罗马。他走上政途，并从辉煌跌入低谷，最终送命。他公开鄙弃财富，却通过放高利贷积聚了大量财富。他有极高的辩论才能，在他生命的最后时刻，思维仍然相当敏捷。他给后人留下了很多可贵的箴言。

爱比克泰德是希腊人，他原本是艾帕福罗蒂图斯的奴隶，而他的这位主人又曾是尼罗皇帝的奴隶，被释放后成为大臣。他住在罗马，并在那里教学，公元90年，由于罗马皇帝多米提安认为知识分子毫无用处，就驱逐了所有哲学家。爱比克泰德只好迁居伊壁鲁斯的尼柯波里，并在这里创作和讲学，最后死于此处。他和其他斯多葛派一样，都鄙弃快乐，但他却有高尚的道德。他主张人们应该爱他们的敌人，人人都应该是兄弟，并宣扬奴隶平等。

马可·奥勒留于161年继位为皇帝。他当政时期，面临着严重的自然灾害和社会动荡，但他一直忠诚地追随斯多葛派。他采取的很多治国政策都以失败告终，巨大的压力使他萌生了归隐田园的想法，但直到为这个国家献出最后一丝力量，他也未能实现这个愿望。在很多哲学问题上，他和爱比克泰德的观点非常一致。他写成了《沉思录》一书，里面既有他的哲学观点，也有情感上的宣泄。

"意外"收获

虽然斯多葛派所重视的是伦理，但他们的知识论、自然律和天赋人权学说却对其他领域产生了重大影响。

在知识论方面，他们承认知觉的作用，并对凭借知觉能明确判断出来和不太明确的事物做了区分。这一学说总体上是合理的。他们还信仰先天的观念和原则。希腊人的一切逻辑都是演绎性质的，因此"最初的前提"就成为一个关键问题。它必须完全或部分具有普遍性，并且无法用任何方法证明。斯多葛派认为，那些非常明显并为人人接受的原则就可以充当演绎的前提，先天的观念同样能作为定义的基础。他们的这一观点，在整个中世纪都是被承认的，就连笛卡尔也极为赞同。

16至18世纪所宣扬的天赋人权学说，就是对斯多葛派相关学说的继承和修正。斯多葛派对自然法和民族法进行了区分。自然法出自贯穿于一切普遍知识中的最初原则。他们认为，人人生来平等。马可·奥勒留在他的《沉思录》一书中提倡建立"一种在法律面前人人平等的政体，一种以平等权利和言论自由为前提的政体，一种被统治者的自由能得到最大程度尊重的君主政府"。这种政治理想在罗马帝国是不可能实现的，但它对立法产生了极大影响，并极大改善了妇女与奴隶的地位。基督教也接受了这种学说，因此到17世纪的反专制主义斗争时，斯多葛派的自然法和天赋平等学说在基督教的掩护下发挥出巨大力量。

第八章　罗马帝国与文化的关系

　　作为征服者，罗马人唯一优越的东西就是军事技术和社会团结。而在科学、艺术、文学和哲学方面，希腊人给予了罗马帝国全面、深刻的影响。

罗马帝国与被征服国家的相互影响

罗马帝国曾经以不同方式影响了文化史，反过来，被罗马帝国征服的国家，特别是希腊，也对罗马文化的发展有着深刻、持久的影响。

在两次布匿战争中，罗马征服了叙拉古；公元前2世纪，又征服了马其顿。公元前1世纪中叶，凯撒征服了高卢；大约一个世纪后，英格兰也被征服。罗马帝国在其极盛时期，疆界跨越欧洲的莱茵河与多瑙河，从亚洲的幼发拉底河一直到北非的大沙漠。

□ 罗马帝国的扩张

公元前3世纪，罗马人统一了意大利半岛而成为地中海强国。此后，罗马开始了长期的对外扩张，陆续夺取了西西里岛、科西嘉岛、撒丁岛以及阿尔卑斯山以南的一些地方，后又攻占了当时地中海的强国迦太基。向东控制了希腊、叙利亚及西亚的部分地区。在西部，罗马人也侵占了今天法国、西班牙等欧洲国家的很多地方。凯撒统治时期，还两次派兵侵入不列颠。屋大维率领的罗马军队又灭亡了埃及，把埃及并入罗马。公元前2世纪下半叶，罗马已经成为一个跨欧、亚、非三洲的大帝国，版图东起幼发拉底河上游，西临大西洋，南抵非洲的撒哈拉大沙漠，北达莱茵河和多瑙河。

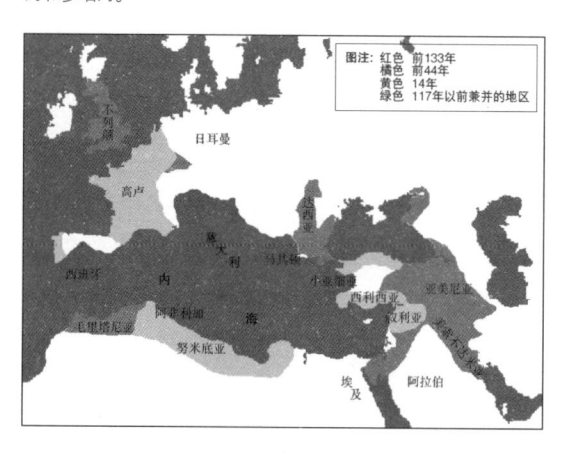

作为基督教历史上的重要人物——圣赛普勒安与圣奥古斯丁的故乡，罗马帝国在北非也许是表现得最好的。这儿以前曾是一片荒芜的地区，但这时却变成了肥沃的良田，并拥有许多大城市。从公元前3世纪至前30年，在200多年的时期内，罗马帝国大体上维持了稳定、和平的局面。

这一时期，罗马的国家体制也经历了重要的发展。最初，罗马是一个很小的城市国家，与希腊的城市国家，如斯巴达等并没有什么不同，也并不依靠对外的贸易来维持生存。它的国王也像荷马时期的希腊国王一样，早已被贵族垄断的共和国代替了。然而，在元老院里的贵族成分还依然强大的时候，它开始逐渐增加民主的成分。它的这一改革，被斯多葛派的潘尼提乌看作是君主制、贵族制与民主制三种成分的理想结合。然而，征服却打破了这种平衡，给元老阶级带来了巨大的财富，也给中等阶级带来了新财富。本来，意大利的农业是掌握在小农的手中，他们以家庭组织的形式进行耕作，但现在农业则属于罗马贵族了，他们使用奴隶来种植葡萄与橄榄。他们置国家利益与人民幸福于不顾，一心只求个人发财致富，这时的元老院事实上已经无所不能了。

公元前2世纪后半叶，格拉古兄弟发动了一场民主运动，运动引起了内战，最后导致了僭主制的确立。公元前30年至14年，尤里乌斯·凯撒的继承人、养子奥古斯都结束了战争。自从希腊文明以来，古代世界第一次享受了和平与安全。

希腊的政治体系被两个问题摧毁了，一是每个城邦都要求绝对的主权，二是很多城邦内部都发生了贫富之间残酷的流血斗争。在征服了迦太基与希腊化的各国之后，希腊对罗马已经不可能再进行有效的抵抗，因而第一个问题就不存在了。但是第二个问题却仍然继续存在着。在内战中，某个将军可以宣布自己是元老院的战士，而另一位将军又宣布自己是人民的战士，最后，那些能以极高代价收买兵士的人成为了胜利者。兵士们不仅仅要金钱，他们还要恩赐的土地；因此，每一次内战结束后，胜利者都会颁布新法令，废除那些国家佃户的土地所有者，把土地分给士兵。战争费用的来源，则是从处决富人并没收其财产来支付的。

内战的结束，对整个罗马世界来说似乎是一场意外，除了少数的元老党，大家都欢欣鼓舞。罗马终于迎来了稳定与秩序，这是希腊人和马其顿人曾经强烈追

□ 赫尔墨斯雕像

罗马帝国在疯狂地扩张领土的时候，也大量吸收了各国的文明，其中受古希腊文明的影响最大。我们今天知道的许多有关古希腊的文化情况其实是通过古罗马保存下来的。有人认为，这尊抱婴儿狄俄尼索斯的赫尔墨斯雕像，是古罗马人模仿前4世纪古希腊雕塑家普拉克西特列斯的作品雕刻而成的。当时，古罗马人模仿制作了大量古希腊式的雕像。

求过的目标，但在奥古斯都之前，他们从来就未能取得如此的成就。奥古斯都在位的时期，是罗马帝国的一个幸福时期。这一时期，各省的行政组织多少都照顾到了居民的福利，而不是进行纯粹的掠夺了。奥古斯都不仅在死后被官方神化，而且在许多城市被奉为神。诗人歌颂他，甚至那些表面尊敬奥古斯都的元老院也把各种荣誉戴在他的头上。

虽然人们生活在幸福中，但某些生活的意义已经丧失了；人们只求自身安全而不愿冒险。早期，每个自由的希腊人都有机会冒险，也有冒险精神；现在，希腊世界已经丧失了自己的青春，而变为犬儒或宗教的世界了。要在现存的制度中实现理想的希望破灭了，即使社会的精英阶层也丧失了他们对生活的热忱。对苏格拉底来说，天堂是一个可以继续进行论辩的地方，但对后世的哲学家们来说，却是与他们在地上的生活大为不同的某种东西。

之后罗马也经历了同样的发展，但却采取了不那么苦痛的方式。罗马没有像希腊那样被人征服，相反，它变成了一个成功的帝国。在内战时期，罗马人应该对社会的混乱和无序承担责任。希腊人虽然屈服于马其顿人，并没有得到和平与秩序；但希腊人和罗马人屈服在奥古斯都后，便都获得了和平与秩序。奥古斯都是一个罗马人，因而向他屈服，多数罗马人都是心甘情愿的，而不仅仅是屈服于他的权威之下。当然，元老院所表示出来的阿谀奉承，无疑是言不由衷的。

□ 古罗马人的生活

这块浅浮雕描绘的是古罗马人民收获葡萄的情景。收获葡萄在罗马甚至整个地中海地区都是农业生产中一件非常重要的事。图中一些农工正在用脚挤压葡萄，制作供酿酒用的葡萄汁。

这一时期，罗马人的心情很像是19世纪法国那些经过生活磨砺的青年，经过了恋爱的冒险之后，在理性的婚姻上稳定了下来。这种心情虽然令人满意，但却丧失了创造性。一个事实是，奥古斯都时期的大诗人都是在动乱时代出现的。奥古斯都为了使国家稳定，他表面上努力恢复了古代的信仰，对自由研究采取了一种敌视的态度，于是，罗马世界开始变得刻板。

文化伟人代表作图释书系

奥古斯都最初的一些继承者们对元老们以及那些潜在的竞争者采用了种种骇人听闻的残酷手段，这种残酷的统治蔓延到了各个省区；但总的来说，奥古斯都所创立的行政机器仍然正常运转着。

到了3世纪，灾难来临了。军队认识到了自己的力量，他们提出了自己的要求，根据金钱多少以及能否允诺他们一生不作战作为拥戴某个皇帝或者废黜某个皇帝的标准；于是，军队的战斗力大大削弱了。来自北方和东方的野蛮人开始侵入，并掠夺罗马的领土。军队只计较私利，相互内讧，毫无抵抗能力。由于收入的减少，财政体系也瓦解了；战争以及收买军队又使得支出大为增加，更加剧了财政的困难。除了战争，疫疠也使人口大大地减少了。罗马帝国似乎处在崩溃的边缘。

□ 君士坦丁

君士坦丁是罗马第一位信仰基督教的皇帝。他信仰基督教并制订出鼓励该教发展的许多政策，使基督教从一个受迫害的宗教转变为在欧洲占统治地位的宗教。

这时，两个杰出人物的出现拯救了危局，一个是戴克里先（286—305），一个是君士坦丁，后者尤为著名。他的帝位自312年直至337年为止。这时，罗马帝国分为东西两部分，相当于希腊语和拉丁语的两部分。君士坦丁在拜占庭建立了东部帝国的首都，并将它起名为君士坦丁堡。戴克里先曾经在一个时期改变了军队的性质，从而约束了军队；但自他之后，最能作战的便是由野蛮人、日耳曼人所组成的集团了，他们在军队中占据了所有的高级职务。这一危险的做法在5世纪初便产生了恶果。野蛮人终于决定为自己作战，他们认为这要比为罗马主子作战更有利。他们为此目的奋斗了一个多世纪。戴克里先的行政改革也曾在一段时间内取得了成功，但最后还是带来了灾难。罗马的体制是允许各城市有地方自治政府，地方官吏自己收税，中央政府只规定每个城邦上缴的税额总数。在帝国的繁荣时期，这种体制一直运用得很好，但是现在到了帝国枯竭时期，如果没有过度的压榨就无法应付支出了。地方政府都是个人对收税负责的，这时，他们纷纷逃亡，以避免向上交税。于是，戴克里先强迫那些富裕家庭的公民担任政府里的职务，并把农民转化为农奴，把他们束缚在土地上，并禁止迁移，这种体制被后世的皇帝们所继承。

由于大部分兵士都是基督教徒，因而，君士坦丁将基督教立为国教。这一措施的一个直接后果是：在5世纪时，当日耳曼人摧毁西罗马帝国时，日耳曼人也接受了基督教，从而为西欧保存下来了那些曾为教会所吸收的古文明。

而东罗马帝国这时却有不同的发展。其疆域虽然不断缩小，但它却一直保存到1453年君士坦丁堡被土耳其人征服为止。然而，东部的那些罗马省份，以及非洲和西班牙在内，都变成了伊斯兰教世界。阿拉伯人与日耳曼人不同，他们摒弃了那些被他们所征服的人民的宗教，但是接受了被征服者的文明。东罗马帝国的文明是希腊的而不是拉丁的。从7世纪至11世纪，阿拉伯人保存了希腊文学以及一切残存的、与拉丁文明相对立的希腊文明。11世纪以后，通过摩尔人的影响，西方世界才又逐渐地恢复丧失的希腊遗产。

罗马帝国与被征服国之间文化的相互影响是通过以下四种方式进行的：

罗马对希腊思想的直接影响

这一影响开始于公元前2世纪的历史学家玻里比乌和斯多葛派哲学家潘尼提乌。当希腊被罗马帝国征服后，希腊人对罗马人怀着一种既恐惧又鄙视的态度。希腊人虽然认为自己在政治上比较软弱，但在科学文化上大大超过罗马，比罗马人要文明。公元前2世纪，希腊人大多沉溺于享乐，对任何事都肆无忌惮，但他们思维敏捷，极善经营。少数思想深刻、眼光长远的哲学家认识到，罗马人之所以伟大，是因为具有某些希腊人所缺乏的优点。

□ 君士坦丁加冕金牌

这是4世纪时期的金牌，上面描绘的是上帝正在亲自给君士坦丁加冕。站在君士坦丁皇帝旁边的是他的孩子，他们也在接受胜利女神维多利亚的加冕。

历史学家玻里比乌曾跟随罗马军队南征北战，为了赞颂罗马体制，也为了教训希腊人，他写作了《布匿战争史》。毫无疑问，罗马的体制与希腊城邦动荡变化的体制相比，更富于稳定性和效率。

哲学家潘尼提乌在公元前129年成为雅典斯多葛派的领袖。由于罗马人更热衷于政治活动，因此他的学说与早期斯多葛派学说相比，具有更强的政治性。在罗马人的影响下，他对柏拉图也产生了些许仰慕，因而摒弃了早期斯多葛派狭隘的教条主义。他和他的后继者赋予斯多葛主义更广博的形式，这激起了较为严肃的罗马人的极大兴趣。

在这一时期，哲学家普鲁塔克也出版了《希腊

□ 古罗马的文化教育

古罗马帝国的教育是帝国文化的一个重要组成部分。它继承了希腊文化的精华，又融入了本民族的特点。经过罗马的教学法改革后，学校的教育分为三个等级：初等学校、文法学校与修辞学校。此图描绘的是一位家庭教师正在指导学生学习的情况。

罗马名人传》，书中描述了两国大部分显赫人物的历史。书的主旨是调和希腊和罗马之间的矛盾。

整体来看，罗马对希腊的积极影响也就只在上述人物身上表现出来。希腊的思想和艺术都出现衰落，柏拉图派的学园、逍遥学派、伊壁鸠鲁学派等哲学派别都变得毫无生气，而且几乎没有受到罗马的任何影响。

希腊与东方对罗马的影响

这种影响主要体现在两个方面：一是希腊化的文学、艺术和哲学对罗马人的影响；二是非希腊的宗教与迷信被西方人所接受。

罗马人虽然是征服者，但在和希腊人的接触中，他们感受到了自己的渺小与粗俗。无论在农业、手工艺方面，还是在文学艺术、哲学及生活艺术方面，希腊人都比他们优越得多。罗马人唯一的优越感来自他们的军事技术和社会凝聚力。布匿战争后，罗马人争相学习希腊语言，模仿希腊的建筑。诗人采用希腊的韵律写作，哲学家接受了希腊的理论，终于，罗马在文化上全盘希腊化了。但公元3世纪后，由于整个文化都在衰落，希腊在文化方面对西罗马帝国的影响也迅速削弱。

文化衰落的同时，非希腊的宗教和迷信则在西部大受欢迎。亚历山大时代，巴比伦人、波斯人和埃及人的宗教信仰都已被介绍到希腊世界，罗马征服者又使这些学说及犹太人和基督徒的学说广为传播。在罗马，各个政党中几乎都有每种教派的代表。艾罗加巴鲁皇帝在军队的支持下，在罗马狂热宣扬东方的宗教，他的私人教堂就是各种信仰的集结地，里面安放着亚伯拉罕、奥尔弗斯和基督等圣人的神像。一些元老甚至叹息"罗马屈服于东方专制的奢靡主义"。

政府与文化的统一

希腊时代的伟大成就没有失传，应该归功于亚历山大和罗马人。他们都是希腊文化的爱好者，他们没有把被征服者的文明毁灭。希腊人在文学、艺术、哲学和科学方面的成就之所以流传于后世，很大程度上归功于征服者营造的安定的社会环境。他们对自己所统治的文明持宽容赞美的态度，并大力维护和保存。

在亚历山大和罗马人的影响下，希腊人的政治和伦理哲学在某些方面取得了更大成就。斯多葛派奉行的博爱主义开始面向整个人类。在罗马的长期统治下，人们已经对单一政府下的单一文明观念习以为常。罗马人认为罗马是一个世界性的帝国，以至于基督教会也将自己奉为"公教"。

罗马帝国在扩大文明领域方面所起的作用是巨大的。被征服的国家，如意大利北部、西班牙、法兰西等，所有这些地方都开化了。由于罗马帝国传播了文化，野蛮人的文明进程大大缩短了，而不必永久地在黑暗中摸索。

伊斯兰教教徒是希腊文化的传递者

7世纪，伊斯兰教先知穆罕默德的信徒们征服了叙利亚、埃及、北非；8世纪，又征服了西班牙。他们几乎没有发起多少斗争就取得了胜利。他们对基督徒和犹太人非常宽容，只要他们不断纳贡，就不会受到任何

□ 说希腊语的罗马公民

画中的人物保罗是塔尔苏斯的一位说希腊语的罗马公民，他是早期基督教会的关键人物。自从皈依基督教之后，他就相信基督教的信仰并不仅限于犹太人，因而致力于基督教的传播。

干涉。阿拉伯人很快就接受了东罗马帝国的文明,他们的学者阅读和研究希腊文著作。亚里士多德能够名扬世界,应该说,阿拉伯人居功甚伟。因为他在古代很少被人提及,而且那时的人们普遍认为他和柏拉图没有可比性。

看一下我们从阿拉伯人那里学到的名词吧。例如:代数、炼丹、蒸馏器、碱、方位、天顶等。代数是希腊人发明的,传到阿拉伯人手中后,他们把它向前推进了一大步;炼丹、蒸馏器、碱被用于将贱金属炼制成黄金,这也是从希腊人那里学来的,阿拉伯人炼金时,还引述过希腊哲学;方位和天顶是天文学名词,阿拉伯人主要在占星术方面加以使用。

在哲学方面,阿拉伯人作为希腊哲学的注疏者,对其传播也发挥了重要的作用。西班牙人正是在接触到伊斯兰教教徒后,才了解了亚里士多德,以及阿拉伯人的数字、代数和化学。也正是由于阿拉伯人保留下来的注疏传统,文艺复兴时代的人们才在复兴古典学术的运动中大获裨益。

普罗提诺

普罗提诺（204—270）生于埃及，青年时期在亚历山大港求学，他的老师是安莫尼乌斯·萨卡斯。后来他参加了罗马皇帝高尔狄安三世对波斯人的远征，由于皇帝不久被人谋杀，他也就放弃了东征计划并在罗马定居，随后开始致力于教学工作。四十九岁之前，普罗提诺没有写过任何文章，但后来写了很多著作。

普罗提诺是新柏拉图主义的创始人，也是古代伟大哲学家中的最后一人。他的一生几乎与罗马历史上充满灾难的时期同步。在他出生之前，军队已经认识到了自己的力量，他们根据金钱多少作为拥戴某个皇帝或者废黜某个皇帝的标准，并以此来重新出售帝国。由于这些原因，军队战斗力减弱，不能在边境上进行有效的防御；于是，日耳曼人从北方，波斯人从东方开始大举入侵。战争与疫疠使罗马帝国大约减少了1/3的人口，就连那些没有被敌军占领的省区，赋税的增加及财源的枯竭，导致了财政的崩溃。曾经充当文化旗帜的城市受到的打击特别沉重，富裕的公民们开始大量地逃亡，以躲避沉重的税赋。普罗提诺去世之后，社会秩序才重新开始建立起来，戴克里先和君士坦丁强有力的措施暂时挽救了罗马帝国。

□ 普罗提诺

普罗提诺是古罗马帝国时期唯心主义哲学家，新柏拉图学派最著名的代表。他主张有神论，相信迷信、法术；抨击诺斯替教，但不反对基督教。他并非基督教徒，但他的学说对当时基督教教父哲学产生了极大的影响。

一个塑造了中世纪基督教以及天主教神学的人

对于现实世界中充满的毁灭与悲惨的图景，普罗提诺拒做描述，他用哲学家的眼光去观照另一个善与美的永恒世界。在这点上，他和当时最严肃的学者的格调是一致的。无论是基督教徒还是异教徒，对他们来说，现实的世界似乎没有给人一点希望；在他们看来，只有另一个世界才是值得献身的。在基督教徒的眼中，这"另一个世界"就是死后能够进入的天国；而对柏拉图主义者来说，它就是永恒的理念世界，是与虚幻的现实世界相对立的真实世界。基督教的神学家们把这些观点与普罗提诺的哲学结合在一起。

印泽教长在他的关于普罗提诺的著作里，强调了基督教从普罗提诺那里所获得的营养。他说，"基督教神学吸取了柏拉图主义的精华，它已经和基督教神学相结合，并成为了其中的一个主要部分；我敢说，除了柏拉图主义以外，还没有其他哲学能够与基督教神学结合而不产生摩擦的。"他又说，"要想把柏拉图主义从基督教里面驱逐出去而又不致于造成基督教的解体，实在是不可能的事情。"他指出，圣奥古斯丁对柏拉图哲学体系有高度评价，说它是"一切哲学中最纯粹最光辉的哲学"，说普罗提诺是"柏拉图再世"。他断言，如果普罗提诺出生晚一点，只需"改动几个字句，他就是一个基督徒了"。印泽教长认为，对于圣托马斯·阿奎那来说，"普罗提诺比真正的亚里士多德更使人感到亲近"。

作为塑造中世纪基督教以及天主教神学的人，普罗提诺的影响具有历史的重要性。未来，当历史学家在谈到基督教的时候，必须仔细地考察基督教所经历的重大变化，考察基督教在同一个时代可能采取的各种不同的形式。共观福音书（指文笔、风格、内容、顺序、时态、结构、用词都极为相似的《马可福音》、《马太福音》和《路加福音》。目前学术界广泛支持《马可福音》是最早成书的，《马太福音》和《路加福音》都抄袭了《马可福音》的内容。——编者注）里谈到的基督教，几乎完全不懂得什么形而上学。从这点来说，近代美国的基督教很像原始基督教。对一般美国人来说，柏拉图主义是陌生的，他们更关心自己

□ 祈祷的画家

罗马历史学家苏埃托尼乌斯说，基督徒是"对一种新的、罪恶而又盲目的崇拜产生了癖好"。因而，尽管基督教坚决反对偶像崇拜，但仍有人将基督教称为偶像宗教。基督教的影响带动了偶像画业的发展，图为一位偶像画家在绘画之前进行祈祷。

对现世的责任以及世界的进步，对于活在尘世中的人们在万念俱灰时给他们带来慰藉的超世的希望，他们并不关心。这并不是说基督教在教义方面的不同，而是说他们在关注点上的差异。一个现代的基督教徒，只有当他认识到这种重大差异，他才能理解过去的基督教。既然我们是以历史的眼光在进行研究，我们就应该研究过去世纪里，所有在社会上产生了很大影响、具有强大势力的信仰；如果真是这样，我们就不得不关注柏拉图与普罗提诺在历史上的影响。

普罗提诺代表了一种重要的理论类型

普罗提诺并不仅仅具有历史上的重要性，和其他的哲学家相比，他还代表了一种重要的理论类型。考察一种哲学体系是否重要，我们可以从各个方面进行推断。一、这一哲学体系是否是真的。今天，很多研究哲学的人都认为普罗提诺不是真的了，印泽教长是一个例外。但真实性并不是哲学所具有的唯一优点。二、它是否具有美感。毫无疑问，在普罗提诺那里，我们是能够找到美的。读普罗提诺的著作，会使人想到但丁神曲《天堂篇》中的诗篇，他不厌其详地为我们描述着一个光荣的永恒世界：

□ 《我们从哪里来？我们是谁？我们到哪里去？》
高更

哲学始终强调对于宇宙和人类本身的思考。高更的这幅画表现了人类从出生到死亡的过程，整幅画表现了不同阶段的人们对于自己命运的思考，充满着神秘的意趣，表现了画家的社会思想和宗教理想。

在我们的幻想里传来了，
那首宁静、纯净而悠扬的歌声，
在绿玉的宝座之前永远歌唱吧，
向着那坐在宝座之上的人而歌唱。

还有一个标准，就是这一哲学是否是重要的。重要的哲学思想必然表达了

文化伟人代表作图释书系

人们在某种心情、某种境况之下所相信的东西。表现人类单纯的欢乐和忧伤并不是哲学的题材，而是那些简单的诗歌与音乐的题材。只有在对宇宙的思索过程中产生欢乐与忧伤，才会产生出各种不同的形而上学的理论。一个人可以是一个快乐的悲观主义者，也可以是一个忧郁的乐观主义者。在这点上，普罗提诺是后一种人的出色代表。在普罗提诺所生活的时代，不幸是可以随时降临到人的头上的，而要获得幸福，却必须对那些脱离感官印象的事物进行思索才有可能。这种幸福里必然夹杂着一种紧张成分，与儿童的单纯幸福是截然不同的。除了通过思想和想象，人们不可能在俗世中找到这种幸福。因此，只有那些不追求本能幸福的人才能创造出形而上学的乐观主义。一个形而上学的乐观主义者，必须具有对超感世界的信仰。在决心要在理论世界中寻求一种更高级的幸福的人们中间，普罗提诺无疑占有崇高的地位。

□ 普罗提诺与波菲利

普罗提诺与其学生波菲利都是新柏拉图主义哲学家。新柏拉图主义的特点在于：建构了超自然的世界图式，更明确地规定了人在其中的位置，把人神关系置于道德修养的核心，强化了哲学和宗教的同盟，具有更浓厚的神秘主义色彩。新柏拉图主义流行于3世纪至5世纪。

普罗提诺在纯理智方面的优点，是我们不能轻视的。他在许多方面澄清了柏拉图的学说，他发展了由他和其他人共同主张的那种理论类型。他关于灵魂与身体的关系的概念，比柏拉图的或亚里士多德所阐述的更加明确。他像斯宾诺莎一样，具有一种非常感人的道德纯洁性与崇高性。他永远是真诚的，从来也不尖刻或挑剔。作为一个理论哲学家，人们对他的看法各不相同；但作为一个纯粹的人，人们普遍对他怀有深深的敬意。

在普罗提诺的著作里，他对柏拉图怀着极大的敬意。虽然他对古人们总是非常尊敬，但对原子论者却是例外。他反对斯多葛派和伊壁鸠鲁派。他反对斯多葛派的唯物主义观点，对伊壁鸠鲁派则全盘否定。在他所构建的哲学体系中，有很多亚里士多德和巴门尼德的影子。

普罗提诺笔下的柏拉图，主要体现在他的《九章集》这部著作中，显得并不丰满。他只选取了柏拉图的理念论、《斐多篇》《国家篇》第六卷的神秘学说和《筵话篇》中的爱情理论。柏拉图对政治的兴趣、对德行的追求，以及他本人的风趣，普罗提诺都未提及，他的这一倾向性恰恰体现出了他的循规蹈矩。

普罗提诺的形而上学是从神圣的三位一体，即太一、精神与灵魂开始的。像基督教的三位一体一样，这三者并不是平等的。太一是至高无上的，其次是精神，最后是灵魂。太一是一个有些模糊的概念。人们有时候将它称为"神"，有时候又称它为"善"；太一超越于"有"之上，继太一之后才有"有"。我们对太一难以描述，只能说"太一存在"。神是通过万物出现的，但太一可以不借任何事物而出现："它既不存在于任何地方，而任何地方又都有它的存在。"有时候他把太一说成是"善"，但他又说，太一既先于"善"，也先于"美"。总之，太一是不可定义的。就这一点而论，沉默无言要比什么词句都有着更多的真理。

□ 天堂守护者　弗兰兹·凡·斯塔克
1889年

一直以来，人们都想达到一个黄金般的天堂世界，但却不是人人都可以。图中描绘的是天堂的守护天使，他本身就带有天堂般的灿烂辉煌，然而他也可能代表着犯罪者即将进入最后的审判。普罗提诺认为，当我们内心充满神明并被它所鼓舞时，我们的灵魂会被突然照亮，这种光亮就是至高无上者。

现在再来看第二者，普罗提诺将它称为"心智"，标准的翻译应该是"心灵"。但即使是这样的翻译，也不能表示它的正确涵义，特别是当这个词用于宗教哲学的时候。如果我们把"心灵"置于"灵魂"之上，那就会造成一种完全错误的印象。普罗提诺的英译者麦肯那用的是"理智—原则"，但这个词也是不妥当的；印泽教长用的是"精神"一词，这或许是目前最准确的一个词了，虽然这个词也有它的缺陷。

在《九章集》中，普罗提诺认为："那些内心充满神明、被神明所鼓舞的人们，他们身上具有某种更伟大的东西，虽然他们并不知道那些东西是什么；从推动他们运动及他们所谈的言论中，他们看到的并不是他们自身，而是一种推动着他们运动的力量。"当我们把握住纯粹的"精神"的时候，我们与至高无上者的关系也必定处于同样的状态；我们知道内在的神圣的心灵，它创造了"有"以及属于"有"的一切；我们知道还存在另外的东西，它不属于"有"，它是一种比"有"高贵得多的一种原则；它非常完满、伟大；它超乎于理智、心灵和感情之上；它赋予了这些东西以力量，但绝不可把它和这些力量混为一谈。

这样，当我们"被神明充满、所鼓舞"的时候，我们就不仅见到了"精神"，而且也见到了太一。然而，当我们内心充满神明、被神明所鼓舞的时候，我们并不能以文字来推论，或者以文字来表达我们所见到的一切。在与神明接触的那一瞬间，人们没有任何力量对眼前的所见进行判断，因为那时候没有工夫这样做；人们根据当时的所见来进行的推理是以后的事情。我们只知道，当灵魂突然之间被照亮时，我们便具有了这种所见。这种光亮来自于至高无上者那里，或者说，这种光亮就是至高无上者。当像另一个"神"那样受到某人的呼唤、带着光亮来临时，我们相信它就在面前，而光亮就是它来临的证据。所以说，那些没有被它的光明照亮的灵魂就始终没有那种所见；但一旦被照亮之后，人的灵魂便具有了它所追求的东西，这就是"灵魂"来到我们面前的真正目的：把握住光明，以至高无上者的光明来窥见至高无上者；因为照亮了灵魂的正是灵魂所要窥见的，正如只有凭借着太阳自身的光明我们才能看到太阳一样。

据普罗提诺说，这种"摒弃万事万物"的"天人感通"体验曾多次降临到他身上：

这种景象曾发生过许多次。灵魂摆脱了身体的束缚而融入自我之中，这一时期，一切都成了身外之物，只潜心于自我；于是，我便

□ 波菲利

波菲利（233—约305），古罗马唯心主义哲学家，新柏拉图主义奠基人之一。叙利亚人，在罗马随普罗提诺学习了5年。普罗提诺死后，他将普罗提诺的54篇著作编纂成6卷文集，题名为《九章集》，并附有普罗提诺的传记。

□ 审判灵魂

从远古时期开始，人们在原始宗教、巫术等指引下就开始相信灵魂的存在了。在哲学上，柏拉图提出了灵魂的不朽性，普罗提诺进一步发展了灵魂学说。他把灵魂分为本体灵魂、宇宙灵魂和个别灵魂。认为灵魂是一种先在的本体，它凝聚并组建了身体，身体是灵魂的产物。正是由于灵魂学的影响，使得灵魂的存在更加深入人心。图中壁画反映的是古埃及审判灵魂的场面。

窥见了一种神奇的美。这时，我越来越确信，我与最崇高的境界已经合为一体。崇高的生命与神明合而为一，这时我便安心于其中了。在理智之中，无论什么事物，只要小于至高无上的，我都凌越于它们之上。随后，理智活动开始下降，人的思维进入到推理阶段。经过了一番在神明中的遨游后，我问我自己：此刻的下降是怎么回事？灵魂是怎样进入了我的身体里的？这时，我们已经被带到了三位一体之中的第三个阶段，即灵魂阶段。灵魂虽然低于"精神"，但它却是一切生物的创造者；它创造了日、月、星辰以及整个可见的世界。它是"神智"的产物。灵魂具有双重性，一种是内在的灵魂，专门指向"精神"，另一种是指向外界的灵魂。后一种灵魂是和一种向下的运动相联系的，在这种向下的运动过程中，"灵魂"便产生了它的影像——那就是人类看到的自然及感觉世界。

斯多葛派曾把自然等同于神，但普罗提诺认为自然属于最低级的领域，是灵魂抛却"精神"时流淌出来的某种东西。诺斯替派提出的"可见世界是罪恶的"观点，可能是受了普罗提诺这一看法的启示，但他并不赞同这种观点。在反驳诺斯替派时，他提出：灵魂创造物质世界不是一种堕落，而是对神明的记忆所驱使的。他认为人们所感知的事物是美好的：

"对理智世界的和谐真正有所知觉的人，只要具备一丁点音乐感，就能感知到声音中的和谐之美。每位几何学家或算学家,对可见事物中存在的对称、对应和秩序原则都无比欣赏。拿绘画来说,任何观赏绘画作品的人都不是以一种方式在观赏,他们还会从眼前的画作追溯到某种理念,并被深深地感染。……凡是在感觉世界里看到了美好形象的人,都会被带入回忆,都会对造就这种美好的伟大境域充满敬畏……"

普罗提诺对诺斯替派的另一种观点也持反对意见。诺斯替派认为,日、月、星辰是被一种邪恶的精灵创造出来的,与一切神明之物都没有关系;除了人的灵魂,其他一切被知觉到的事物都不是善的。而普罗提诺则认为,天体是类似神明的某些生物的身体,并且比人类优越得多。

通过上面的片段,我们看到,在普罗提诺的神秘主义里,没有任何抑郁的情感或与美相对立的东西。关于这一点,他可以说是许多世纪以来的最后一位宗教教师。之后,美,以及

□ 普罗提诺和他的门徒

普罗提诺的学说融汇了毕达哥拉斯和柏拉图的思想以及东方神秘主义的流溢说,视太一为万物之源,人生的最高目的就是复返太一,与之合一。其思想对中世纪神学与哲学有很大影响。大部分关于普罗提诺的记载,都来自他的学生波菲利所编纂的普罗提诺《九章集》的序言中。图为表现普罗提诺和他的门徒在一起的浮雕。

影响人类文明进程的文化与科学巨著

与它相联系的一切愉悦情感，都被人们认为是属于魔鬼的了；无论异教徒或基督教徒，他们都颂扬着丑与污秽。而这一切，在普罗提诺的思想里是丝毫都找不到的。

在普罗提诺看来，物质是由灵魂创造出来的，而物质本身并没有独立的实在性。每个灵魂都有属于自己的时刻；时刻一到，灵魂就开始下降，并进入到适合于自己的肉体之中。驱使灵魂运动的动力不是理性，而是某种与性欲类似的东西。当灵魂离开人的身体之后，如果灵魂有罪的话，它必须再进入到另一个身体里去，因为正义要求它必须受到惩罚。举个例子，如果你今生谋害过你的母亲，那么，来生时你就要变成一个妇人，被你的儿子所谋害；因为，罪恶必须要受到惩罚。

人死后，他对今生还有记忆吗？普罗提诺说，记忆只与我们在时间之中的生命有关，人的最美好的、最真实的生命是在永恒之中。人死后，灵魂便趋于永恒的生命；这时，它对人的"今生"的记忆越来越少；它将渐渐地遗忘朋友、儿女、妻子；最后，我们对曾经生活的这个世界的事物一无所知，灵魂只是观照着理智的领域。个人的记忆将不复存在，在静观式的所见中，我们感觉不到自己。这时，灵魂与"精神"已经合而为一，而并不是它自身的毁灭。

关于"灵魂不朽"的问题，普罗提诺是这样认为的：人的身体既然是复合的，那么它就不可能是不朽的；换句话说，只要它是我们身体的一部分，我们就不是完全不朽的。亚里士多德认为，灵魂是身体的一种形式。普罗提诺对这种见解持反对态度，他认为，如果灵魂是身体的某种形式，那么，人就不会有任何理智的行为。斯多葛派认为灵魂是物质的，但这一说法经不住下列拷问：物质本身是被动的，而一个被动的物质是不能创造出它自身来的；如果灵魂没有创造出物质，那么物质就不存在；而如果灵魂并不存在的话，物质转眼也就消失了。最后，普罗提诺提出了自己的观点：灵魂既不是物质的，也不是某种物体的表现形式，灵魂是"本质"，而本质则是永恒的。普罗提诺关于灵魂"本质"的说法，柏拉图曾经隐约提出过，但到了普罗提诺的手里才开始明确起来。

灵魂如何从高高在上的理智世界进入人的身体之中呢？普罗提诺认为是"通过嗜欲"。因为灵魂"具有一种要按照它在'理智—原则'中所窥见到的那种模型，对秩序进行整理的愿望"。也就是说，灵魂希望产生出来某种可以从外部来看而不是从内部来看的东西。举一个例子，就像一个作曲家，起初他是想象着他的音乐，然后他希望听到一支管弦乐队把它演奏出来。灵魂的希望也是这样。

灵魂的这种创造愿望产生了不幸的结果。当灵魂生活在纯粹的本质世界之中时，它与那些生活在同一个世界的其他灵魂是结合在一起的，并没有分离；但它一旦与某个身体结合在一起，它就有了管理那些低级事物的任务；因为有了这一任务，它就与其他的灵魂分离了，而其他的灵魂也各自进入了其他人的身体。除了少数人在极少的时刻外，灵魂总是被身体束缚着。身体蒙蔽了真理。

普罗提诺对抽象美有异常鲜明的感受。他在《论理智美》一篇中说：

"一切神都是庄严美丽的，我们找不出任何合适的词来描述这种美丽。是什么赋予他们这种美的呢？是理智，特别是在神圣的太阳与星辰内部运行着的又可见的理智。……一切都是透明的，没有黑暗，没有障碍；不论是在广度还是深度上，每个生存之间都是通透的……"

和基督徒一样，普罗提诺也认为存在由罪产生的更积极的恶。罪是自由意志的结果，而他主张自由意志，反对决定论者，特别是占星学家。他并未全盘否定占星学的有效性，只是想给其限定一个范围，以使其他一切都能适应自由意志。据蒲尔斐利说，有一个与普罗提诺作对的哲学家曾对他施了一个恶毒的咒语，但由于他的圣洁与智慧，诅咒最终返向了对方。蒲尔斐利和普罗提诺的所有弟子都特别迷信，普罗提诺要比他们理智得多。

总体来说，普罗提诺的学说既有优点，又不乏缺点。

首先，被普罗提诺奉为理想与希望的避难所的结构中含有道德与理智的努力。自3世纪后，西方文明几乎被彻底摧毁。神学成为当时仅存的精神活动，但幸运的是，人们所接受的并不全是迷信，他们还保存了很多学说。这些学说中含有大量的希腊理智作品，并洋溢着斯多葛派和新柏拉图主义者的道德热情。这促使经院哲学兴起，并激发学者们在后来的文艺复

□ **占星学**

西方占星学源于美索不达米亚。它是用天体的相对位置和运动来解释或预言人类的命运和行为的系统。占星术士认为，天体都以某种因果性或非偶然性的方式预示人间万物的变化。

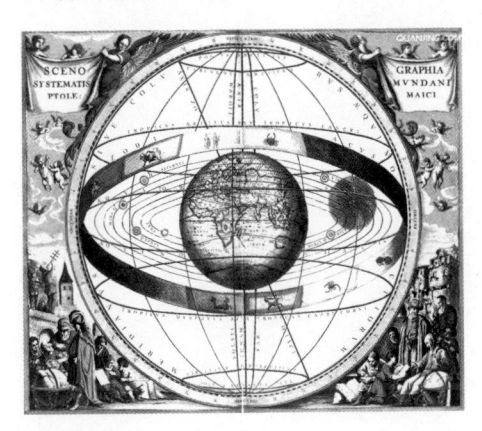

兴中重新开始研究柏拉图，以及其他古人的著作。

其次，普罗提诺哲学的缺陷又是明显的，这种哲学鼓励人去观看内心而不去观看外界。当我们观看自己内心时，我们看到的便是神明的"精神"；而当我们观看外界时，我们眼中可感的世界到处是缺陷。这种主观性倾向在古代哲学家中有一个逐渐成长的过程。从普罗泰戈拉、苏格拉底、柏拉图到斯多葛派、伊壁鸠鲁派，在他们的学说中，都可以看见它的影子。最初，它只限于学者的学说而不是品质，在很长的一个时期里，它并未能扼杀人们对科学的好奇心。一个例证是，大约在公元前100年，波昔东尼为了研究潮汐，走遍了西班牙和非洲的大西洋沿岸。然而，随着时间的推移，这种观看内心而不去观看外界的主观主义开始迅速地发展起来，逐渐侵入到人们的感情中，并影响了人类的学说。人们不再进行科学研究了，只有德行才被认为是重要的。其实，柏拉图所理解的德行，是包括了当时人类所有的精神领域以及在这个领域所取得的成就，并不是后世所认为的仅仅是人的"品德"。但是在以后的世纪里，人们却日益把德行仅仅看作是一种"品德"了，而不是把它看作是一种人类对物理世界的理解或对改进现存的人类制度的愿望了。即使基督教，在它的伦理学说方面也没有能避免这种缺点。

普罗提诺既是一个终结，又是一个开端。对希腊人而言，他是一个终结；对基督教世界而言，他则是一个开端。几个世纪以来，在充满了失望与绝望的古代世界，普罗提诺的学说是存在某种价值的，但并不是鼓舞人心的。而那些需要加以约束和指导、精力过剩的野蛮人，却把他的大部分学说都继承了下来。最终，他的哲学被罗马末期的基督教哲学家们保存下来，并流传开去。

第二卷 | 天主教哲学

天主教哲学，是指由圣奥古斯丁到文艺复兴时期为止，支配整个欧洲思想的哲学。在中世纪时期（大约400至1400年），教会使哲学与社会、政治事务结成了更为密切的联系。教会垄断了哲学，也垄断了人类的精神生活。在那个时代，生活是不安定的和充满苦难的。现实生活已经够坏了，而阴郁的迷信却使它变本加厉。人们感受不到人生的乐趣，普遍的不幸增强了人类对于宗教的依赖。

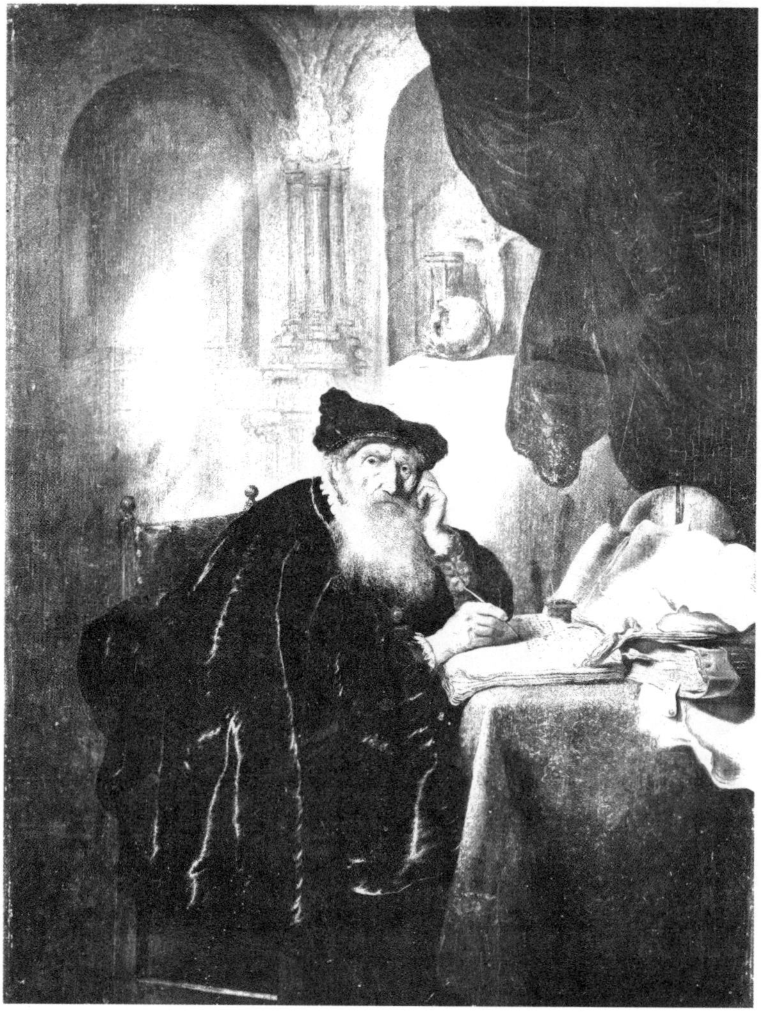

第一章　天主教哲学的产生和发展

在中世纪，教会使得哲学与社会、政治事务的联系更为紧密。在第一阶段的天主教哲学中，圣奥古斯丁占据着统治地位，而柏拉图主义在异教徒中影响甚广；第二阶段的天主教哲学，则由圣托马斯·阿奎那占据统治地位。

天主教哲学的起源

在圣奥古斯丁以前，早期的教父中最杰出的是欧利根。文艺复兴以后，有许多哲学家属于这一哲学体系，包括现在那些墨守中世纪哲学体系，特别是托马斯·阿奎那体系的所有正统的天主教的哲学教师。虽然有如此众多的哲学家，但只有从圣奥古斯丁至文艺复兴期间的伟大的哲学家们，才与建立并完成天主教思想的综合体系有关。在圣奥古斯丁以前的基督教世纪里，就哲学的才能而言，斯多葛学派和新柏拉图主义者大大超越了那些天主教的教父们；文艺复兴以后，即使在正统天主教教徒当中，再也没有出现一个卓越的哲学家，当然，也没有人来继承经院学派或圣奥古斯丁的传统了。

这一时期，在各个方面都和它前后的各个时代不同，包括哲学。其中最显著的一个特点，就是教会所拥有的权力。在中世纪期间（大约自400年到1400年），由于教会对社会生活的渗透，它使哲学与社会及政治事务的联系更为密切。教会是一个建立在教义上的社会组织，这种教义包含了哲学和圣史两个方面。教会凭借教义在社会生活中的影响而获得了权力和财富。这一时期，世俗的统治者屡次与教会发生冲突，但他们最后都失败了；其中的原因是：他们中的大多数人，包括世俗统治者

□ 欧利根

欧利根是第一个系统解释基督教哲学的人，他的很多著作成为以后基督教学者引用的经典，同时也成为异端思想的源头之一。欧利根提出神的统一性和神的三位之间的关系，他认为，上帝是一种内在的力量，是完满的"一"。在这个"一"中，圣父、圣灵三位合一。图为中世纪时期的欧利根像。

本身，大都信仰天主教，把它的教义视为真理。这种宗教的力量之大，可以从当时教会与罗马、日耳曼的传统的斗争中看出。罗马的传统在意大利具有深厚的基础，可以说是根深蒂固的，特别是法律学者，更是坚守着这些传统。日耳曼的传统在蛮族入侵后兴起的封建贵族中势力最大。然而，经过了几个世纪的斗争，这些传统在教会面前都失败了，它们中，没有任何一个传统能显示出足够的力量来向教会进行一次成功的反抗；其主要原因是：这些传统中没有根植适当的、有力量的哲学思想。

□ 撒母耳授命使扫罗为王

撒母耳生于公元前11世纪中叶，介乎以色列的士师时代与君王时代之间，是最后一位士师。他是拯救以色列脱离士师时代，转入君主政体的平安兴盛时代的民族英雄。图为撒母耳应以色列人要求有一位自己君主的呼声，在向上帝请示后，根据上帝的旨意为扫罗受膏（使扫罗为王）。这种受膏具有很强的宗教神秘主义色彩。

在中世纪，除了极少数的例外，对人类精神生活有所贡献的人都是僧侣。那个时代，世俗世界的人虽然也在企图建立一种强有力的政治经济制度，但其过程相当缓慢；从某种意义上看，他们的活动是盲目的。在中世纪后期，产生了一种与教会文学截然不同的世俗文学。在但丁之前，我们还未发现一个具有宗教哲学知识的世俗中人从事写作。到14世纪为止，教士们彻底垄断了哲学，从那时开始，哲学的写作都是从教会的立场立论的。由于这个缘故，我们只有首先考察教会制度的成长，尤其是教皇制的成长，才能真切理解中世纪思想。

与古代世界相比，中世纪具有显著的二元对立的特征。其中，有僧侣与世俗者的二元对立，拉丁与条顿的二元对立，天国与地上王国的二元对立，灵魂与肉体的二元对立等等。所有这些，都表现在教皇与皇帝的二元对立中。由于蛮族的入侵，造成了拉丁与条顿的二元对立，其他的二元对立的历史更为悠久。在中世纪，僧俗的关系可以以撒母耳与扫罗的关系为例；在阿利乌斯教派或半阿利乌斯教派帝王统治的时期，产生了僧侣至上的要求。天国与地上王国之间的二元对立见于新约全书，这种对立，在圣奥古斯丁的《上帝之城》一书中被系统化了。在柏拉图的著作中，我们可以找到灵魂与肉体的二元对立的叙述。新柏拉图主义者曾反复强调这一理论，它在圣保罗的说教中占有重要的地位，支配了公元4世纪至5世纪的基督教禁欲主义。

在黑暗时代（指中世纪早期的西欧历史。随着罗马帝国的衰落，西欧进入一个所谓的黑暗时代。这个名称应该是很贴切的，因为大部分的罗马文明在这段期间受到破坏，并且被蛮族文化所取代），天主教哲学被划分为两个时期。在这一时代，西欧的精神活动几乎绝迹。从君士坦丁改宗到鲍依修斯逝世，罗马帝国一直支配着基督教哲学家的思想。在这一时期，人们对蛮族深深厌恶，他们没有被纳入基督教的一个独立部分。这时，在西欧的文明社会，富人阶层人人都能读书写字；因此，一个哲学家的思想除了必须迎合僧侣外，还必须迎合世俗者。在这个时期与黑暗时代之间，即在6世纪末叶，教会中出现了一个重要人物，名叫大格雷高里；虽然他把自己当作拜占庭皇帝的臣下，但他对蛮族国王的态度却非常倨傲。大格雷高里之后，西方基督教中的僧、俗关系越来越走向分离。世俗贵族创造了封建制度，这种制度对稳定当时的荒乱局面起了一定作用。僧侣们所宣扬的基督教的谦卑，只有下层阶级的人们在实践着；而异教徒则热衷于决斗及个人复仇。教会虽然憎恶这一切，但却无能为力。从11世纪开始，教会通过不懈的争斗，从封建贵族制中解放了出来，从而使欧洲走出了摆脱黑暗时代的重要一步。

圣奥古斯丁在第一阶段的天主教哲学中占据着统治地位，而在异教徒中，则由柏拉图主义占统治地位。第二阶段则以圣托马斯·阿奎那为代表人物。他和他的继承者推崇亚里士多德远远超过了柏拉图。虽然如此，《上帝之城》中的二元论思想却完整地延续下来。罗马教会代表了天城，哲学家们在政治上维护着教会的利益。哲学所关心的是思想领域的斗争，即捍卫信仰，并依赖信仰和理性来和伊斯兰教

□ 彼得拉克

彼得拉克（1304—1374），意大利学者、诗人、人文主义的奠基者。他认为历史分为两个时期，即古希腊、古罗马的古典时期，和他所处的黑暗时期。"黑暗时代"的概念由此出现，这个术语指中世纪早期的西欧历史，即随着罗马帝国的衰落，西欧进入了一个所谓的"黑暗时代"。

徒展开争辩，因为他们不相信基督教启示的确实性。哲学家们不仅是以神学家的身份，而且以那些吸引教义信奉者的思想体系的发明家的身份，理性地去反击批评。这一策略在13世纪时取得了卓有成效的成功。

在13世纪，这个看似完备的综合思想体系，由于许多原因被破坏了。其中最重要的一个原因大概是富商阶级的成长。这个阶级最初在意大利，而后在其他地方开始成长起来。那个时代的封建贵族大多是无知的、愚蠢的和野蛮的，而民众多倾向于罗马教会，认为教会无论在智慧上、道德上，还是在与无政府状态作斗争的能力上都远远超过了贵族。然而，作为一个新兴的商人阶级，他们和僧侣们一样聪慧，一样通晓世俗事务，在与贵族们的斗争中，他们比僧侣更有力量。他们以公民自由斗士的形象出现，受到城市下层阶级的热烈欢迎。由于民主风气的普及，他们开始跃居显著的地位。他们在协助教皇将皇帝击败后，逐步将社会经济从教会的束缚下解脱了出来。

另外，法兰西、英格兰、西班牙等强大的君主国家的兴起，也是结束中世纪的一个原因。从15世纪中叶开始，国王们做了两件事，一是平定了国内的无政府状态，二是联合富商抗击贵族，并取得了胜利。为了民族的利益，他们已经有了足够的力量与教皇相抗衡。当时，教皇已经失去了在11世纪至13世纪以来的道德威望。在15世纪里，教皇卷入了意大利的权力政治斗争中，这是一场混乱无耻的角逐。在这场角逐中，作为基督教世界统治者的地位，教皇的实际权力已经旁落，相当于一个意大利诸侯的地位了。

□ 耶稣对于权力的保护

拜占庭艺术是宗教的艺术，在这幅画中，拜占庭皇帝和皇后分别位于基督耶稣的两侧，显示了基督对于世俗权力的保护作用，同时，皇帝和皇后也被表现为基督的尘世代理人。

文艺复兴和宗教改革瓦解了中世纪的综合思想体系

□ 东西两大派别

罗马帝国在4世纪末分裂之后,东西两部分在社会、政治、语言、文化传统等方面都产生了差距,这促使了基督教分化为说拉丁语的西部派别和说希腊语的东部派别。即天主教(上图)和东正教(下图)。

在整个中世纪,面对现实生活,那些富有思想的人们的内心是悲哀的;他们之所以能够忍受现实生活中这些事物,只是由于他们对美好的未来充满期待。他们的这种不幸,正是整个西欧的现实生活的反映。回忆过去发生的事情,大致可以这样概括:

在3世纪这个多难的时期,人民生活水平普遍降低了。4世纪是一个平静的时代,到5世纪,西罗马帝国走向灭亡,这时,生活在帝国原来疆域内的诸蛮族开始兴起。罗马文化曾经仰赖的那些有文化的城市富人,大部分都沦为了贫困的流浪者,少数人依赖他们在农村的地产过活。这一打击一直延续到大约1000年时为止。在这个期间,他们没有任何恢复生机的机会。这一时期,拜占庭人和伦巴底人之间发生过多次战争,战争把意大利的残存文明基本上毁灭了。阿拉伯人征服了东罗马帝国大部分领土,他们开始在非洲和西班牙定居,对法兰西形成威胁,甚至还劫掠过罗马。另外,丹麦人和诺曼人侵入了法兰西、英格兰、西西里和意大利南部。在这些世纪里,人们生活在动荡中,生活充满了苦难。现实生活是如此黑暗,人们不仅要想:大多数人甚至连基督教徒也要坠入地狱。人们时时刻刻都感到自己被恶魔所包围，甚至可能遭到魔法师和女巫的暗算。除了少数的幸运儿还保留着如孩子般的无忧无虑外，谁也感受不到人生的乐趣。这种普遍的不幸增强了人们对宗教的感情。人们感到，人世间善人的一生只是奔向天国的旅程，除了保持坚贞的德行，能在最后进入天堂外，尘世间已经没有什么有价值的东西使人留恋了。希腊人曾在他们生活的伟大的时代里，发现了日常生活中的欢乐与美。从那时一直到文艺复兴为止，人们在现实生活中再也没有体会到这样单纯的幸福了，只好把希望寄托在看不见的来世上。

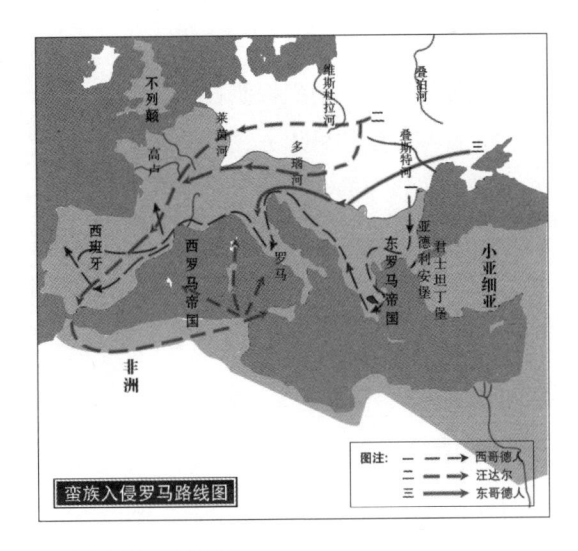

□ 蛮族入侵罗马路线图

罗马帝国分裂后，西哥特人从巴尔干进攻意大利，汪达尔人和勃第人从北方进攻意大利。5世纪初，西哥特人在罗马城内奴隶的配合下占领了罗马城。不久后，西罗马帝国土崩瓦解：西哥特人统治西班牙，东哥特人统治意大利，汪达尔人统治非洲北部；帝国皇帝成了日耳曼人手下傀儡。476年，日耳曼首领奥多亚克废罗马皇帝罗慕洛，自立为王，西罗马帝国正式灭亡。

　　上面所写的那些话，都是为了使读者明了天主教哲学的起源和意义。天主教哲学本质上是一个社会组织的哲学。近代哲学，虽然与这些正统教义相隔甚远，但它与基督教道德观和天主教政教关系联系紧密，他们的一些思想甚至来源于这些宗教的原理，特别是在伦理学和政治理论方面。在希腊罗马异教主义中，从来没有像基督徒那样，从一开始就必须对国家和教会怀有双重忠诚之心。这种双重忠诚所引起的大部分问题，在哲学家们建立自己的学说之前已经在实践中解决了。这一过程经过了两个阶段：一是西罗马帝国灭亡以前，一是西罗马帝国灭亡以后。以圣圣安布罗斯为代表的主教们，他们在实践中积累了丰富的经验，为圣奥古斯丁的政治哲学提供了基础。随着蛮族的入侵，一个长期混乱和愚昧的时代开始了，这种愚昧与日俱增。从鲍依修斯到圣安瑟勒姆，在长达5个多世纪的时期里，只涌现了约翰·司各脱这样一位卓越的哲学家。司各脱是爱尔兰人，他避过了那些影响西欧其他地区的种种混乱。这时期虽然没有哲学家，但人类思想却在继续发展着。混沌引发了一些需要立即解决的实际问题，凭借着在经院哲学里占主要地位的制度，他们按照自己的思维方式对这些实际问题进行了处理；即使在今天，这些制度和思想方式也是很重要的。它们并非是理论家，而是那些在紧张斗争中的实践家提出来的。在11世纪里，罗马教会的道德革新是经院哲学出现的前奏，是对那些企图把教会逐渐纳入封建制度去的一种反抗。

由于这些原因，读者在以下章节里将要触及较多的教会史和政治史，虽然这些历史与哲学思想发展的关系不是那么直接明显，但了解这些知识却是非常必要的。

第二章　犹太人的宗教发展

早期的基督教教义里有很多重要的犹太要素。比如，关于"公义""圣史"的概念，来自希伯来的律法，等等。

基督教徒有一本圣经。基督教徒所依赖的奇迹在远古时代，在一个古代人觉得神秘的国家中早就开始了，他们有一部自开天辟地以来首尾一贯的历史。

基督教中的犹太要素

蛮族接受自后期罗马帝国的基督教含有三种要素：一是源自柏拉图和新柏拉图主义者，及斯多葛学派的一些哲学信念；二是来自犹太人的道德和历史概念；三是某些学说，尤其是关于救世方面的学说。

早期的基督教教义里有很多犹太要素，最重要的有以下几点：

一、上溯上帝造物下迄未来结局的一部圣史，向人类宣示了上帝的公正。

二、上帝尤为宠爱的一些人。在犹太人眼中，这些人就是上帝的选民；而在基督徒眼中，则是蒙挑选的人。

三、"公义"的新定义。比如施舍的美德，这源自后期犹太教，被基督教所继承；对洗礼的重视，这可能是受奥尔弗斯教或东方异教的影响；实践性的慈善，似乎也源自犹太人。

四、律法。希伯来的部分律法被基督徒们保留了下来，如十诫。在实际生活中，他们对待使徒信条的态度就像犹太人对待律法一样。这意味着，正确的信仰与道德的行为几乎同样重要，但从本质上来说，这种观念属于希腊人。而对选民的排他性毋庸置疑源自犹太民族。

五、弥赛亚。在犹太人的信念中，弥赛亚定会带给他们繁荣，并助他们击败地上的敌人；而且他必然在未来出现。基督徒把他看作历史上的耶稣，而在希腊哲学中，耶稣被认为就是"道"。但是，弥赛亚只能助其

□ 摩西十诫

根据《圣经》记载，十诫是公元前1500年前上帝耶和华借由以色列的先知和首领摩西向以色列民族颁布的律法中的首要的十条规定。以十诫为代表的摩西律法是犹太人的生活和信仰的准则，也是最初的法律条文，在基督教中有很重要的地位。

信徒在天国战胜敌人，不是在尘世。

六、天国。犹太人、基督徒和后期柏拉图主义者都相信来世。但犹太人和基督徒所认为的来世概念都更加具体，他们认为来世与现世的区别不是形而上学的，而是面向未来的；那时善良的人会享有永恒的快乐，邪恶的人会遭受无尽的痛苦。他们的这种信念表现出一种复仇心理，而希腊哲学家的观点并非如此。

犹太人的宗教发展史

要理解基督教中这些犹太要素的起源,就必须对犹太人的历史做一番考察。

以色列民族先期的历史只能在《旧约全书》中探求。在该书中,最早有独立记载的历史人物是以色列国王亚哈。公元前853年的一封亚述人信件中曾提到过他。公元前722年,亚述人征服了以色列王国,并掳走了大部分居民。以后,犹太王国独自保留了以色列的宗教和传统。公元前606年,巴比伦人和米底人攻克了尼尼微,亚述国灭亡,但犹太王国在亚述国灭亡之后继续维持了一段时间。公元前586年,尼布甲尼撒攻克耶路撒冷,摧毁了圣殿,将大部分百姓掳到巴比伦。公元前538年,巴比伦被米底人和波斯人的王居鲁士灭亡。居鲁士王于公元前537年发出命令准许犹太人返回巴勒斯坦。在尼希米和以斯拉的领导下,许多人回到巴勒斯坦,他们重建了圣殿,犹太教开始定形化。

在被掳时期,犹太教经历了重大的发展。最初,以色列人和周围其他部落的宗教观点并没有多大差别。亚威(即《旧约》中的耶和华,按希伯来语发音意为"上帝"。)当初只是一个以色列的部落神,另外还有一些其他的神。以色列人同时对亚威和其他的神表示崇拜,这在当时是很正常的,十诫(犹太教诫条。据《圣经·出埃及记》载,十诫是耶和华亲授。)第一条说:"除我以外,你们不可有别的神!"这一记载说明,犹太人被掳时期曾发生过一次巨变。当时犹太人的先知教导人们:崇拜异教的神就是罪。他们宣称,要想在战争中保持胜利,就必须仰仗亚

□ 杜拉欧罗普斯教堂

这是摘自《希伯来圣经》的一个场景,杜拉欧罗普斯教堂有许多保存良好的湿壁画。《希伯来圣经》是犹太教的经典文献,内容上相当于《旧约》,对于犹太教具有精神引导的性质。

威的恩惠；如果人们同时还信奉别的神，亚威将撤销他的恩宠。耶利米和以西结甚至好像还提出，除了唯一的宗教，其他一切宗教都是伪教，上帝会对崇拜偶像者做出惩罚。

在反对异教崇拜时，他们对人们提出大量训诫，

□ 摩西带领犹太人逃亡埃及

据《出埃及记》载，摩西带领在埃及为奴的犹太人穿越沙漠，翻越险阻，最终在迦南建立自己的国家。这幅图描绘了他带领犹太人逃亡的情景。

如："他们在犹太的城邦和耶路撒冷街上的行为，你没有看到吗？孩子拾柴，父亲烧火，妇女撺烙面饼献给天后'伊什塔'，还祭奠其他神，惹我发怒。""他们在欣嫩子谷为陀斐特建造丘坛，并在火中焚烧自己的孩子。这不是我的吩咐，也不是我的心念。"

《耶利米书》中有段记载很有趣，据说耶利米对在埃及的犹太人崇拜偶像大为不满。他告诉流亡在埃及的犹太人，因为他们的妻子向其他神焚香，亚威要毁灭掉所有这些犹太人。但他们对他的劝诫置之不理，他们说："我们定要实现许下的一切祈愿，向天后焚香……我们不会放弃在犹太的城邦中和耶路撒冷的街市上一贯所施的行为。因为那时我们安居乐业，无灾无祸。"但耶利米一再向他们宣称，由于这些偶像崇拜，亚威早已给他们降下灾祸。

这些先知大都是极端的民族主义分子，他们期盼主将所有外邦人都彻底毁灭。

以色列被掳的事实，曾被用来证明先知的斥责是正确的。这是一种典型的父亲管教孩子的心理，它说明，犹太人必须要通过惩戒才能得到净化。在这种思想影响下，犹太人在流亡期间发展了一种严格的、排斥其他民族的正统教义。那些未经迁移到巴比伦的犹太人并没有经历这一过程。当以斯拉和尼希米在被掳后重返耶路撒冷时，发现杂婚已相当普遍，于是，根据教义，他们便把这些婚姻废

除了。

犹太人和古代其他民族相比，最大的特点是具有顽强的民族自尊心。其他民族在被征服后，都表示屈服于战胜者，唯有犹太人保持了他们那种唯我独尊的信仰。他们相信，犹太民族在历史上的不幸，正是由于他们没能保持住信仰与教义的纯洁，因而引起上帝的震怒。他们甘愿接受这种惩罚。

被掳期间，犹太人发展出一些以后成为犹太教特征的事物。由于圣殿被毁，他们创建了犹太人会堂。这段时期，安息日、割礼作为犹太人的标志被高度重视，与异族人通婚被禁止。同时还产生了律法，这成为维护民族统一的重要力量。

《以赛亚书》的作者之一"第二以赛亚"，出现在被掳以后，他是最卓越的一位先知。他认为人死后肉体可以复活，这可能是受波斯人的影响。旧约经文中有关先知们预见了基督降临的内容，就来自他对弥赛亚的预言。他所写的这些经文成为基督徒驳斥外邦人和犹太人的有力武器。其中最重要的几段是：

万民必皈依："他们要将刀铸成犁头，将枪铸成镰刀；各国不再举刀相互攻击，也不再学习战事。"（《以赛亚书》第2章第4节）

"在黑暗中行走的人民看到了大光；住在死阴之地的人被光照耀……因为一个婴孩为我们降生，有一子赐予我们，政权定担在他的肩头，他被称为奇妙、策士、全能的神、永在的父、和平的君。"（《以赛亚书》第2章第4节）

"他受人蔑视，被人厌弃，饱受痛苦，备经罹难……他担当我们的忧患，背负我们的痛苦……因我们的过错受苦，被我们的罪孽压伤：他承受刑罚换来我们的平安，他遭受鞭伤换来我们的治愈……他受苦、受欺压时一声不吭：他像被牵到宰杀之地的羔羊，又像被按在剪毛人手下的无声的羊。"（《以赛亚书》第53章）

以斯拉和尼希米死后，犹太人的国家

□ 烧死犹太人

这幅中世纪的木刻反映了犹太人遭受迫害的场景，在中世纪，基督教和犹太教的矛盾使得犹太人长期受到基督教的迫害。这种迫害长达近2000年，基督教不断鼓吹对犹太人的仇恨，这最终导致了纳粹德国对犹太人的大屠杀。

作为一个神权国家残存着，但它的地域非常狭小，只有耶路撒冷周围10至15公里的地方。亚历山大死后，托勒密王朝和塞琉西王朝对这一地区发起了激烈争夺。但在犹太人实际生活的区域极少发生战争，因而他们的宗教得以长期留存。

这种舒适宁静的生活，最终被决心把耶路撒冷全部希腊化的塞琉西王朝的安提阿古四世打破。他在耶路撒冷建了一座体育场，让青年们戴着希腊式的帽子练习各种运动。他任命一个叫雅森的希腊化犹太人为大祭司，协助他开展这项运动。但一个在农民中有很大势力，被称为"哈西第姆"党的组织强烈反对他们的计划。170年，安提阿古被卷入对埃及的战争，犹太人趁机发动了叛变。随后，安提阿古派人搬走了圣殿中的圣器，并在里面安置了神像，宣布亚威和宙斯成为一体。他试图根绝犹太教，废除割礼，废除有关食物的戒律。许多以色列人都遵从了，凡不遵从者都要被处以极刑，但仍有很多人违抗。"他们把一切让自己男孩行割礼的妇女处以死刑，勒死了那些男孩，收没了他们的家产，杀害了给男孩行割礼的人。即使这样，许多以色列人仍然十分坚决地拒绝食用任何不洁之物。他们宁死也不愿为肉类所玷污，不愿亵渎圣约。"

犹太人自此开始相信灵魂不死的学说。他们认为，道德在现世就能得到报应；但最有德行的人遭受迫害的事实证明他们错了。因此他们又宣称，为了捍卫神的公义，必须相信来世的赏罚。一开始，只有少数犹太人承认这种教义，但后来几乎所有犹太人都接受了。

公元前164年，领导叛变的军事将领犹大·马喀比收复了耶路撒冷，随即展开攻击。敌方的男子有的被他屠杀，有的被强制施行割礼。他任命他的兄弟约拿单为大祭司，负责守卫耶路撒冷。后来他又征服了撒马利亚部分地区，并占领了约

□ 耶路撒冷

耶路撒冷的历史可追溯到公元前4000年。当以色列人进入迦南的时候，一支迦南部落——耶布斯人定居在耶路撒冷。以色列人的犹大支派征服了耶路撒冷城，并与城内的耶布斯人和平共存。公元前1000多年，大卫王率领以色列人征服了该城，并将其更名为耶路撒冷。他把约柜迁到了耶路撒冷，并为约柜建立了会幕（指"上帝居住其中"的神圣建筑）。

帕和阿克拉。他同罗马进行谈判，并取得了完全的自治权。

在犹太人历史上，安提阿古四世的迫害期是一段具有决定意义的时期。当时大多数犹太人都四处流亡，并日渐希腊化；少数没有流亡的犹太人，特别是那些财大气粗、位高权重者也倾向于接受希腊式变革。如果不是哈西第姆党人坚持反抗，犹太教大概早就灭亡了，而且也不会有基督教和伊斯兰教后来的进一步发展。尽管如此，后世犹太人对马喀比家族的人却没有一丝崇敬，因为那些世袭的大祭司在取得成功后，普遍向世俗妥协。人们所敬仰的是那些忠诚的殉道者。

此后的很长一段时期里，世袭大祭司统治着耶路撒冷。后来，马可·安东尼（古罗马政治家和军事家，是凯撒最重要的军队指挥官和管理人员之一——译者注）任命他的朋友希律为犹太人的国王。希律是一个冒险家，曾几次濒临破产，他热衷于罗马放荡的社交生活，和虔诚的犹太人相去甚远。虽然他的妻子出身于一个大祭司家庭，但他本人是伊都米亚人，因此犹太人对他更加不信任。他还是一个趋炎附势的小人，当屋大维的军队胜利在望时，他马上背叛了安东尼。尽管如此，他在统治期间曾力图取悦犹太人。他重建了圣殿，但风格是希腊式的，他还在正门上方安装了一只巨大的金鹰。听到他即将死去的传闻后，法利赛人拆掉了那只巨鹰，他因此杀害了一些法利赛人。公元前4年，他在耶路撒冷去世，不久，罗马废除了国王制，派总督治理耶路撒冷。

66年，犹太人背叛了罗马。但他们失败了，耶路撒冷于70年被攻陷，圣殿被捣毁，仅有少数犹太人留在犹太境内。

在这时期以前的数个世纪，多数犹太人流亡在外。原先的犹太人几乎都是农民，但在被掳期间他们从巴比伦人那里学会了经商，在亚历山大里亚建成后，大批犹太人定居在那里。以后，每一个重要城市都建立了相当数量的犹太侨居地。

在中世纪，伊斯兰教教徒比基督教更文明，更为人称道。基督教长时期迫害犹太人，但在伊斯兰教国家，犹太人却没有受到什么虐待。特别是在摩尔人统治下的西班牙，犹太人对于科学是有贡献的，他们把摩尔人的学问传到了西班牙。犹太学者通晓希伯来文、希腊文和阿拉伯文，他们熟悉亚里士多德哲学，并把他们的知识传授给了学问浅薄的经院学者。

中世纪以后，犹太人仍然对文明有很大贡献，他们中的优异者在全世界都享有盛誉。

《以诺书》与旧约全书七十人译本

《以诺书》是一部众多作者的作品集,所收录的作品上溯至稍早于马喀比的时代,下迄公元前64年。作者叙述的大部分内容是长老以诺在神的启示下所看到的异象。全书由"寓言"构成,但这些寓言比新约中的寓言含有更多宇宙论的成分。书中描绘了天堂、地狱和最后的审判的情景。文笔优美之处会不禁使人联想到失乐园的前两卷,而低劣之处则把人引向布雷克的先知书。

书中个别地方论及了天文学,提出一些新观点,如:"太阳和月亮拥有被风推动的战车""一年有364天""人类的罪孽导致天体脱离原先的轨道""只有善人才能通晓天文学""陨星是被七位天使长惩罚的堕落天使"等等。

《以诺书》中还有很多关于罪人的惩罚和义人的赏赐的内容。其中提到,义人永远不会宽恕罪人。"你们这些罪人啊,当审判到来,当义人的祈祷声响起,你们该怎么办呢?你们能逃到哪里去呢?""罪恶不是上天降临的,而是人自己造成的。""你们这些罪人将永世受到诅咒,永远不得安宁。"罪人可能一生都是快乐的,但他们的灵魂终将下到阴间,并在那经受"黑暗、枷锁和烈火"。但对于义人,"我和我的儿子(指上帝和圣子)将永伴他们左右"。

旧约全书七十人译本

与犹太境内的犹太人相比,定居

□ 《旧约全书》

《旧约全书》撰写于从摩西出埃及后的1000年间,而犹太教在道德观和历史观方面,构成了基督教的主体部分。基督教原封不动把犹太教的经典接收下来。《圣经》由《旧约全书》和《新约全书》两部分组成。《旧约全书》就是犹太教的经典,即上帝与犹太人所订之约;《新约全书》即上帝及耶稣与信徒重新立约。基督教中的耶稣就是一个犹太人,可以说基督教是犹太教分离出来的。

在亚历山大里亚的犹太人的希腊化程度更为严重，他们对希伯来语言甚至已完全陌生。因此旧约全书必须被翻译成希腊文，七十人译本便由此而生。公元前3世纪中叶，《摩西五经》翻译完成，其他各篇则较晚。

后世流传着许多关于旧约全书七十人译本的传说，译本如此命名，是因为这是由七十位译者所译。据说，七十个人都独自译完了全书，而人们对照过所有译本后发现，里面的内容都完全一致，人们认为他们都受到了神灵的启示。但后世学者却指出，旧约全书七十人译本中存在严重缺陷。基督教兴起后，犹太人基本不再使用这个译本，而是重新捧起希伯来文的旧约。但早期基督徒通晓希伯来文的极少，他们都是参阅七十人译本，或据此重译的拉丁文译本。3世纪时，欧利根完成的译本有所改进。直到5世纪，人们才接触到一个更为完善的译本，即圣杰罗姆的拉丁语译本。起初，人们对这个译本诸多指摘，因为圣杰罗姆在翻译过程中曾得到一些犹太人的帮助。很多基督徒声称，为了阻止先知预告基督的诞生，犹太人篡改了先知的话。但圣杰罗姆的译本最终被普通大众接受，而且至今仍是天主教会中的权威译本。

基督教最初的四个世纪

基督教与犹太教

基督教最初是作为一种革新的犹太教在犹太人内部相互传授的。圣雅各、圣彼得都曾认为基督教的传授不能超过这个范围。但圣保罗决定容许外邦人入教，而不要求他们受割礼及遵守摩西的律法。由于去除了这两大障碍，加之基督教保留了犹太教义中吸引人的成分，因而基督教得以逐渐为人接受。

政府改信基督教前，社会上盛行的依然是诺斯替教和摩尼教。后来他们虽然被迫收敛锋芒，但仍蕴藏着巨大的力量。按照诺斯替教派中某一宗派的教义，耶稣只是个普通人，在他受洗时圣子降临到了他身上，可在他受难时却离他而去。诺斯替派认为，上帝的儿子不该降世为人，更不该被钉死在十字架上；耶稣经受的苦难与圣子无关。穆罕默德就曾采用这一教义，他不认为耶稣就是神，但承认他是先知，而且他主张先知不该有恶报。因此他接受了幻影教派（诺斯替教的一个支派）的观点：钉在十字架上的只是一个幻影。犹太人和罗马人费尽心机施行的报复都毫无意义。诺斯替教中的某些教义就这样融入伊斯兰教。

基督教和同时代的犹太教相互敌视。有一种说法：上帝曾对先知、先祖说过并预示了基督的降临。然而，当基督降临后，犹太人却不承认它；加之基督废除了摩西的律法，用"爱上帝，爱邻舍"两条

□ **耶稣诞生**

基督教认为，耶稣是童贞女玛利亚受圣灵感孕而诞生的，而不同时代的艺术家受当时的文化和宗教影响，对耶稣基督的诞生有着各自的诠释。图为描绘耶稣诞生的油画作品之一。

戒命取而代之，而犹太人又固执地不予承认，由此，造成了两大教派在中世纪的尖锐对立。

基督教的希腊化，也意味着它的神学化。犹太人的神学一直非常单纯。原本是一个部族神的亚威演化为开天辟地的全能上帝；意识到上帝的公义并未给善人带来地上的兴旺时，人们便转而相信上帝的公义存在于天国中，也从而衍生出灵魂不死的信仰。但从整个发展进程来看，犹太教义中从未出现形而上学的成分，而且不神秘，每个犹太人都能理解。

□ 基督讲经

君士坦丁大帝，基于政治意图，为了争取广大基督教徒的支持，把基督教作为合法且自由的宗教。这幅出自于君士坦丁陵墓的马赛克画，表现的是基督耶稣在向圣彼得和圣保罗讲经的场面。

基督教的发展

基督教会的统治在最初三个世纪发展较慢，但在君士坦丁改宗后就迅速发展起来了。主教由民主选举产生，由他领导教区内的基督教徒。特别是罗马帝国把基督教奉为国教后，教区主教们被授予了司法权和行政权。

君士坦丁之前的基督教的发展，学者们有过不同的解释。吉朋在《罗马帝国衰亡史》中提出了五个原因：

一、基督教徒身上具有的不屈不挠，或者说那种绝不宽容的精神，确实出于犹太教。但他们废除了犹太教中狭隘、闭塞的观念，这种观念不欢迎外邦人，而且还阻止他们遵奉摩西律法。

二、关于来世的教义。根据新情况的发生，改进真理的重要性、有效性。

三、上帝向原始教会"行奇迹"的权能。

四、基督徒道德高尚、纯洁又严肃。

五、基督教内部团结，纪律性强，在罗马帝国内部形成了一个独立的、日渐壮大的组织。

总体来说，吉朋的分析是中肯的，但仍须加以注释。

首先，源自犹太教的不屈不挠和不容忍性为基督教的传播起了积极作用。基督徒们大都相信，只有他们死后才能进入天堂，外邦人在来世会遭受严酷的惩罚。而其他宗教并没有这种训诫，因此基督教显然更为受益。

在西方，奥尔弗斯教徒最先开始传播关于来世的教义，后来希腊哲学家也予以采用。希伯来先知中有些也曾宣扬过肉体的复活，但犹太人对灵魂复活的信仰似乎是源自希腊人。希腊的灵魂不死论有两种形式，一种是柏拉图主义中的学术形式，它以颇难理解的论证为前提，因而流传并不广泛；另一种是奥尔弗斯教的通俗形式，它在古代后期的影响力很大，不但外邦人，就连犹太人和基督徒都深受其影响。基督教神学中有大量奥尔弗斯教和某些亚洲神秘宗教的成分，而其中最核心的就是"神的复活"。因此灵魂不死论对基督教传播的影响是十分有限的。

奇迹在基督教的传播中起过极大作用。在古代晚期，奇迹并不是某种宗教专有的，而是普遍存在。至于人们为何更信仰基督教的奇迹，似乎很难辨明，但肯定与基督徒拥有的那本圣经有关。在远古时代，基督徒所信仰的奇迹就开始出现在一个让人备感神秘的国家；他们拥有一部开天辟地以来的完整历史。据此，上帝通常最先向犹太人行奇迹，然后是基督徒。某些近代历史学者明确指出，以色列人的早期历史大都是传说，但对古代人而言并非如此。他们相信荷马笔下的特洛伊围攻战，相信鲁缪鲁斯和雷缪斯等传说。欧利根曾反问：既然你们相信这些传说，又为何质疑犹太人的传说呢？无人能对此作出合理的回答。旧约中的奇迹便自然而然被接受，后期出现的奇迹也具有了说服力。

君士坦丁以前，基督徒的道德显然高于一般异教徒。基督徒不仅经常受到迫害，而且在相互竞争中还处于异教徒的下风。他们坚信，道德终将在天国获封赏，而罪孽在地狱遭严惩。普利尼的工作就是迫害基督徒，他多次见证了他们崇高的道德。君士坦丁改信基督教后，一些基督徒变得卑躬屈膝，但高尚的僧侣仍固守他们的道德。

最后是基督教内部的团结与纪律，

□ 犹太教会堂

犹太教最重要的教义，在于只有一位无形并且永恒的上帝。他愿所有的人，行公义，好怜悯，因为上帝按照他的形象造人，所以人都应该有尊严且应受到尊重。与世界上其他宗教不同，犹太教从不主动向外族传教，因此犹太教的普世性较弱。

这在五个因素中最为重要。政治家们要稳固自己的地位，必须获得某些组织集团的支持，君士坦丁认识到了这一点。他对基督徒格外偏袒，逐渐赢得他们的拥护。虽然也有人反对基督教，但他们并未形成组织集团，因此政治力量微弱。有人认为君士坦丁之所以如此强大，是因为他的大多数兵士都是基督徒。

不幸的是，基督教徒在获得政治权利之后就开始了争权夺利。君士坦丁以前也曾有过异端，但正统教派却无力惩处他们。当基督教被奉为国教后，僧侣们为争夺权利和财富展开了激烈的斗争。这时候，选举中出现了派阀之争，神学的争论变成了世俗权利的争论，君士坦丁本人对神学家们的争论持中间立场。他死后，从337年到379年狄奥多修斯继位为止，他的继承者们多数倾向于阿利乌斯教派。阿撒那修斯（约297—373）是这一时期的一个重要人物，在漫长的生命旅程中，他一直坚定地维护着尼西亚正统教义。

神学在政治上的重要性日益凸显，因而君士坦丁至卡勒西顿会议（451年）这段时期就变得非常特殊，期间基督教世界一直被两个问题所缠绕：一个是三位一体的性质问题，另一个是道变为肉身的问题。在阿撒那修斯时代，最令人瞩目的是第一个问题。亚历山大里亚的祭司阿利乌斯认为不能将圣子和圣父相等同，圣子是由圣父创造的。在稍早的时期，不会有多少人反对这种观点，但到4世纪，大部分神学家都对此弃之不理。人们普遍认为圣父圣子有着同一实质，可以等同；但实际上，他们截然不同。撒伯留斯创建的撒伯留斯异端认为，圣父与圣子并非毫无相同之处，他们其实是一个存在的不同方面。因此，正统教义开始走向两种极端：有的过分强调圣父圣子的区别，从而陷入阿利乌斯教派；有的又过分强调他们的一体性，因而陷入撒伯留斯派。

在尼西亚会议（325年）中，阿利乌斯的教义受到大多数人的抨击，神学家们对此进行了各种修正，并赢得了不同皇帝的支持。阿撒那修斯自328年开始担任亚历山大里亚市的主教，由于极力拥护尼西亚正统教义，他多次被流放。令人奇怪的是，在神学争论过程中，竟复活了自从罗马征服各国以来似已熄灭的民族的（或至少畛域性的）情感。君士坦丁堡和亚洲倾向于阿利乌斯教派，埃及坚定地追随阿撒那修斯教派，西罗马则奉行尼西亚会议的决议案。

335年至378年间，除朱利安外的历任皇帝都在自己的能力范围内支持阿利乌斯教派；作为一个叛教者，朱利安在基督徒内部的争端中始终保持中立。379年，狄奥多修斯皇帝向天主教徒提供了全力支持，他们从而取得了最终胜利。

欧利根

欧利根（185—254）生于埃及亚历山大里亚城，自幼信教，推崇圣经。曾在普罗提诺的老师阿摩尼阿斯·萨卡斯门下求学，因而与普罗提诺有不少共同点。他是第一个系统解释基督教哲学的人，著作多达600余卷，他的很多著作成为以后基督教学者引用的经典，也成为以后异端思想的一个源头之一。欧利根是一个竭力维护基督教教义的人，给后代留下的思想成果非常丰富，但是他给我们带来的争论也同样重大。在生活上他尊奉基督教的禁欲主义，赤足、少眠、持斋，严格限制自己物质上的需要。

欧利根认为，只有上帝——圣父、圣子、圣灵——是完全不具形体的。星辰之所以有生命、有理性，是因为上帝曾赐予它们灵魂。他说，太阳也会犯罪。人一诞生就具有灵魂。一切灵魂最终都会归依基督，并失去形体。

虽然人们承认欧利根曾经的教父地位，但仍对他颇多指责。有人提出，他主张四种邪说，包括：

（1）灵魂的先在性，正如柏拉图之教导；

（2）道变为肉身之前，基督的神性和人性就已存在；

（3）人类复活时，肉体将彻底变成虚无；

（4）所有人，甚至魔鬼，最终都

□ 圣三位一体

三位一体指圣父、圣子和圣灵合而为一。画中鸽子象征圣灵，圣父是位老人形象，而圣子就是基督。所谓基督就是上帝的儿子，他是上帝在人间的代表和化身。这幅画的构图分两部分：天上和人间。圣父、圣子和圣灵在天堂，而圣徒们以及教皇、主教、国王以及圣徒们处于人间。

将得到救赎。

欧利根最重要的著作是《反西尔撒斯论》。西尔撒斯写了一本反对基督教的书（现已散佚），欧利根对此进行了逐一反驳。西尔撒斯首先抨击基督徒，说他们是非法组织的成员；欧利根默认了这一点，但他声称这恰是一种道德，就如同诛杀暴君。接着他指出了基督教受人憎恶的根本原因：基督教是犹太人创立的，可犹太人属于蛮族；而真正能参透蛮族教义的只有希腊人——西尔撒斯就持此种观点。欧利根辩驳道，不管是谁，只要他从希腊哲学转向福音书就会找到正确答案。

"福音书本身就是论证，比任何希腊辩证法都要神圣。"欧利根的这段话含有关于信仰的双重论证，这恰恰就是基督教哲学的特征。首先，通过正确运用纯粹理性，基督徒信仰的本质足可确立，尤其是上帝、灵魂不死和自由意志。其次，圣经不但证明了这些本质，还证明了更多内容；先知预言弥赛亚降世、先知行奇事，以及信徒因忠实获得恩赐等都证明了圣经中的神给人们诸多默示。现在看来，这些论证已很陈旧，但直到文艺复兴时期，仍受到基督教哲学家们的推崇。

欧利根的某些论证非常奇怪。他说魔法师们常向"亚伯拉罕的上帝"祈祷，但并不知道上帝是谁，可他们的祈祷往往很有效。在魔法中，称呼至关重要，用不同的语言呼唤上帝效果也大不相同。符咒的语言一经转换就会丧失效力。

他还认为，基督徒只能在教会中任职，不能参与政治。君士坦丁之后，这一教义有所变化，但仍有部分内容为人们所坚守。当西罗马帝国逐步衰落时，一些僧侣曾以这种教义为借口逃避俗世的祸乱，潜心于修行和普及修道院制度的工作。这种教义在今天仍有残存：许多人认为，政治是世俗的，真正的圣人不该染指。

第三章　基督教的三位博士

圣安布罗斯、圣杰罗姆、圣奥古斯丁和教皇大格雷高里四人被称为西方教会的博士。其中前三人属于同一时代，教皇大格雷高里属于之后的时代，本章主要介绍前三人的生平和他们所处的时代。

圣安布罗斯、圣杰罗姆和圣奥古斯丁三人是天主教会在罗马帝国取得胜利和蛮族入侵时期中非常活跃的人物。在叛教者朱利安统治时期，他们三人都很年轻。后来，罗马被阿拉里克王率领的哥特族劫掠，圣杰罗姆在那又生活了十年，直到去世；凡达尔族入侵非洲时，圣奥古斯丁还在世，他在他的主教管区被围攻时不幸离世。人类文明在连续衰退了数世纪且将近一千年以后，基督教世界才诞生了与这三人在学术与文化方面相匹敌的人物。

圣安布罗斯

□ 圣安布罗斯

　　圣安布罗斯是早期基督教三位博士之一，他为争取教会的独立进行了不懈的斗争，并取得了胜利。在国家与教会关系上，他建立的一个新原则至今还有巨大影响，那就是国家在某些事务上必须服从教会。

　　4世纪末，西罗马帝国首都米兰的主教是圣安布罗斯。由于职务的原因，他经常与皇帝接触，并习惯以平等者自居，有时甚至以长者自居。从他和皇帝的交往可以看出：国家已经衰弱无能，被一些毫无原则的利己者所统治，他们除了权宜之计以外，再没有长久的政策可言。但同时期的教会则方兴未艾，它的领导者都是一些为了教会利益随时准备牺牲的杰出人物。他们具有长远的政策，因此为后世带来了长达一千年的胜利。

　　圣安布罗斯的父亲曾任罗马帝国高官——高卢总督。圣安布罗斯可能生在托莱福，一个国境边上的城镇。为了防止日耳曼人入侵，这里驻屯着罗马军队。圣安布罗斯13岁到了罗马，在那里，他受到了良好的教育，打下了良好的希腊语基础，并在成年后专攻法律，之后，他在这方面获得很大成就。30岁时，他被任命为列古里亚和以米里亚两个地方的总督。虽然在仕途上取得了如此辉煌的成绩，但由于宗教信仰，4年后，他竟自动脱离了世俗政治，参与了米兰市的主教竞选，他战胜了一个阿利乌斯派的候选人，在群众的欢呼下，登上了米兰市主教的位置。他把自己所有的财产都分给了穷人，冒着遭受人身攻击的危险，把全部精力献给了教会事业。这一选择确实不是出于世俗的动机。对圣安布罗斯来说，这一选择是明智的，因为即使他做了皇帝，也不可能像作为一个主教那样，

□ 古罗马角斗表演

早期基督徒的生存状态十分险恶,他们不只是遭受迫害,而且面临灭教的危险。这幅古罗马镶嵌图表现的是在当时露天剧场举行的一场角斗表演。表演中,人和野兽相互搏斗。基督徒们如果拒绝放弃信仰,常常会被判罚这样的酷刑。

得以充分施展他的才能。

在圣安布罗斯任主教的前九年,格雷善是西罗马帝国的皇帝,他是个善良的天主教徒,但由于沉溺畋猎不理国事,他最终被人谋害。据有西罗马帝国大半领土的马克西姆斯篡夺了王位,但继承意大利王位的是格雷善年幼的弟弟瓦林提尼二世。因为他尚未成年,就由母后查士丁娜摄政,而她是阿利乌斯教派的信徒,因此就与圣安布罗斯纷争不断。

本章所叙述的三位圣徒都曾写过很多书信,其中相当一部分被保存到今天,这对我们了解他们的学说提供了极大的方便。圣奥古斯丁的信的内容主要是关于教义和教会的戒律问题;圣杰罗姆的书信多数是写给妇女们的,他在信中劝告她们如何保持童贞;而圣安布罗斯的信则主要是写给皇帝的,他在信中指出他们在哪些方面没有尽到作为皇帝的义务,有时也祝贺他们能够恪尽职责。

圣安布罗斯最初必须解决的公共问题是为罗马的胜利女神祭坛与塑像的问题。在首都,元老家族比其他任何地方都更长久地保持着异教信仰,官方的宗教被掌握在僧侣手中,他们的利益与帝国的利益结合在一起。元老院内的胜利女神塑像被君士坦丁的儿子君士坦底乌斯撤掉,但不久又被叛教者朱利安恢复了,后又被格雷善皇帝重新撤掉。于是,以罗马市市长西马库斯为首的元老院代表们,提出了重新恢复胜利女神塑像的要求。

然而,这个提议遭到了基督徒元老院议员们的反对,他们的要求因为得到圣安布罗斯和教皇达马苏斯的支持而获得了皇帝的批准。格雷善皇帝死后，西马库斯和异教徒的元老院议员们于384年又向新即位的皇帝瓦林提尼安二世提出了同样要求。为了阻止这一企图，圣安布罗斯在给皇帝的上书中说，正如所有罗马人对皇帝有服兵役的义务一样，皇帝对全能之神同样有服役的责任。他说："不能让任何人利用陛下年幼。如果是异教徒提出这个要求，那么，他是想以自己的迷信来束缚陛下的精神，这是极不正当的。他应该用他的热情启发并激励陛下树立真正的信仰，而他竟全力为虚妄的事辩护。"圣安布罗斯认为，强制基督徒向偶像的祭坛宣誓，是一种迫害："如是民事案件，可以把答辩权留给反对派；但这是个宗教案件。如果陛下真要进行裁定，我等主教对此绝不能忍受，也不会置若罔闻。陛下固然可以走进教会中来，但那时陛下一定找不到一个祭司，即使找到一个，也必定是反对陛下的。"

他在另外一封书信中指出："教会的财产是用于维持贫民生计的。请他们计算一下，神庙赎过多少俘虏，他们对穷人供应过什么食品，他们对哪些流亡者提供过生活费用。"这是个极有说服力的例证，圣安布罗斯的论点取得了胜利。但以后，偏袒异教徒的篡位者尤金尼乌斯又恢复了该祭坛和塑像。一直到394年狄奥多修斯战胜尤金尼乌斯之后，这问题才按基督徒的意愿获得了最后解决。

最初，圣安布罗斯与皇室关系很友好，但不久就发生了一场严重纠纷。皇太后查士丁娜属于阿利乌斯派，她要求把米兰的一个教会让给阿利乌斯教派，圣安布罗斯拒绝了这一要求。人民支持圣安布罗斯，在巴锡里卡里挤满了群众。皇室派武装部队前往米兰，强行占据教会，但部队没有执行镇压的命令。圣安布罗斯在给他姐妹的一封信中说："他们强迫我赶快移交巴锡里卡，并声

□《旧约》德文译本卷首插图
威廉·布莱克　19世纪

《旧约》是基督宗教的启示性经典文献，内容和希伯来圣经一致，但编排不同。它通常被分为摩西五经（又称律法书）、历史书、诗歌智慧书和先知书四部分。这幅作品取自《旧约》德文版，描绘了耶和华神俯视初创世界的情景。

称这是执行皇帝的职权，因为一切都在皇帝的权限范围之内。我回答说，如果皇帝所要的是属于我的东西，例如我的田地、金钱或者其他私有财产，虽然我把所有这些都送给了穷人，但我绝不拒绝。但凡是属于上帝的却不能隶属于皇权之下。如果需要我的世袭财产，那么就请没收；如果要我的身体，我立刻就去。你们要把我投入缧绁呢，还是把我处死呢？我都将欣然承受。我既不想借着群众来保护自己，也不想抱住祭坛哀求性命；我宁愿为祭坛丧掉生命。当我听说武装部队被派往巴锡里卡，要对教会进行强占时，我极为震撼，深恐民众在保卫巴锡里卡时会引起一场屠杀，那就会给全城带来危害。我祈祷上帝别让我活着见到这样一座城市，或整个意大利遭到毁灭。"

□ 传播教义　3世纪

早期的基督教思想家注重著书立说，通过自己的著述，他们对基督教义作了新的发挥，从而在更大范围内传播了基督教思想。这块大理石浮雕出自一具3世纪的大理石棺，画面上，一个小孩正在聚精会神地听一位哲人传播教义。

这种恐怖并非杞人忧天，因为哥特军队历史上就以逞凶蛮干闻名。圣安布罗斯的强硬得到了群众的支持。有人说他煽动群众，他回答说："不去激动他们是我权限以内的事，但使他们平静下来却是上帝的事。"据圣安布罗斯说，因为市民中间没有一个阿利乌斯教派，所以阿利乌斯教派中谁也不敢挺身而出。当局正式命令他交出巴锡里卡，军队也接到命令，在必要时可以使用武力。但最后他们终于拒绝使用武力。在这种情况下，皇帝只好被迫作出让步。在争取教会独立的斗争中，圣安布罗斯取得了伟大的胜利。他证明了：国家在某些事务上必须服从教会，并由此建立了一项直到今日仍具有重要性的新原则。

之后，他又因为一所犹太人会堂被焚事件和狄奥多修斯皇帝发生了一次冲突。东罗马的伯爵报告说事件出于地方主教的唆使。皇帝命令惩罚纵火犯，同时责令该主教重建这所犹太人会堂。圣安布罗斯既未承认也未否认该主教是否是背后的唆使者，但他对皇帝袒护犹太人而反对基督徒的行为极为愤慨。这一事件处

□ 教会理事会的开会场景　16世纪

这是一幅16世纪的湿壁画，表现的是教会理事会的开会场景。431年，查士丁尼皇帝参加了以弗所会议。画面上，他正在驱逐君士坦丁堡的牧首聂斯脱利和另一个异教徒。

理起来十分尴尬：如果该主教违抗命令，那他将要成为一个殉道者。如果他屈服，那他将要成为一个叛教者。如果伯爵决定用基督徒的钱来重建犹太人会堂，那皇帝就要有一个叛教的伯爵，而基督徒的钱财就要被用来支持异端。"难道应该掠夺教会的财物来为犹太人的不幸建立一所会堂吗？难道应该把因为基督的恩赐，给基督徒的教会基金送进不幸者的钱库吗？"他说："皇帝陛下：您大概是为了维持法纪这样做的吧。然而，在法纪与宗教的大义名分之间究竟哪一项更为重要呢？审判是需要服从宗教的。皇帝陛下，您听说过吗？当朱利安皇帝敕令重修耶路撒冷圣殿时，整理废墟的人们曾被烈火焚尽了吗？"

皇帝和圣安布罗斯之间最大一次冲突发生在390年。当时，狄奥多修斯皇帝正在米兰，帖撒罗尼迦地方的暴徒杀害了当地驻军的指挥官。皇帝闻讯后十分震怒，下令进行镇压。当群众集聚在广场时，军队对人民进行了突然袭击，至少屠杀了7 000人。圣安布罗斯事先曾谏止皇帝这样做，但毫无效果。事件发生后，他给皇帝写了一封义正辞严的信：

"在帖撒罗尼迦发生了一件史无前例的暴行，虽然事前我曾屡次向皇帝上书，要求制止，但没有效果。事件过程中，我就说过，这事是极其残暴的。假如陛下幸临，我是不敢献祭的。既然使一个无辜者流血之后都不能献祭，难道在使众人流血之后倒能献祭吗？我认为这是断然不可以的。"

皇帝忏悔了，他在米兰教堂里脱下紫袍，当众举行了忏悔式。从那时一直到狄奥多修斯逝世，皇帝和圣安布罗斯之间再也没发生过任何冲突。

作为一个学者，圣安布罗斯不如圣杰罗姆；作为一个哲学家，他不如圣奥古斯丁；但作为一个智勇兼备、善于巩固教会权力的政治家，他却是第一流的人物。

圣杰罗姆

圣杰罗姆是一位著名翻译家，他翻译了拉丁语译本的圣经，直到今天，此书仍是天主教会中公认的圣经。在圣杰罗姆之前，西方教会有关旧约全书主要靠从七十人译本圣经里译出的材料，而"七十人译本"在一些重要的地方与希伯来原文有较大的差异。大家知道，基督徒们一直认为，自基督教勃兴以来，犹太人曾窜改了希伯来文原典中的某些章句。对于这种观点，圣杰罗姆及所有具有健全学术思想的人都否认。对于基督徒的批评，圣杰罗姆回答说："谁想挑剔这个译本就让他去问犹太人。"由于他承认了犹太人的希伯来文原典，因此，他的译本在最初曾受到很多人敌视。之后，由于圣奥古斯丁的支持，他的译本终于被世人承认。这是一个伟大的成就，译本中有相当部分的原典批判。

345年，圣杰罗姆诞生于离阿奎雷亚不远的一个小城斯垂登。他的家庭属于小康之家。366年，他去罗马学习修辞学，在罗马，他曾在道德上犯下罪。游历过高卢地区后，他在阿奎雷亚定居，并变为一个禁欲主义者。后来他又在叙利亚的荒野里隐居了五年。在沙漠里，他过着一种交织着眼泪、呻吟、精神恍惚的忏悔生活。他住在一间小屋或一个洞穴里，每天赚得的食粮只够当天食用，并以粗麻布蔽体。之后，他旅行到了君士坦丁堡，并在罗马住了三年。在罗马，他曾做过达马苏斯教

□ **圣杰罗姆**

圣杰罗姆是早期的拉丁教父之一。他早期曾居住在罗马，后来在伯利恒建了一所修道院，投身于抄写拉丁语手稿的事业，他和他的僧侣们保留了大量的古代希腊罗马典籍，如亚里士多德、西塞罗、奥维德的作品。

□ 拉丁文《圣经》

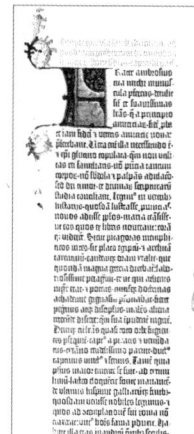

圣杰罗姆最大的成就在于研究和翻译了基督教的经文，他从希伯来语和希腊语原本译出的拉丁文《圣经》，至今仍被作为拉丁文《圣经》的标准定本，后来各种民族语言的《圣经》都以此为原本译出，其中包括英王詹姆斯一世时期制定的"钦定《圣经》英译本"。

皇的朋友兼顾问，在教皇的鼓励下，他开始着手翻译圣经。

圣杰罗姆经常和别人发生争论。他曾和圣奥古斯丁争论过圣保罗所谈及的圣彼得的某些作风问题；由于对欧利根的看法不一，他和朋友鲁芬纳斯决裂；他激烈反对裴拉鸠斯，使得该派暴徒对他的修道院发动袭击。达马苏斯教皇逝世后，他和新任教皇似乎也进行过争论。他在罗马时曾结识了一些笃信的命妇，他曾说服她们中一些人进入了禁欲生活。新任教皇和其他许多罗马人讨厌他的这些行为，由于这事及其他原因，圣杰罗姆离开了罗马迁往伯利恒城。

在他规劝过的妇人中，有两位值得特别注意：葆拉寡妇和她的女儿尤斯特修慕。这两位妇人的身份属于高级贵族阶级，她们陪伴他长途跋涉到伯利恒。葆拉逝世后，圣杰罗姆给她书写了墓志铭：

在这坟墓中长眠的是塞庇欧的孩子，
她来自显赫的阿加梅农一族，
是格拉古的后裔，
名门保罗家的女儿；
在这里安息着为双亲及女儿
尤斯特修慕所挚爱的葆拉妇人；
在罗马妇人中她是第一位不辞艰辛
为了基督而选择伯利恒城的人。

圣杰罗姆还给尤斯特修慕写了一些奇怪的信。在信中，他认真而坦诚地忠告尤斯特修慕保持童贞；对旧约全书中一些隐晦的说法进行了正确解释；他用一种性爱的神秘主义的方式对修女院生活的乐趣进行了赞颂。修女是基督的新妇，所罗门的《雅歌》就赞扬了这种婚姻。当尤斯特修慕宣誓做修女时，圣杰罗姆在写给她母亲的一封长信中，写着以下一些话："您是否因她选择了做国王或者基督的妻子，而没有去做士兵的妻子而感到愤懑？她给您带来了一项高贵的特权，您现在已做了神的岳母。"

在同一封信里，他对尤斯特修慕说："希望闺房的秘密永远守护着你；让新郎永远和你在内心中嬉戏；你祈祷吗？那时你就在和新郎谈话；你颂经吗？那时他就在和你交谈。当你睡觉的时候，他将从后面来到并把手放入门孔，这时你的心将为他感动；并会惊醒起来同时说：'我害了相思病。'他会回答说：'我的妹妹，我的新妇，你是一座圈起来的花园，一泓闭锁的泉水和一道密闭的喷泉。'"

圣杰罗姆在同一封书信里表达了他对藏书的不舍。他把它们随身带到荒野里去："我是一个可怜的人，为了能读到西塞罗的作品而宁愿绝食。"经过几昼夜的良心谴责，他又重新堕落，并阅读了普劳图斯的作品。放纵之后，他感觉到先知们的文体粗劣而可厌。终于在一次热病中，他梦见了最后审判。基督问他是什么人，他回答说他是一个基督徒。基督说："你在撒谎，你是个西塞罗的信徒，而不是基督的信徒。"于是他被判以鞭笞的刑罚，最后他在梦中喊道："主！如果我再藏有世俗的书籍，或者如再阅读这类东西，我就是自绝于我主了。"

后来的几年里，他在书简中极少引用古典词句。但一段时期后，他又开始在文章中引用维吉尔、贺拉斯以及奥维德的诗句。

相比其他作品，圣杰罗姆的书信更能体现出罗马帝国的衰亡对他内心的影响。他在396年写道：

"现代的种种灾难令我不寒而栗。二十多年来，罗马人的鲜血日夜流淌，浸红了君士坦丁堡到朱利安阿尔卑斯山区的每一寸土地。哥特人、撒马其亚人、库阿第人、阿兰人、匈奴人、汪达尔人，以及边境地区的人们四处劫掠，他们的铁蹄踏遍了塞西亚、色雷斯、马其顿、达西亚、特萨里、亚该亚、爱卑路斯、达尔马其亚以及潘纳尼亚等地……罗马世界陷入衰落：但我们不会低头，只会昂得更高。哥林多人、雅典人、拉西第蒙人、阿加底亚人及其他希腊人在野蛮人的统治下不卑不亢，无比坚毅。这只是少数城市，但都曾是一些伟大国家的首都。"

他还描述了匈奴人对东罗马帝国的破坏，并在结尾写道：

"即便修昔底德和撒鲁斯特在世，他们也找不出恰当的语言来叙述这段历史。"

十七年后，也就是罗马被劫掠后的第三年，他又写道：

"世界就要灭亡：是的！而可耻的是，我们的罪却仍在蔓延。这座伟大的城市，罗马帝国的首都，被无情的大火吞噬，地面上到处都是奔走逃亡的罗马人。往昔无比神圣的教会，如今已是一片废墟与灰烬。可我们还在放纵自己的利欲。我们仿佛把每一个明天都看作末日，可我们在大兴土木时又像看到了生命的永恒。墙壁被装饰得辉煌夺目，天花板和柱头也金光熠熠；而基督却像赤贫者一样饿死在我们门前。"

这段话出自他写给一个朋友的书信，信中主要是谈在教育一个将要做修女的女孩时该遵守哪些戒律。他在信中还提出，保持童贞远比打败匈奴人、汪达尔人及哥特人重要；他的这一说法令人唏嘘，他对古代世界衰亡的痛心疾首顿时苍白起来。他从未思考过如何经国济世，也从未谴责财政制度的腐败，以及依赖蛮族军队的弊端。圣安布罗斯和圣奥古斯丁也是如此，圣安布罗斯是一位政治家，但他关心的只是教会的利益。他们这样卓越的人都对俗世漠不关心，罗马帝国的衰落也就成为必然。

圣奥古斯丁

圣奥古斯丁出生于354年，比圣杰罗姆小九岁，比圣安布罗斯小十四岁。他是非洲人，在非洲度过了大部分时光。他母亲是个基督徒，但父亲不是。他最先信奉摩尼教，后又改信了天主教，并在米兰接受了圣安布罗斯的洗礼。大约在396年，他做了迦太基附近的希波的主教，并在此定居下来，直到430年逝世。

圣奥古斯丁在《忏悔录》中详细记录了他这一时期的生活。这本书在后世有许多效仿者，最著名的是卢梭和托尔斯泰。圣奥古斯丁在许多地方和托尔斯泰相似，但是在智力方面，他远在托尔斯泰之上。他在青年时代虽然放荡不羁，但他是一个富有热情的人，有一种内心冲动促使他去寻求真理与正义。和托尔斯泰一样，他在晚年时也受到罪恶感的折磨，生活变得枯燥无趣，哲学观点也严苛起来。他和异端进行过激烈的斗争，但当冉森尼乌斯在17世纪重新阐述他的学说时，却被看作异端。尽管如此，新教徒采纳他的学说之前，天主教会并未对其正统性产生过质疑。

《忏悔录》中记载了这样一件事：一次，他和一帮同伴偷摘了邻居树上的梨。当时他并不感到饥饿，而且家中的梨比偷摘的梨好得多。许多年之后，他对此事一直不能忘怀，终身认为这是一种令人难以置信的人性邪恶。他认为，如果是因为饿，或者是因为想吃梨，那么这种行为还不至于如此邪恶。而这一恶作剧说明是出于自身对邪恶本身的爱好，这才是最可怕的。于是他请求上帝宽恕他：

"上帝，请你洞察我的内心！请你洞察我这颗落到地狱底层也为你所怜悯的心吧！现

□ 圣奥古斯丁

圣奥古斯丁是基督教中最重要的思想家。他早年深受萨珊王朝一个显赫家族的儿子摩尼的影响，在摩尼因为宗教信仰而被处死前，他已经在中国、印度、西班牙、意大利传播了他提出的教义。

□ 地狱的折磨

《上帝之城》是中世纪影响最大的著作之一。圣奥古斯丁认为,人类堕落后,就被上帝分为选民和罪人。只有耶稣复活后,选民才能得到上帝的拯救,而罪人们只能经受地狱永恒之火的煎熬。

在请你洞察并让我的心向你述说:它在那里追求什么?它希望我做个无端的恶者,在没有邪恶引诱的时候,去追寻邪恶本身……"

为幼年时偷摘了几个梨这件事,他写了很多请求上帝宽恕的文章。在今天看来,这几乎是一种病态;但在他所处的时代,这却是神圣的标志。那时,犹太人有非常强烈的罪恶意识,这可以作为调和自尊心与外界失败的一种方法。亚威是全能的神,而且对犹太人有特殊的关切,可他们为何兴盛不起来呢?因为他们道德败坏,崇拜偶像,和外邦人通婚,还违背律法。公义是最高的善,而且唯有经受过苦难才能达到,因此他们必然要先遭受惩罚,并将这种惩罚看作上帝的一种爱。

圣奥古斯丁还描绘了他跟母亲学习拉丁语的愉快经历,并直言不讳对希腊语的厌恶,因为他在学校学希腊语时,"曾遭受严酷的威胁和惩罚"。因此直到晚年,他也没有很好地掌握希腊语。读到这,人们可能认为他反对严厉的训诫,提倡温和的教育方式,但他却说:"自由的好奇心显然比可怕的义务感更有力,更能推动我们学习新事物。按照你的律法,唯有这种义务感才能约束自由,噢,我的上帝!你的律法给我们注入某种有益的苦痛,正是这苦痛让我们远离有害的欢乐,重回你面前。"

圣奥古斯丁在《忏悔录》中说,他不止在儿童时代犯了说谎和偷窃食物等罪,而是在更早的时期就已犯了罪。例如,他用一整章篇幅证明,甚至吃奶的婴儿也充满了贪食、嫉妒和其他一些可怕的邪恶。

进入青春期后,他被情欲征服了。"我长到16岁时,人间邪恶的情欲支配了我——虽然这被你(上帝)的律法所禁止,但当我完全陷身其中时,我无从知悉我究竟距离天庭的欢乐有多远?"

他的父亲并未忧心这种事,他只是在学业上给予圣奥古斯丁帮助。反而是他母亲一再劝他要保持童贞,但毫无成效。即便如此,母亲在当时也没建议他结婚,"担心家室之累会妨碍我的前途"。

16岁时,他来到迦太基。他在《忏悔录》中写道:"在我的周围,泛滥着无法无天的爱情。我还没有恋爱,但却渴望着爱情;同时又憎恨自己的想法。我寻求我所爱的人。那时,爱与被爱对我来说都是甜蜜的,尤其在我有了情人时,就更为甜蜜。我竟以淫欲的污物玷污了友谊的清泉,以淫邪的地狱掩盖了它的光辉。"他在这段话中描述他和所爱之人间的关系。他的情人为他生了一个男孩,他很爱这个孩子,改宗之后,他特别关心这个孩子的宗教教育。

这时,他母亲和他本人开始考虑他结婚的问题了。他和母亲喜欢的一个少女订了婚,和以前的情人断绝了关系。他说:"作为结婚的障碍,我的情人被人从我身边拉走了。我这颗依恋着她的心被人扯裂、受伤和流着鲜血。她把孩子留给我,自己回到非洲(当时圣奥古斯丁住在米兰);并向我发誓决不和其他男人交往。"订婚之后,由于未婚妻还年幼,两年内尚不能举行婚礼。这期间他又结识了一个情人,但这次是秘密进行的,没有多少人知道。良心使他越来越难以安宁,他经常对主祷告:"主啊,赐给我贞操和克制吧,只是不要在现在。"在他婚期到来之前,宗教终于在他身上获得了全胜,从此,他再也没有结婚,终身过着独身生活。

19岁那年,通过西塞罗的作品,他重新回到了哲学。他阅读圣经,发现它缺乏西塞罗式的威严。就在这时,他信奉了摩尼教,这事曾使他母亲十分伤心。他是修辞学的专业教师,但又热衷于占星术,因此晚年时甚至提出"你的罪之所以不可避免,原因在天上"。他努力阅读拉丁文的哲学书籍,在没有教师的帮助下,理解了亚里士多德的十大范畴。他说:"我这个充满邪恶情欲的罪人,自行阅读了所谓'文艺'书籍,懂得我所能读到的一切,然而,这些究竟于我

□ **基督徒的信仰**

自欧洲陷入黑暗的中世纪后,在接下来的一千多年,圣奥古斯丁的神学成为基督教教义的基本来源。他为基督教所提供的完整的信仰体系,是《旧约》本身无法提供的。

有了什么益处呢？……因为我背向光明，面对着被光照亮的东西，我本身却未得到光辉的照耀。"他认为神是一个闪耀光辉的巨大物体，而他则是那个物体的一部分。

圣奥古斯丁最初是反对摩尼教的，有趣的是，他的理由却是关于科学的。他在回忆从卓越的天文学家的作品中学到的知识时说："我将那些作品跟摩尼基乌斯的观点做了对比，他对冬至、春分、秋分、日月食及其他相关问题做了大量论证，内容之丰富，让人仿佛看到了一个不知疲倦的狂人。他的那些论证对我没有多少说服力，它们不但与我推算和观察的结果不符，而且它们之间还相互矛盾，但我却不得不去相信。"他特别指出，科学上的错误并不代表信仰上的错误；信仰错误的标志是，将自己的观点当作权威，并托之于神的灵感。

摩尼教中一位知识渊博的著名主教浮士德试图解答他的疑问，他们会面后进行了辩论。圣奥古斯丁说："我感觉，除了语法以外，他对其他科学几乎一无所知；甚至对于语法知识的掌握，他水平也很一般。但他曾读过塔利的《讲演集》，某些诗集，塞涅卡的少数作品及带有逻辑色彩的拉丁文摩尼教经卷。他经常讲话，颇有辩论技巧，而且很有良知，散发着儒雅之气，他的雄辩因而显得非常动听。"

圣奥古斯丁意识到浮士德根本无法解答他对某些天文学问题的疑惑。摩尼教著作中关于天空、星宿、太阳和月亮的很多内容，与天文学家们的发现都不一致。他为此追问浮士德，而浮士德直陈他一无所知。他说："因为这点，我甚至更欣赏他了。与知识相

□ 摩尼教经书残片

摩尼教发源于古波斯萨珊王朝，为3世纪中叶波斯人摩尼所创立。主要教义为"二宗三际论"，崇尚光明。摩尼声称自己是神的先知，也是最后一位先知。摩尼教在唐朝传入了中国，后改称明教。图为摩尼教经书手稿插图残片，残片分正反两幅。

比,一个正直人的谦虚更可贵。"这时的他表现得相当豁达,跟他晚年时对待异端的态度截然不同。

之后,他去了罗马。他说,这倒不是因为罗马教师的收入比迦太基优厚,而是因为那里上课的秩序比较好。在迦太基,学生们闹得教师几乎无法授课。在罗马,课堂秩序虽然较好,但学生们却经常借故拖欠学费。

在罗马生活期间,他仍然和摩尼教徒互相来往,但已不大相信他们的观念了。他认为,学院派主张人应该怀疑一切的说法是正确的,同时,他也认为摩尼教"并不是我们本身犯罪,而是其他某种天性在我们内部犯罪"的说法是正确的。他相信恶魔是一种具有实体的东西。这些,都说明他改宗之前,其思想曾被罪恶的问题所缠绕。

他在罗马大约住了一年,西马库斯长官就把他送到米兰。在米兰,他结识了圣安布罗斯,这是一位被称为"全世界知名人士中最杰出的人物"。在天主教教义与摩尼教教义之间,他逐渐倾向于前者。但受学院派怀疑主义的影响,他一时还有些犹豫不决。他说:"那些哲学家没有基督救赎之名,因此我绝不会将自己病弱的心交托给他们。"

在米兰时,他和母亲住在一起,母亲对他的改宗起了很大作用。她是个热心的天主教徒,许多年以后,圣奥古斯丁总是以一种尊敬的笔调来叙述自己的母亲。

圣奥古斯丁在《忏悔录》中还将柏拉图哲学与基督教教义进行了对比。他说主赐予他"一些由希腊文译成拉丁文的柏拉图主义者的著作。有些地方虽然不够准确,但从不同的角度出发,我仍洞察到某些意旨,'太初有道,道与上帝同在,道就是上帝。万物是他创造的,没有他就没有万物;他所创造的是生命,这生命就是人的光,光照向黑暗,可黑暗却不接受。'……只有上帝,上帝的道'才是真正的光,它照亮世上所有人。'……但我并没有在其中读到:'他到属于自己的地方来,他自己的人却不接待他。接待他的都是信他名的人,他赐予他们权柄,成为上帝的儿女。'也没有读到:'道成肉身,住在我们中间',或'因耶稣的名,无不屈膝'之类的话"。

总而言之,在柏拉图主义者的著作中,他找到了形而上学的"道"之教义,但没有发现道成肉身和人类救赎的教义。在奥尔弗斯教或其他神秘宗教中,曾存在类似这些教义的元素,但圣奥古斯丁对此毫无了解。

与二元论者的摩尼教徒相反，圣奥古斯丁开始相信：罪恶并不起源于某种实体，而是起源于意志中的邪恶。

他在圣保罗的著述中找到了安慰。经过内心的反复斗争，他终于改信了宗教（386年）；他抛弃了教职、情人和未婚妻；经过短时期的蛰居后，他接受了圣安布罗斯的洗礼。他母亲为此感到高兴。388年他回到非洲，在那里度过了余生。这时，他全身心投入了主教事务，并写作了大量文章来驳斥杜纳图斯派、摩尼教以及裴拉鸠斯派等异端学说。

第四章　圣奥古斯丁的哲学与神学

圣奥古斯丁（354—450）系古罗马基督教思想家、教会哲学的主要代表。他用新柏拉图主义来论证基督教教义，把哲学和神学结合起来，提出"理解为了信仰，信仰为了理解"的论点。

圣奥古斯丁是一个著作等身的作家，他的著作主要谈的是神学问题。本章主要讨论他著作中的三个问题。

一、他的纯粹哲学，尤其是他的时间论；

二、在《上帝之城》一书中展示的历史哲学；

三、有关救赎的理论。

纯粹哲学

圣奥古斯丁并不致力于研究纯粹哲学,但当他开始从事这一学科的研究时却显示出了卓越的天赋。历史上曾有一条不成文的规定,即完全由思辨得出的观点必须与经文相符,很多人都信守过这一规定,其中最具代表性的就是圣奥古斯丁。但在早期基督教哲学家身上,我们就看不到这种情形,如欧利根,他在著作中既论述基督教,又讨论柏拉图主义,而且两者还相互独立。但当圣奥古斯丁进行创作时,他纯粹哲学中的独创思想受到了柏拉图主义在某些方面与《创世纪》不相协调这一事实的刺激。

当柏拉图在论述创世时,他想象的是一种由上帝赋予形象的原始物质;亚里士多德也持相同的看法。他们所说的上帝,并不是造物主,倒像是一个设计师或建筑师。在他们看来,物质实体是永恒的、不是人工制造的;只有"形象"才是出于上帝的意志。圣奥古斯丁与他们意见相反,他认为世界不是从物质中创造出来的,而是从"无"中创造出来的。物质实体是上帝创造的。

在基督教时代,希腊人曾多次反对"世界从无中创造出来"的观点,并催生了泛神论。泛神论认为,上帝和世界不可分割,世上的一切事物都是上帝的一部分。斯宾诺莎在自己的著作中详细阐述了这一观点,使得所有神秘主义者几乎都为此着迷。在整个基督教时代,神

□ 圣奥古斯丁接受洗礼

圣奥古斯丁的神学虽然是基督教教义的基本来源,但他并非一出生就接受洗礼成为基督徒的。他早年信仰摩尼教,在研究了各种宗教与哲学后开始信奉基督教。图为圣奥古斯丁在米兰接受圣安布罗斯的洗礼。

秘主义者一直难以坚守正统教义，因为他们无法相信世界存在于上帝之外。而圣奥古斯丁并没有这种困惑，因为他对《创世纪》中所讲的深信不疑。他在这一问题上的看法深刻影响了他的时间论。

有人曾提出疑问：上帝为什么没有早些创造世界呢？他说：不存在"早些"的问题。时间与创世是上帝同时创造出来的。上帝是永恒的，在上帝那里，没有所谓"以前、以后"，只有永远的现在。上帝是超脱于时间之外的，对他而言，一切时间都是现在。他并不先于他自己所创造的时间，如果这样，他就存在于时间之中了。

以上推理，导致圣奥古斯丁写出了令人叹服的时间相对理论。

□ 圣奥古斯丁和阿奎那的宇宙信仰

在这幅比萨公墓壁画中，圣奥古斯丁和阿奎那分别位于下面两角，进行对于宇宙信仰的思考，并随时准备发表创世的理性哲学和神学评论。

他说："至于什么是时间，在没人问我时我非常清楚；可一旦要向别人解释，我就有点糊涂了。"这种现象让他百思不得其解。他说，实际存在的时间既不是过去，也不是未来，只是现在。而现在只是一瞬间。他又说，虽然如此，但还是有过去和未来的时间。于是，我们好像被带入矛盾之中了。为了避免这一矛盾，圣奥古斯丁找到了一个办法，他认为：过去和未来只能被想象为现在，"过去"与回忆是同义词，而"未来"则与期望是同义词。他说时间有三种："过去事物的现在是回忆，现在事物的现在是视觉；未来事物的现在是期望。"又说："将时间分为过去、现在和未来只是一种大概的说法。"

他知道这种理论不可能解决一切难题。他说："我渴望找出这个复杂谜语的答案。"他祈祷上帝给他启示，还向上帝保证道："主啊！我向你坦白，我依然无法确定时间究竟为何物。"但后来他对如何理解"时间"作出了以下解答：时间是主观的，时间存在于期望者和回忆者的精神之中。因此，如果没有被创造之物，也就不可能有时间，那么，谈论创造以前的时间是无意义的。

很显然，这一理论是杰出的。比起希腊哲学中的任何理论，这个理论都是一个巨大的进步。它比康德的主观时间论——继康德之后哲学家们普遍接受的一种理论——更完善、更有价值。

在纯粹哲学中，圣奥古斯丁提出了两种主观主义。这使他成为康德时间论的先驱，同时也成为笛卡尔的"我思故我在"的先驱。圣奥古斯丁在《独语录》中这样说："你这求知的人，你知道你存在吗？我知道。你是从什么地方来的呢？我不知道。你觉得你自己是单一的还是复合的呢？我不知道。你觉得你自己移动吗？我不知道。你知道你自己在思维吗？我知道。"

这一段话成了笛卡尔的"我思故我在"的先导，同时也是对伽桑地的"我行走所以我存在"的回答。因此，作为一个哲学家，圣奥古斯丁理所当然应当在哲学史上占有重要地位。

上帝之城

410年，当罗马被哥特族劫掠时，异教徒说，这是不再信仰古代诸神引发的恶果。他们说，当人们信奉朱庇特时，罗马一直强盛不衰；而现在的皇帝们都鄙弃了他，因此他不再为罗马人提供任何保护。异教徒的这种言论亟须有人做出评价。

《上帝之城》就是圣奥古斯丁对异教徒的答复，这是他在412年至427年间完成的一部著作。这个"答复"被认为是一部有关过去、现在和未来的全部基督教历史的纲要。在整个中世纪中，特别是在教会对世俗诸侯的斗争中，这部书曾产生过巨大的作用。

在阅读某些伟大作品时，我们初读时的感受往往没有回头再读时美好，他的这部著作也是如此。《上帝之城》的主旨曾被一些无关紧要的因素掩盖，而且书中的很多内容是现代人也无法接受的。但书中对世俗之城与上帝之城所作的对比，仍给很多人极大启发，至今还有人经常引用。

该书从罗马遭劫写起，它试图证明，在基督教以前的时代里发生过比这场灾难更可怕的事情。他说，异教徒经常把灾难归咎于基督教，这是错误的。不少异教徒在被劫期间就曾逃进教会中避难。与此相反，当特洛伊遭到劫掠时，帕特农神殿不仅未成为人们的避难所，而且诸神也未提

□《上帝之城》插图

《上帝之城》是圣奥古斯丁最伟大的著作，在基督教世界产生了深远影响。圣奥古斯丁认为，"上帝之城"是信奉基督的选民的社会，它的现世代表就是教会。这是《上帝之城》古英语手稿中的插图，图中描绘的人物都是圣奥古斯丁的信徒。

□ 圣奥古斯丁与恶魔

圣奥古斯丁认为只有善才是本质和实体，它的根源就是上帝；而罪恶只不过是"善的缺乏"或"本体的缺乏"。上帝作为至善，是一切善的根源，上帝并没有在世间和人身上创造罪恶。罪恶的原因在于人滥用了上帝赋予人的自由意志，自愿地背离了善之本体（上帝）。图为恶魔为引诱圣奥古斯丁，手持邪恶之书站在他的面前。

供任何保护，任凭该城遭受破坏；但当罗马被劫掠时，它却没受到什么破坏，这正是由于有了基督教的缘故。

在这次劫掠中受到伤害的基督徒无须诉苦。因为那些以损害基督徒的利益为发家手段的哥特人是邪恶的，他们在来世会受到严惩；因为所有恶人都要接受最后的审判，所以他们在地上暂不受罚。而且如果基督徒具备德行的话，他们一时的忍让对其德行必有助益。因为对圣徒而言，失去现世的东西，并不代表失去有价值的东西。即使他们死后尸横四野，也无须恐惧，因为肉体的复活是任何野兽都无法阻止的。

圣奥古斯丁接着谈到在劫掠期间一些处女遭到强奸的问题。有人认为这些女性的失贞并不是她们自己的过失。但圣奥古斯丁反对这种见解，他说："咄！别人的情欲是不会玷污你的。"贞洁充盈在内心，并不会因为肉体被强奸而消失；而那些罪恶的企图，即使没有付诸实施，也会让你失去贞洁。他的言外之意是，上帝之所以没有阻止强奸是因为那些受害者过于看重自己的节欲。他反对为了逃避强奸而自杀，他认为这是邪恶的；由此引起他对鲁克蕾莎（罗马名将阿拉提努斯的妻子。因受到王子赛克斯图斯·塔尔克纽斯强奸而自杀。阿拉提努斯一气之下兴兵推翻王制，建立了共和制。此事发生在公元前510年）的评论，他认为鲁克蕾莎不应该自杀，因为自杀是一种罪恶。

在为被强奸的一些有德妇女的辩护中，圣奥古斯丁有一个保留条件：她们不得乐于被强奸，否则她们便是有罪。

他接着又谈论起异教诸神的邪恶。他说："你们的那些舞台剧，那些肮脏的展览，那些放荡的异教神，并不是因为人们的败坏而在罗马萌生，它们的出现完全是你们这些神一手策划的。"这些不道德的神不值得人们崇拜，只有像塞庇欧

文化伟人代表作图释书系

这样的有德之人才真正值得。罗马虽然惨遭劫掠，但基督教无须忧虑，因为在"上帝的巡礼者之城"就有他们的避难所。

在当世，地上之城和天上之城是混合在一起的；但在来世，被神选定的得救者和被神厌弃的无助者将被彻底分开。在今世，我们无法判断谁会被神选定，因为选民甚至可能来自貌似我们敌人的一方。

他明确指出，书中最难的部分就是如何驳斥哲学家，因为他们和基督徒对某些问题的看法基本一致，如关于灵魂不死和上帝创世的学说。

异教诸神如此邪恶，可有些哲学家仍坚持信仰他们，因此这类哲学家的道德训诫毫无价值。圣奥古斯丁认为异教诸神并不仅是传说，他们是存在的，但全都是魔鬼。他们试图通过传布他们自身的一些邪恶故事伤害人。在绝大多数异教徒眼中，柏拉图的理论和伽图的观点远不如朱庇特的行为有意义。

自从罗马人强奸了萨宾妇女（罗马建国之初，在罗慕路斯当政期间，罗马人因缺少年轻女子，于是，以节庆为由，邀请萨宾人参加。罗马青年们乘机掳掠了萨宾妇女）以来，罗马就变得邪恶了。他说，罗马在成为基督教国家之前从未受过苦难的说法是不真实的，它在高卢人的入侵和内战中所遭受的苦难，比哥特人带来的苦难大得多。

圣奥古斯丁认为占星术既邪恶又虚伪，说这可以通过同时出生的双生儿的不同命运得到印证。斯多葛学派对命运之神的看法并不正确，因为天使跟人一样都有自由意志。他还指出，"道德会给人带来不幸"的说法也有失偏颇，信奉基督教的皇帝们只要有德行，即便遭受不幸也是幸福的，如君士坦丁和狄奥多修斯。而且，当犹太人坚持宗教信仰时，他们的王国一直存续着。

圣奥古斯丁在书中对柏拉图极为同情，他认为柏拉图是古今以来哲学家之首。一切哲学家都应该让位于柏拉图："让泰勒斯和他的

□ 罪人

根据圣奥古斯丁的神学，一个人要下地狱或者被拯救都是由上帝预先决定的，不管他本人在现世的行为如何。这幅油画表明了"罪人"下地狱时的痛苦情景。

□ 天使

据《圣经》所述，天使是服侍上帝的灵体。上帝差遣它们去帮助需要拯救的人，传达上帝的意旨，对有罪的人进行严厉的惩罚，所以它是上帝的代言人。虽然很多人声称自己曾目睹天使的出现，但《圣经》认为天使是没有实体的灵体。

水一道去吧，让阿拉克西美尼和空气一道去吧，让斯多葛学派和火一道去吧，让伊壁鸠鲁和他的原子一道去吧。"以上这些人都是唯物主义者，只有柏拉图不是。柏拉图认为上帝不是具有形体的事物，但所有事物都是从上帝那里获得的。他还认为真理并不来自知觉。柏拉图主义者所取得的成就主要在逻辑学和伦理学方面，而且这些成就很接近基督教。"据说普罗提诺是最能理解柏拉图的人，但不幸的是，此人不久前已离开人世。"亚里士多德虽然没有柏拉图卓越，但比其他哲学家优秀得多。他们两人都认为，一切神都是善良的，理应得到人们的崇敬。

对斯多葛派谴责一切激情的做法，圣奥古斯丁持反对态度。他认为基督徒们的道德有时就源自激情，愤怒或怜悯之情都是有原因的，不应该全盘否定。他还指出，柏拉图主义者正确认识了上帝，但并未真正理解其他诸神，也没有看到道成肉身的合理性。

他在书中对天使和魔鬼进行了大量论述，而且这些议论与新柏拉图主义者的观点有相似之处。他说，天使可能是善良的，也可能是邪恶的；但魔鬼肯定是邪恶的。在天使们眼中，跟世俗事物相关的一切知识都是鄙俗的。跟柏拉图一样，圣奥古斯丁也认为感性世界远不及永恒世界。

他从第十一章开始论述上帝之城的性质。他的上帝之城充满了基督教精神。上帝之城的选民是幸福的，有关上帝的知识，只有通过基督才能获得。圣经的地位无比崇高。他告诫说：人们不该去了解世界被创造以前的时间与空间，创世以前是没有时间的，而且，在没有世界的地方也没有空间。

一切受到祝福的事物都是永恒的，但不是永恒的一切都会受到祝福，如撒旦和地狱。上帝既能预知魔鬼的罪恶，也能预知它们在改善整个宇宙中所起的作用。身体并不像欧利根说的那样，是作为惩罚赋予灵魂的；倘若不然，邪恶的灵魂也会有邪恶的身体，但魔鬼们的身体都是缥缈虚幻的，甚至比我们的更高级。

关于上帝、天使和基督，书中说：

上帝在六天内创造了世界的原因是因为六是一个完全数（即等于它的各个因数之和）。

天使有好的也有坏的；但坏天使的本质也并不与上帝相违背。上帝的敌人具有邪恶的意志，而不是邪恶的本性。邪恶的意志没有动力因，只有缺陷因；它不是一个结果，而是一种缺陷。

创世以来还不到六千年。历史并不像哲学家说的那样是循环的："基督为了我们的罪恶只死一回。"

倘若我们最初的祖先没有犯罪，他们就不会死亡，他们的罪恶也导致了后代必须死亡的命运。偷吃苹果既带来了自然的死亡，也带来了永恒的死亡，即永世的惩罚。

天上的圣徒也有身体，而且比堕落前的亚当的身体还好。他们的身体没有重量，是精神的；男人有男人的身体，女人有女人的身体，夭亡者会以成人的身体复活。

由于亚当的罪恶，所有人类几乎都面临永恒的死亡（即永世的惩罚），但也有很多人被上帝解救。罪恶源自灵魂，而非肉体。柏拉图主义者和摩尼教徒所犯的一个共同错误就是，认为罪恶是肉体的本性使然。亚当一人犯罪，惩罚的却是整个人类，这看似不公的做法其实是合理的；因为，他的这次犯罪使原本能够获得灵体的人生了一颗肉欲的心。

由此圣奥古斯丁接着开始讨论关于性欲的问题，虽然这段论述极为烦琐，他本人也觉得有些荒唐，但其中体现出来的禁欲主义心理还

□ 偷食禁果

《圣经》上记载，上帝造出亚当夏娃之后，就把他们放置在伊甸园中。伊甸园里有两棵圣树，一棵为生命树，一棵为智慧树。上帝对他的子民说，园子里的果子都可以吃，除了智慧树上的果子不可吃。如若吃了，必定死亡。夏娃受了化身为蛇的撒旦的诱惑，偷吃了智慧果，并且让亚当也吃了一个。上帝怒而把他们赶出伊甸园，让他们及他们的子孙世代承受各种苦难。

□ 巴别塔

《圣经·旧约·创世记》中记载，大洪水过后，人类准备联合起来兴建一座能通往天堂的高塔，名为巴别塔，由于大家语言相通，同心协力，建设中的巴别塔直插云霄，似乎要与天比高低。没想到此举惊动了上帝。为了阻止人类的计划，上帝让人类说不同的语言，使人类相互之间不能沟通，计划因此失败，人类自此各散东西。

是十分重要的。它的主要内容是：

从繁衍后代的角度看，婚姻生活中的性交是无罪的。但即使在婚姻生活中，一个有德行之人也并不愿为情色所沾染；人们有时甚至以性交为耻，因为"这种天性使然的合法行为，自我们的祖先起就伴有犯罪的羞耻感"。犬儒学派认为，人不应该有羞耻感；狄奥根尼希望彻底抛却羞耻感，还希望一切行为都像狗一样。但仅尝试了一次，他就完全放弃了这种想法。色情由于不受意志的约束而显得极为可耻。工匠在工作中挥舞手臂，不会感到色情；如果亚当当时没有走近苹果树，那他现在就不会在各种感情的驱使下进行性生活。性器官有如身体其他部分一样，它服从于人们的意志。色情之成为性活动必需的刺激元素，正是对亚当犯下的罪愆的一种惩罚。

从圣奥古斯丁的上述学说来看，正是由于性欲不受意志的控制，禁欲主义者才会厌弃它。而道德要求意志能完全控制整个身体，因此性活动与道德生活似乎无法调和。

圣奥古斯丁说：自从亚当犯罪后，世界被划为两个城，一个城永远与上帝一同做王，一个城则与撒旦一同受永世的折磨。该隐属于魔鬼之城，亚伯属于上帝之城，十二位先祖也属于上帝之城。

在讨论十二位先祖中的玛土撒拉（亚当的第七代子孙）之死时，圣奥古斯丁对七十人译本圣经和拉丁语译本圣经中的不同见解进行了比较。据七十人译本圣经记载，洪水过后玛土撒拉又活了十四年，但这是不可能的，因为他根本没有登上诺亚的方舟。拉丁语译本圣经中的记载源自希伯来文原典，说玛土撒拉在洪水当年就去世了。圣奥古斯丁认为希伯来文的记载肯定是真实的。但有人提出，希伯来文圣经曾被憎恨基督徒的犹太人篡改过，他对这一说法表示反对。当谈到各种译本的旧约圣经时，圣奥古斯丁说："教会长久以来所接受的只有七十人译本，其他译本从未进入他们的视线。要知道，拉丁文译本就是根据这个译本重译的。而圣杰罗姆又把这本希伯来文原文圣经直接译成了拉丁文。尽管犹太人一再强调他的译文十分准确，七十人译本则存在不少谬误，但所有基督教会仍认为多人译本比单人译本更有说服力，况且这些人都是大祭司选定的。"圣奥古斯丁对七十人单独翻译而最后内容完全一致的说法深信不疑，并认为这是对七十人译本受到神之启示的最好证明。而希伯来文圣经也受了神的感召。这样一来，圣杰罗姆的译本便陷入一种尴尬境地。由于圣奥古斯丁和圣杰罗姆在圣彼得两面派倾向的问题上看法相悖，圣奥古斯丁对其译本的权威性也心生质疑。

圣奥古斯丁还在书中对新学院派的观点进行了驳斥。这个派别认为，一切事物都值得怀疑；对此，圣奥古斯丁指出："基督教会最能准确理解事物，他们拥有的知识是最确切的，因此他们认为这些怀疑疯狂而荒诞。"我们不应该对圣经的真理提出质疑。他接着提出，远离真正的宗教就是背弃真正的道德。异教的道德"已被淫邪的恶魔玷污"。基督徒眼中的道德，在异教徒看来就是恶德。

讨论完基督为王一千年历经的苦难后，圣奥古斯丁又谈及帖撒罗尼迦后书的一段经文。"上帝赐他们一颗催生错误的心，让他们信从虚谎，使所有不信真理、反喜恶行的人被定罪。"有人认为，上帝先欺骗他们，然后再因为他们上当而降下惩罚很不公正；而在圣奥古斯丁看来，这是很自然的事。"因为他们被定了罪所以才受到欺骗；同时因为受到欺骗，所以才被定了罪。然而，正是上帝的秘密裁判使他们受骗的，这种裁判是秘密而公正的。自创世以来，上帝一直奉行这种裁判。"圣奥古斯丁认为，上帝在将人类分为被拣选的和被抛弃的时，不是以他们的功过为根据，而是随意进行的。既然所有人永世都要受罚，被抛弃者就不该有任何不满。

以上就是《上帝之城》一书的主要内容。书中有影响的部分是关于教会与国家的关系。全书强调了这样一个观念：国家只有在一切有关宗教事务方面服从教会才能成为"上帝之城"的一部分。后来，这一说法成为了教会的原则。在整个中世纪，随着教皇权力的日益膨胀，皇帝与教皇冲突不断，各个教会在制定政策时纷纷以圣奥古斯丁的学说为理论依据。

宗教改革使圣奥古斯丁的救世教义复活过来，但却将他的神政理论予以摒弃，而且教徒们在与天主教的斗争中逐渐倾向于伊拉斯特派（该派主张教会必须服从国家的教义）。但新教徒们对伊拉斯特主义缺乏热忱，其中很多人仍信守圣奥古斯丁的学说。再浸礼派、第五王国派（17世纪英国共和国时期和护国时期兴起，清教徒中最为激进一派）和贵格派继承了圣奥古斯丁的部分教义。圣奥古斯丁既坚守预定说，又强调洗礼对得救的重要性，这两种主张显然存在矛盾，因此新教徒中的一些极端分子完全忽略了后者。

《上帝之城》中的大多数理论都不是圣奥古斯丁的独创。其中的末世论源自犹太人；预定说和有关选民的理论来自圣保罗（即使徒保罗），但圣奥古斯丁将其发展得更为完善，更具逻辑性；对圣史和俗史的区分基本取自旧约圣经，他只是联系当时的社会现实进行了重述。在理解过去和未来历史方面，圣奥古斯丁借鉴了犹太人的方式，即在任何时期都要迎合受压迫者和不幸者。

与裴拉鸠斯的辩论

圣奥古斯丁在其著作中对裴拉鸠斯异端思想进行了批判，这也是他的神学中最有影响的部分。裴拉鸠斯是威尔士人，原名莫尔根，意思是"海上之人"，和希腊语中的"裴拉鸠斯"是同一个意思。他是一个温文尔雅的僧侣。他相信自由意志，怀疑原罪教义。他认为，如果人类循规蹈矩，并属正统教派，那么，作为道德的奖励，人类都将进入天堂。

这些观点今天看来没有什么惊人之论，但在当时却引起了轰动。在圣奥古斯丁的反对下，裴拉鸠斯被宣布为异端，但他的观点却在当时产生了极大影响。于是圣奥古斯丁写信给耶路撒冷的教会长老，提醒他对这个诡计多端的异端创始人保持警惕。由于圣奥古斯丁的不断谴责，一些半裴拉鸠斯派只好采取较为缓和的方式宣扬裴拉鸠斯教义。很长一段时期后，较纯粹的圣奥古斯丁教义才最终获得胜利。

圣奥古斯丁反驳裴拉鸠斯说：亚当在堕落前意志是自由的，并可以避免犯罪。但由于他和夏娃吃了苹果，于是，道德的败坏才侵入了他们体内，并以此遗传给人类；所以，人类都不能靠自己的力量来避免罪恶，只有得到上帝的恩宠，人类才能有德行。因为人类都继承了亚当的原罪，所以应当受到永劫的惩罚。那些未经洗礼而死去的人，包括婴儿，也要下地狱经受无穷的苦难，而人类无权对此表示不满。由于上帝的恩惠，在受洗礼的人中，有一部分将进入天国，这些人就是选民。但他们之所以进入天国，并不是因为自身的善

□ 裴拉鸠斯

　　裴拉鸠斯相信自由意志，怀疑原罪的教义，并认为人类的道德行为，是人们在道德方面努力的结果。这样的观点遭到圣奥古斯丁的强烈反对而被宣告为异端。

良；只有凭借上帝赐予选民的恩宠，人们才不会败坏。没有理由可以用来说明为什么有人得救而有人受到诅咒。永劫的惩罚证明上帝的公正，拯救证明上帝的怜悯。两者都显示出了上帝的善良。

在圣保罗的著作，以及《罗马书》中，有很多支持这种残酷教义的论述。圣奥古斯丁对待这些作品的态度，就像一个律师对待法律。他对原文作了充分而有力的阐释，并引申出很多新含意。人们读后不禁会想，圣保罗的教义虽然与圣奥古斯丁推论的不尽符合，但某些原文的确暗示了圣奥古斯丁所说的含意。"对未受洗的婴儿施以永世的惩罚再自然不过，这是上帝的仁慈。"人们可能认为这种说法非常荒唐，但被罪恶感所左右的圣奥古斯丁则坚信，婴儿就是撒旦的手足。圣奥古斯丁这种阴暗的罪恶感，成为中世纪教会所发生的众多凶恶事件的源头。

在思想上，圣奥古斯丁也碰到了一个难题，这让他困惑不已，即如果真像圣保罗所言，原罪是亚当遗传下来的，那灵魂同肉体一样，肯定也由父母所生，因为罪恶属于灵魂，不属于肉体。但他又自我劝解道：圣经并未谈及这个问题，因此正确认识这件事不会是得救的必要条件。所以他对此没有继续探究。

令人遗憾的是，在黑暗时期到来之前，最后几个杰出的知识分子，不但不关心如何拯救文明、改革政治，反而大肆宣传童贞和人类的永劫，这实在是既可笑又可悲的事情。

第五章
蛮族入侵和西罗马帝国的衰亡

5世纪是蛮族入侵和西罗马帝国的衰亡期。实际上,自430年圣奥古斯丁逝世以后,哲学已经消亡了。这虽然是一个充满破坏性行动的世纪,但这个世纪的历史却基本决定了欧洲未来发展的方向。

蛮族入侵

在本世纪中发生了几次大的事件：英吉利人入侵不列颠，将它变为了英格兰；法兰克人入侵高卢，使其变为了法兰西；汪达尔人入侵西班牙，把他们的名字强加给了安达卢西亚。本世纪中叶，圣帕垂克引导爱尔兰人改信了基督教。在整个西欧世界中，日耳曼人统治的王国继承了罗马帝国中央集权的官僚政治。这一时期，帝国的交通停顿了，道路坍塌了，由于战争的原因导致了商业活动的萎缩。社会的政治、经济生活被局限在各个地区。仅仅在教会中还维持着中央集权的威信，即使如此，也面临很大的困难。

5世纪，日耳曼人入侵了罗马帝国，侵略者中以哥特人为代表。他们被匈奴人从东方驱

□ 教皇利奥一世与阿提拉

传说利奥一世的滔滔演讲、威严的外表和华丽的主教服征服了阿提拉，让他感受到了上帝力量的伟大。阿提拉终于屈服在上帝的使者面前，同意撤兵回国。这一传奇故事后来被著名画家拉斐尔绘成一幅壁画，保存在梵蒂冈。不过这并非史实，是教皇承诺缴纳巨额赎金才使得阿提拉退兵。

逐到西方。他们最初曾企图征服东罗马帝国，但却败在东罗马手中，于是，他们转向意大利。在戴克里先时，他们就已经成为了罗马的雇佣兵。在战争中，他们学会了一般蛮族无法掌握的先进战术。410年，哥特王阿拉里克劫掠了罗马，但却在同年去世。476年，东哥特族国王奥都瓦克消灭了西罗马帝国，开始了对罗马的统治；493年，他被另一个东哥特族人狄奥都利克所谋杀。狄奥都利克统治意大利一直到526年。

这一时期，当时汪达尔人定居在非洲，西哥特人定居在法兰西南部，弗兰克人定居在法兰西北部。

在日耳曼族入侵的中期，又发生了匈奴人入侵，其首领是阿提拉。匈奴是蒙古族，历史上，他们常常与哥特人结为战争同盟。二者之间虽然是同盟关系，但也经常发生争端。451年，他们在入侵高卢的重大关头同哥特人发生了矛盾；最后，哥特人联合罗马人在莎龙击败了匈奴人。匈奴人首领阿提拉被迫转战意大利，并企图向罗马进军。但由于教皇利奥的一些劝阻，这个计划没有实现。在阿提拉死后，匈奴的势力开始消亡了。

教会关于人性和神性的争辩

在这个混沌纷纭的时代，教会陷入了一场有关道成肉身的争端中。争辩中的主角是两位主教：圣赛瑞利和奈斯脱流斯。二者中，圣赛瑞利被列为圣徒，而奈斯脱流斯则被列为异端。圣赛瑞利是亚历山大里亚的大主教，奈斯脱流斯曾是君士坦丁堡的大主教。争论的问题是基督的神性和人性的关系。究竟有两个基督还是一个基督，一人，一神？或者说在一个基督身上兼有人性和神性两种本性？在5世纪，这些问题曾经引发了激烈的争论，其狂热程度令人难以置信。在两派之间，形成了无法调解的敌意。

□ 圣赛瑞利大主教

大主教是基督教某些派别的神职人员的一种头衔。在天主教和英国圣公会（新教的一派）等派别，大主教是管理一个大教区的主教，领导区内各个主教。因此，大主教也称总主教。图为亚历山大里亚的大主教圣赛瑞利。

奈斯脱流斯认为有两个基督，一个是人，一个是神；而圣赛瑞利则主张"神人一体论"。圣赛瑞利是一个极度狂热的教徒，他曾利用大主教的身份，多次煽动人们对犹太人进行大屠杀，使居住在亚历山大里亚城中的犹太侨民遭受迫害。他因利用私刑迫害一位杰出的贵妇人希帕莎而名声大噪。在那个愚昧的年代，这个贵妇人热衷于新柏拉图哲学，并以她的才智从事数学研究。书上这样描写了她遭受迫害的情形：

她被人从二轮马车上拖了下来，剥光衣服拉进教堂，他们用尖锐的蚝壳把她的肉一片片地从骨骼上剥掉，她的四肢还在颤动，他们把她投进了燃烧的烈火中。这就是读经者彼得和一群野蛮、残忍的狂热分子杀害希帕莎的过程。那个时代，由于贿

文化伟人代表作图释书系

赂盛行，根本没有公正的审讯和惩罚。

对于奈斯脱流斯的说教，圣赛瑞利持强烈反对态度。他认为，君士坦丁堡在奈斯脱流斯的误导下已经步入了歧途，为此，他十分痛心。从主张存在着两位基督（一位是人，一位是神）立论，奈斯脱流斯反对把童贞女称为"神的母亲"的这种新说法。他说童贞女只不过是属于"人性的基督"的母亲，而属于"神性"的基督，因为是上帝，所以他是没有母亲的。教会在这个问题上分为了两派：大体上，苏伊士以东的主教们赞同奈斯脱流斯的观点，以西的主教们则赞同圣赛瑞利的观点。431年，教会在以弗所召开了一次会议，企图解决这个问题。来自西方的主教们先到会场，他们随即紧闭大门，迟到者被拒之门外。会议由圣赛瑞利主持，并火速通过拥护圣赛瑞利学说的决议。

□ 君士坦丁堡

324年，君士坦丁打败了李锡尼，成为罗马帝国的唯一皇帝。他在罗马帝国拜占庭旧址上修建了一座新城，这就是君士坦丁堡。4世纪末，君士坦丁堡成为了东罗马帝国的中心，中世纪时，君士坦丁堡改名为拜占庭。这一名称一直使用到1453年土耳其攻占该城为止。这幅描绘君士坦丁堡的微型作品生动再现了该城的旧日风貌。作此画时，东罗马帝国离灭亡时间已不到20年了。

在这次会议上，奈斯脱流斯被判为异端。然而，他并没有改变自己的主张。很有意思的是，通过这次会议，他反而成了奈斯脱流斯教派的创始人。这个教派在叙利亚和东方有很多信徒。数世纪之后，奈斯脱流斯教派在东方的中国大行其道，并曾有机会成为中国的钦定宗教。直到16世纪，西班牙和葡萄牙的传教士们还在印度发现了奈斯脱流斯教派。这次争端还带来另外一个后果，由于君士坦丁堡的天主教政府对奈斯脱流斯教派的迫害，引起了人们政治上的不满，从而引发了伊斯兰教教徒对叙利亚的征服。

据说，奈斯脱流斯极善言辩，曾经诱惑了很多人，人们深信，他的辩舌最后被虫豸所吞噬。

449年，在圣赛瑞利死后，以弗所重新走向了当年奈斯脱流斯的道路，他们也被判为了异端，也就是被人称为的"一性论异端"。他们主张，基督只有一个本性。倘若圣赛瑞利尚在人世，他很可能也会支持这种观点，也成为异端。这时，虽然皇帝支持以弗所宗教会议通过的决议，但教皇却拒绝承认它。451年，教皇利奥在卡勒西顿召开了万国基督教会议，会议强烈批判了主张基督的一性论者，并确定了基督道成肉身的正统教义。以弗所会议确定基督只有一位，而卡勒西顿会议却认定基督存在于双重本性之中，一为人性，一为神性。最终，教皇的力量取得了胜利。

如同奈斯脱流斯教派一样，基督一性论者的信徒们对此结局并不认同。这个异端教派遍及尼罗河上游，从埃及一直达于埃塞俄比亚。后来，埃塞俄比亚的异端竟成为墨索里尼用来征服埃塞俄比亚的借口之一。同与之对立的叙利亚异端一样，埃及的异端实际上也推动了阿拉伯人的征服进程。

在6世纪，文化领域出现了四位重要人物：鲍以修斯、查士丁尼、圣边奈狄克特和大格雷高里。

罗马文明并没有因哥特人征服了意大利而终止。狄奥都利克成为意大利人和哥特人的国王后，意大利的民政仍沿袭罗马方式，人民享有宗教自由，国内和平安定（狄奥都利克临终前为止）。他是位英明的君主，他不但任命执政官，还保留了罗马的律法和元老院制度。他虽然属于阿利乌斯教派，但与教会的关系一直很好。

鲍依修斯的《哲学的慰藉》

鲍依修斯是意大利元老院的议员，狄奥都利克的大臣。皇帝查士丁对阿利乌斯教派的查禁，使狄奥都利克对鲍依修斯产生了怀疑，并将其监禁。《哲学的慰藉》是他在狱中写成的一部影响颇深的著作。

鲍依修斯是个神奇人物，在整个中世纪，他受到了人们广泛的传诵和赞赏。他经常被人推崇为一个虔诚的基督徒，甚至把他当做一位教父。然而，他的《哲学的慰藉》却是一部纯粹的柏拉图主义的书。从这本书中，我们可以看到，异教哲学对他的影响远远超过了基督教神学对他的影响。他的部分神学著作，尤其是那本关于三位一体的书被很多权威学者认定为伪作，但在中世纪，人们之所以将他看作正统教派，并从他那里吸收了大量柏拉图主义，很可能就是因为这些著作。

这本书在文体上采用诗和散文的形式。读此书，感到与但丁的作品有些相似，可见，但丁的《新生》一书无疑深受他的影响。

吉朋曾将这部书称为"宝典"。书中说，苏格拉底、柏拉图、亚里士多德是真正的哲学家；而斯多葛派、伊壁鸠鲁派和其他一些人则是哲学的冒充者。鲍依修斯声称，他并非遵从基督的命令，而是遵从毕达哥拉斯的命令去"追随上帝"。他将"快乐"排斥在"善"之外，认为只有幸福和蒙福才是善，而友谊则是一件极其神圣

□ 鲍依修斯

鲍依修斯是古罗马时期最后一位重要的哲学家，其思想深受柏拉图的影响。他的著名作品《哲学的慰藉》就是一部纯粹柏拉图主义的书。这幅插图描绘的是早期的鲍依修斯，他带着圣诞帽，正在给学生讲解他手中的《哲学的慰藉》。

□ 鲍依修斯狱中生活

鲍依修斯因其哲学思想与新统治者不同，而被指控宣扬异端邪说，被捕入狱，最后被处决。此图描绘的是鲍依修斯在狱中的生活，《哲学的慰藉》就是他在狱中完成的。

的事情。鲍依修斯虽然认为斯多葛派是哲学的冒充者，但书中的伦理观念则与斯多葛派的学说相吻合。书前面有一段用韵文写的《蒂迈欧篇》的概要，随后就是充满柏拉图式的形而上学理论。他说，不完善是一种缺欠，意味着一种完善的原形的存在。他说蒙福和上帝都是首善，因而是同等的。"人因获得神性而得享幸福。""凡获得神性的人就会变成神，因而每一个幸福的人都是一位神。上帝本来只有一位，但由于人们的参与却可能有许多位。""上帝的本质在于善而不是其他。"在上帝那里，恶是不存在的，因为上帝无所不能。善人是强盛的，恶人是软弱的，因为二者都向往善，而只有善人才能得到善。恶人如果逃避惩罚，那么就会得到比接受惩罚更加不幸的后果。""智者的心中不存在仇恨。"

该书风格类似柏拉图的地方多于类似普罗提诺的地方。与当代一些学者相比，书中没有丝毫的迷信与病态，读者感受不到罪孽笼罩其中，也没有过分追求不可企及事物的倾向。书中呈现给我们的是一片纯粹的哲学的宁静。如果该书写成于顺境，或可被视为孤芳自赏。然而，该书却是作者被判死刑后在狱中写成的，这令人对作者不禁肃然起敬。这和柏拉图笔下的苏格拉底的最后时刻是如此相似。除非在牛顿以后，不然我们再也找不到一种与此类似的世界观了。

下面是书中的一首诗，这首诗的哲学含义与波普的《人论》很相似：

你如果以最纯洁的心/ 聆听上帝的律令/ 你的两眼必须注视着太空/ 它的行程是固定的/维系着星星在和平中运行/ 太阳的光焰挡不住姐妹们/ 连那北天的熊星/ 也不想叫大洋的浪花遮掩她的光明/ 她虽然看到众星躺卧在那里/ 但却独自转动着/ 离开海洋，高高地悬在太空/ 黄昏时分的反照/ 预示了暗夜的来临/ 拂晓的星星隐去了/ 爱情创造出永恒的路径/ 在穹苍之上/ 除去一切倾轧的根源/ 一切战争的根源/ 甜蜜的和谐/被均等的纽带束缚了/ 所有元素的本性/ 使潮湿的事物屈从于干燥的事物／在刺骨的严寒中／友谊的烈焰升腾而起直到太空／留下广阔的土地／消失在故乡深处／春天来了／万紫千红中的去嗅那馥郁的花香／夏日有成熟的五谷／凉秋的枝丫上挂满累累硕果／上天降下阵阵暖雨／严冬中湿度骤起／所有人间众生／都受他们的滋养育化／他们一旦死去／这些规律又将把他们带向各自的命运之途／那时造物者坐在天上／手中紧握着驾驭地球的缰绳／作为显赫的王／他君临万物／因为他万物得以繁衍……

鲍依修斯和狄奥都利克一直都是朋友。他的父亲曾做过执政官，他和他的两个儿子也曾做过执政官，他的岳父西马库斯曾是哥特王宫廷中的一位显要人物。鲍依修斯曾主持国家的币制改革，还使用过日晷滴漏等器具，那些没有受过多少教育的蛮族诸王对此十分惊讶。鲍依修斯具有渊博的学识，他对公益事业的热忱使他成为那个时代的杰出人物。在他生前及死后十世纪之间，还没有哪一个欧洲学者像他那样具有科学知识，没有被迷信和狂热所诱惑。他高瞻远瞩、处事公正、精神崇高，无论在任何时代，他都算得上是一个出类拔萃的人物；在他所生活的时代，出现这样的人物更令人惊异。

鲍依修斯在中世纪之所以有很高的声望，部分原因在于人们对他的同情，人们普遍认为他是阿利乌斯教派迫害下的殉教者。这种观点是在他死后的两三个世纪间出现的。在帕维亚他虽然曾被视为圣徒，但其实教会并没有正式册封过他。

鲍依修斯处决后的第二年，狄奥都利克也去世了。隔了一年，查士丁尼登基，他的统治期直到565年。这是一个极其虔诚的人。为了显示他的虔诚，他即位后的第二年就把当时仍在异教统治下的雅典的哲学学校都关闭了。被逐的哲学家们纷纷逃

□ 查士丁尼

527年，查士丁尼继任东罗马帝国皇帝。为加强帝国统治，查士丁尼利用基督教来巩固他的专制政体。宣布自己是国教东正教的保护者，要断绝一切异端宗教。这幅马赛克拼图出自拉文纳圣维塔勒教堂。图中间是查士丁尼，他头上的光环表示他有至高无上的地位。两边站立的是高僧和朝臣。

往波斯，并在那里受到波斯王的礼遇。但波斯人的一夫多妻和乱伦的习俗令他们无法接受，最后还是返回了家园，并从此消弭。532年，查士丁尼开始建造圣索菲亚教堂。他和皇后对上帝都怀着一颗虔诚之心，但皇后是皇帝从一个马戏团中挑选出来的，不但生性淫荡，而且还信奉基督一性论。

在卡勒西顿会议中，三名倾向于奈斯脱流斯教派的教父曾被宣布为正统教派，狄奥都拉和很多人都拒绝承认这一决议，而西方教会则全盘接受了此次会议的所有决议。这激怒了皇后，她随即对教皇施行了迫害。548年皇后去世，查士丁尼颇受打击，并陷入对她的深深追念，也从此渐渐变成坚信基督身体不朽论的异端。

查士丁尼急切想要收复整个西罗马帝国。535年，他对意大利发动攻击，在天主教居民的支持下，很快战胜了哥特人。但哥特人重新积蓄力量对其展开了反击，这场战争因此持续了18年。这一时期，罗马和意大利被劫掠的程度比蛮族入侵时还严重。罗马三次被拜占庭攻陷，两次被哥特人攻陷，查士丁尼收复的非洲部分地区也多次被攻陷。最初，他的军队非常受人欢迎，但人们后来逐渐认识到了政府的腐败，以及赋税的沉重。因此很多人反倒希望哥特人或汪达尔人进行反击。但由于查士丁尼信奉正统教义，罗马教会一直坚定支持他。

查士丁尼死后的第三年，日耳曼的一个新兴部族伦巴底人入侵了意大利。这场战争断断续续地进行了近两百年，直到查理曼大帝时才基本结束。意大利的城池一个个沦陷，而且南部还不断遭到撒拉森人的攻击。拜占庭对罗马的统治名存实亡，教皇们对东罗马皇帝依然恭顺。但伦巴底人入侵后，皇帝们在整个意大利的权威逐渐衰弱，甚至丧失。这一时期，意大利的文明也被毁灭。

# 第六章
修道院的创立和早期基督教活动

连续几个世纪的战争导致了文明的普遍衰退，6世纪之后，教会组织创立了一种稳固的体制，使学术和文艺能在其中得以复兴，古罗马残余的文化主要借教会得以保存。这一时代，基督教会有三项活动值得注意：① 修道运动；② 教廷的影响，特别是在大格雷高里统治下的影响；③ 通过布教的方式使信异教的蛮族改奉基督教。

修道运动和修道院的创立

大约在4世纪初叶，在埃及和叙利亚开始了修道运动。修道运动有两种形式：独居的隐士和住修道院的僧侣。第一位虔修的隐士圣安东尼，约于250年诞生于埃及，并于270年左右开始隐居。他在离家不远的一间茅舍里独居了15年之后，又到遥远的荒漠中住了20年。之后，他声名远扬，大批信众渴望听他讲道。于是，他于305年前后出世讲道，他鼓励人们过隐居生活。他本人也实行极端刻苦的修行方式，把饮食、睡眠减少到仅能维持生命的限度。他抵御住了魔鬼用色情幻象向他发起的进攻，抗拒了撒旦恶毒的试探。晚年的时候，他所在的塞伯得竟住满了因他的榜样和教诲而感悟的大批隐士。

大约在315年左右，另一个名叫帕可米亚斯的埃及人创办了第一所修道院。修道僧们在修道院里过着集体生活，没有私有财产，吃公共伙食，遵守共同的宗教仪式。很快，这种修行方式赢得了基督教世界的欢迎。为了免于把全部时间用在抵御肉欲的诱惑上，在他的修道院中，修道僧们从事多种多样的工作，其中以农业劳动为主。

与此同时，在叙利亚和美索不达米亚也出现了修道院制度。这里，苦行僧似的生活甚至超过埃及。修道院制度由东方传到使用希腊语的其他国家，主要需归功于圣巴歇尔（360年左右）。他的修道院，并不刻意强调苦行生活，院内

□ 《圣安东尼的诱惑》 博斯

圣安东尼是一位虔诚的基督教徒，在父母去世后，他将财产尽数分给穷人，自己开始隐居修行。他经历了魔鬼的种种诱惑，从不动摇坚定信念。画中布满了离奇古怪的各种动物、人物、半人半兽的怪物，借以影射天主教会、教士的虚伪。圣安东尼提倡人绝欲，可是他周围的人却在拼命地追求各种欲念，这表现了教会的虚伪、可耻与可笑。

附设有孤儿院和男童学校（不是专为准备作修道僧的男童设立的）。

　　修道院制度最初完全独立于教会组织之外。把修道院制度和教士融合在一起的是圣阿撒那修斯，由于他的影响，确立了修道僧必须身兼祭司之职的常规。339年，他又把这一运动传播至西欧，圣奥古斯丁又把这一运动传布至非洲。图尔的圣马丁在高卢，圣帕垂克在爱尔兰也都创办了修道院。埃奥那的修道院则圣科伦巴于566年时所创办。在修道僧成为教会组织的一分子前，曾带来各种宗教难题。比如，无法辨别哪些僧侣是虔诚的苦行者，哪些是为生计所迫而被修道院相对舒适的生活所吸引。再如，修道僧常会疯狂支持他们喜欢的主教，导致地方宗教会议陷入异端。

　　早在3世纪中叶，就已经有了修女。那时，男修道僧还没出现。人们将清洁视为可憎之事，虱子叫做"上帝的珍珠"，并成为圣洁的标志。男圣者与女圣者都以涉水过河而脚上未沾水而自豪。在早期，尤其是在遁世修行的僧侣中，大部分都不从事劳动，修道僧除了阅读宗教指定的书籍之外，什么书都不读，他们视道德为规避犯罪，尤其是规避犯肉欲之罪。圣杰罗姆就曾把自己的藏书携往沙漠，但他后来却认为这是一种犯罪行为。在以后的世纪里，修道僧们做了许多有益的事：他们发展农艺，保存或复兴一个时代的学术成果。

□ 圣安东尼和圣保罗相见　萨塞塔

　　早期基督教思想含有出世和禁欲的因素。基督教国教化前后，部分教徒为摆脱世俗羁绊，潜心修习，守贞禁欲，沉思祈祷，追求"与基督合一"。3世纪末，埃及的圣安东尼弃家前往荒野单独隐修数十年，苦行斋戒、冥思修炼。他和圣保罗发起了以个人隐修为主的生活方式。图为圣安东尼和圣保罗相见的情景。

边奈狄克特教派

西方修道僧制度中，最重要的人物是圣边奈狄克特，他是"边奈狄克特教派"的创立者。480年左右，他诞生于斯波莱脱附近翁布瑞亚地方的一个贵族家庭中。20岁时，他抛开了罗马的奢靡和每日无尽的宴乐，跑到一个洞穴中住了三年。之后，他走出洞穴，并于530年创立了著名的蒙特·卡西诺修道院，他为该修道院起草了《边奈狄克特教规》。这个教规迎合了西欧的民情，与埃及和叙利亚地区相比，对修道僧的苦行生活没有严格的要求。那个时代，人们往往过度强调苦行生活的重要性，并相互展开竞赛；谁极端地实践苦行，谁就被认为神圣伟大。圣边奈狄克特终止了这种竞赛，并宣布：超过教规以外的苦行必须经修道院院长准许后才可实行。他对修道僧实行的几乎是专制般的统治。修道僧不能像以前那样，可以任意由一处修道院转入另一处修道院。"边奈狄克特派"的僧侣，虽然在后世以博学著称，但在最初，他们的阅读却只限于修行用的书籍。

□ 蒙特·卡西诺修道院

蒙特·卡西诺修道院是意大利中部最著名的修道院之一，位于罗马与那不勒斯之间，建于6世纪。该修道院有许多关于基督的遗迹，是基督教徒的朝圣地。1866年意大利政府将该修道院改为国立纪念馆。

一个组织，在其发展过程中，并不都是以其创立者的意志为转移的。最能体现这一点的就是天主教会，"边奈狄克特派"也是一个实例。该派要求：修道僧必须宣誓保持清贫、顺从和贞洁，但实际情况却相反。关于这一点，吉本在《罗马帝国衰亡史》中说："我曾在某一地方听到、看到一个边奈狄克特派修道院长坦率的自白：'我那清贫的誓言每年给我带来10万克郎；我那服从的誓言把我提升到一个君主般的地位'。"这真是一个绝妙的讽刺。虽然如此，该教派背离了创始人的意愿也并非全为憾事，尤其在学术方面更是如此。蒙特·卡西诺的图书馆是有名的，晚期，"边奈狄克特教派"修道僧对学术的嗜好，在许多方面对世界文化有过贡献。

蒙特·卡西诺修道院建立后，圣边奈狄克特就住了进去，直到他在543年去世。大格雷高里被立为教皇前，蒙特·卡西诺修道院曾遭到伦巴底人的洗劫。修道僧纷纷逃至罗马，直到伦巴底人渐趋平静，他们才返回。

教皇大格雷高里在593年曾写作了一部对话集，此书对圣边奈狄克特的事迹作过详细介绍：

圣边奈狄克特年轻时在罗马学习古典文学。他看见许多人由于研究这类学问而陷入放荡、荒淫的生活之中。他担心自己深陷其中，难以自拔，从而坠入无神论的危险深渊。于是，他撤回了刚刚踏进尘世的双脚，抛掉了书籍，舍弃了父亲的家财，带着一颗诚挚侍奉上帝的心，去寻找一个地方，用以达成自己的神圣心愿。

很快，他获得了行奇迹的本领，第一个奇迹是他用祈祷修好了一个破筛子。镇上的市民把这筛子挂在教堂门口，许多年后，甚至到了伦巴底人入侵的时代，筛子还依旧挂在那里。他丢开了那筛子，进入洞穴。这洞穴只有他一个朋友知道，这个朋友每天秘密地用一条绳子从洞口把食物吊给他，绳上系着一个响铃，以便在送食物时通知这位圣徒。撒旦知道了这件事情，向绳子投了一块石头，把绳子和铃铛都

□ 圣本笃

圣本笃是意大利天主教教士、圣徒，本笃会的创建者。他被誉为西方修道院制度的创立者，于1220年被封为圣徒。他在卡西诺山修道院中完成了会规的撰写，该会规十分严厉，重视体力劳动，但反对过分形式上的苦修。这部本笃会规奠定了西方隐修生活的模式，因此他被尊为"西方隐修之祖"。

□ 修 士

依照圣本笃的规章，修士的生活重点是祷告和工作。据《圣经》说，一天要祷告七次。在工作方面，主要分为三个部分：第一，自行生产各种生活必需品；第二，每天必须有固定时间阅读和抄写圣经典籍；第三，接待远方来的宾客，包括难民、流浪者和朝圣者。此图表现的是修士迎接宾客的场景。

砸坏了。然而，这个人类的仇敌妄想断绝圣徒食物供应的企图却终未得逞。

根据上帝的旨意，圣边奈狄克特在洞穴中住满了所要求的时间。之后，主便在复活节那天向一位祭司显现；把圣边奈狄克特的住所默示给了他，并嘱咐他和这个圣徒共进复活节的筵席。就在此时，一些牧羊人也发现了他。最初，这些牧羊人在灌木丛中偶然发现他时，他穿着用兽皮做的衣服，他们还以为是一只什么野兽，但等他们结识了这位上帝的仆人之后，他们中许多人非常感动，敬佩他那种因对上帝的虔敬而献身的品德。

像其他许多隐士一样，圣边奈狄克特也遭受过肉欲的诱惑。恶魔使他回忆起从前见过的一个女人，这个回忆在他的灵魂中唤起了强烈的淫念。在很长的时间里，淫念有增无减，他曾经多次险些屈服于享乐，并产生了离开荒野的念头。然而，在上帝的帮助下，他开始清醒过来。一天，他在附近散步沉思，看到四周无数茂密的荆棘和荨麻，他立即脱下衣服，赤身在荆棘和荨麻丛中翻滚，当他爬起来时，全身已经血淋淋的。就这样，他借着肉体的创伤医治好了灵魂的创伤。

从此，他声名远播。这时，一个修道院因院长新近去世，而邀请他去住持该院。接受聘请后，他要求僧侣严格遵守戒律，众修道僧受不了苦，盛怒之下，他们决定用一杯鸩酒对他进行毒害。奇怪的是，当他在杯口上画了一个十字之后那杯便立即粉碎了。他决定离开修道院，重新返回荒野中。

圣边奈狄克特所行的"筛子奇迹"并非他唯一的奇迹。一天，一个哥特人用一把钩镰割荆棘草，镰头忽然从柄上脱落，掉进了深水中。圣边奈狄克特得悉后，将镰柄放进水中，镰头立即浮起来，并自动接到镰柄上去了。

□ 圣凯瑟琳隐修院

圣凯瑟琳隐修院一直是基督教国家最重要的古迹之一，这座隐修院的独特之处在于，它还包括了一个穆斯林的清真寺和一个犹太教的教堂，这或许是世界上唯一可以容纳三大教的修道院。它是527年由查士丁尼皇帝建造的，查士丁尼曾在拜占庭王国建造了许多教堂和隐修院，这是保存最好的一座，或许正是因为它的包容性，因而避免了许多争端和破坏。

一个邻区的祭司，因嫉妒他的名声，赠给他了一块有毒的面包。但圣边奈狄克特神奇地感知到了其中含毒。他喂养了一只乌鸦。当乌鸦在出现问题那天飞来时，他对它说："我奉耶稣基督的名义，命你衔起这块面包，把它丢在一个人迹不到的地方。"乌鸦照办了。它飞回来时，他照例喂给它当天的食物。这个恶毒的祭司看到无法杀害他的肉身，决定残害他的灵魂。他派遣7位裸体少妇进了他的修道院。这位圣徒担心某些青年修道僧受不了诱惑而犯罪，故而自行离去，以便使那个恶毒祭司的阴谋落空。不久，这个恶毒的祭司因为住房的天花板坍塌下来而被压死。一位修道僧跑到圣边奈狄克特处告诉他这个消息，这个修道僧十分高兴，请求他重返原来的修道院。然而，圣边奈狄克特对这个祭司的死亡表示了哀悼，并教训了那个修道僧，罚他苦行。

□ **梅托奇茨送上修道院模型**

这幅君士坦丁堡考拉修道院教堂中的镶嵌画展示了在13世纪修复教会建筑中，拜占庭的富人西奥多·梅托奇茨向耶稣基督献上修道院模型的场景。梅托奇茨出资修复了考拉修道院，年老时成为该修道院的修士。

除了圣边奈狄克特所行的奇迹，教皇大格雷高里的对话集还记录了他的大量生平事迹。在蒙特·卡西诺有一座纪念亚波罗的礼拜堂，当圣边奈狄克特建完十二所修道院重返这里时，人们依然在此处对异教顶礼膜拜。于是他摧毁祭坛，建立了一座教堂，并成功劝化周边的异教徒，使他们改信基督教。这使撒旦百感交急：

"这个人类的凶敌把这看作对他的威胁，如今他不再秘密出现，或出现在梦中，而是大摇大摆地走到圣边奈狄克特的面前，并高声谴责他对它的伤害。修道僧们能听到它的声嘶力竭，但看不到它的形体。当向他们描绘时，撒旦则在他面前张牙舞爪，并口喷热气，眼迸烈焰，像是要将他撕碎。它先是大喊他的名字，但他对它不屑一顾，于是它开始了嘲讽谩骂：它高声喊'蒙福的圣边奈狄克特'，但他还是不予理睬，它于是立刻改换语气道：'该诅咒的，而不是蒙福的圣边奈狄克特，我对你有何妨碍？你为何如此迫害我？'"故事到这就结束了，可以想见，不管撒旦怎样责问，圣边奈狄克特都始终不为所动，它最终不得不放弃挣扎。

教皇大格雷高里对话集的重要性表现在三个方面。第一，边奈狄克特的教规，后来成为西欧所有修道院（除去爱尔兰的修道院，或由爱尔兰人建立的修道院之外）的典范。第二，这些对话描绘了7世纪最文明的民族精神领域的一幅生动的图画。第三，对话集是教皇格雷高里所写，他本人是西欧教会中第四位和最末一位博士，在政治方面作出了杰出贡献。

教皇大格雷高里

W. H. 赫顿牧师曾将教皇大格雷高里称作6世纪最伟大的人物；他认为只有查士丁尼和圣边奈狄克特能和他相媲美：查士丁尼的法典、圣边狄奈克特的教规，以及教皇大格雷高里对教廷权的提升都对后世产生了巨大影响。从他本人的对话集来看，他有几分幼稚；但他却又是一位异常机敏的政治家，很清楚在一个纷繁复杂的世界中自己该追求什么。

大格雷高里是以格雷高里为名的初代教皇，约在540年生于罗马一个富有的贵族之家，据说他的祖父也曾做过教皇。大格雷高里在青年时代受过良好的教育，拥有过一所宫殿和巨大的财产。他在君士坦丁堡住了6年，但却没有学会希腊语言。573年，他担任过罗马市长，后由于宗教的原因，他辞去了市长职务。为建立修道院和周济贫民，他捐献了所有的家财。他把自己的宫殿变作了僧舍，而他自己则成为一个边奈狄克特派教士。由于他专心致力于虔修和苦行，长期以来，健康受到很大的损害。他的政治天才深受教皇裴拉鸠斯二世的赏识，将他派往君士坦丁堡充当教皇的全权公使。大格雷高里从579年至585年一直住在君士坦丁堡，在东罗马皇帝的宫廷中，他代表罗马教廷的利益，就教廷神学与东罗马帝国的僧众进行商讨。君士坦丁堡的大主教认为人类复活后的身体是无法触及的，而大格雷高里认为大主教的

□ **教皇大格雷高里 9世纪**

　　格雷高里是第一位当过修道僧的教皇，也是一位有异常洞察力的政治家，他的教会改革，对中世纪的教皇制度产生了深远影响。这幅9世纪的插图描绘的是格雷高里在向两个抄写员口授讲稿。

□ 编写《对话录》 插图 15世纪

这是15世纪圣本笃文集中的插图。本笃会的修道士热衷于撰写宗教文献。图中表现的是本笃的四位门徒在协助教皇大格雷高里编写《对话录》时的情景。

认识是错误的。他终于拯救了皇帝，防止他远离真实的信仰；但他却没有完成他出使的主要目的：说服皇帝出兵攻打伦巴底人。

585年至590年，大格雷高里在他的修道院里做院长。教皇逝世后，大格雷高里继任为新教皇。艰难的时代必然出现伟大的人物，正是由于时代的混乱，才给这个能干的政治家提供了极大的机会。这时，伦巴底人正在劫掠意大利；西班牙和非洲陷入一种无政府状态中。在法兰西，南北之间的战争还在继续。不列颠在罗马统治下虽然信奉基督教，但遭到入侵后又转入了异教信仰；这里仍有部分阿利乌斯教派，并残存着"三禁令"的异端。骚乱的时代影响了一批主教，他们中许多人不再成为人们的楷模，圣职买卖到处盛行，这种状况一直延续到11世纪后半期。

教皇大格雷高里以他超人的智力与这些困难搏斗。在他继任教皇之前，罗马主教虽然被公认为教阶制中的最高人物，但在主教管辖区外并没有任何权力。教皇大格雷高里一方面因为他本人的道德品质；一方面也由于当时流行的无政府状态，他成功地主张了他的权威，不但为全体西方教士所公认，而且在一定程度上获得了东方教士们的承认。在罗马世界中，他主要采用与主教和俗界统治者们通信的方法来行使他的权威。他著的《教牧法规》在中世纪初期产生了很大的影响。这本教规是主教们的职务指南，并且为他们所接受。在查理曼统治下，主教们在受任圣职时才得被授予此书。阿尔弗雷德大帝（英格兰盎格鲁-撒克逊时期韦塞克斯王朝的国王）把这本书译成盎格鲁-撒克逊语，在东罗马则以希腊文刊行于世。此书对主教们的工作职责进行了全面阐述，告诫他们不可玩忽职守。同时，书中也警告主教们不可批评统治者，如果他们不听从教会的劝告，他们将经受地狱劫火的威胁。

教皇大格雷高里的信札非常有趣，这些信札不仅显示出他的性格，同时也描绘出了他所处的时代。除了对皇帝和拜占庭宫廷的贵妇人比较客气外，他的口吻就像一个学校的校长—— 对他的对象，虽有时称赞，但经常斥责，在发号施令时，他对自己的权限从未有过丝毫的犹豫。

599年，他曾给撒丁尼亚岛上卡格利亚利主教写信。卡格利亚利主教虽已年老，但却道德败坏。他在信中这样说："有人告诉我，你在主日行庄严弥撒之前竟用犁去翻献礼人的农作物……在庄严弥撒之后你又肆无忌惮地拔掉那块土地的界标……如果你体察到我们原谅你头发斑白，那么，老头儿，今后你可要好好反省，在行为上切忌轻举妄动，在举止上切忌蛮横无理。"同时，他还就这一问题写信给撒丁尼亚俗界的权威人士。之后，这个主教因收取主丧费受到申斥；又因为他允许一位改宗的犹太人在犹太会堂里放置了十字架和一尊圣母像而受到申斥。此外，教皇大格雷高里得悉该主教同另外一个撒丁尼亚的主教未经大主教许可竟然私自出外旅行，这是教规禁止的。他给达尔马其亚总督写了一封很严厉的信，信中说："我们看不出你在哪一点上能使上帝或人满意""鉴于你想讨好我们，所以你应该在这种事情上，用全副心意和眼泪来满足你的救主。"

在写给意大利总督卡里尼克斯的一封信中，他先是对他战胜斯拉夫人表示祝贺，接着又对如何处理伊斯特利亚违背三禁令的异端派问题提出建议。他也曾给拉温那主教写信讨论这一问题。他还曾写给叙拉古主教一封自辩信，这是极为罕见的。在信中，他就弥撒进行中是否该呼喊哈里路亚的问题进行了辩驳。他说，他的方式并不意味着对拜占庭政府的屈服，而是对圣雅各的继承，因此人们完全误解了他。

教皇大格雷高里也给蛮族男女统治者写过很多信。巴底王阿吉鲁勒夫与敌人达成了和解，他非常赞赏这一举动，于是给

□ 提奥德琳达拥有的《福音书》封面

教皇大格雷高里十分重视异教徒改宗。传说600年，伦巴第人的王后提奥德琳达说服了丈夫及臣民放弃阿里乌斯教义而信奉基督教。为了感谢她的帮助，教皇大格雷高里送给她一批礼物，这本福音书可能也是其中的礼物之一。

□ 大格雷高里手稿《布道》　800年

这是张羊皮纸缩图，来源于教皇大格雷高里的手稿《布道》，制成于800年左右。图中，教皇大格雷高里正坐着祈福，两边立柱上装饰着美丽的图案，上方是用几何图形装饰的天空。

他写信道："如果继续战斗下去，可怜的农民们——双方都需要他们进行劳作——只会流更多血，双方也会遭受更严重的损失。"同时，他也给阿吉鲁勒夫的妻子狄奥德琳达皇后写了一封信，让她劝解自己的丈夫多行正义之举。布吕尼希勒德统治期间，其国内存在的两种现象令格雷高里大为愤慨，一是俗人无须通过普通祭司的试用期就能直接升任主教；二是允许犹太人将基督教徒充作奴隶。他给法兰克王国的两位国王狄奥都利克和狄奥代贝特写信，对其国内盛行的圣职买卖行为予以谴责。他给图林地方的主教写信，对他所受的委屈表示理解和同情。他还给蛮族统治者西哥特王理查写了一封信，信中满是恭维的话语，因为他曾经是个阿利乌斯教派，但后来改信了天主教。

对于东方教会中盛行的圣职贿买现象，他要求安提阿的主教尽最大努力予以纠正。由于毁坏了人们崇拜的一些偶像，他对马赛的主教进行了斥责："当然，偶像崇拜是不对，但偶像总归是有用的，应予以尊重才是。"因为一个妇人在当过修女后又被迫嫁人，高卢的两位主教受到他的谴责："真若如此，……你们两人就不配作牧者，而该去作雇佣工。"

教皇大格雷高里并不欣赏俗世学问。在他写给法兰西伟恩的主教德西德流斯的信中说："我们听到一件说起来都不免羞惭的消息，人们说你习惯于对某些人讲解语法。对此我们不但非常不满，而且十分恼怒……"

一直到盖尔伯特，即赛尔维斯特二世时期为止，教会内对异教学术的敌视延续了至少4个世纪。11世纪以来，教会才对俗界学术抱有好感。

教皇大格雷高里对皇帝极为尊敬，远远超过他对蛮族诸王的敬意。在写给住在君士坦丁堡的一位通讯者的信中，他说道："对一位最虔诚的皇帝而言，下达任何命令都是他权力范围内的事。只要他的行为没有对我们的职位造成威胁，我们就要遵从他的决定。而且，如果他的行为没有违背教规，我们就要支持；即使违背了，我们也要容忍，但前提是我们自己不能走上歧途。"

一位无名的下级军官弗卡斯发动叛乱推翻并取代了摩立斯皇帝。他先当着摩立斯的面杀害了他的五个皇子，接着又把他杀掉。君士坦丁堡的大主教被迫为弗卡斯加冕。当时教皇大格雷高里住在离罗马很远的地方，并没有受到什么威胁，但令人震惊的是，他居然写信给这个篡位者和他的妻子，极力奉承他们。他说："诸国的国王和共和国的皇帝是不同的，前者是奴隶的主人，而后者则是自由人的主人……愿全能的上帝永远赐予你恩惠；愿你虔信的圣灵指引你从事正义和仁慈的事业。"他在给弗卡斯的妻子丽恩莎皇后的信中说："我们长期背负的重担已被解除，继之而起的是皇帝温和的权威，你们带给帝国的安宁，是任何语言也无法说尽的……"

异教徒改宗对教会的影响是巨大的。4世纪末，乌勒斐拉斯使哥特人改了宗，他们改信了阿利乌斯教派。但在狄奥都利克死后，哥特人又逐渐改信了天主教。弗兰克人从克洛维斯时代起就改信了天主教。爱尔兰人在西罗马帝国灭亡以前经圣帕垂克劝化也改了教，他们相继在苏格兰和英格兰北部做了很多布道工作，他们中最伟大的传教士是圣科伦巴。教皇大格雷高里对英格兰的改宗特别关注。大家知道他在未当教皇之前，曾在罗马奴隶市场上见到两个金发碧眼的男孩，当有人告诉他这两个男孩是盎格鲁人时，他立即回答说："不，是安琪儿。"他就任教皇以后，曾派圣奥古斯丁前往肯特劝化他们。关于这次布教，他给圣奥古斯丁、盎格鲁王爱狄尔伯特和其他人士写过许多信。他下令禁止毁坏英格兰的异教庙宇，但却指令毁去其中的偶像并把庙宇奉献给上帝作为教堂之用。圣奥古斯丁向教皇请示过一些问题，诸如堂表兄弟姐妹之间可否结婚？夜间行过

□ 罗马帝国的分裂和西罗马帝国的灭亡

西罗马帝国（286—480），是古罗马帝国于286年被戴克里先分为两部分后把政权一分为二建立四帝共治制，罗马开始有东西两部的概念，位处西部的即最后分裂的西罗马帝国；而东部最后成为东罗马帝国（又称拜占庭帝国）。其正式名称与东罗马帝国相同，均用罗马共和时代的"元老院与罗马人民"，帝国最后在480年东罗马皇帝芝诺册封意大利国王取代之而覆亡。

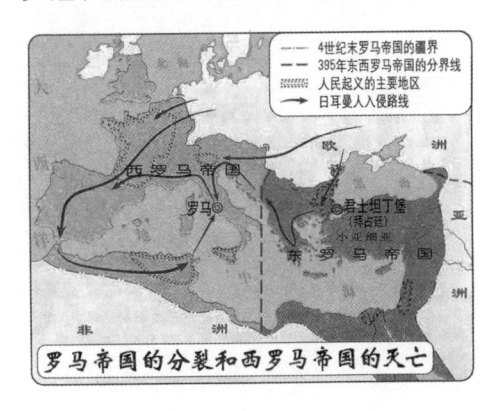

罗马帝国的分裂和西罗马帝国的灭亡

房事的夫妇可否进入教堂？格雷高里回答说"可以，但他们必须把身子洗净。"这次布道是成功的，它奠定了基督教的基础，而这正是直至今日我们仍为基督徒的原因。

这一历史时期具有以下特征：当代的伟人虽然较其他时代中的伟人逊色，但他们对于未来的影响却是十分深远的。罗马法、修道院制度和教廷深远的影响主要应归功于查士丁尼、圣边奈狄克特和教皇大格雷高里三人。6世纪的人们虽不如他们的前人那样文明，但却远比以后四个世纪的人们文明，他们创始了许多驯服蛮族的制度，并且终于取得了成功。值得我们注意的是：上述三人中，有两人出身于罗马的贵族，而另一个人则为罗马皇帝。教皇大格雷高里在某种意义上说是最后一个罗马人了。他那命令人的语气虽是因其职务使然，但在罗马贵族的自负中，能找到其本能的根源。在他以后，罗马城许多年代未曾产生过伟人。但就在罗马城的衰落期，它却成功地束缚了征服者的灵魂：他们对于彼得圣座（指罗马主教）所感到的崇敬正是出于他们对凯撒宝座的畏惧。

在东方，历史走过了不同的道路。穆罕默德诞生的那年，正是教皇大格雷高里年近30岁的时候。

第七章　黑暗时期中的罗马教皇制

从教皇大格雷高里到教皇赛尔维斯特二世，在这400年间，教皇制经历了多次重大的变迁。它有时隶属于希腊的诸皇帝，有时隶属于西方的诸皇帝，甚至隶属于当地的罗马贵族。经历了如此重大的变迁，8世纪至9世纪，教皇中的杰出人物建立了教皇权力的传统。因此，了解从600年到1000年这一时期的教皇制，对于认识中世纪教会，和认识教会与国家的关系都有极其重大的意义。

教皇摆脱皇权获得独立

教皇摆脱希腊皇帝而获得独立,主要不是他们自己的努力,而应该归功于伦巴底人的武力。过去,希腊教会一直隶属于皇帝,皇帝的权力至高无上,他不但决定教徒们的信仰,而且还拥有任免主教以至大主教的权力。当时的修道僧为了摆脱皇帝的控制曾不懈地奋斗过,他们常常站在教皇的一方与皇权抗争。君士坦丁堡的大主教们虽然愿意归顺皇帝,但他们拒绝在任何问题上臣服于教皇的权力之下。为了抵抗意大利境内的蛮族,皇帝常常需要教皇的帮助;因此,他对教皇的态度比君士坦丁堡大主教对教皇的态度更为友好。

□ 伊琳娜女皇

伊琳娜是拜占庭帝国伊苏里亚王朝皇帝利奥四世的皇后,拜占庭帝国第一位女皇。780年其夫利奥四世死后,立其子君士坦丁六世为帝,她贵为皇太后,掌握实际大权;后又废除儿子,自立为女皇。她执政时期恢复了利奥四世在世时因为圣像破坏运动而放弃的圣像崇拜,她死后被东正教教会封为圣人,故又称圣伊琳娜。

伦巴底人打败拜占庭后,教皇们深恐自己也将被这些强悍的蛮族所征服,教皇们的担心是有道理的。于是,他们与法兰克人结盟,从而解除了这一畏惧。那时,法兰克人在查理曼领导下征服了意大利和德意志。这一同盟产生了神圣罗马帝国。这个帝国建立了一个在教皇和皇帝协调下的宪章。加洛林王朝衰颓了,教皇从中获得了利益。9世纪末,尼古拉一世将教皇的权力提到前所未有的高度。当时帝国内部弥漫着普遍的无政府思潮,这种状态导致了罗马贵族的实际独立。10世纪,罗马贵族控制了教廷,并带来了极其严重的后果。

7世纪,罗马仍处于诸皇帝的武力统治之下,教皇们如果不顺从其统治就将难逃厄运。如教皇霍诺留斯顺从了异端观点,而马丁一世因为反抗而遭到皇帝的囚禁。685年到752年，大多数教皇都是叙利亚人和希腊人。由于伦巴底人对意大利的兼并，拜占庭的势力开始走向衰亡。皇帝伊苏里亚人利奥（即利奥三世）在726年颁布了圣像破除令，这一举动，不仅整个西方，甚至东方的大多数人士也都认为是异端。教皇们对此禁令持强烈反对态度，并取得了成效。787年，女皇伊琳娜执政，这一时期，东罗马帝国废弃了圣像破除令，破除了异端。这时，西方发生了一系列事件，最终终止了拜占庭对罗马教廷的控制。

大约在751年，伦巴底人攻陷了意大利首都拉温那。这个事件虽然使教皇遭到伦巴底人的极大威胁，但同时也使他们摆脱了对希腊皇帝的隶属关系。希腊人与伦巴底人相比，诸教皇更喜欢前者而不是后者。原因是：一、诸皇帝的权力是合法的，而蛮族的国王如果没有经过诸皇帝的册封，则是非法的，会被人认为是篡位者；二、希腊人是文明开化的；三、伦巴底人是民族主义者，而教会则仍保持其罗马的国际主义；四、伦巴底人曾为阿利乌斯教派，虽然他们已经改宗，但仍然保留着某些令人厌烦的习气。

739年，伦巴底人企图征服罗马，教皇格雷高里三世向法兰克人求援，开展了对伦巴底人的反抗运动。

这时，法兰克王国的国家权力掌握在大宰相查理手中，他是一个精明强干的人；和英国国王威廉一样，他也是庶出。732年，他在图尔战役中打败了摩尔人，这是一次决定性的战役，这次战役为基督教世界拯救了法兰西。本来罗马教会应该感谢他，但他因为财政上的困难，剥夺了教会的地产，因而教会对他颇有微词，虽然对他的功绩给予肯定，但评价并不高。741年，查理和格雷高里三世相继去世，他的后继者名叫丕平，教会对他很满意。754年，为了逃避伦巴底人，教皇

□ 被瘟疫侵袭的罗马城　居勒–埃里·德洛内　1869年

这幅画描述了680年发生在罗马城的大瘟疫，它以骇人的恐怖告诫人们不信耶稣将会面临怎样的结局。此类题材在教会统治中时常被提起。画面阴森压抑，罗马街道两旁尸体罗列，人们痛不欲生。一红一黑两位天使分别代表善与恶，善良天使指点恶天使用长矛敲击无神论者的房门，敲击的次数表示屋内将会死亡的人的数目。

司提反三世曾越过阿尔卑斯山去拜访丕平,双方缔结了一个协定。后来的发展证明,这个协定对双方都十分有利。双方各有所图,从教皇方面看,他需要强有力的军事保护,而丕平则需要教皇才能赐予之物:即承认他为代替墨洛温王朝最后一个君主,得到国王的合法称号。为了感谢教皇,丕平把拉温那和过去拜占庭总督在意大利的全部辖区赠给了教会。由于这项馈赠并不需要得到君士坦丁堡的承认,因而这个行动表示罗马教会与东罗马帝国在政治上开始走向分离。

如果历代教皇从属于希腊历代皇帝管束,天主教会的发展将会和现在迥然不同。在东方教会中,君士坦丁堡的大主教从未获得过独立,也没有如教皇那样获得高于其他教士们的待遇。最初,各地的主教都是平等的,在东方,这一观念尤其牢固。这时,在亚历山大里亚、安提阿和耶路撒冷诸城中有众多东方的大主教,但在西方只有教皇这个唯一的大主教。很多世纪以来,世俗人中大部分是文盲,这给西方教会带来了东方教会所没有的方便。罗马的声誉之所以凌驾在东方各城市之上,因为罗马不但有彼得、保罗殉道,以及彼得等第一任教皇的传说,而且还有帝国的传统。皇帝的威望也只能与教皇的威望比肩,并不比教皇的威望更高。罗马帝国的皇帝们一般实权有限,而且,皇帝的即位尚还需要教皇加冕。由于这些原因,教皇从拜占庭统治下获得解放这一事件,对于教会之独立于世俗王国,建立教皇政治,管理西方教会具有重大的历史意义。

这里,还必须谈及一些非常重要的文件,如著名的"君士坦丁赠与"及仿造的教令集。所谓"仿造的教令集"是指教会为了给丕平的馈赠披上一件古老的合法外衣,伪造了一个文件,说这一馈赠是君士坦丁皇帝颁布的一项教令。大意是说,在他创建新罗马时,他曾将旧罗马以及其所有的西方领土赠给了

□ 彼得替人治病

彼得是耶稣十二门徒之首,是最接近基督的人,这幅画又名《彼得的影子治好病人》。有人把病人扶到彼得经过的街上,希望彼得路过的影子落在病人身上,治愈他们的疾病。因为人们相信影子是一个人的一部分,同样可以治病。

教皇。这一馈赠成为了教皇世俗权力的基础。后来，中世纪的人们都信以为真。一直到文艺复兴时，在1439年，它的真相才被罗伦佐·瓦拉揭穿，这个所谓"教令"竟是赝品。令人感到惊奇的是，他竟然被当代热爱拉丁文风胜过教会的教皇尼古拉五世任命为教廷秘书。

下面是这著名文件的内容：

君士坦丁向大家讲述了尼西亚信条，亚当堕落和基督诞生之后，他说他患了麻风病。经过遍访名医，始终无法医治，于是，君士坦丁前往"朱庇特神殿"，向那里的祭司们求助。祭司们建议他杀死一些婴儿，用婴儿的血进行沐浴，这样就能医治疾病。然而，当他看到婴儿母亲的眼泪，他于心不忍，最后将婴儿送还给她们。当天夜晚，彼得和保罗在他梦中显现，告诉他塞尔维斯特教皇正隐居在苏拉克特的洞穴里，只有他能治好他的病。于是他便来到了苏拉克特。这时，"万国教皇"告诉他，彼得和保罗不是神，而是使徒，并将他们的画像拿给他看；他认出这两个人正是上次在他梦中显现时的人。这件事，他在所有的州长面前都讲过。他愿意忏悔，于是，教皇塞尔维斯特就指定他穿着马毛衫赎罪；然后给他施了洗礼。这时，他看到有手从天上触及他。于是他的麻风病被治好了，并由此放弃了偶像崇拜。这以后，他和州长们、元老院贵族以及全体罗马人民决定将最高权力让渡给罗马的彼得教廷，并考虑赋予教廷更大的权力，使其凌驾在安提阿、亚历山大里亚、耶路撒冷以及君士坦丁堡之上。出于这一考虑，他在拉特兰宫内建了一所教堂，把皇冠、三重冠和皇袍赐给了教皇。他亲自把三重冠戴在教皇头上，并替教皇牵着马缰开道。他"把罗马、西方所属的省、县及意大利城市让渡给赛尔维斯特和他的后继者，作为罗马教会的永久管辖区"。做完这一切之后，他迁移到了东方，因为"天上的皇帝已经设置了主教权位和基督教首脑的地方，世俗的皇帝已不配再去掌权了"。

□《击退阿提拉》 拉斐尔

在君士坦丁堡成为罗马帝国的首都之后，皇帝的许多特权就转移到了教皇和罗马主教手中。452年，匈奴人进攻罗马时，教皇利奥一世骑马出城，在曼图亚阻止了匈奴人，拯救了这座城市。

教皇与皇帝的相互依存关系

伦巴底人虽然在战争中屡次被法兰克人战败,但他们并不因此而顺从丕平和教皇。774年,丕平的儿子查理曼终于彻底击败了伦巴底人,进驻了意大利,并自封为国王,然后占领了罗马,并再次确认了丕平的赠与。教皇哈德理安和列奥三世认为,帮助查理曼实现他的计划对教会有利。查理曼征服了德意志的大部分地方,以强暴手段使撒克逊人改信了基督教,并恢复了西方帝国。800年,在圣诞节上,教皇为其加冕并即皇帝位。

□ **查理曼被教皇利奥三世加冕为罗马皇帝**
此图是亚琛的墓地神龛上的雕像,它清晰地展现了教皇与皇帝的依存关系,位于中央的是查理曼。法兰克人之王查理曼取得胜利之后,教皇利奥三世在800年的圣诞节上为其加冕即皇帝位。

神圣罗马帝国的建立,在理论上为中世纪划分了一个时代,而在现实中并非如此。法权虚构在中世纪非常盛行,按照当时的虚构理论,从法律上来说,罗马帝国的西部地区仍隶属君士坦丁堡的皇帝。

教皇与皇帝的关系是一种相互依存的奇妙的关系。无论是谁,如果不经罗马教皇加冕就不能做皇帝;另一方面,数世纪以来,凡是强而有力的皇帝都坚持自己有任免教皇的权力。从中世纪法权理论来看,这主要取决于皇帝与教皇双方的决定;双方都对这种倚存关系无可奈何,数世纪以来一直无法解决;为此,双方经常发生冲突。这种关系并存了几个世纪,最后,教皇一直延续到现在,而皇帝则延续到拿破仑时代就结束了。然而,这种关于双方各自权力划分的中世纪理论在15世纪时却失效了;在世俗一方,这种关于基督

文化伟人代表作图释书系

教世界统一的主张，被法兰西、西班牙、英吉利等君主国的强权所摧毁；在宗教一方，则被宗教改革的力量所摧毁。

盖哈特·泽里格博士曾对查理大帝的性格和宫廷生活作过概括：

"查理宫廷中的生活可谓波澜壮阔。豪华的宫廷里既有天才，也有不道德的行为。对招引至身边的那些人们，查理从未留意过。他对自己喜欢的人或认为有才能的人极为宽容。尽管人们称他是'神圣的皇帝'，但他的生活没有表现出任何神圣。……查理对他的女儿们非常依恋，他甚至禁止她们结婚，以致她们做出许多丑事。他的女儿罗楚德和梅因的罗得利克伯爵偷情，并生下了一个男孩。另一个女儿蓓尔塔和圣里其耶修道院的院长安吉尔伯特私下交往，生过两个男孩。查理的宫廷生活其实充满了恣情和纵欲。"

□ 查理大帝

查理大帝（742—814），法兰克王国加洛林王朝国王，768年至814年在位，800年由教皇利奥三世加冕于罗马，后人称其查理曼。他建立了囊括西欧大部分地区的庞大帝国。他在行政、司法、军事制度及经济生产等方面都有杰出的建树，并大力发展文化教育事业。他引入了欧洲文明，被后世尊称为"欧洲之父"。

查理曼精力充沛，他在政治方面与教会结成同盟。他既不阅读也不写作，却发动了一次文艺复兴。他生活放荡，宠溺女儿，却竭力呼吁臣民保持圣洁。他和他的父亲丕平一样，善于利用传教士为自己在德意志扩张势力服务，并力图使教皇服从他的命令。由于当时的混乱局面，教皇们也十分愿意听从他的命令。那时，罗马已成为一个蛮族的都市，如果没有外部武力的保护，教皇甚至无法保障自身的安全。

总的来说，经过这些纷纭的争斗，教会，特别是教廷获得了很大的利益，而且比西罗马帝国所得的利益更为稳固。在教皇大格雷高里三令五申下，一个修道僧团体促成了英格兰改信基督教。他们对罗马更加地恭顺，超过了那些虽然有主教但习惯于地方自治的国家。

□ 罗马教廷

天主教是基督教的一个大派别。因其中心在罗马，故又称罗马公教。设在梵蒂冈的罗马教廷是天主教的领导中心，教皇为主要首领。图为梵蒂冈的罗马教廷。

英格兰传教士圣鲍尼法斯促成了德意志的改宗。圣鲍尼法斯是个英格兰人，曾是查理·马特尔和丕平的朋友，对教皇十分忠诚。鲍尼法斯在德意志建立了许多修道院。根据一些权威记载，圣鲍尼法斯曾按《列王记上卷》中的仪式为国王丕平举行过涂油仪式。

圣鲍尼法斯是德汶州人，在爱克塞特和温彻斯特接受教育。716年，他到弗利西亚，但不久即返回。717年，他到罗马，于719年被教皇格雷高里二世派往德意志去劝化德意志人改教，并对爱尔兰传教士的影响进行斗争。他不辱使命，取得了良好成绩；之后，他在722年回到罗马，被格雷高里二世任命为主教，宣誓服从教皇。教皇给了他两个任务，一是带封信给查理·马特尔，二是派他劝化异教徒改教，并镇压异教徒的反抗。732年，他被任命为大主教；738年，他第三次访问罗马。741年，他被教皇札卡理阿斯任命为使节，奉命去改革法兰克教会。他建立了弗勒达修道院，并为这修道院制定了一套比边奈狄克特教团还要严格的规章。754年，他在弗利吉亚遭到异教徒杀害。当时，德意志基督教面临选择：或者成为教皇派，或者成为爱尔兰派。他们最终选择了前者，这主要应归功于圣鲍尼法斯。

在修道院中，英格兰在约克州的那些修道院具有重大历史意义。在罗马统治时期，不列颠文明已经荡然无存。这一时期，由基督教传教士引入的新文明几乎全部集中在边奈狄克特派修道院。毕德是贾罗地方的一个修道僧，他的学生埃克伯特，曾任约克的首任大主教，由他建立的教会附属学校曾产生过阿鲁昆这样一个重要人物。

阿鲁昆是文化史上的重要人物。780年，他在前往罗马途中，在帕尔玛谒见了查理曼。从此他就留在皇帝身边，教育皇帝的家属，并教法兰克人拉丁语。他的大半人生是在查理曼的宫廷里度过的，主要从事教育工作。晚年，他担任了图尔的圣马丁修道院院长。这一时期，他从事著书活动，完成了不少著作，其中包括一本韵文体《约克教会史》。皇帝虽然没受过教育，但他深信教育的作用，暂时缓和了黑暗时代中的黑暗进程。但他的这项工作并未持续多长时间。丹麦人逐步毁灭了约克州的文化，诺曼底人也对法兰西的文化进行了破坏。撒拉森人对意大利南部发动了袭击，征服了西西里，并在846年入侵了罗马。10世纪对西方基督教世界而言，可谓最黑暗的时代。

"黑暗时期"的纷争

查理曼的死以及加洛林王朝的衰颓、查理曼帝国的分裂，对教廷来说是件幸事。在教皇尼古拉一世（858至867年在位）的推动下，教皇的权力得到空前增长。他和东西罗马帝国的皇帝、法兰西的秃头王查理、洛林王罗塔二世，以及所有基督教国家的主教几乎都进行过争论，而且基本上每次都是他取胜。在他执政期间，很多地区的僧侣已经依附于地方诸侯，他决定着手扭转这种局面。这一时期，发生了两大事件，引起了激烈争论。一件是关于罗塔二世的离婚事件，另一件是关于君士坦丁堡大主教伊格纳修斯的非法罢免事件。

□ 教皇尼古拉一世

教皇尼古拉一世在位年代为858年至867年，他为教皇地位及权势夯实了坚固的基础。他深信："所有主教都是教皇的代理人，教皇是全教会的统治者，教会超越所有俗世权势。"尼古拉一世对教皇权势的宣告，成为后继教皇奋斗的目标。

在中世纪的漫长时期，教会势力经常对皇室的离婚问题进行干预，而国王们都是些刚愎自用的人，在他们看来，婚姻的不可解除只是一项限于臣民的教规，对自己并无约束力。然而，从另一方面看，只有教会有权力缔结神圣的婚姻，其他组织和个人都无此权力。如果教会说某人的婚姻无效，这对一般臣民可能还不是大问题，但如果当事人是皇室成员，就很可能引起王位继承纷争甚至战争。因此，教会在皇室离婚事件和非法婚姻事件中占有极其重要的地位。在英格兰亨利八世执政时，教会曾丧失了这一权力，但在爱德华八世执政时又恢复了这一权力。

罗塔二世的离婚申请获得了本国僧侣的同意，但教皇尼古拉却撤掉了默认离婚事件的主教们，并拒绝承认罗塔二世的离婚申请。罗塔的兄弟——皇帝路易二世为此十分震怒，他以进军罗马来威胁教皇，但最后还是因恐惧而将军队撤退。在这一争端中，教皇获得了全面胜利。

在伊格纳修斯大主教的事件中，同样显示了教皇的力量。伊格纳修斯因与摄政王巴尔达斯关系恶化而被免去了大主教的职位，一个名叫弗修斯的世俗人士被提升为大主教，拜占庭政府请求教皇批准这一任命。教皇接到报告后，派遣了两位使节前去调查。到达君士坦丁堡之后，两位使节因受到恫吓，于是同意了这一既成事实。他们对教皇隐瞒了这件事情的真相，但最后还是被教皇知晓了。于是，教皇对此事采取了断然措施。教皇决定在罗马召集一次宗教会议来讨论这个问题。会议上，他免去了一名使节的主教职务，同时，罢免了授予弗修斯圣职的叙拉古的大主教；他将弗修斯驱逐出去，并解除了那些授予弗修斯圣职的人的职位，恢复了因反对弗修斯而被革职的人的职位。

皇帝米凯尔三世闻讯大为恼怒，他给教皇写了一封信，发泄自己的不满。然而，教皇对他的回答是："国王兼任祭司，皇帝兼任教皇的日子已经一去不复返了，基督教已把这两重职务分开了。关于永生问题，基督徒皇帝需要教皇，而教皇除了在有关世俗事务外，是不需要皇帝的。"为了报复教皇，弗修斯和皇帝也召集了一个宗教会议，会议决定将教皇驱逐，并宣布罗马教会为异端。这事过了不久，皇帝米凯尔三世被暗杀，继任者巴歇尔恢复了伊格纳修斯的职位，并公开承认了教皇的权限。伊格纳修斯死后，弗修斯重新当了大主教，从此，东方教会与西方教会之间的裂痕开始扩大。

伊格纳修斯大主教的事件说明，教皇在东方依然可以主张自己的权力。

尼古拉也企图把自己的意志强加给主教们，不过，他在这样做时，感到这比将他的意志强加给国王们更为困难。凡是大主教，都认为自己是伟大的人物，他们绝不愿臣服于一个教会的君主。主教们的这种自负与皇帝发生了尖锐的冲突。在尼古拉看来，主教的存在主要归功于教皇，一直到死，他都坚持这一见解。贯穿整个中世纪，关于主教的任命问题一直存在着争论。最初，主教们是由信徒们从主教区中选举出来的，也有经过教区主教的宗教会议选出的，第三种方式是由国王或教皇任命。如果有充分、重大的理由，可以撤换主教。即使如此，在撤换他们的职务时，也要经过教皇或地方的宗教会议的裁判。尼古拉把教皇的权力扩张到极点，但在他死后，教皇的权力重新陷入了一个低潮。

10世纪时，教廷完全被置于地方性罗马贵族的统治之下。这一时期，关于教皇的选举问题还没有形成既定的制度；教皇的选任，有时仰赖信徒们的拥戴；有时仰赖皇帝或国王们，有时就像在10世纪那样，仰赖罗马的地方执政者。值得注意的是，这时的罗马已经和教皇大格雷高里在世时完全不同了，这里经常发生派系战争，已经不是一个文明的城市了。豪门望族们联合起来，通过暴力和贪污的手段攫取统治权。这一时期，西欧的紊乱和衰颓已经达到极点，所有基督教国家几乎濒于毁灭。皇帝和法兰西国王已无法制止境内的封建主所制造的无政府状态。这时，又发生了匈牙利人袭击意大利北部、诺曼底人入侵法兰西海岸的事件。911年，法王将诺曼底划归给了诺曼底人，他们才以此作为交换条件皈依了基督教。这时，意大利和法兰西南部面临撒拉森人的威胁。撒拉森人拒不接受基督教，也不尊重教会。大约在9世纪末叶，他们征服了全部西西里，并定居在那不勒斯附近的嘎里戈里阿诺河畔。他们破坏了蒙特·卡西诺及其他大型修道院，在普罗旺斯海岸建立了殖民地；并以那里为基地，不断对意大利和阿尔卑斯山谷地带进行攻击，阻断了罗马与北方的交通线。

□ 拜占庭帝国

拜占庭帝国（395—1453）即东罗马帝国，是一个信奉东正教的帝制国，是古代和中世纪欧洲最悠久的君主制国家。到了17世纪，西欧的历史学家为了区分古代罗马帝国和中世纪的罗马帝国，便引入了"拜占庭帝国"这一称呼。东罗马帝国的文化和宗教对于今日的东欧各国有很大的影响，其保存下来的古希腊和古罗马史料、著作和理性的哲学思想也为中世纪欧洲突破天主教神权束缚提供了最直接的动力，引发了文艺复兴运动，并深远地影响了人类历史。

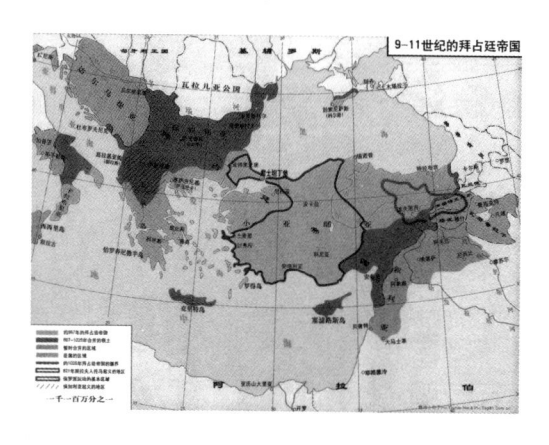

后来，东罗马帝国阻止了撒拉森人对意大利的征服。915年，东罗马帝国战败了嘎里戈里阿诺的撒拉森人，但此时国家的力量已经不能与查士丁尼征服罗马时相比了，并不能有效地统治罗马。在将近一百年的岁月里，教皇的职位竟变成了罗马贵族阶级或塔斯苛拉姆诸侯的赏赐物了。10世纪初，最有权力的罗马人是元老院议员狄奥斐拉克特和他的女儿玛柔霞，教皇的职位几乎为这个家族所世袭。玛柔霞不但相继有好几个丈夫，而且还有无数的情夫。她将其中的一个情夫任命为教皇，即塞尔玖斯二世（904至911年在位）。她和塞尔玖斯二世生了个儿子，即后来的教皇约翰十一世（931至936年在位）。她的孙子是约翰十二世（955至964年在位）。约翰十二世在16岁时便当了教皇，这时，"教皇"这个职位已经堕落到了极点。

这一时期，教皇们已经丧失了以前诸教皇在东方的势力。各地的宗教会议发表声明宣布独立，开始依附那些专制君主和封建领主们，并日益被世俗的封建领主同化。教会像世俗社会那样，呈现为一种无政府的状态；到处蔓延着邪恶，一些关心宗教、关心拯救信徒灵魂的僧侣无不为当前普遍的颓废而悲叹；在无望中，他们只好引导那些忠实的信徒去关注世界末日的景象和最后的审判。在那个时代，曾流行着一种恐怖：人们担心1000年将成为世界的末日。这种想法当然是错误的，因为自从圣保罗以来，基督徒虽然一直相信世界末日在一天天临近，但他们却依然心气平和地进行着日常的工作。

□ 圣保罗

圣保罗是基督教的伟大人物之一。基督教本来是从犹太教中产生而来的，圣保罗的传教活动使基督教逐渐摆脱了犹太教的影响，最终表现出了自己的特色。传说《圣经》中的《罗马书》《哥林多人书》等为他所作。

1000年，被学者认为是西欧文明衰退达于极点的年份。这以后，直到1914年，西欧文明一直处于文化上升时期。最初，进步主要归功于修道僧的改革。之后，除修道僧教团外，大部分僧侣已经变得品德败坏和世俗化了；他们被财富与权势彻底腐化了。然而，每当道德的力量有所衰颓时，必然会出现一些新的改革家，他们以新的热忱，重新使教会振作起来。

1000年成为一个历史的转折点还有另外一个原因。这一时期，伊斯兰教徒和北方的蛮族停止了对西欧的征战；哥特人、伦巴底人、匈牙利人和诺曼人相继入侵；各部族相继改信了基督教。这时期的西方帝国开始分裂为许多蛮族王国，而诸国王对他们的臣属已经丧失了统治权。这个时代，经常发生规模大小不同的战争，社会普遍呈现出一种无政府状态。还有一点，这时所有强悍的北方征服者部

□ 12世纪四福音书

罗马帝国文化对于欧洲文化产生了极大的影响，我们能从欧洲国家的文化中看到罗马帝国文化的影子。俄罗斯艺术就对拜占庭遗产进行了很好的继承，这幅12世纪的四福音书的金制封面就体现了这一点。

族都改信了基督教。特别是诺曼人，作为一个后期的侵入者，他们从撒拉森人那里夺回了西西里，从而保卫意大利不受伊斯兰教徒的威胁。他们把丹麦人从罗马帝国中分裂出去的大块英格兰领土重新纳入罗马的版图。

在600年到1000年这一"黑暗时期"，正好是中国的唐朝，也就是中国诗歌的鼎盛时期。在世界的其他地方，这一时期是文明更为辉煌的时期。从印度到西班牙，伊斯兰教正在展开它灿烂光辉的文明画卷。我们不能将基督教世界的损失看作是世界文明的损失，正确的观点恰恰相反。在西方人眼中，似乎只有西欧文明才是文明，这是一种狭隘的见解。事实上，西欧文明中的大部分来自地中海东岸，来自希腊人和犹太人。在武力方面，西欧只是从布匿战争到罗马的衰亡这一时期（大约从公元前200年到400年间的6个世纪）占有上风。此后，再没有任何一个西欧国家在武力方面能够与中国、日本或伊斯兰教国家相提并论了。

自文艺复兴以来，西欧的优越性一方面归功于科学和科学技术，一方面归功于在中世纪建立起来的政治制度。从事物的性质来看，这种优越性是没有理由持续下去的。在当前的大战中，俄国、中国、日本显示了强大的军事力量。这些国家善于把西方国家的技术和东方的意识形态糅合在一起。印度如果获得解放，也将贡献出另一种东方文明的因素。假如文明继续发展下去，在未来的几个世纪里，它必将呈现出文艺复兴从来未有的多样性。事实证明，有一种比政治的帝国主义还要难于克服的文化帝国主义。从历史上看，西罗马帝国虽然已经灭亡很久了，但直到宗教改革为止，在欧洲文化中仍然保留着罗马帝国主义的色彩。毫无疑问，现在的文化具有一种西欧帝国主义气息。在当前的战争结束后，如果我们打算在这个世界生活得更美好，我们就必须在思想上既承认亚洲在政治上的平等，也要承认亚洲在文化上的平等。未来在这个问题上不知会有什么变化，但我确信，这些变化将具有极其深刻、极其重要的意义。

第八章　约翰·司各脱

约翰·司各脱（800—877）是9世纪经院哲学家中的杰出人物。他是爱尔兰人，希腊学学者，新柏拉图主义者，泛神论者。

司各脱杂粥

约翰·司各脱，是9世纪时的一个奇特人物。他人生的大部分时间是在法兰西国王、秃头王查理的庇护下度过的。尽管他完全不信奉正统教义，却成功躲避了迫害。相比信仰，他更推崇理性，而且毫不畏惧教士的权威；倒是教士们在发生分歧后，曾请他进行评判。

要想深入了解司各脱及其思想，我们必须先对圣帕垂克以后数百年间的爱尔兰文化进行一番梳理。圣帕垂克是英格兰人，在他到达爱尔兰之前，那里就有基督徒。后来，阿替拉人、哥特人、凡达尔人和阿拉里克人陆续侵犯高卢，当时"大海这边所有饱学之士都纷纷逃往海外，尤其是爱尔兰，并给所到之处带去巨大的学术进步。"那些逃往英格兰的居民，几乎被盎格鲁人、撒克逊人和玖特人消灭殆尽。到达爱尔兰的人们却与传教士密切结合，将在欧洲大陆渐趋消亡的知识和文明播撒开来。

6世纪至8世纪间，仍有部分爱尔兰人通晓希腊语文知识和拉丁古典著作。自坎特伯雷大主教狄奥多时代以来，英格兰人就通晓了希腊语文。蒙塔格·詹姆斯说："7世纪下半叶，爱尔兰人对知识的追求和教学工作的开展最为活跃。在爱尔兰，人们是以学者的眼光对拉丁语文进行研究的……在传教热情的驱动及爱尔兰家乡困境的逼迫下，他们大规模迁往欧洲大陆，在无形中挽救了他们所推崇的残存文化。"奥克撒尔的海尔利克曾对爱尔兰学者们

□ 约翰·司各脱

约翰·司各脱（800—877），中世纪苏格兰经院哲学家，唯名论者，方济各会会士。他一生受法兰西国王秃头王查理的庇护。其首部哲学著作问世，就是应秃头查理的邀请去调停一次神学争端的结果。

的迁徙作过描述，他说："爱尔兰及其哲学家们几乎全都冒着生命危险，漂洋过海，登上了我们的海岸。在贤王索罗门——即秃头王查理——的广为招揽下，最博学多才的学者们都自愿踏上了流亡之途。"

爱尔兰人为欧洲古典文化的保存做出了巨大贡献，但我们对他们的了解却非常有限。从他们的悔罪规则书来看，他们的学问充满了宗教般的虔诚，但与神学联系极少。同时这种学问源自修道僧，而不是主教，因此就少了行政色彩。而且由于它未同罗马保持有效联系，因此仍以圣圣安布罗斯时代的眼光看待教皇。斐拉鸠斯可能是不列颠人，但很多人都认为他是爱尔兰人。爱尔兰可能仍残留着他的异端，但当权者并未想方设法将其毁灭。正因如此，约翰·司各脱才会产生自由而新奇的思想。

□ **秃头查理保护司各脱**

司各脱一直深受秃头查理的庇护，他没有受到教会的迫害得益于这位深信教化作用的国王的照顾。此图反映的正是查理保护司各脱的场景。

约翰·司各脱一生中的前期和后期都很难追踪，只有他受雇于法兰西国王的那段时期有据可查。根据推测，他大概生于800年，卒于877年左右。大约在843年，他应秃头王查理的邀请去法兰西，被任命为宫廷学校的校长。不幸的是，他一到法兰西就卷入了"预定说"和"自由意志说"的争论中。修道僧高特沙勒克是预定说派，大主教是自由意志派。司各脱在《论神的预定说》这篇论文中支持了大主教。本来，他支持"自由意志说"不至于惹来大的非难，但他论文中显示出来的纯粹哲学性格引起了论敌的愤怒。他在论文中主张：独立于启示外的哲学具有同等的权威，甚至有更高的权威。他说，理性和启示都是真理的来源；如果二者出现矛盾，应该采取理性态度来对待。他说，真正的宗教就是真正的哲学，真正的哲学也是真正的宗教。在855年和859年的两次宗教会议中，他的著作均受到谴责，第一次宗教会议斥其为"司各脱杂粥"。

由于国王的支持，他最终逃脱了惩罚。他和国王的关系似乎一直都很好。玛姆兹伯利的维廉曾经记载这样一件事，在他与国王共进午餐时，国王问司各脱：

□ 宗教裁判所

宗教裁判所，或称异端裁判所、异端审判，是在1231年天主教会教宗格里高利九世决意，由道明会设立的宗教法庭。此法庭是负责侦查、审判和裁决天主教会认为是异端的法庭，曾监禁和处死异见份子。

"是什么东西使一个爱尔兰人和一个酒徒有所区别？"司各脱回答说："只有食前方丈。"

877年，国王去世，这以后，司各脱似乎也消失了，人们再也没有听到他的下落。民间传说他也在同年死去，也有传言说他被阿尔弗雷德大帝聘往英格兰，担任了玛姆兹伯利修道院或阿塞勒尼修道院的院长。有人甚至说，他最后遭到修道僧的暗杀。

司各脱还有一部翻译著作，是希腊原文的伪狄奥尼修斯文集。这部书在中世纪前期享有盛名。书中记载，圣保罗在雅典传道时，"有几人跟在他身边，并信了主，其中有亚略巴古的官丢尼斯"。书中说的这个人我们已无从稽考，但在中世纪却有很多关于他的传说。他曾旅行到法兰西，并在那里建立了圣邓尼修道院。狄奥尼修斯是一位著名作家，这本书是一本调和新柏拉图主义与基督教的重要著作；该书成书于500年以前，在普罗提诺生活的时代之后。它在东方广泛流传，受到世人的赞赏。但在西方的命运却不佳，一直到827年，希腊皇帝米凯尔送给虔诚王路易一本抄本，路易王又将该书赠给希勒杜茵修道院院长时，一般人尚不知道此书。

希勒杜茵修道院院长认为，该书出自圣保罗的门徒之手。他很想知道该书的内容，但苦于没有人胜任希腊文的翻译。后来，司各脱来到修道院，完成了这项翻译工作。这本书在当时曾对西方天主教哲学产生了巨大影响。

860年，人们将司各脱的翻译本呈送教皇尼古拉。因该书在发行以前未报给他核准，教皇十分恼怒，并命令查理王将司各脱送至罗马。当然，这项命令最后没有被执行。关于本书的内容，特别是译文中所表现出来的精湛的学识，教皇是无法指责的。教皇曾征询他的图书馆馆长阿奈斯它修斯对该书的意见，这位著名的希腊学学者对书中表现出来的学识十分赞赏，对一个远居化外的人竟能具备如此渊博的希腊学知识感到惊讶。

司各脱学说中的非正统教义性

司各脱的主要著作是《自然区分论》。这部著作和柏拉图的观点有相似之处，都主张共相在殊相之先。他认为，"自然"中不仅包括有，而且包括非有。他把自然分为四类：① 创造者而非被创造者，② 创造者同时又是被创造者，③ 被创造者但非创造者，④ 既是非创造者又是非被创造者。第一类是上帝，第二类是存在于上帝之中的"柏拉图主义"，第三类是时间和空间中的事物，第四类仍是上帝。但此时的"上帝"已不是作为创世主，而是成为了一切事物的目的。从上帝那里产生出来又复归于上帝；所有事物的终极和开始是同一的。

司各脱把不同的事物，有形体的和无形体的，都包括在"非有"的概念之中，只有创造者具有本质的存在，是一切事物的本质。上帝是事物的开始、中继和终极。上帝的本质是人类。在某种意义上，他甚至不知道自己是什么。他说："上帝本身也不知道他是什么，因为他不是一个什么；在某种意义上讲，他对于他自己是不可理解的，对于每一个智者也是不可理解的。"在所有事物的存在中，我们可以看到上帝的存在；在所有事物的秩序中，我们可以看到他的智慧；在所有事物的运动中，我们可以看到他的生命。他的存在是圣父，他的智慧是圣子，他的生命是圣灵。

创造者同时又是被创造者，这一级事物包括事物的原型，或柏拉图主义的所有理念。这些第一原因的总合便是逻各斯（逻各斯是西方哲学史上最早提出关于规律性的哲学范

□ 司各脱

司各脱反对实在论，认为只有单个的物体是真实存在的，强调感觉产生知识，人的理智没有任何天赋的观念。这些观念曾对17世纪英国唯物主义者洛克等产生过影响。其学说被称为司各脱主义，曾与托马斯主义长期对抗。

畴的。亚里士多德用这个词表示事物的定义或公式,具有事物本质的意思)。理念的世界既是永恒的,也是被创造的。在圣灵的影响下,这些第一原因产生了个别事物的世界,但物质性却是虚幻的。当我们说到上帝从"无"中创造万物时,应该把"无"这个词理解为上帝本身。

创世是一个永远的过程,一切有限事物的实体都是上帝。被造物并不是独立于上帝而存在的,被造物存在于上帝之中,而上帝以一种人们无法知晓的方式在被造物中显示他自己。

罪的根源在于自由:罪的发生是因为人们转向自己而不趋向上帝。恶的根源并不在上帝之中,恶没有根源。如果恶有根源,它就变为必然的了。恶是善的缺乏。

在判断个别事物是否具有实体性这一点上,司各脱与亚里士多德派是有分歧的,他虽然把柏拉图尊为哲学界的泰斗,但他关于自然分类中的前三类都间接来源于亚里士多德,第四类则来源于狄奥尼修斯。

从以上介绍中可以看出,司各脱的学说中非正统教义性是很明显的。他否认被创造物具有实体性,这与基督教教义是不符的。他关于从"无"中创造出万物的解释也是审慎的神学家们所不能接受的。他的三位一体论和普罗提诺的学说颇为相似,虽然他极力为自己辩护,但他的学法却破坏了三位的同等性。通过这些异端我们可以看出,约翰在精神上相当独立。他的新柏拉图主义观点在当时可能非常普遍,就像4、5世纪前后的希腊教父们的见解一样。只要我们多了解一下5世纪至9世纪间的爱尔兰基督教,我们可能就会发现,约翰并没有那么多惊人之举。

他认为创世没有时间的见解更属于异端;他说,人类最初是没有罪的,当人没有罪的时候,也就没有性的区别。这种说法与《圣经》中"上帝造男造女"的说法也是抵触的。按他的说法,人类被分为男性和女性是由于罪的结果。女性体现了男性感官的堕落本性。最后,性的区别将归于消失,人类将获得纯粹灵性的躯体。罪源自受误导的意志,它的前提是假设原本不善的事物为善。为了揭穿罪恶欲望的虚妄,就必须对其施以惩罚。但惩罚并不是永恒的。约翰认为,魔鬼最终也会得救,只是时间比其他人晚。

在司各脱生活的时代,他的《自然区分论》没有产生什么影响。此书多次被宣布为异端邪说。1225年,教皇曾下令焚毁此书的所有版本。不过,这个命令没有得到完全的执行。

第九章　11世纪的教会改革

　　自从西罗马帝国灭亡以来，欧洲在11世纪首次出现了迅速而持久的进步，这一进步是多方面的。它最先来自于修道院的改革，继而扩展到教廷和教会机构，并在该世纪末产生了首批经院哲学家。这次教会改革，显著提高了僧侣和俗界贵族的教育水平。

反对买卖圣职运动

在教会改革以前，无论正规的僧侣还是社会上的一般僧侣都已经腐化堕落，热心宗教的人士要求他们严格地按照教规过一种清规戒律的生活。然而，在这一纯粹道德的动机的背后却藏着另一个动机：借此把僧侣与人民彻底分开，以增进僧侣的势力。这个动机当初也可能是无意识的，但随着运动的开展，逐渐明显起来。由于这一原因，教会改革的胜利必然会直接导致教皇与皇帝间的剧烈冲突。

历史上，祭司在埃及、巴比伦和波斯已经形成一个独立而强大的社会阶层。在原始基督教中，僧侣和俗众的区别是逐渐发生的。僧俗分离一是在教义方面，一是在政治方面，而政治这一面又依靠教义这一面。僧侣具备某些"行奇迹"的能力，特别在有关圣礼方面，没有僧侣的帮助无法举行婚礼、赦罪礼和临终时的涂油；而更重要的是化体（指行圣餐时，面包和葡萄酒变为基督的肉和血），只有祭司才能行弥撒的奇迹。"化体说"是天主教的信条，天主教徒对此深信不疑。

由于祭司们有"行奇迹"的功能，他们能够决定一个人在天国中永生或者坠入地狱，因此，这成了人人羡慕的职业。举例说，当一个人在受破门处分后不幸死亡，按理他将要坠入地狱；但如果他经过祭司举行的仪式，而他又认了罪并表示悔改，那么他最后还是能进入天国。在进入天国之前，他还要在炼狱中经受一段时间——也可能是很长一段时间的煎熬。为了缩短死人在炼狱中的期限，就必须请祭司为死人的灵魂做弥撒。当然，这一切都需要向祭司付出金钱作为酬谢。

这些信条，僧俗两界都坚信不疑。在与拥

□ **教皇斯蒂芬九世**

教皇斯蒂芬九世在位期间，米兰民众发起了主张改革教会的运动。由于此运动与维多大主教以及买卖圣职的、富有的教士作斗争，因而被蔑称为帕塔里阿运动；该运动同时也与罗马的教廷改革派建立了联系。

有强大军队的君主的"战斗"中,僧侣们凭借行奇迹的权能屡屡获胜。但在俗界盛怒或僧侣间出现分裂时,他们的这种权能就会受到限制。罗马居民并不太尊敬教皇,直到教皇格雷高里七世时依然如此。在某些党派斗争中,他们总会被煽动攻击、绑架或杀害教皇。他们这样做一方面是因为缺乏自制力,另一方面是因为他们相信人只要在临死前表示悔改仍然会得救。还有一种说法是,国王如果能使主教完全服从他的意志,他就会得到使自己得以摆脱永世惩罚的僧侣魔法。因此,要想掌握僧权就必须形成一套教会纪律,建立一个统一的教会管理组织。

由于虔诚的信徒的捐献,教会早已非常富有。主教们拥有巨大的财产,就是教区的祭司们,也都过着十分舒适的生活。主教的任命权一般都由国王掌管,有些贵族也握有此项权力。国王常常利用手中的权力出售主教职位,以此获得大量金钱。主教任职后,也采用同样方法,将教会的高级圣职出售给他人。当时,这类事情人人皆知,是"公开的秘密"。塞尔维斯特二世曾模仿主教的口吻说:"我付出黄金才当上了主教,按照我分内的权限,我也不怕捞不回这笔款项。我任命一个祭司,就能收到不菲的黄金;我安插一个执事,就能收到一堆白银。看吧,我付出去的黄金,现在又重新回到了我的钱囊。"米兰的彼得·达米安在1059年发现,从大主教到这个城市的每位僧侣都犯有买卖圣职的罪行,而这种情形在当时是非常普遍的。

买卖圣职使得教会的人职务升迁不凭学问功绩而凭财富多寡,以俗界权威来任命主教,造成了主教与世俗统治者的隶属关系;同时,它使主教职位沦为封建体系的一部分。由于成为主教需要花费大量金钱,因此,当一个人买到了高级圣职以后,他必然要急于收回为此而付出的代价,他对世俗事务的关心势必超过对精神事务的关心。所以,反对买卖圣职运动成为了教会争夺权力斗争中的重要一环。

□ 弥撒

弥撒圣祭是天主教最崇高的祭礼,是基督教纪念耶稣牺牲的宗教仪式。基督的圣体圣血在祭坛上经由祝圣而成为真正的祭祀,这是十字架祭祀的重演,弥撒中,教友通过聆听圣道及参加圣祭,亲身参与耶稣基督自我奉献于天主圣父的大礼。图中信徒正在进行弥撒仪式。

独身主义

□ **灵魂的呼唤**

教内提倡独身主义，要将世俗之爱和真爱区分开来。在基督教内，基督的另一个身份是灵魂新郎。这幅圭尔奇诺描绘的画像中，玛加利大·高多娜对着十字架上的耶稣进行崇拜时，从世俗情色之爱中找到了对于灵魂新郎的真正的爱，她似乎听到耶稣温柔的呼唤，于是进入到一种失去知觉的极度欣喜之中。

11世纪的宗教革新家把世俗社会的"结婚"说成"蓄妾"。修道僧由于进入修道院时有过贞洁的誓言，因而不得结婚，但对世俗僧侣却从未有过明确的结婚禁令。直到今天，东方教会的教区祭司还被允许结婚。在11世纪，西方大部分教区祭司都是可以结婚的，主教更是如此，因为圣保罗说过："做主教的无可指摘，他只做一个妇人的丈夫。"

与反对买卖圣职运动一样，在僧侣独身问题上也有着相类似的政治动机。一旦允许僧侣们结婚，他们就会企图将教会的财产传给他们的子孙。如果他们的子孙做了僧侣，他们更能够合法授予财产。基于这一原因，当革新派获得权力后，他们采取的最初措施之一便是禁止把僧职授予僧侣的子孙。但这仍然有个问题：如果僧侣已经有了子孙该怎么办？要找到一种非法侵占教会财产的方法，对他们来说，一点不是难事。

除了经济的考虑外，还有一项事实：如果一个僧侣同他的邻舍一样，也是一个有家室的人，那么，他们之间似乎是没有差别的。自5世纪以来，人们对于独身生活给予了热烈的赞扬。由于独身能够获得尊崇，这对僧侣们试图博得其权势是极其有益的。因此，他们借着禁绝婚娶就与一般人有所区别，就可以占据一个有利的位置。而革新家们相信结婚并非有罪，但在教内的身份却没有独身僧侣崇高；同时，也意味着对肉欲的让步，圣保罗说："倘若自己禁止不住，就可以嫁娶。"但一个圣洁的人却必须能够"禁止"。因此，僧侣的独身对于教会的道德权威来说是必不可少的。

教会改革

教会革新运动可以追溯到910年的阿奎泰公爵维廉之创建的克律尼修道院。除了教皇外，这所修道院一直独立于一切外界权威；而且院长被授予管辖它分建的若干修道院的职权。那时，大部分修道院既富有又放纵；克律尼虽避免极端的禁欲主义，却还注意保持尊严与礼法，但该院第二任院长奥都时期却发生了震动一时的"法尔发修道院暗杀事件"。该院由于暗杀了前任者的两个敌对院长而陷入分裂。他们抵制奥都介绍前来的克律尼派修道僧，并用毒药杀害了阿勒伯利克任命的修道院长。到12世纪，克律尼的革新热情开始冷却了。圣伯纳德曾对这所修道院华丽的建筑表示谴责，因为当时的虔诚教徒都认为，宏伟壮丽的宗教建筑象征着骄傲和罪孽。

在11世纪，宗教革新家创立了很多教团。1012年，苦行隐士罗穆阿勒德创立了卡玛勒多力兹教团；1084年，科伦的布鲁诺创立了卡尔图斯教团，后来又于1098年创立了西多教团；圣伯纳德在1113年加入了这个教团。该教团恪守边奈狄克特的教规，禁止使用彩色玻璃窗，还雇佣俗家人从事劳动。他们也要宣誓，但却被禁止学习读写技能，只能从事农业、建筑等工作。

□《愚人船》 博斯 1470年

画面中，纵情声色的修士和修女们正试图咬下悬在空中的糕点。这幅画展示了中世纪修道院奢靡堕落的生活，修道院的权威正在下降，逐步成为人们嘲弄的对象。因此，教会改革是大势所趋，它受到了人民的普遍欢迎。

文化伟人代表作图释书系

"法尔发修道院事件"告诉我们，革新家开展改革运动需要极大的勇气和魄力。他们取得的成功与俗界当权者的支持是分不开的。这些革新家和他们的信徒推动教廷，甚至整个教会实现了革新。

最初，教皇制的革新主要是皇帝推行的。1032年选出的边奈狄克特九世是最后一位世袭教皇，他那时好像才十二岁。随着年龄的增长，他变得愈发荒淫，甚至令当代的罗马人也为之震惊。后来，他竟然决定放弃教皇的职位，和喜爱的人结婚。他将职位卖给了他的教父格雷高里六世。格雷高里六世是一位革新家，却选择用金钱贿买教皇职位，这种卑劣的手段令人唾弃。皇帝亨利三世虽然年轻，却是一个虔诚的革新家，他保留了任命主教的权限，又不惜耗费大量钱财杜绝圣职买卖行为。他最终以圣职买卖的罪名废黜了格雷高里六世的教皇职位。

亨利三世统治期间一直握有教皇任免权。将格雷高里废黜后，他先后任命了两位新教皇，但都在上任不久去世。后来他便任命自己的一个亲戚布鲁诺为教皇，被称为列奥九世。列奥也非常热衷于改革，他时常四处旅行，还组织召开过多次宗教会议。他死后亨利三世又委任了一位新教皇，但第二年皇帝去世，这位教皇一年后也死去。此后，皇帝和教皇之间便开始出现裂痕。亨利三世在世时帮助教皇树立了道德威信，但他们此后却要求独立于皇帝，甚至高于皇帝。于是他们间爆发了一场长达两百年之久的大纷争，教皇们最终取胜。

格雷高里七世

"法尔发修道院暗杀事件"后，经过亨利三世、亨利二世的革新，皇帝和教会的反复斗争，教会最终获得了独立的地位。这期间，教会出现了一个杰出人物——格雷高里七世（1073—1085），他对教廷政策给予了很大影响。

1061年教皇尼古拉二世去世，此时的亨利四世已经成年（他登基时尚未成年）。针对教皇的继承问题，他和红衣主教们发生了争执。皇帝坚决反对教皇选举的教令，也不想放弃教皇选举权。双方争执了三年后，红衣主教们获得了胜利。他们之所以取胜很大程度上是由于，他们选出的教皇亚历山大二世品德卓越。1073年，亚历山大二世去世，希尔得布兰得继任教皇，即格雷高里七世。

早在被选为教皇之前，他就对教廷产生了巨大影响。他曾是格雷高里六世门下的信徒，由于格雷高里六世被判处买卖圣职罪，他受到牵连被迫在外流亡了两年，此后主要居住在罗马。他不是一个有学问的人，但他却从他所崇拜的英雄——大格雷高里那里间接学到了奥古斯丁的教义，并为此受到极大鼓舞。做了教皇之后，他相信自己是彼得的代言人。他认为皇帝的权威也是神灵所授；最先，他把皇帝和教皇比做两只眼睛，当他和皇帝发生了争执以后，他便把二者比做太阳和月亮，而教皇则是太阳。他认为，教皇在道德方面是至高无上的，因此，如果皇帝无道，教皇就有

□ 格雷高里七世

格雷高里七世（约1020—1085），克律尼改革派教皇，1073至1085年在位，历代教皇中最杰出的人物之一。为了实现天主教会统治世界的野心，建立一个神权君主专制政体，他与神圣罗马帝国皇帝亨利四世进行了毕生的斗争。

权废黜皇帝。世上没有什么比反抗教皇更不道德的了。

为了强制僧侣独身，格雷高里七世倾注了全力。在德意志，教士们起而反抗，拒绝执行他的命令，并且倒向了皇帝一边，但人民却希望他们的祭司过独身生活。格雷高里煽动起大众暴乱，以此抵制结婚的祭司和他们的妻子。他号召人民不去参加那些拒不听命的祭司举行的弥撒。他申令，已经结婚的僧侣举行的圣礼一概无效，并且禁止这样的僧侣进入教会。他的这些行为，引起了已婚僧侣们的反抗，但却受到了人民的欢迎。

格雷高里担任教皇时期，发生了有关"授职礼"的大纷争。按规定，一个主教被授予圣职时，要被授予一个指环和一支手杖作为其职权的标识，这些东西一直是由皇帝或国王授予主教的。格雷高里坚持这些东西应由教皇授予。这场争执使教阶制度脱离了封建权力体系。经过长时间的争执，教廷取得了全面的胜利。

"闹剧"上演

1075年，皇帝亨利四世在副主教们的支持下任命了一个大主教，教皇格雷高里认为这是对他特权的侵犯，因此对皇帝发出破门（革出教门）和废黜的威胁。为了报复教皇，亨利在沃尔姆斯召开了一个主教们参加的宗教会议，会上，主教们纷纷表示不再效忠于教皇。他们给教皇写信，对他进行控诉，说他犯了奸淫罪、伪证罪及虐待主教罪。皇帝也给他写了一封信，提出皇帝应在世间的一切裁判之上。皇帝和主教们宣布废黜格雷高里的教皇职位，格雷高里则对皇帝和主教们施以破门处分，宣布他们也被废黜。一场闹剧就这样拉开了序幕。

在第一幕中，教皇取得了胜利。曾背叛过亨利四世的撒克逊人同他讲和，但后来又叛变。德意志的主教们也和格雷高里重归于好。皇帝对待教皇的态度令举世震惊。第二年（1077年），亨利决定设法求得教皇的宽恕。教皇当时住在卡诺萨城堡，于是他在寒冬腊月带着妻小和几个随从越过塞尼山口，来到他城堡外乞求宽恕。他穿着悔罪服，赤脚站在城堡外等了三天才被召见。他在教皇面前深深忏悔，并发下誓言：定遵从教皇的指示对待德意志敌对者；之后，教皇赦免了他的罪过，恢复了他的教籍。

教皇受到了亨利的蒙骗，他的忏悔其实并不真诚，但直到后来教皇才意识到这一点。可为时已晚，亨利的德意志敌对者认为教皇已出卖了他们。因此他开始陷入不利局势。

亨利的德意志敌对者们将卢多勒夫立为皇帝，以与他对抗。教皇最初声称决定帝位归属是他的权限，但又未作出任何决定。1080年，当他确信亨利的忏悔确无诚意后，最终宣布卢多勒夫为皇帝。而大约就在此时，亨利已经击败了大多数德意志敌对者，并在僧侣们的协助下选出一位新教皇。1084年，他将这位新教皇带入罗马，新教皇正式给他行了加冕礼。诺曼人随即对格雷高里展开了营救，他们洗劫了罗马，迫使皇帝和新教皇溃逃，并挟持了格雷高里。他其实沦为了诺曼人的俘虏，并于第二年去世。

理智复兴

在整个10世纪，几乎没有出现一位哲学家。但到11世纪时，随着社会各方面的发展，陆续涌现出几位杰出的哲学家，其中包括贝隆嘎、安瑟勒姆、罗塞林等。他们都是修道僧，并参与过革新运动。

贝隆嘎是图尔人，从某种程度上来说，他算得上一位唯理主义者。他认为，理性高于权威，并借用约翰·司各脱的理论来论证他这一观点，结果使约翰在死后还受到谴责。对于化体说，贝隆嘎持反对意见，为此，他还两次被迫放弃了自己的学说。朗弗兰在其著作《论基督的血与肉》中将他的学说斥为异端。朗弗兰出生于帕维亚，曾修习过法律，后来成为一流的辩证学者。可令人难以置信的是，他为了进入诺曼底的贝克修道院研究神学，彻底放弃了辩证法，并于1070年被征服者威廉任命为坎特伯雷大主教。

安瑟勒姆是意大利人，跟朗弗兰一样，他也在贝克修道院做过僧侣，也曾被任命为坎特伯雷的大主教（1093至1109在位）。他之所以成名是因为提出了一套关于上帝存在的"本体论论证"。其论证概括来说主要是：可以将"上帝"定义为最大可能的思维对象。如果一个对象不存在，而另一个和它极为相似的对象存在的话，这个对象就比它更伟大。因此，任何思维对象的最伟大者必须存在，如若不然，可能就还存在一个更伟大的对象。可见，上帝是存在的。

□ **坎特伯雷大主教**

坎特伯雷大主教，又称为坎特伯雷圣座，首任主教是圣奥斯定·坎特伯雷，为全英格兰的首席主教。坎特伯雷大主教的权威，不但是承受了他的历史事实，更是在天主教会中的圣礼事保持者。他是全英国教会的主教长，又是全世界圣公会的主教长。

神学家们一直拒绝接受这个论证。托马斯·阿奎那对其进行了驳斥，他的论点从而在神学家中盛行起来。但这个论证却受到哲学家们的欢迎。笛卡尔对其稍作修改后使其复兴；莱布尼茨认为，要使这个论证成立只需补充证明上帝是可能的；康德却声称他已经彻底将其摧毁。但它却在某种意义上构成了黑格尔哲学，及其学派体系的基础，并在布莱得雷的"凡可能存在与必须存在的，就存在"这一原则中出现。

安瑟勒姆的哲学主要源自圣奥古斯丁，尤其是奥古斯丁所强调的柏拉图主义。他对柏拉图的理念深信不疑，并据此做出"上帝存在"的又一论证，还声称三位一体也可得到证明。他主张理性从属于信仰，说："没有信仰就无法理解"。

第十章　伊斯兰教文化及其哲学

　　伊斯兰教世界独特的文化，虽然起源于叙利亚，但随即盛行于东西两端：波斯与西班牙。阿拉伯人最初是从叙利亚人那里获得希腊哲学的知识，但他们所理解的亚里士多德却披上了新柏拉图主义的外衣。

阿拉伯人的征战

伊斯兰教纪元起于622年。10年后，穆罕默德逝世。之后不久，阿拉伯人开始了八方征战。叙利亚、波斯、印度、君士坦丁堡、埃及、迦太基、西班牙等国家先后被围或被攻陷，伊斯兰教势力达到了极盛期。

阿拉伯人的这次扩张中有很多有利因素：波斯和东罗马帝国被长期战争拖垮；属于奈斯脱流斯教派的叙利亚人长久遭受天主教的迫害，而伊斯兰教教徒对他们较为宽容；大多数埃及人都是一性论者，他们也欢迎入侵者；西班牙的犹太人出于对西哥特人的愤恨支持阿拉伯人……

先知穆罕默德创立的伊斯兰教是单纯的"一神教"，不像基督教那样，有三位一体的基督化身和神学。穆罕默德本人从未将自身奉为神，他的信徒们也没有这种要求。穆罕默德恢复了犹太人禁止供奉雕刻偶像的戒命，并禁止饮酒。教徒的义务就是为伊斯兰教征服世界，但却不许对基督徒、犹太人、拜火教徒进行迫害。《可兰经》中称他们是"圣经之民"，即：他们是遵奉一经教导的人。

阿拉伯这块土地大部分是沙漠，它的出产越来越难以供应人口发展的需要。最初，阿拉伯人向四方征战的目的只是为了劫掠，由于敌人的软弱无能，他们开始长期占领对方领土。后来，这些在沙漠边缘上过惯了艰苦生活的人，突然发现他们自己变作了世界上最富饶地区的主人，他们在享受各种奢华生活的同时，还获得了古代文明遗留下来的精致遗产。然而，面

□ 先知穆罕默德创建的麦地那先知寺夜景

麦地那是伊斯兰教初期的政治、宗教中心，是穆斯林国家的第一个首都，穆罕默德死后即安葬于此。先知寺是世界上第一座清真寺，它是622年穆罕默德率众从麦加迁往麦地那后修建而成的。

对这一变革，他们比大多数北方蛮族更好地顶住了诱惑。由于他们在得到别国领土时没有经过大规模的残酷战争，因而对城市、乡村的破坏很小，他们几乎原封不动地接受了前政权留下来的民政系统。这一时期，波斯与拜占庭帝国的民政系统已经相当成熟，有了高度完备的组织。起初，阿拉伯部族对于民政系统的复杂性几乎完全不能理解，于是，他们不得不聘请原来机构负责的熟手继续为社会服务，而这些熟手中的大部分人也愿意为他们的新主人服务。这次社会变革还产生了一个重大结果，由于国家的税赋大幅减轻，为了逃避贡赋，很多民众都抛弃了基督教而改信了伊斯兰教。

阿拉伯帝国是哈里发统治下的一个君主制国家。哈里发本人是先知穆罕默德的继承者。最初，哈里发的职位由选举产生，但不久就变成了世袭继承。到了750年，一批纯粹出于政治原因承认穆罕默德教义的人创立了乌玛亚德王朝。他们一直反对教徒中的激进狂热分子。此时，阿拉伯人虽然以一种新的宗教的名义征服了世界上大部分地区，但他们实际上并不虔诚；他们四处征战的目的与其说是出于宗教的原因，不如说是为了掠夺财富。一小股军队势力之所以能将大批具有不同宗教信仰、又较文明的人民置于他们的统治下，正是因为他们对宗教并不狂热。

□ 哈里发阿里和他的士兵在巴士拉附近村庄

哈里发是穆罕默德继任者的称谓，意为"安拉使者代理人"，它是伊斯兰政权最高统治者的专称。第四任哈里发阿里是穆罕默德的女婿，他继位后，穆罕默德遗孀阿伊莎等人指责他包庇刺杀第三任哈里发奥斯曼的凶犯，在巴士拉举兵反对阿里。656年，阿里率军向巴士拉进发，在激战中获胜。

与阿拉伯人不同的是，从远古时代开始，波斯人便对宗教怀有深厚的情感，并且，他们具有高度的思辨性格。在改信伊斯兰教后，他们从伊斯兰教中创造出了许多有趣的、更加宗教化和哲学化的因素。这些创造，甚至连先知穆罕默德及其亲属都意想不到。661年，穆罕默德的女婿阿里去世后，伊斯兰教徒分成了逊尼和什叶两派。前者势力强大，后者则追随阿里，并认为乌玛亚德王朝是篡位者。

波斯人一直属于什叶派。由于波斯人的影响，最后，乌玛亚德王朝终于被推翻，并为代表波斯利益的阿拔斯王朝所接替。这次政变后，首都从大马士革迁往了巴格达。

与乌玛亚德王朝不同的是，阿拔斯王朝在政治上偏向于狂热派。然而，他们并未统一整个帝国。乌玛亚德皇室中的一支避开了大屠杀而奔往西班牙，并在当地取得了合法的统治地位。从那时起，西班牙就独立于其他伊斯兰教世界之外。

在阿拔斯王朝初期，哈里发的权势达到了极点。其中最著名的一个哈里发是哈伦·阿尔·拉细德（死于809年）。由于《天方夜谭》这部书的广为传播，他成了人所共知的传奇人物。他极其富有，住的宫廷奢华无比，是当时诗文和学术的中心。他统治的帝国拥有无边无际的土地，西起直布罗陀海峡，东达印度河。他有绝对的个人意志，刽子手每时每刻伴随在他身边，只要他一领首，刽子手便立即去执行任务。在他去世之后，阿拔斯王朝开始走向了衰败。他的继承者在处理以土耳其人为军队主力一事上犯了错误。土耳其人不服从他的权威，他们将哈里发变成了一个无足轻重的傀儡。虽然如此，哈里发的统治却延续了下来。1256年，阿拔斯王朝最末一代哈里发与80万巴格达市民一起遭到了蒙古人的屠杀。

□ 迁都前的阿拉伯首都大马士革城区图

661年，第一任哈里发摩阿维叶定都大马士革，并将哈里发的选举制度改为世袭制，使阿拉伯成为一个君主制国家。经济上，统一币制，分封土地；军事上，大规模对外扩张；文化上，广泛吸收希腊、波斯、拜占庭等地的先进文化。

阿拉伯人在社会政治制度方面的缺陷和罗马帝国非常相似。君主专制政体和一夫多妻制的结合，导致政权极不稳定。一旦统治者死去，就发生争夺皇位的战争，最后以某一个王子的胜利和其他王子被刑戮作为结局。而且战争还产生了大量奴隶，他们常会发动叛乱。

伊斯兰教世界独特的文化，虽然起源于叙利亚，但随即盛行于东西两端：波斯与西班牙。叙利亚人大都是奈斯脱流斯教派，他们对亚里士多德的推崇远胜过柏拉图。阿拉伯人最初就是从叙利亚人那里获得希腊哲学的知识，因此他们也觉得亚里士多德比柏拉图更重要。但他们所理解的亚里士多德，却披上了新柏拉图主义的外衣。金第是第一个用阿拉伯文写作哲学著作的人，他也是出生于阿拉伯的唯一著名哲学家。他翻译了普罗提诺所著《九章集》的一部分，并以《亚里士多德神学》的名义发行了这部著作，这使阿拉伯人对亚里士多德感到更为困惑。

伊斯兰教徒在波斯接触了印度文化，并从梵文书籍中汲取到基本的天文学知识。830年左右，波斯数学家、天文学书籍翻译家穆罕默德·本·穆撒·阿尔·花剌子密出版了《印度计数法》一书，我们现在所说的"阿拉伯"数字最初就源自这本书。他还写了一本有关代数学的书，直到16世纪，西方都将此书当作教科书。

在智慧和艺术上，波斯文明一直受到人们的称赞。然而，自从13世纪遭受蒙古入侵后便一蹶不振了。

奈斯脱流斯教派最早将希腊文明传到伊斯兰教世界，但他们的世界观并没有变成纯粹希腊式的。481年，他们在埃德撒的学校被东罗马皇帝芝诺关闭，学者们逐渐迁往波斯，并在那里继续他们的工作。对于亚里士多德，早期的阿拉伯哲学家最看重他的逻辑学。后来，他们也读了他的《形而上学》《灵魂论》等著作。阿拉伯哲学家的学问比较杂，他们对于炼金术、占星术、天文学、动物学以及哲学都很感兴趣。

伊斯兰教世界的两位哲学家

在伊斯兰教世界中，有两位哲学家值得我们注意：一位是波斯人阿维森纳，一位是西班牙人阿威罗伊。

阿维森纳（980—1037）生于波卡拉，他在24岁时去了基瓦，后来又去了克拉桑。他曾在伊斯巴汗教授了一段时期医学和哲学，最后在德黑兰定居。他在医学上的成就比在哲学上的更大。从12世纪到17世纪，欧洲人一直把他尊为医学上的导师。他不是一个圣洁的人物，一生都喜欢酒和女人。他写了一部百科全书，但神学家们出于对他的憎恶对这本书严加限制，以至于在东方几乎无人知晓；而这本书的拉丁文译本在西方却具有极大影响。他的哲学思想比较接近亚里士多德。

阿维森纳发明了一个公式，并被阿威罗伊和阿勒贝尔图斯阐述为"思维导致形式的一般性"。从这个公式看，他似乎不相信离开思维的共相。他认为，共相同时在万物之前、万物之中和万物之后。他说：在上帝那里，共相在万物之前（例如，上帝要创造猫，那么，上帝就需要有"猫"的概念，而这个概念是先于个别的猫的），共相在万物之中（猫已经被创造，猫性已经在每只具体的猫中了），共相在万物之后，存在于人们的思维中（人们看到很多猫，并注意到它们彼此之间的相似，于是，得到"猫"这一概念）。

阿威罗伊（1126—1198）出生在克尔

□ 阿维森纳

阿维森纳是阿拉伯亚里士多德学派的主要代表之一。他肯定物质世界是永恒的、不可创造的，同时又承认真主是永恒的。他主张灵魂不灭，也不轮回，反对死者复活。

多巴。他研究过神学、法律学，后来又研究医学、数学、哲学。有人将他举荐给了哈里发阿部·雅库布·优苏夫那，他很受宠信，并被任命为御医。后来的继任者对他也十分眷顾，但由于正统教派的反对，这位统治者革除了他的职位，并先后将他放逐到克尔多巴和摩洛哥。

他虽然是一个伊斯兰教徒，但并不属于严格的正统教派。有人指责他违背正统教义，宇伯威克（德国哲学家）曾为他进行过辩解，他说：按照神秘主义者的说法，《可兰经》中的每一章节都有七重、七十重，甚至七百重解释，字面上的意义是给愚昧的人看的；一个哲学家对《可兰经》的解释完全可以不与该文冲突，因为在这七百重解释中必定有一重解释与这位哲学家的解释相吻合。但是，在伊斯兰教世界中，那些教徒总是反对超出《可兰经》知识范围外的一切学问；即使这些学问不是异端可供指责，也是极其危险的。

□ 阿威罗伊

阿威罗伊以研究亚里士多德的哲学而著称。在哲学与宗教的问题上，他提出哲学是哲学家的真理，而宗教是民众的真理。宗教的真理源自天启，而哲学的真理获自理性。他认为哲学和宗教的关系是理论和实践的关系，哲学是真理的最高表现，是最高的宗教。

阿威罗伊对亚里士多德十分崇敬，他曾试图向阿拉伯人重新介绍这位伟大人物。他提出，通过独立于启示的理性就可以证明上帝的存在。他受亚里士多德的影响，也认为灵魂可能会死，而知性是不死的。他的这一见解遭到很多基督教哲学家的驳斥。阿威罗伊在基督教哲学中的影响远远大于他在伊斯兰教哲学中的影响。在伊斯兰教哲学中，以他为标志，宣告了这一哲学体系的终结，但在基督教哲学中，他恰恰是一个开端。

总的来看，阿拉伯哲学作为独创性思想，与希腊哲学相比，显得并不重要。即使阿维森纳、阿威罗伊等人，也主要是注释者。比较有体系的阿拉伯哲学家们的见解大部分来自亚里士多德和新柏拉图主义；他们在医学方面的知识来自盖伦；在数学、天文学方面的知识则来自希腊和印度；其宗教哲学里还夹杂着古代波斯的信仰。由于研究炼金术，阿拉伯作家仅在数学和化学方面表现出了自己的独创性。伊斯兰教文明的鼎盛时期，曾在美术和许多技术方面取得了成就，但他们在理论问题上没有显示出独立思辨的才能。作为一个传导者，伊斯兰教文明在欧洲文明的"黑暗时期"仍显示了它的重要性，这一点是不能低估的。在这个时期，伊斯兰教教徒和拜占庭人维护了文明的工具——教育、书籍和学术。

在西班牙的摩尔人与基督徒之间，犹太人起了一个传导者的作用。在西班牙生活着许多犹太人，当西班牙重新被基督徒征服时，他们留了下来。他们通晓阿拉伯文，在当时的情景下，又被迫学会了基督徒语言，由此，他们便担当了各种各样的翻译工作。在13世纪，由于伊斯兰教教徒对亚里士多德主义者施行迫害，曾迫使摩尔的哲学家们到犹太人处避难。

居住在西班牙的犹太人中出现过一位重要的哲学家，名叫迈蒙尼德斯。他在1135年生于克尔多巴，30岁时去开罗，在那里居住至死。他用阿拉伯文进行写作，然后译成希伯来文；一般推测是由于皇帝弗里德里希二世的要求，在他死后被译成拉丁文。他曾写过一本名叫《迷路者指南》的书，企图在亚里士多德哲学和犹太神学之间进行调和。亚里士多德是人间的权威，启示则是天上的权威，但在有关上帝的认识中，二者却是殊途同归的。人们不该总以字面上的意义来解释《摩西五经》，当字面上的意义与理性相抵触时，我们应该寻求一种寓言性的解释。他反对亚里士多德。他认为，上帝不仅创造了形式，而且也从"无"中创造了内容。

对于迈蒙尼德斯，犹太人认为他是异端，甚至煽动基督教教会的权威者来攻击他。

第十一章
权力冲突与经院哲学的成长

　　经院哲学家在独创性方面超过了任何阿拉伯人，甚至也超过普罗提诺、奥古斯丁以后的任何人。在当时的政治舞台上，经院哲学家就如同在思想领域一样，显示了鲜明的独创性。

帝国与教廷的冲突

从教皇格雷高里七世起到13世纪中叶为止,欧洲历史集中在教会与世俗国王之间的冲突上,而这一冲突,又主要表现为与神圣罗马帝国皇帝(有时与法兰西国王或英格兰国王)之间的权力斗争。格雷高里的教皇任期虽然是在不幸中结束的,但他施行的政策,却由乌尔班二世(1088至1099年在位)继承了下来,在执行上更为缓和。他重申了僧职不能由俗界任命的教令,并坚持主教的选任须经僧侣和群众的自由选举。事实上,如果俗界选任的人为人善良,他表示默认。

□ 乌尔班二世发表"克勒芒演说"

1071年,塞尔柱突厥人向君士坦丁堡进军,罗马帝国皇帝向教皇乌尔班二世求援。乌尔班二世于1095年11月在克勒芒宗教会议上发表了著名的"克勒芒演说",号召基督教徒夺回圣城耶路撒冷,得到了人民的热烈响应,人们纷纷狂热地加入随后的第一次十字军东征。

最初,乌尔班只有生活在诺曼境内才感到安全。1093年,亨利四世的儿子康拉德叛变了自己的父亲,并与教皇结成联盟,征服了意大利北部,以米兰为首的诸城市的联盟拥戴教皇。1094年,乌尔班举行了一次横贯意大利北部以及法兰西的胜利游行。后来,他战胜了法兰西王腓力普。腓力普因为离婚问题,遭到了教皇的破门处分,最后终于向教皇屈服。1095年,在克勒芒宗教会议上,乌尔班宣布发动第一次十字军东征,这事在当时曾引起了人们的宗教热潮,与此相伴的,是教皇权柄的增长和一场对犹太人的大屠杀。

乌尔班的下一任教皇帕司查勒二世与他一样,都出身于克律尼修道院。他仍然坚持为僧职不能由俗界任命的教令而斗争,并在法兰西、英格兰取得了胜利。1106年，皇帝亨利四世死后，由亨利五世继位。教皇帕司查勒因政治感觉迟钝而吃了亨利五世的亏。教皇以主教和修道院院长放弃世俗财产作为交换条件，要求皇帝放弃他的僧职任命权，皇帝对这一建议表示赞同。然而，当这一协议公开后，教皇的建议随即遭到了教士们的强烈反对。皇帝当时正在罗马，他逮捕了教皇。在他的威胁下，教皇屈服了，不但在任命权上让了步，而且还为亨利五世加了冕。直到11年后，教皇喀列克斯图斯才借沃尔姆斯协定迫使亨利五世放弃了任命权，并让出了在勃艮底和意大利境内选举主教事务的管辖权。

教会与皇帝斗争的结果是：原先处于从属地位的教皇，从此开始与皇帝平起平坐。教皇在教会中的权力增长了，成了一个全面的统治者。他通过派遣"教皇使节"的方式管理教会，使主教的重要性降低了。

□ **教皇乌尔班二世**
教皇乌尔班二世年轻时在兰斯任副主教，后担任克律尼修道院修士、副院长、红衣主教，1088年当选为罗马教皇。他是一位坚强有力、政治嗅觉敏感的教皇，发动了一场从伊斯兰教徒手中重获圣地的基督教战争，开始了十字军东征，后者无疑深刻地影响了欧洲和中东的历史。

伦巴底城市群的兴起

皇帝弗里德里希·巴巴罗撒（1152至1190年在位）是一个富有才干、精力充沛的人，只要有可能取得成功的事，在他手中，就会将其推向成功。他受过相当程度的教育，虽然拉丁语水平不高，但他却以能够阅读拉丁文为傲。他具有广博的古典知识，崇拜罗马法。他以罗马皇帝的继承者自居，并渴望享有他们所拥有的权力。作为一个德意志人，他在意大利深孚众望。除了那些惧怕米兰而乞求他保护的城市真正愿意承认他为君主以外，其他伦巴底诸城虽然愿意承认他为正式的君主，但是却反对他干涉内政。

哈德理安四世是个精力旺盛的英格兰人，曾在挪威当过传教士，他在巴巴罗撒即位后的第二年当了教皇。最初，他与巴巴罗撒关系很好。他们和解的原因是两人有共同的敌人，这个敌人就是阿诺德。当时，罗马市向教皇与皇帝要求独立，并邀请了异端者阿诺德前来支援他们。阿诺德的头顶上具有圣者般的光环，在当时有很大影响。在他看来，凡是有财产的僧侣、有领地的主教和有财产的修道僧都不能得救。他认为僧侣们应该专心致志地献身于属于灵性的事业。人们虽然认为他是个异端，甚至认为他邪恶，但却没有人怀疑他的诚心和苦行。即使曾经猛烈攻击他的圣伯纳德也说："他不吃不喝，但却像魔鬼一样，渴求着灵魂

□ 弗里德里希·巴巴罗撒

弗里德里希·巴巴罗撒，绰号红胡子，霍恩施陶芬王朝的德意志国王（1152至1190年在位）和神圣罗马帝国皇帝（1155年加冕）。他为了巩固帝国在意大利的统治，恢复德意志各公国的秩序，1153年与教皇达成"康士坦斯协议"，承诺保护教皇国，并帮助教皇夺取罗马的控制权。这样巴巴罗撒也就取得了教皇的支持。

的血液。"

哈德理安的前任教皇曾写信给巴巴罗撒，指控阿诺德支援罗马民众派。此派成员强烈要求选举一百名元老院议员和两位执政官，并选出一位新皇帝。罗马要求地方自治，在阿诺德鼓动下发生了暴动，暴动中杀死了一名红衣主教。于是，教皇哈德理安立即下令停止罗马地区教会的一切宗教活动。这时离基督复活节还有一周时间，罗马市民在迷信面前屈服了，他们将阿诺德驱逐了。阿诺德在躲藏中被皇帝的军队擒获，并被烧死，士兵们将他的骨灰倒进了台伯河里。他们这样做，是恐怕人们把他的骨灰当做圣物来保存。阿诺德——一个诚实的人最终被打败了，政客们开始了他们之间的争吵。

□ 腓特烈一世强迫教皇服从自己

11世纪，教皇与神圣罗马帝国皇帝展开了激烈的权力之争。他们互相依赖，却又互相排斥，帝国皇帝既需要教皇的帮助，又要让教皇服从自己。这幅图展示的是霍恩施陶芬王朝的"红胡子"腓特烈一世（即弗里德里希·巴巴罗撒）强迫教皇服从自己的场景。

教皇与诺曼人达成了谅解，在1157年，决定和皇帝公开决裂。从那时开始，教皇同伦巴底诸城结为同盟，与皇帝展开了战争，并持续了20年之久。诺曼底人大都支持教皇，战争中，伦巴底联盟发起的战役最多。1162年，皇帝的军队攻陷了米兰。他将米兰彻底破坏了，并迫使居民迁往别处。五年后，伦巴底联盟又重建了米兰，居民们又陆续重新返回了这座城市。正是在这一年，皇帝选出一位敌对教皇，并带他一同进军罗马，而这位教皇却中途逃跑。加之当时时疫肆虐，皇帝的兵士几乎全军覆没，他被迫狼狈逃回德意志。尽管在西西里之外还有希腊皇帝也来支持伦巴底联盟，巴巴罗撒还是进行了再次的进军，结果于公元1176年以雷格纳诺战役的败北而告终。这次战役之后，他被迫媾和，并给这些城市以自由的一切实质。然而这次和约的条款却未给斗争中的任何一方——皇帝和教皇——带来全面的胜利。

在长时期的斗争中，历史在继续前行，各个自由城市的兴起被证明是最重

□ 教廷会议

罗马教皇在欧洲文化中居于统治地位，但它对各国君王的影响却十分有限，时常被君主利用以达到自己的政治目的。到了11世纪，在格雷高里七世的教皇权威下才加强了神职人员的队伍，并分清了他们的权力。图为教皇召开教廷高级会议的情形。

要的事件。此时，皇帝的权力已经和没落的封建制度联结在一起了。教皇权力的增长，主要原因是：人们需要他去当皇帝的对手。因此，当帝国不再成为威胁时，教皇的权势也就开始衰落了。然而，由于经济发展，各个城市的新兴势力却在蓬勃兴起，这成了新的政治形态的一个源泉。不久，这种新的政治形态就在意大利城市出现了，并发展出一种非僧侣的文化，在文学、艺术和科学上达到了非常高的水平。

这一时期，意大利北部的所有大城市都以经商为生。12世纪的社会环境比较安定，这使商业比以前更加繁荣。威尼斯、热那亚、比萨等海港城市没有为自由而战斗的原动力，他们不像阿尔卑斯山下的一些城市那样仇视皇帝。位于阿尔卑斯山下的城市是通往意大利的门户，是皇帝非常看重的城市。由于这个原因，米兰在当时的城市中占据着重要地位，是意大利最重要、最令人感兴趣的城市。

一直到亨利三世以前，米兰人都一心一意地追随着大主教。然而，帕塔林运动改变了这种情况。大主教与贵族结成同盟，与反对大主教和贵族的群众运动形成了对立面。这种局面催生了民主政治的兴起，人们制定了宪法，规定城市的长官必须由市民选举产生。这时，北部各城市出现了一批精通罗马法的俗界律师。从12、13世纪起，那些富有的平民所受的教育，比阿尔卑斯山以北封建贵族所受的教育还要好得多。这些富裕的商业城市虽然站在教皇一边，但它们在世界观上与教会不同。他们当中许多人就像宗教改革后的英格兰和荷兰商人那样，具有类似清教徒的异端观点。他们倾向于自由的思想家，只是在口头上拥护教会，但心中并没有丝毫的虔诚。

十字军

说到十字军,人们一般会想到战争,其实,十字军的出现对文化具有相当的重要性。教皇之所以带头发动十字军,是因为组建十字军的目的带有宗教性,至少表面上是这样的。由于战争宣传所激起的宗教热情,造成了教皇权力的增长。十字军的兴起造成了一个重大事件,就是大量犹太人被集体屠杀;那些未被杀戮的犹太人,也被夺去了财产,并被强制受洗。第一次十字军东征期间,德意志就有大量犹太人被杀害,在第三次十字军东征时英格兰也发生了同样的屠杀事件。

然而,反犹暴行的发生地恰好就是第一位基督徒皇帝的发祥地约克。在十字军之前,犹太人几乎垄断了全欧的东方物产贸易;十字军之后,由于犹太人遭受到残酷迫害,贸易大部分都落入了基督徒的手中。

十字军还产生了另一个影响,就是促进了和君士坦丁堡的学术交流。这一交流的结果是,在12世纪和13世纪初叶,许多希腊文文献被译成了拉丁文。

□ 《十字军进入君士坦丁堡》 德拉克洛瓦 1840年

骑士们在追杀平民,一个基督教的家庭正在向一位十字军首领请求庇护。画家描绘的是1204年4月12日,十字军攻占君士坦丁堡时的情景。

经院哲学的成长

从政治上讲，我们可以把初期经院哲学，看作整个教会争夺政权中的一个派生物。

经院哲学早在12世纪初就已开始了。作为一个哲学学派，经院哲学有其鲜明的特征。① 经院哲学被学者们固定在正统教义范围之内。一个经院哲学家，如果他的哲学观点受到宗教会议谴责，常常自己撤回其观点。② 在12、13世纪，人们对亚里士多德开始有了比较全面的认识，在正统教内部，亚里士多德被公认为最高权威，柏拉图的首要地位开始跌落。③ 经院哲学家迷信"辩证法"和三段论，他们的哲学既烦琐又好辩。④ 由于古代两大哲学家——柏拉图和亚里士多德在"共相"问题上意思相左，这个问题又被重新提了出来。

经院哲学在方法论上的缺点是：过分强调"辩证法"，忽视事实和科学，偏好推理。

罗塞林（大约在1050年出生于贡庇涅）可称为第一位经院哲学家。他曾在希列塔尼的罗什讲过学，阿贝拉德是他的学生。1092年，他在莱姆斯宗教会议上被指控为异端，因惧于教士们用石头将自己砸死，他最后撤回了自己的学说。后来，他先逃到了英格兰，但因为抨击圣安瑟勒姆而遭到很多信徒的反对；他只好又从那逃往罗马，并最终和罗马教会握手言和。在1120年之后的史籍中，他的名字就没再出现过，因此人们推测他大概死于此时。

□ 三位一体

三位一体的学说——上帝集圣父、圣子和圣灵于一身，是基督教的核心思想。基督教相信：只有独一的上帝；圣父完全是上帝，圣子完全是上帝，圣灵完全是上帝；圣父不是圣子，圣子不是圣灵，圣灵不是圣父。三一论不是组合论，也不是形态论，又不是动态论，更不是多神论或泛神论。相信与否定三位一体，是正统与非正统信仰的分水岭。

目前，除了写给他的学生阿贝拉德关于三位一体的信外，罗塞林的著作已全部佚失。他的观点主要因为安瑟勒姆和阿贝拉德的论战性文章而披露于世。据说罗塞林曾说过，人不是一个个体，只是一个共名。他似乎主张一个具有部分的整体没有其自身的实在性，而只是一个词；真实性存在于部分之中。这一观点使他对三位一体论产生了质疑，他认为：三位是三个不同的实体，我们没有将其说成三位上帝完全是出于语言习惯。他还提出，"圣父、圣灵和圣子最终都会化为肉体"，但后来他又否认自己曾说过这种话。他关于"共相"问题究竟是何观点我们已无法知道，但他是个唯名论者大概是无疑的。

□ 阿贝拉德

阿贝拉德是第一位应用辩证法处理神学的人。他先提出一连串单独的教理问题，然后再将这些问题与《圣经》及诸教父著作、教会谕令、正典书籍等加以比较，并逐一列出它们的共通点与差异点。总的来说，他还是支持《圣经》的权威。图为阿贝拉德和其恋人厄罗伊斯。

阿贝拉德（1079年出生于南特附近）是罗塞林的学生，他比老师更有才干，更有名。他曾在巴黎跟唯实主义者、尚波人维廉学习过一段时间，此后便在巴黎一所天主教会学校担任教员。任教员期间，他对维廉的观点进行了驳斥，并迫使其作出了修正。后来，他又随拉昂人安瑟勒姆（不是做过大主教的安瑟勒姆）修习神学，并于1113年重回巴黎。由于与教会参事富勒伯特的侄女厄罗伊斯偷情，他被富勒伯特阉割了。无奈，他和情人只好隐居避世，双双进了修道院。由于两人所在的修道院分处两地，他们之间有了著名的书信往来。据一位德国学者考证，阿贝拉德给情人的信函完全是作为一部文学作品来创作的，而情人厄罗伊斯的信函比阿贝拉德更为真诚。阿贝拉德是一个自负、善辩的人，很多学者都入不了他的眼。由于惨遭不幸，这些信函成了他受重创之后的愤世之作。

他的智慧、雄辩和傲骨为他赢得了很大声誉，即使退休后，很多青年人仍视他为值得崇敬的教师。但一些年长者则对他极为憎恶，1121年，他因一本有关三位一体的著作违背正统教义受到谴责。作出一定妥协后，他又当上了位于布列塔尼的圣吉尔塔修道院的院长，这其实就是对他的一种放逐。他很快发现，这里的修道僧全都愚昧无知，就像一群野蛮人。因此他的日子过得非常凄惨，在忍受了四年的精神折磨后他才重返原来的地方。1141年，在圣贝纳德的提议下，他重新受到谴责，他被迫退居克律尼修道院，并于第二年去世。

阿贝拉德最有名的著作是《是与非》。在这本著作中，他以辩证的思维对很多论点进行了论证，他将人们从教条的沉睡中唤醒过来。他认为，除《圣经》之外，辩证法是通向真理的唯一道路。经验主义者们都不认同他这种观点，但对当时的各种偏见而言，这起到了某种调和作用，而且对理智的运用也是一种鼓舞。

阿贝拉德的成就主要在逻辑学和认识论方面。他的哲学重在批判分析，而且偏重于语言的批判分析。关于"共相"，他认为并不是在表述一个物，而是在表述一个词。从这个意义上看，他是一个唯名主义者。

圣伯纳德认为经院主义的辩证法枯燥无味，因此发起过一场神秘主义运动。他曾在西多教团做过修道僧，后出任克莱尔伍欧修道院院长。在教会政治方面他是有一定影响力的：在与敌对教皇的斗争中，他力挽狂澜，扭转局势；还对意大利北部和法兰西南部的异端予以严厉打击，使某些"狂妄"的哲学家受到正统教义的重压；他还鼓动了第二次十字军。他虽然很有政治手腕，但身上的宗教气质却很纯正。

作为一个宗教神秘主义者，他既憎恶俗世的权力，又反对教廷沉溺于俗界事务。他曾指责人们过分推崇"查士丁尼法典，而不是上帝的律法"。他虽然对教皇无比崇敬，但强烈反对他们进行实际统治，因为教皇的作用应该在精神方面。他说教皇是"主教之王、使徒的承继者，握有亚伯的首位权、诺亚的统治权和亚伯拉罕的族长权，拥有麦基洗德的等级、亚伦的尊严和摩西的权威，在士师上是撒母耳、在权柄上是彼得、在涂油上是基督"。他的这些观点和很多行动，不但未对插手俗世事务的教廷起到劝诫作用，反而使教皇在这类事务中的权力大为提升。

同上述几位思想家相比，撒利斯伯人约翰稍显逊色，但他所写的漫笔录为我们了解他所处的时代大有助益。他对宗教外的任何事都持怀疑态度，并自称学院派。他并不盲目尊崇国王，他曾将没有文化的国王称为"一头戴着王冠的驴"。他很敬仰圣伯纳德和阿贝拉德，但对他们的某些观点和行为持保留态度；他认为应该用批判的眼光看待古代的作家。他和当时的很多饱学之士都有往来，经常参加他们举行的经院哲学辩论。有一次他重游三十年前去过的一所哲学学院，惊奇地发现他们讨论的问题同当年完全一样，对此他大加嘲讽。

第十二章　皇帝、教皇及异端教派

　　中世纪在13世纪达到了极点。罗马帝国灭亡后，逐渐建立起来的综合体系已经十分完备了。14世纪，各种制度和哲学派别开始瓦解，而15世纪则是近代事物的开端。

13世纪的重大事件

在人类历史上，13世纪的伟人表现得非常卓越，如：尹诺森三世、圣法兰西斯、弗里德里希二世、托马斯·阿奎那等。这些伟人们以不同的方式，成为了各自领域的杰出代表。当然，这一时期取得的其他巨大的成就与这些伟大人物并没有什么关系，如：法兰西哥特式大教堂、查理曼·阿瑟王、尼伯龙根的浪漫主义、大宪章及立宪政治的创立等。在哲学领域，和我们直接有关系的是经院哲学，特别是由阿奎那所阐述的经院哲学；这个问题下一章讲，本章讲影响这一时代精神面貌的重大事件。

本世纪初叶的中心人物是教皇尹诺森三世（1198至1216年在位），这是一位机敏的政治家，浑身充满活力。他虽然坚信教皇具有无上的权威，但却没有基督的谦逊胸襟。在接任圣职时，他选择了这样一段经文："看，我今天站在你及其他民众、国家之上。我们要做的是拔掉和打碎，毁坏和推翻，建设和树立。"他称自己是"万王之王，万主之主"，是一个"遵循麦基洗德等次的永世大祭司"。他在实践这些观点时，利用了当时一切有利的条件。西西里过去曾被罗马皇帝亨利六世所征服，亨利和诺曼族诸国王的女继承人康斯坦斯结了婚。当尹诺森接任教皇时，新王弗里德里希才三岁。这时西西里国内发生骚乱，康斯坦斯急需得到教皇的帮助，以平息这场骚

□ 尹诺森三世的墓穴

尹诺森三世于1198年当选为教皇。他承袭格雷高里七世的教权观点，认为教皇是上帝在世上的代表，皇帝和国王应臣属于教皇，并由教皇授予世俗权力。他在位期间积极参与欧洲各国的政治斗争，曾迫使英国、丹麦、葡萄牙、瑞士等国王称臣；并发动过第四次十字军东征，镇压异端阿尔比派。图为尹诺森三世的墓穴。

乱。于是，她让教皇做了幼王的监护人，凭借承认教廷的优越权，得到了教皇的认可，承认了幼王在西西里的统治权。这一策略和葡萄牙、阿拉贡一样，它们对教廷的优越权也有过类似的承认。在英格兰，经过顽强抗拒，国王约翰最后还是被迫把他的王国献给了尹诺森，然后把它当作教皇的采邑重新收回。

不过，威尼斯人在第四次十字军中曾占过教皇的上风。十字军士兵本来计划在威尼斯乘船出发，由于没有足够的船只，只好求助于威尼斯人。威尼斯人出于商业上的原因，认为与其攻打耶路撒冷不如攻打君士坦丁堡。在他们眼中，君士坦丁堡是块有用的踏脚石。而十字军士兵则感到东罗马帝国对他们从来都不友好；于是，他们向威尼斯人作出了让步。不久，君士坦丁堡被攻陷了，并立了一个拉丁系的皇帝。尹诺森最初曾为此感到烦恼，但他又存在着把东、西方教会重新联合起来的幻想。当然，这个幻想最后落空了。除此事外，还没有什么人占过尹诺森三世的上风。他派遣了大批十字军去讨伐阿勒比占西斯派，他们把法兰西南部的异端教派连同幸福、繁荣和文化都全部根绝了。因为图路斯伯爵雷蒙德对十字军态度冷漠，他将其废黜，同时把大部分阿勒比占西斯派的土地赏给这次十字军的统帅西蒙·德·蒙特富尔。他因和德意志皇帝奥托发生争执，于是号召日耳曼人将奥托废黜。他的指示得到了贯彻，并根据他的提议选立了刚成年的弗里德里希二世。

尹诺森三世是第一个没有神圣素质的大教皇。由于教会的改革，他不需再为圣洁问题而顾虑了。这时，他的权力和专擅支配了教廷。其所作所为引起了一些虔诚教徒的反感，甚至在他还在世时就出现了反对的声音。为了增加教廷的权力，他将教规编为法典。行吟诗人瓦勒特·梵·德·符格勒外德将这本法典称为"地狱给予人类的一本最黑暗的书"。这一时期，教廷虽然仍取得胜利，但已能

□ 十字军像

"千万不可迟疑。你们应当向居住在东方国家的兄弟伸出救援之手，此刻他们正在祈求你们的帮助。"1095年，教皇乌尔班二世发动了十字军东征，由基督教战士所组成的十字军，企图从伊斯兰教教徒手中重新夺回巴勒斯坦，图为教堂壁画上的十字军像。

窥见日后衰落的景象了。

毫无疑问，弗里德里希二世是历史上最出色的统治者之一。他在艰难困苦中度过了童年和少年时代。他的父亲亨利六世征服了西西里的诺曼人，娶了该王朝的继承人康斯坦斯为妻。他在1197年去世，当时弗里德里希才三岁。亨利六世去世后，康斯坦斯开始反对日耳曼人，并试图抛开他们而借助于教皇的支持进行统治。这一行为激起了日耳曼人的愤慨，奥托于是试图征服西西里。这个事件成了他和教皇发生争端的导火线。

帕勒尔摩的伊斯兰教教徒不时发起暴动。为了攻占西西里岛，比萨人同所有人都展开了战争。虽然战争不断，但在文化方面，西西里却得到极大益处。这是一个穆斯林、拜占庭、意大利、日耳曼文化的交融地，其优越的地理位置为其他任何地方所不及。那时，西西里通行希腊语和阿拉伯语。弗里德里希掌握了六种语言，并能机智、流畅地表达。他精通阿拉伯哲学，和伊斯兰教徒也保持着良好关系。他的所为，使虔诚的基督徒十分愤慨。他本身属于霍恩施陶芬皇族，称得上是个日耳曼人，但如果从文化和情感上看，他似乎更像是一个意大利人，并有着阿拉伯和拜占庭的色彩。他的同时代人称他为"世界的奇迹和奇异的改革家"。他还在世时，就已经是不少传奇故事里的主角了。他被人认为是《三大骗子论》一书的作者。三大骗子指摩西、基督、穆罕默德。其实，世上从来没有这样一本书，但很多教会的敌人都曾被攻击是该书的作者。

尹诺森三世死于1216年。最初，新任教皇霍诺留斯三世和皇帝弗里德里希关系还算友好，但不久就发生了矛盾。弗里德里希先是拒绝参加十字军，之后又和伦巴底诸城发生了纷争。1226年，伦巴底诸城之间曾订立了一个为期25年的攻守同盟。他们对日耳曼人充满仇

□ 弗里德里希

弗里德里希是霍恩斯陶芬王朝的德意志国王和神圣罗马帝国皇帝，也是西西里国王（称弗里德里希二世，1198年起）、耶路撒冷国王（1225至1228年在位）、意大利国王和勃艮第领主。他异常注重皇帝的威严。留下了大量以罗马皇帝为造型的雕塑，让现代人能猜测他的容貌。图为弗里德里希青年时期的一尊雕像。

恨；一个诗人曾写诗攻击日耳曼人："你们不要爱日耳曼人，让这些疯狗，远远离开你们。"这些诗句，表达了伦巴底人的普遍情感。教皇霍诺留斯去世后，格雷高里九世继任。他是一个坚定的禁欲主义者，而且将十字军看得比任何事都重要。由于弗里德里希不参与十字军，被他开除了教籍。然而，在1228年，弗里德里希竟率军前往耶路撒冷。这使格雷高里大为恼怒，在他看来，十字军怎能由一个被教皇开除了教籍的人来领导呢？

□ 奥格斯塔勒斯金币

图中金币就是皇帝弗里德里希所颁发的"奥格斯塔勒斯金币"，这是西方的第一批金币。正面印有戴着皇冠的鹰，象征着皇权。

弗里德里希到巴勒斯坦后，与伊斯兰教教徒进行了和解。在他的努力下，伊斯兰教徒被他说服，把该城和平地返还给了他。这事又激怒了教皇。在教皇看来，基督徒应和异教徒作战，而不是和谈。然而，不管怎么说，弗里德里希取得了成功，并正式在耶路撒冷加了冕，这是谁也不能否认的。1230年，教皇与皇帝重归于好。

此后，有过短暂的几年和平时期，皇帝集中精力处理西西里王国的政务，并颁布了一部新法典。新法典源于罗马法，显示了其南部国土的高度文明。法典被译成了希腊文。他在那不勒斯创办了一所大学，又铸造了一种名叫"奥格斯塔勒斯"的金币，这是西方的第一批金币。他制订了自由的贸易政策，全面废除了内地关税。他还邀请各个城市的代表参加他的参议会，不过，参议会只有咨议权。

1237年，由于弗里德里希和伦巴底联盟重开战端，短暂的和平时期宣告结束。教皇和联盟诸城结为了一体，皇帝再次被开除教籍。从这时开始，直到1250年弗里德里希去世，战争持续不断，且愈演愈烈，也更变得残酷、诡谲。双方虽都有得失，但直到皇帝去世为止也未分出胜负。然而，那些试图继承弗里德里希事业的皇帝们远不及他，他们一个接一个地失败了。最后的结局是：意大利四分五裂，教皇在这场战争中获得了胜利。

教皇的死去对现实斗争没有产生什么影响，事实上，每一个新接任的教皇都原封不动地执行着前任教皇的政策。1241年，格雷高里九世去世；1243年，尹诺

□ 十字军远征埃及

1202至1204年，教皇尹诺森三世发动了第四次十字军东征，欲攻占埃及，但未能成功；1215年，在第五次十字军东征中，尹诺森三世主持召开宗教大会，宣布进攻埃及，仍以失败告终。本图反映的是十字军乘船远征埃及的场面。

森四世当选为教皇。路易九世被认为是一个十足的正统教派，他试图调解与格雷高里和尹诺森四世之间的矛盾，但最终失败了。尹诺森拒绝接受来自皇帝的任何建议，并竭尽全力反对他。尹诺森宣告废黜他的皇帝，组织十字军讨伐他，并将支持他的人开除了教籍。托钵僧四处宣传他的恶行，伊斯兰教徒叛变，那些在表面上支持他的人也开始了阴谋活动。

虽然弗里德里希是一个有才能的人，但在这场斗争中他却没有取得成功，因为当时反抗教皇的力量具有民主的性质，而他却企图要恢复一个类似异教的罗马帝国。弗里德里希在文化上是开明的，但在政治上却是反动的。他的宫廷是东方式的，后宫还设有太监。然而，意大利的诗歌却是在宫廷里兴起的；作为诗人，他还有几分才情。在同教廷的冲突中，他曾几次发表有关教会专政危害性的言论，这种事情如果发生在16世纪，或许会博得人们的赞赏，但在他生活的时代却没有产生任何效果。异端者本该成为他的同盟力量，但他却认为他们是叛徒。为了讨好教皇，他还迫害过他们。那些自由城市，本来很可能是反对教皇的，因为弗里德里希要求他们投降，于是他们反而与教皇成了同盟者。弗里德里希是一个悲剧，虽然他在文化上的成就远远超过当代的其他统治者，但皇帝的地位迫使他去反对一切政治上的自由主义者。失败，是他无可避免的最终结局。

异端教派

被十字军所讨伐以及被统治者所迫害的诸异端,是值得研究的。

异端中,最使人感兴趣、最庞大的一派是喀萨利派,在法兰西南部,又称为阿勒比占西斯派。他们的教义经过巴尔干诸民族由亚洲传来,在意大利北部广泛流布,在法兰西南部,很多人信仰它,甚至包括贵族。异端能够广泛传布,主要原因是人们在道德上对僧侣阶级的富有和恶行的憎恶。

当时的社会流行着一种类似后世清教主义的心理,人们对个人的圣洁十分崇尚;而这种圣洁心理又与崇拜清贫联系在一起。教会既是富有的,也是世俗的;他们中的大多数祭司的道德操守都是受人诟病的。托钵僧曾控诉某些教团和教区祭司,说他们利用忏悔室来诱惑妇女;同样,托钵僧的敌人也以这样的理由指控他们。毫无疑问,这些指控多半是公正的。教会越以宗教的理由将教权拔高到一切权力之上,民众就越为教会的言行背离而震惊、不齿。这种心理最终导致了宗教的改革。

今天,由于我们只能看到来自它的对立方的言论,因而我们已无法确知喀萨利派的异端教义内容。再有,教士们喜欢把现存的异端教派贴上某些人们熟知的标签,并将以前各种异端教派的教义附会在今天的异端教派的名下。虽然如此,我们还是可以从中看到事情的一些真相。喀萨利异端有些像诺斯替教派,似乎是二元论者。他们认为,《旧约》中的耶和华是一个邪恶

□ **灵魂的运输车**

这幅画将教皇制度比喻为魔鬼向地狱运送灵魂的运输车。车身是教皇的身体,两边分别有主教、修士等,恶魔将人的灵魂装入桶中,向地狱驶去。这幅画表达了对教皇制度的极度讽刺。

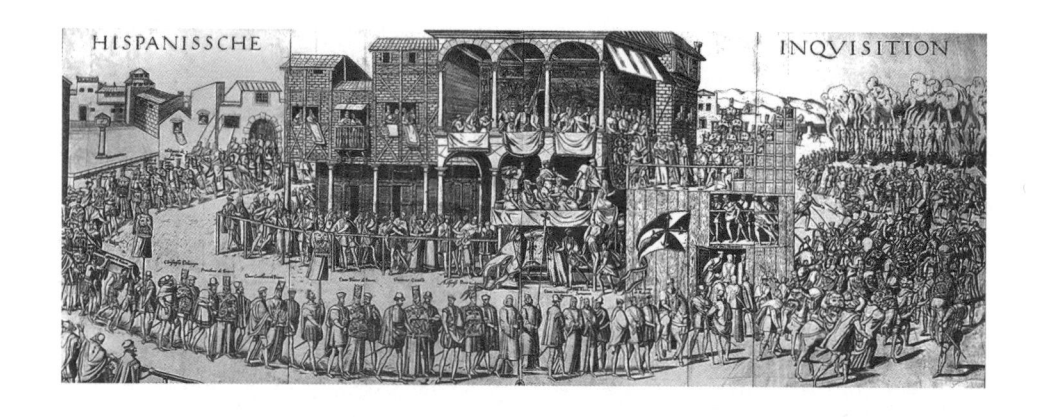

□ 巡游中的西班牙宗教裁判所

为了拯救信仰，教皇格雷高里九世决定设立宗教裁判所，也称宗教法庭。目的在于镇压一切反天主教、反教会、反封建的异端，以及有异端思想或同情异端的人。图为正在巡游的西班牙宗教裁判所的队伍。

的造物主，真正的上帝只在《新约全书》之中。他们否定物质，认为它的本质是邪恶的。喀萨利异端相信，善人死后肉体不会复活；但恶人死后却一定会轮回为动物。基于这样的信念，他们提倡素食，甚至连鸡蛋、奶酪、牛奶都不食用。然而，这个教派的人却要吃鱼，他们认为，鱼是无性生殖而繁殖的，所以可以食用。他们憎恶一切性行为，甚至认为结婚比奸淫还要可恶；因为结婚表示性行为具有持续性，是一种可耻的自我性满足。他们对于自杀无异议，也戒绝发誓。据其迫害者的文献记载，有一次，一个异端信徒被指控，他为自己辩护说，他吃过肉、撒过谎、发过誓，并且是个好的天主教徒。这个异端教派分"严格的教规"和"宽松的教规"两类，前者是那些特别圣洁、被称为"完人"的人遵守的，其余的人只遵守"宽松的教规"，可以吃肉，甚至可以结婚。

考察这些教义的来源是颇有意思的。保加利亚有一个叫波哥米勒斯的教派，经过他们，又由十字军军人将教义传到意大利和法兰西。1167年，喀萨利异端曾在图路斯附近召开会议，当时保加利亚代表也出席了会议。波哥米勒斯教派是摩尼教派和保罗教派二者的混合物。保罗教派属于阿尔美尼亚一派，他们反对婴儿受洗、炼狱、祷念圣者及三位一体。他们的教义首先传入色雷斯，之后传入了保加利亚。

瓦勒都教派是另一个流行颇广的异端，他们是彼得·瓦勒都的信徒。瓦勒都是一个狂信者，1170年，他发动了一次遵守基督律令的十字军运动，把所有财产都分给了穷人，并且创立了一个名叫"里昂穷人"的社团，在社团内部实行一种清贫快乐的生活方式。这个社团的行为最初曾得到教皇的赞许，后来，由于他们严厉斥责僧侣的不道德行为，终于在1184年维罗纳宗教会议上遭到谴责。经过此事后，瓦勒都教派作出了一个决定：凡是善良的人都有资格传道讲经。他们废除了天主教祭司所行的礼拜仪式，并自行指派传教士。他们将教义传布到伦巴底、波希米亚。阿勒比占西斯派遭受迫害时他们也受到了影响，很多人被迫逃往丕德蒙特。密尔顿时代中，瓦勒都教派在丕德蒙特曾遭受迫害，当时有位诗人曾写了这样的诗句："噢，上帝，为遭受屠戮的众圣徒复仇吧。"今天，在美国和偏僻的阿尔卑斯山谷还有该派的信徒。

这些异端的活动引起了教会的惊恐，他们采用了强而有力的手段进行镇压。尹诺森三世认为，所有异端教徒都该处以极刑，因为他们犯了背叛基督的大罪。1209年，在他的鼓动下，法兰西王发起一次十字军远征，以讨伐阿勒比占西斯教派。这次战争极为残暴，在攻克卡尔卡松纳后，曾进行过一次骇人听闻的大屠杀。

异端案件原先由主教负责处理，但因为他们还另有职责在身，就有些力不从心。因此，1233年，格雷高里九世设立了宗教裁判所处理异端案件。1254年以后，凡由宗教裁判所起诉的异端者都不准有辩护人，一经定罪，就将没收其财产。如果查明被告有罪，就将其交给俗界处置；如俗界没有将犯人烧死，他们也可能遭到宗教裁判所的传讯。宗教裁判所不但处理一般的异端案件，而且有审问妖术和魔法的权力。在西班牙，宗教裁判所严密注视着地下犹太教徒的活动，担任这项工作的，主要是多米尼克教团和弗兰西斯教团的僧侣。虽然这种裁判制度从未渗入到斯堪的纳维亚和英格兰，但英格兰

□ 圣弗兰西斯

弗兰西斯于13世纪创立了弗兰西斯教团。该教团自我标榜以基督为榜样，以爱为结合，在行乞生活中进行传教。思想上坚持奥古斯丁主义经院哲学的传统，但也在形式上采用了一些亚里士多德主义的内容。

人却利用它来惩戒圣女贞德。宗教裁判所的设立是相当成功的，建立初始，它就把阿勒比占西斯派彻底肃清了。

这里还要提到天主教会。在13世纪初叶，天主教会曾险些处于叛乱的危境之中。这场灾害之所以能够避过，主要归功于托钵僧团的兴起。为维护正统教义，圣弗兰西斯和圣多米尼克作出的贡献甚至超过了最有力量的教皇。

圣弗兰西斯（1181或1182—1226），阿西西人，是一个在历史上受到人们广泛推崇的人物。他出生在一个小康之家，少年时代一直生活在锦衣玉食的环境中。有一天他骑马出去，恰巧遇见一个麻风患者，他心中忽然生出一阵怜悯之情。于是，他跳下马来，和那患者亲吻起来。不久，他决定放弃所有财产，献身于传道和慈善事业。他的父亲是一个有相当社会地位的商人，对于儿子的举动大发雷霆，但终于不能制止儿子的行为。圣弗兰西斯集聚了一群追随者，他们发誓要过一种清贫的生活。最初，教会以怀疑的目光注视着他们，在教会眼中，这场宗教运动有些像"里昂的穷人"。由于这个新教派真正力行清贫，不像修道僧那样仅是在口头上宣誓，从来不认真执行，因而那些被圣弗兰西斯派往远方去的第一批传教士，竟被当做异端对待。

然而，尹诺森三世确实是一个精明、有眼光的人，他发现，如果把这个新教派保留在正统教义之中，将是很有价值的，于是他承认了这个新教团。

□ 异端者被投入监狱

这幅绘画表现了方济各会的成员因为思想异端而被投入监狱、遭受迫害的情景。方济各会广泛活跃于13世纪的法国巴黎社会，他们挑战宗教正统权威，遭到经院哲学家的痛恨。

文化伟人代表作图释书系

教皇格雷高里九世与圣弗兰西斯的私交很好，他一直在赞助他，同时也强加给他一些戒律，而这些戒律和圣弗兰西斯内心的狂热的无政府主义是相抵触的。圣弗兰西斯主张实行最严格的清贫誓约，他主张信徒以行乞为生，反对他们占用房产，除非受人款待，否则不许有自己的住所。1219年，圣弗兰西斯到东方去游历，并在苏丹王前讲道，王待之以礼。讲道归来，他发现弗兰西斯教团僧侣为他们自己修了一所房屋，为此他感到十分痛苦。对此事，教皇一边劝导他一边迫使他作出让步。他死后，被教皇追谥为圣者，同时，也放宽了清贫戒律的尺度。

如果单论圣洁，有些圣者大概和弗兰西斯不相上下，然而，弗兰西斯的乐观态度、博爱精神及诗人的才华却使他超然立于其他圣者之上。他的善良是如此自然，从来没有斧凿的痕迹。他爱众生，这不仅因为他是一个基督徒和一个慈善家，还因为他是一个诗人。他在临死之前创作了太阳颂，很像是出自伊克纳顿（埃及的异端国王，太阳的膜拜者）的手笔。他自认为对麻风病患者负有责任；他与多数基督教圣徒不同，他关心别人的幸福多于他自身的得救。他从来没有表示过任何优越感，即使在那些最卑贱的人和最奸恶的人面前也是如此。普拉诺人托马斯说，他是众多圣徒中的一个超级圣徒。

圣弗兰西斯所创立的这个教团后来发生了很大变化，如果真有撒旦的话，他一定会为此感到心满意足。圣弗兰西斯的直接继承人以利亚兄弟是个穷奢极欲的人。他接手教团后，全面放弃了清贫的生活。在圣弗兰西斯刚去世的几年里，弗兰西斯教团的主要工作便是在规勒夫派与基伯林派残酷而血腥的战争中充当募兵官的角色。在弗兰西斯死后七年，成立了宗教裁判所，弗兰西斯派领导了某几个国家的这项工作。这期间，有少数被称为属灵派的信徒仍然忠实于他的遗训，但他们中有些人却因异端的罪名被宗教裁判所烧死。他们认为，基督和他的信徒们没有任何财产，甚至他们身上穿的衣服也不属于自己。这种见解在1323年被约翰

□ 圣多米尼克

多米尼克创立的教团实行行乞修道制度，宗教上"铲除异端，消灭邪恶，宣讲信仰，培养道德"。该派主要研究亚里士多德，改革神学体系，用亚里士多德取代柏拉图，最终成为经院哲学的正统教派。

二十二世判为异端思想。

最终，圣弗兰西斯一生的努力只是开创了一个更加富有、腐化的教团，使教阶制度得以强化，并助长了对那些具有高尚道德品质和思想自由的优秀人物的迫害之风。从他创立教团的宗旨和他所具有的伟大品德来看，这个结局真正是一个悲剧了。

圣多米尼克（1170—1221）是一个卡司提亚人，他也是一个对正统教义有着狂热信仰的人。他攻击异端，并以贫穷作为达到这个目的的手段。1215年，教皇尹诺森三世建立了多米尼克教团，并迅速获得了成功。圣多米尼克曾对撒克森尼人约但自白：在青年妇女和老年妇女间，他更多地喜欢同青年妇女谈话。1242年，教团为此专门发出一项严肃的教令，必须将这段记载从约但所著的《多米尼克传》中删掉。

由于多米尼克教团僧侣致力于学术，他们曾给人类作出了一些有价值的贡献，但这并不是圣多米尼克的本意；他曾命令他门下的托钵僧们除了特别许可外，不得学习俗界的科学和艺术。这条禁令直到1259年才撤销。之后，他们采取了一切措施，以使多米尼克教团僧侣的学术生活得到保障。他们可以不从事体力劳动，虔修功课的时间也缩短了。他们更多的时间在从事研究。阿勒贝尔图斯·马革努斯和托马斯·阿奎那两人都属于多米尼克教团，托马斯·阿奎那的权威更是凌驾一切，除他以外，后世的多米尼克教团僧侣在哲学上没有获得更多的成就。与多米尼克教团僧侣相比，弗兰西斯教团僧侣更厌恶学问，但在后世，紧接的下一个时期中，这个教团在哲学上出了不少伟大人物，如罗吉尔·培根、邓斯·司各脱和威廉·奥卡姆等。

第十三章　圣托马斯·阿奎那

圣托马斯·阿奎那（1225或1226—1274）被认为是经院哲学家中最伟大的人物，在天主教文教机构中，他的哲学是作为唯一正确的哲学体系来讲授的；从1879年到列奥十三世发布敕令以来，这已经成为惯例。因此，研究阿奎那不仅具有历史的重要性，而且对现实的哲学思想也是有益的。除柏拉图、亚里士多德外，他的影响超过了康德和黑格尔。在天主教教徒心目中，他几乎具有教父般的权威。天主教教会将其评为33位教会圣师之一。

"天使博士"

圣托马斯·阿奎那出生于意大利那不勒斯王国境内的洛卡塞卡城堡，这是他家族领地内的一座城堡。他在神学上天赋异禀，家人都期望他能有所成就。他五岁便开始在进修院学习，十六岁时进入弗里德里希二世创办的那不勒斯大学读书。六年后他加入了多米尼克教团，并前往科伦跟随阿勒贝尔图斯·马革努斯——当时哲学界研究亚里士多德的领袖人物——继续学习。他后来到巴黎工作过一段时间，1259年从那返回了意大利。

针对亚里士多德的学说，巴黎的多米尼克教团僧侣和巴黎大学当局曾发生过争执，因为僧侣们被怀疑同情阿威罗伊派异端，这个派系当时在大学里很有影响力。他们认为：有个性的灵魂是不死的；不死性只属于理智，而理智是非个体的，它在不同的理智中都是同一的。他们声称这源自亚里士多德，但其实是对他的曲解。在不得不承认这种观点与天主教信仰相违背后，他们又提出了所谓的双重真理，即：以理性为基础的哲学真理，和以启示为基础的神学真理。他们的这些学说是对亚里士多德声誉的损毁，圣托马斯在巴黎时努力试图消除这种恶劣影响，而且做得非常成功。跟他的前辈们不同，阿奎那对亚里士多德哲学是有充分研究的。亚里士多德的很多学说都受到了新柏拉图主义的蒙蔽，直到阿奎那出现，并重新予以阐述后，人

□ 圣托马斯·阿奎那

圣托马斯·阿奎那，（约1225—1274）是中世纪经院哲学的哲学家和神学家，死后被封为天使博士。他是自然神学最早的提倡者之一，也是托马斯哲学学派的创立者。他所撰写的最知名著作是《神学大全》。因其观点掺杂了亚里士多德主义而受到过教会的严厉抨击，但还是凭借着自己的神学造诣以及数量庞大的著作而获封圣徒。

文化伟人代表作图释书系

们才认识了真正的亚里士多德。

　　据说，圣托马斯长得非常高大，而且皮肤黝黑，头颅硕大。由于出身贵族家庭，他具有很好的教养，根据他同时代人的描述，他总是温文尔雅、举止端正，令人如沐春风。在同别人进行辩论时，他时刻保持克制，常以人格魅力和渊博知识赢得对手的尊重。他记忆力超群，沉思时常对周围的一切浑然无知。他能系统、清晰、简明地表达他人的意见，从而使自己的思想富有热情且兼收并蓄。他去世后，天主教会封他为"天使博士"或"全能博士"。

上帝存在的五个论证

阿奎那对自己著作的数量之少感到遗憾,因为他认为他所受到的神的启示远不止这些。他最重要的著作是写于1259至1264年的《异教徒驳议辑要》及《神学大全》。在"辑要"一书中,他通过和一个未皈依基督的假想读者的辩论,确立了基督教的真理。

关于上帝是否存在,自柏拉图以来一直是一个有争论的问题。阿奎那赞同亚里士多德的观点,上帝的存在是由非受动的始动者的论证证明的。自然界中,有些事物只是受动,另外有些事物既能受动又能始动。一切被推动的事物都有一个施动者,但由于不可能没有止境地去追溯这个施动者,因此必然存在一个始动而非受动之物,这个非受动的始动者就是上帝。在《神学大全》中,阿奎那提出了有关上帝存在的五个论证:

一、如上所述,自然界中存在着不受任何东西推动的推动者。这个"第一推动者"就是上帝。

二、凡是被推动了的某物都是被另一个某物所推动的。由此上溯,人类终究会在某一点上发现一个终极的动力因素。这就是上帝。

三、一切必然性必有它的最初根源。

四、既然世界上存在着种种完美的事物,那么,这些"完美的事物"必定有其渊源;这个渊源就是某些至善至美的事物。

五、在自然界中,我们发现即使无理性的生物都总是遵

□ 中世纪手稿《博物志》中的海怪彩饰

这本手稿出自大阿尔伯特,他是阿奎那的老师,对阿奎那的一生有很大的影响。大阿尔伯特所倡导的理念,在今天被称为研究现实世界的科学方法。因为在当时,人们相信只有研读《圣经》才能获取知识。

循可以达到最佳结果的路线前进，这必然有一个外部指导者在指导他们，这个指导者就是上帝。

阿奎那在《神学大全》中论证了上帝的存在后，又在《异教徒驳议辑要》一书中谈到了对上帝的认识。他说：我们只能通过上帝不是什么而认识上帝的本性。上帝是永恒的，因他是不受动的；上帝是不变的，因为他没有被动的潜在性。迪南人大卫（13世纪初叶泛神论者）说上帝与原始物质是一体的，这是错误的；原始物质是纯粹的被动性，而上帝是纯粹的主动性。

上帝是善，并且是他自身的善；上帝是万善之善。

上帝是智慧的化身

阿奎那认为，智慧的行为是上帝的本质。他说，上帝凭借智慧理解每一事物什么地方像他，什么地方不像他；上帝把每一事物所固有的性质都包含在他的本质之中。例如：植物的本质是生命而不是知识，动物的本质是知识而不是理智。这样，植物在它具有"生命"这一点上像上帝，而在"没有知识"这一点上又不像上帝；动物也如此，在有"知识"这点上像上帝，但由于它没有理智，因而在某些方面又不像上帝。

□ 哲学家圣托马斯·阿奎那

意大利哲学家圣托马斯·阿奎那著作中所显示出来的神学理论思想，对奥古斯丁所代表的天主教神学体系造成了广泛的冲击。而他关于自然法和人法的论断也对后来资产阶级法律思想的形成产生了重要的影响。

关于上帝的智慧是否知悉所有的"个别事物"，历来存在争议。基督教认为上帝了解每一个具体事物，但反对者提出了种种论据反对这种看法。阿奎那列举了七种这样的论据。

（1）个体既然是显体（经院哲学术语，指在个体上有区别，但又属于同一性质或性格的物质），那么，非物质的任何东西都不能认识它。

（2）个体不是永恒存在的，当它们不存在的时候也就无从认识，所以它们不能被一个永恒不变的存在所认识。

（3）个体是偶然的，除非在它们存在时，否则人类对个体不可能有确切的认识。

（4）有些个体具有意志，因此，只能被有此意志的人认识。

（5）个体的数量是无限的，因而是无从认识的。

（6）个体太渺小，不值得上帝注意。

（7）一些个体存在着罪恶，而上帝是不

能认识罪恶的。

　　阿奎那对以上论据逐条进行了反驳。他说：上帝认识每一个个体，因为上帝是它们的根源；上帝预知尚未存在的事物，就像工匠在制造某一物品时，心中预先就有这一物品的形状一样；上帝知晓未来的每一偶然事件，因为时间中的每个事物，在上帝看来，就如同在眼前一样，而上帝自己则不在时间之内；上帝知晓人类的意志，而我们自己却不能；上帝知道渺小的事物，因为没有任何事物是全然渺小的；而且，任何事物都有它高贵的地方，否则上帝就只认识他自己了；上帝知晓人间的恶事，因为认识善事同时包括了认识其反面的恶。

□ **阿奎那改造天主教**
　　作为一个伟大的经院哲学家，阿奎那彻底改造了天主教神学。他说：上帝的知识是绝对的，但并不意味着科学与哲学玄思就一定会危及天主教会。这些思想后来被定为天主教的官方学说，成为天主教哲学研究的重要根据。

　　上帝是有意志的，他的意志和他的本质是统一的。上帝在对自己怀有希冀时，也是在希冀万物，因为他就是万物的终极。上帝的意志是自由的，我们可以赋予他的意志某种理由，但不能赋予某种原因。上帝不能希冀本身不可能的事，比如，他无法使矛盾变成真实的存在物。上帝喜欢沉思，而且积极。上帝有喜，有乐，也有爱，唯独没有恨。他是幸福的，而且这幸福没有原因。

论人类灵魂和伦理问题

阿奎那在《异教徒驳议辑要》第二卷主要讨论了人的灵魂问题。他认为：一切精神实质都是非物质的，也是不朽的；天使不具肉体，而人是灵魂与肉体的结合体。灵魂是肉体的形式，人的灵魂只有一个，而不是三个。身体的每一部分都充满灵魂。和人的灵魂不同，动物的灵魂具有不死性。每个人的灵魂中都包含智性；灵魂之外虽然不存在共相，但智性在认识共相的同时却认识了灵魂之外的某些事物。灵魂不是由精液遗传来的，而是随每个人的降生重新创造的。

第三卷则论述了伦理问题。他说，恶不是故意的，它具有偶然性的善因。自然万物都类似上帝，而上帝是万物的终极。人类的幸福不在于道德行为，也不在于肉欲、名誉、富贵、权力，而在于对上帝的沉思默想。然而，多数人关于上帝的知识是浅薄的，是由论证得来的，或者由信仰得来的。人活着时是看不到本质的上帝的，也不能享受到最完美的幸福，但在死后我们就要和上帝见面。由于目睹了上帝，我们自己就成了永恒的生命，即时间之外生命的参与者。

神的律法要求我们爱上帝、爱邻舍。在孩子的养育期，父母应和他们住在一起。律法禁止节育，因为节育违背自然法则，但它却不禁止独身。婚姻不应该被拆散，因为父亲担负着教育孩子的责任。父亲比母亲理智，而且，在有必要惩戒孩子时，父亲的体力也比较强。不是所有的性交都是有罪的，因为这是自然的。必须遵循一夫一妻制。

□ 哲学家圣托马斯·阿奎那

意大利哲学家阿奎那著作中所显示出来的神学理论思想，对奥古斯丁所代表的天主教神学体系造成了广泛的冲击。而他关于自然法和人法（反映人类理性的法律，是人类根据自然法规对具体的人类事务所作的安排）的论断也对后来资产阶级法律思想的形成产生了重要的影响。

一夫多妻制对妇女是不公平的,而一妻多夫又使父子关系无法确定。阿奎那反对兄弟姐妹之间通奸,但理由很奇特,他说,如果兄弟姐妹之间有了夫妻一样的爱情,由于相互间的吸引力太强烈,会导致过多的房事。

论肉身的复活

阿奎那在《异教徒驳议辑要》的最后讨论了人类肉身的复活问题。像讨论其他问题一样，阿奎那公正地引述了反对者的论点。其中一个论点是很难反驳的：假如有一个人，他一生只吃人肉，不吃别的东西，他的父母也和他一样，那会出现什么情况呢？他的行为使那些被吃者在末日失去了肉身，那么，在死后用什么去还原他的身体呢？这个问题十分尖锐，看起来是很难回答的，但这个难题居然被阿奎那顺利解决了。他指出：肉体的同一性不在于保持原有物质的微粒子；一个人在生前，由于吃和消化的过程，构成肉体的物质是在不断变化的。因此，人在复活时即使得不到和他死时同样物质构成的躯体，但他还是能得到和他原来一样的身体。

阿奎那的哲学思想与亚里士多德的哲学思想基本上是一致的。他的独创性在于：他将亚里士多德的哲学稍稍作了改动，以适应基督教教义。在他那个时代，这是一个大胆的举动。阿奎那熟悉亚里士多德的著作，并对其哲学思想有深刻的理解，加之他的文笔优美、明晰，因而，《辑要》一书不失为宗教哲学史上的一座宏伟的高峰。

□ 阿奎那的哲学之光

阿奎那是最早把亚里士多德著作引进基督教思想的哲学家之一。他从亚里士多德的立场出发，认为有关世界的理性知识都是从感觉经验得来的，人类思维依感觉经验才能作出反映。在这幅14世纪的绘画中，阿奎那处在亚里士多德（左）和柏拉图（右）之间。

第十四章
弗兰西斯教团的经院哲学家

　　弗兰西斯教团是13世纪巴黎的主要教团之一。在它活动的那个时代，教团涌现出了三个重要的哲学家：培根、司各脱以及奥卡姆的威廉。他们对经院哲学的发展起到了重要作用。

罗吉尔·培根

罗吉尔·培根（约1214—约1294）生前没有什么影响，但在近代却受到广泛赞扬。他因酷爱数学和科学而时常遭到迫害，因为在当时科学是和炼金术混为一谈的，而且人们还认为其中含有妖术或魔法成分。1257年，在巴黎，弗兰西斯教团的总管圣博纳梵图拉把他置于监视之下，并禁止发行他的著作。但此时教皇驻英国的使节福勒克命令他，为维护教皇的利益写出自己的哲学著作，因而，他在短期内写了三本书：《大著作》《小著作》《第三著作》。书籍出版后，产生了良好效果。1268年，他获释回到牛津。1271年，他写了《哲学研究纲要》一书，书中强烈抨击了僧侣的愚昧无知。1278年，他的著作又遭到弗兰西斯教团总管的谴责，并将他投入监狱达14年之久。1292年，他终于被释放，但出狱后不久便去世了。

罗吉尔·培根是个极博学的人。他和同时代的哲学家不同，对科学实验非常重视；他曾用虹的理论来证实实验的重要性。他还写过一些地理学方面的文章，哥伦布就从中学到很多知识。他对数学也很有研究，欧几里得几何学的内容就常被他引用做论证。艺术也在他的涉猎之中，他曾经依据阿拉伯文资料对透视画法做过阐述。

在《大著作》这部书中，他主要讨论了愚昧、知识和智力问题。

他说，愚昧有四种原因：

一、信奉权威所树立的范例，而这

□ 罗吉尔·培根

罗吉尔·培根的哲学思想属于唯物主义。他撰写和讲授对亚里士多德著作的分析，热情称赞和宣传亚里士多德等古代哲学家的思想，对经院哲学进行了尖锐的批判。他极力反对权威的过分崇拜，并把它与习惯、偏见、自负一起看做是获得真知的四个障碍。他本人虽是僧侣，但对僧侣阶级的腐朽、贪婪、奢侈和骄傲进行了猛烈的抨击。

些权威又是"脆弱的、不适当的"。

二、受习惯的影响。

三、相信无知群众的见解。

四、一些人炫耀表面的"智慧",掩盖自己内心的愚昧。

他说,人间所有的罪恶都是这四种灾害产生的;其中,第四项最为恶劣(这显然有所指)。

他很尊重亚里士多德,但也有所保留。他说"只有亚里士多德及其追随者才能被称为哲学家"。然而,在他看来,即使亚里士多德也未达到人类智慧的极限。

罗吉尔·培根认为智力在本质上是和灵魂分开的实体。为此,他引证了许多神学家的观点来支持这一与圣托马斯相反的看法。

□ 《忧郁》 多米尼戈·菲奇

画面中的女子神情忧郁,低头沉思,这种"忧郁"困扰着她。整个画面充满了阴郁思忖的氛围,它表现出中世纪人们的心境和对内心的探索。

对于实验和论证,罗吉尔·培根更重视前者,他认为实验是知识的最可靠来源。他的这一看法受到了现代人的赏识。

邓斯·司各脱

邓斯·司各脱（约1270—1308）生于苏格兰，在牛津大学时加入弗兰西斯教团，晚年在巴黎度过。他反对圣托马斯学说，是"纯洁受胎说"（指处女玛利亚由圣灵受胎的教义）的热烈拥护者。他还是一个奥古斯丁主义者，但并未像其他人那样走向极端，他的哲学中有很多柏拉图主义的成分。

司各脱是个实在论者，他相信自由意志，而且还倾向于裴拉鸠斯主义。他认为存在与本质没有区别。他对显证十分感兴趣（所谓显证，就是不需验证就能得知的知识。显证分三种：①不需论证，本身就明确的原理；②由经验可以得知的事物；③人们自己的行动），但他同时认为，如果没有神明的指引，我们则什么也无从得知。

司各脱认为，既然存在与本质之间没有区别，那么，"个别化原理"（指一事物区别于另一事物的原理）必然是形式，而不是本质。个别事物中，有些性质是本质的，有些是非本质的，甚至是偶然的。一个事物的偶然性质，是那些即使失掉了也不丧失其同一性的性质。于是，就生出来这样一个问题：如果一个种有两个个别物，它们在本质上是有所不同呢，还是完全一致？圣托马斯主张后一种见解，司脱各则认为二者在本质上永远有区别。圣托马斯依据的理论是：未经区分的部分构成的纯物质只是借空间位置的不同而有所区别。人，只能借他的身体的空间位置与另一个人相区别。而司各脱则认为，如果物体有所区别，必定是由于质的差异而不同。

从以上争论可以看出，司各脱比圣托马斯更接近于柏拉图主义。

□ 邓斯·司各脱

邓斯·司各脱曾大胆地提出了物质具有思维能力的推测。他在思考，究竟一切事物都有来自上帝的单一的本质，还是每一事物都有其自身的单独本质。

奥卡姆的威廉

奥卡姆的威廉是司各脱的学生，也是圣托马斯之后的一个最重要的经院哲学家。他的出生是个谜。很多人说他生于苏黎的奥坎姆，而戴利勒·伯恩斯则认为他生于约克郡的奥坎姆；但可以确定的是，他在上大学时将名字注册为奥卡姆的威廉。他先是在牛津大学读书，后来又到巴黎跟随邓司·司各脱学习。他能言善辩，被人称为"驳不倒的博士"。在安贫问题上，他卷入了弗兰西斯教团与教皇约翰二十二世之间的争论。他曾被教皇派往阿维农去答辩有关化体问题，他的言论被怀疑是异端；这时，他和马西哥利欧又附和了米凯尔的观点，三人都在1328年受到破门处罚。他只好逃跑，托庇在皇帝路易的保护下。

传说奥卡姆在谒见皇帝时曾说过这样的话："请你用刀剑保护我，我将用笔保护你。"他在皇帝保护下定居慕尼黑，在那里，写下了大量重要的政治论文。他的政论性著作是用哲学论辩体写成的，对每个命题都做了正反两方面的论证，但有时却并不给出结论。他的这种方式可能更有利于当时的政治宣传。他的长篇论文《关于教皇权利的八项问题》，就是对他创作方法的最好体现。他在论文中提出了八个问题：

（1）一个人能否在教会和国家中都成为合法的至尊？

（2）俗界的权威是否直接起源于上帝？

□ 威廉·奥卡姆

威廉·奥卡姆是14世纪英格兰逻辑学家，圣方济各会修士，因博学而得"驳不倒的博士"之名。他主张能感觉到的事物才是真实的，反对柏拉图"思想中的事物即为真实"的一般概念。其哲学上的最大成就在于"如无必要，勿增实体"原则的提出，其意思是实际存在的东西决不可不必要地添枝加叶。此原则受到哲学家罗素和科学家爱因斯坦的高度评价，在哲学及科学中意义重大。

（3）教皇有无权利将俗界统治权赐予皇帝或君主？

（4）在诸选侯（神圣罗马帝国中拥有选举德意志国王及后来也可以选举帝国皇帝的诸侯及大主教）进行的选举中德意志王是否被赋予充分权力？

（5）（6）教会由主教为国王行涂油礼会获得哪些权力？（第五和第六是同一个问题）

（7）一个不合法的大主教主持的加冕礼是否有效？

（8）选侯的选举是否给德意志王冠以皇帝的称号？

这些都是当时非常迫切的政治问题。

奥卡姆比较重要的是他的纯哲学学说。他曾以一句格言而闻名。这句格言是："如无必要，勿增实体。"这句格言使他获得了"奥卡姆的剃刀"这一称号。这句格言虽然不曾见于他的著作，但他确实说过一句基本相同的话。他说："能以较少者去完成的事物如果以较多者去做是徒劳。"他认为，在一门科学中，如果不能以某种假设的实体去解释一个事物，那么我们就不应该去假设它。在分析逻辑中，这应该是一个重要原则。

奥卡姆在逻辑上是个唯名主义者；他曾被唯名主义者尊崇为创始人。他认为逻辑可以独立于形而上学，而作为自然科学的一个工具。逻辑是分析推理科学；科学和自然事物有关，而逻辑却不同。逻辑研究共相，关心词或者概念，而科学只管使用它们。由于他主张逻辑和人类知识的研究与形而上学及神学无关，因而，他的学说鼓舞了当时的科学研究工作。

在奥卡姆的威廉之后，再也没有出现重要的经院哲学家了。下一个大哲学家的时代一直到文艺复兴的后期才到来。

第十五章　教皇制的衰落

　　15世纪，政治文化发生了迅速变化。人类经过了数世纪的禁欲主义，而今禁欲主义已被艺术、诗歌和快乐的喧嚣代替了。旧时代的恐怖，已经吓不了人了，新的、精神的自由使人们如痴如醉。这是一种消除了恐惧的陶醉。在这个人类解放的快乐时刻，近代世界诞生了。

基督教的成长及教廷的世俗化

　　13世纪，完成了哲学、神学、政治、社会的伟大综合。这一综合之所以能够缓慢地建立起来，得益于许多因素的结合。第一个因素是希腊哲学，特别是毕达哥拉斯、巴门尼德、柏拉图、亚里士多德等人的哲学。第二，由于亚历山大发动的征服战争，东方的各种信仰大量流入。它们利用了奥尔弗斯教的神秘信仰，改变了希腊语世界及拉丁语世界的世界观，并逐渐变为异教罗马世界大部分地区中神学的一部分。在这些因素之上，结合了一种解脱肉体束缚的禁欲主义伦理。从叙利亚、埃及、巴比伦和波斯传来了与俗众分开的祭司制度，在政治上带来相应的影响；还有信仰来世的一些令人难忘的宗教仪式，也来自同一源泉。从波斯传来的二元论，把世界看成两大阵营的一座修罗场，一个阵营是阿呼拉·玛滋达所统率的善，另一个阵营是阿利曼所统率的恶。

　　蛮族的观念与行为开始流入，它们和新柏拉图派哲学中的希腊因素综合在一起了。在奥尔弗斯教、毕达哥拉斯主义及柏拉图的某些著作中，希腊人发展出了一些与东方信仰相结合的观念。

　　这些人的思想虽有浓厚的宗教色彩，但如果不加以改造，还是不能创造出一种人们普遍接受的、盛行于世的大众宗教。一般社会大众难以了解他们的哲学思想；对于一般大

□ 犹太教祭司

　　基督教接受了犹太教的圣经和教义，犹太教的《圣经》经文出自《希伯来圣经》。摩西，这位传说生活于公元前13世纪的圣人，是犹太教的创始人。犹太教与其他教派的最大区别是：他们只信仰上帝耶和华。

　　这幅湿壁画是在杜拉欧罗普斯巴尔米拉神殿发现的，大约是公元前75年左右的作品，画面上描绘的是犹太教祭司。

文化伟人代表作图释书系

众来说，他们的救世法也是过于偏重理智了。他们的保守思想必然会使他们维护希腊的传统宗教，但为了减轻其中的不道德因素，并与他们的哲学思想相适应，他们只好对其中的寓意进行解释。然而，希腊宗教还是无法和东方的各种神学相抗衡，逐渐走向了衰亡。早在公元3世纪，人们已经预见到某种亚洲宗教将要征服罗马世界，不过那时因为并存着多种宗教，相互之间一直进行着竞争，表面上看，它们似乎都有获胜的机会。

基督教集中了各个教派的有利因素。比如它从犹太人那里接受了《圣经》及其教义，这种教义认为，除它之外，其他所有宗教都是虚妄的、邪恶的。同时，基督教又抛弃了犹太人的种族排他性和摩西律法中的一些戒律。这以后，犹太教相信了基督教关于"死后世界"的说法；但基督徒关于天堂地狱以及进入天堂和逃避地狱的方法是与犹太教徒不同的，基督教赋予了这些概念一种新的确实性。基督教还在复活节中结合了犹太人的逾越节和异教徒对于复活之神的祭典。又如，基督教从波斯人的二元论中吸取了有益的内容，同时附加了"异教徒是撒旦的门徒"这样一项确信。

□《逾越节》 但丁·加布里埃尔·罗塞蒂

耶稣是一个严守习俗的犹太人，他可能年年都要过犹太的逾越节。据说，在逾越节的晚餐上，祈祷经文是耶稣生命中的第一件事。本图展示了一家犹太人过逾越节的情景。

在初始阶段，基督徒在哲学上和宗教仪式上并非是它的敌人的对手，但经过这一系列的努力，这些缺陷逐渐得到了改善。

最初，哲学在半基督教的奈斯脱流斯教派中的发展超过了正统教派，自从欧利根出现之后，基督徒借着修改新柏拉图主义发展了一种适用的哲学。早期，基督徒之间的仪式还很模糊，到了圣圣安布罗斯时代，其仪式已经很成熟了，给人留下了深刻印象。祭司的权能和其特殊地位最初来自东方，但基督教凭借其统治手段，逐渐加强了它们的功能。天主教教会将《旧约全书》、神秘的诸宗教、希腊哲学及罗马行政方法都混合在一起，它们的结合，使教会具有了以前任何社会

□ 逾越节之餐

逾越节通常在阳历4月举行，是犹太人为了庆祝上帝救助以色列人逃出埃及而设立的。逾越节除吃无酵的食物外，也要吃一些具有特别象征意义的食物，以纪念先祖。这片彩色玻璃描绘了逾越节的餐宴。

组织所无法比拟的巨大力量。

西方教会的发展与古罗马相似，虽然进展缓慢，但却由共和制变成了君主制。前面，我们已经看到教皇权柄在历史的各个阶段是如何成长的。从大格雷高里、尼古拉一世、格雷高里七世、尹诺森三世，直到霍恩施陶芬皇朝在规勒夫派和基伯林派战争中的最后失败。与此同时，基督教哲学也由于同君士坦丁堡和伊斯兰教教徒的接触而增加了新的因素。13世纪，西方已经知晓了亚里士多德的全部学说；由于阿勒贝尔图斯·马革努斯和托马斯·阿奎那的竭力推崇，在学者的头脑中，亚里士多德成了仅次于《圣经》和教会的最高权威。直到今日，在天主教哲学家中，他仍然保持着这一显赫地位。从基督教观点来看，应该说，用亚里士多德来代替柏拉图和圣奥古斯丁是一个错误。首先，从气质方面看，柏拉图比亚里士多德更富于宗教性；其次，基督教神学从一开始就与柏拉图主义相适应。

从14世纪以来，天主教综合体系就发生了崩溃。在这个过程中，外界发生的事件比哲学起的作用更大。1204年，拜占庭帝国为拉丁人所征服，并从此受到他们的统治，这一局面一直延伸到1261年；在这个时期，政府主张的宗教是天主教，而不是希腊正教。1261年后，教皇失掉了君士坦丁堡，从此，教皇再也没有收复该城。由于法兰西、英格兰等国家的君主政体的兴起，西方帝国虽然在与教皇的冲突中失败了，但其结局并没有给教会带来任何利益；事实上，在14世纪的大部分时期中，教皇只是法兰西王掌握下的一个政治工具。与此相比，富商阶级的兴起和俗众知识的增进是当时更为重大的事件。这种情况最初出现在意大利，直至16世纪中叶为止，其发展速度遥遥领先于西方其他地区。14世纪时，意大利北部诸城市远比其他诸城市富庶；涌现出许多有学问的俗众，特别在法学和医学方面，人数日益增多。这些城市的俗众具有独立精神。这一时期，皇帝的权势已经衰微，不足为患，他们便把反抗的矛头指向了教皇。

在民主倾向变得十分强大的同时，民族主义倾向变得比它更强大。这时，教廷已然世俗化，基本上成了一个税收机构，每年征收巨额税收。此时的教皇已不再享有或不配享有掌握权柄的道德威望了。以前，圣弗兰西斯曾经和尹诺森三世、格雷高里九世共事，但在14世纪时，人们却被迫与教廷展开斗争。

鲍尼法斯八世与教廷的衰落

14世纪初叶，导致教廷衰落的因素还不十分突出。鲍尼法斯八世在"兀纳姆·伞克塔姆教令"中提出了以前任何教皇从未提过的极端要求。1300年，他创立了大赦年制度，内容是：凡是到罗马来游历，并在此举行仪式的天主教徒都可获得大赦。这一制度的创立给教廷及罗马市民带来了巨额财富。最先规定，每百年举行一次大赦年祭典，后因巨额利润的诱惑，将大赦年缩短为每五十年举行一次，以后又缩短为二十五年一次，并一直传到现代。1300年的第一次大赦年祭典，可视为教皇成功的极点，同时，也是教廷衰落的开始。

鲍尼法斯八世是意大利人，出生于阿纳格尼。他在英格兰时，曾因替教皇援助英王亨利三世征讨叛乱诸侯而被囚禁于伦敦塔中。1267年，他被亨利之子——爱德华一世解救。在他生活的年代，教会内部已然出现了法兰西派，这个教派力量强大。他的当选遭到了法兰西籍的红衣主教们的反对。关于国王是否有权对法兰西籍僧侣征税的问题，他与法兰西王腓力四世产生了激烈的冲突。鲍尼法斯是一个贪得无厌的人，他想尽量多地掌握经济来源。他被人指控为异端，不相信灵魂不死。他和法兰西王之间的怨恨极深，法兰西王曾派兵捉拿他，企图通过教会大会把他废黜。他在阿纳格尼被人抓捕，后来逃往罗

□ 鲍尼法斯八世

1294年，鲍尼法斯八世出任罗马教皇，他坚持强硬的教权至上政策。当时，罗马教皇完全控制着法国的天主教徒，神职人员享有无上的特权。这种专横的政策与法国维护中央集权的国王腓力四世的统治形成了冲突，一场神权与王权的斗争在所难免，最后以鲍尼法斯八世的失败而告终。从此，教皇权力大大地衰弱。此浮雕出自于鲍尼法斯八世墓穴。

马,并死在罗马。自鲍尼法斯后,很长时间里再也没有一个教皇胆敢与法兰西王为敌了。

经过一个短暂的过渡期后,1305年,红衣主教们选立了博尔多的大主教为教皇,即克莱门特五世。他是戛斯坎尼人,是教会内部法兰西派的代表。他在任教皇期间从来没有去过意大利。他在里昂接受加冕礼,并在1309年定居于阿维农,此后,大约70年的时间里,教皇们都继续留在那里。克莱门特五世曾因反对圣殿骑士团而和法兰西王结为联盟,他为此事进行了大事宣扬。教皇和皇帝都需要钱财,前者是为了宠幸私人和私党,后者则是为了同英格兰作战,镇压弗兰德斯人的叛乱。法兰西国王将伦巴底的银行主掠夺后,又"在商业容许的范围内"对犹太人进行了迫害。他发现圣殿骑士团中不仅有银行家,而且他们在法兰西境内拥有巨大的地产,于是,他策划借助教皇的力量,掠夺这些地产。他勾结教皇,决定先由教

□ 克莱门特五世

14世纪以后,欧洲各国王权逐渐加强,开展了反对罗马教皇权力的斗争。法王腓力四世因捐税同罗马教廷发生严重冲突,教皇鲍尼法斯八世死后,在法国国王的压力下,法国人克莱门特五世当选为罗马教皇。以后七任教皇也均为法国人,并受法国国王控制。从此,罗马教廷凌驾于世俗君王之上的时代一去不返了。

会揭发圣殿骑士团是异端,然后掠夺其财产,再由国王和教皇合伙瓜分。于是,在1307年的某一天,法兰西境内所有主要的圣殿骑士团成员都遭到了逮捕。在审讯中,这些人必须回答事前拟好了的诱导词。在严刑拷打下,他们被迫招供曾经礼拜过撒旦,还犯有其他种种丑行。于是,在1313年,教皇下令镇压了该骑士团,并没收了他们的所有财产。关于这个案件,亨利·C·李在他所著的《异端判史》中有详尽叙述。作者经过缜密调查,作出了以下的结论:指控圣殿骑士团的罪名是完全没有根据的。

虽然在这一事件中教皇与国王在经济利益上是一致的,但在基督教世界的大部分地区及大多数情况下,两者之间的利益却是冲突的。鲍尼法斯八世时期,为征税问题,腓力四世曾与教皇发生争执,那时,腓力四世得到各阶层人民,甚至僧侣阶级的支持。后来,教皇在政治上屈从了法兰西国王,于是,那些仇视法兰西国王的君主们也开始仇视教皇了。

这一时期，主教们对教皇已经完全屈从了；教皇所任命的主教，在比例上也越来越大。那些具有修道院性质的诸教团与多米尼克教团对教皇也恭顺有加，唯有弗兰西斯教团，仍然保持着自己的独立精神。正因为这一独立精神，他们与教皇约翰二十二世发生了冲突。虽然最后的结果是废黜了约翰二十二世，并选出了一个弗兰西斯教团派的敌对教皇，但这只是些许削弱了人们对教廷的尊敬，除此之外，未产生其他任何影响。

这一时期，发生了很多起反对教廷统治的叛乱，不同的地区叛乱的形式不同。有时它同君主专制的国家主义相结合，有时它同清教徒相结合，这些清教徒因对教廷腐败十分嫌恶，便与叛乱者走到了一起。

在罗马，叛乱与民主主义结合在了一起。克莱门特六世（1342—1352）时，罗马出了一个杰出人物，名叫李恩济，罗马在他的领导下，曾企图脱离这个长期远住别地的教皇的统治。教皇的逃离，一个重要的原因是为了逃避目无法纪的罗马贵族。李恩济是一个酒馆老板的儿子，最初，他因反抗贵族而得到了教皇的支持。他善于鼓动群众，群众的巨大热情吓得贵族们纷纷逃跑，诗人佩脱拉克曾写了一首颂歌赞扬他。他取得了"护民官"的称号，宣布罗马人拥有对神圣罗马帝国的主权。然而胜利使他产生了妄自尊大的幻想。这时出现了两个帝国皇位的竞争者，李恩济召集他们及其他人到他面前，试图解决这一问题。他的行动为自己树立了敌人，这两个帝位候选人及教皇都反对他；在教皇看来，这类事情只有他才有权力来宣布判决，李恩济这样做是藐视自己的权威。1352年，李恩济被教皇逮捕了，在监狱中待了两年，直到克莱门特六世去世才获得自由。他重新返回罗马，在那里掌管了几个月的权力，最后，竟遭到了暴徒的杀害。

事实证明，如果教廷想有效地

□ 主教们的俱乐部

教皇由红衣主教选举产生，在14世纪初叶，教皇任命的红衣主教越来越多。图中主教的官邸富丽堂皇，主教们正在玩保龄球运动，并且热烈地讨论球艺。教皇和红衣主教团几乎都是意大利人，他们把教会变成了一个进行娱乐、交流艺术的奢靡的俱乐部。

保持天主教会的首要地位，它就必须回到罗马，摆脱法兰西的阻碍。此时，法兰西已经在英法战争中失败，乌尔班五世如果继续住在法兰西，已经没有任何安全保障了。

在此情形下，乌尔班五世于1367年回到了罗马。然而，复杂的意大利政治局面使他难以面对，于是他在临死前不久，再度返回法兰西的阿维农。继任的教皇格雷高里十一世是一个性格果断的人。由于对法兰西教廷的忿恨，意大利的许多城市极端敌视教皇。在这种情况下，格雷高里又重返罗马。然而，事情并没有就此结束，一直在他临死时，大主教教团内的法兰西派与罗马派之间的关系仍不能协调。依照罗马派的意愿，意大利人巴尔特洛苗·颇利格纳诺当选为教皇，即乌尔班六世。但一些红衣主教却认为颇利格纳诺的当选违背教规，他们选出法兰西派的日内瓦人罗伯特，号称克莱门特七世，仍居住在阿维农。

教廷的分裂与全教会议

于是，长达40年之久的大分裂开始了。法兰西承认居住在阿维农的教皇，而与法兰西为敌的国家则承认罗马的教皇。苏格兰是英格兰的敌国，而英格兰又是法兰西的敌国；因此，苏格兰承认了居住在阿维农的教皇。教皇们都从自己的党派里选任红衣主教，每当一个派别的教皇去世，红衣主教们便迅速选立另一个教皇来继任。面对这种局面，除非有一种凌驾双方教皇之上的权力，否则就无法从根本上解决这一分裂事实。人们想到了一个解决问题的办法，那就是召开一个全教会议，由会议来决定其中一个教皇的合法性。在盖森领导下，巴黎大学提出了一种授予全教会议动议权的新理论。这一新理论得到了俗界统治者们的支持。1409年，会议终于在比萨召开了。

然而这次会议最终却失败了，而且十分滑稽可笑。会议宣布废黜两位教皇，罪名是异端和分裂罪，同时选出一个第三者，但选出的这个教皇很快就死了；无奈之下，红衣主教们又选立了一个曾经做过海盗的巴勒达撒瑞·寇撒为教皇，号称约翰二十三世。于是，便出现了三个教皇，比以前的两个还多了一个，而且这个教皇是个臭名远扬的恶人。

虽然如此，会议的支持者仍不甘心。1414年，他们又在康斯坦斯召集了一次会议。会议作出了三个决定：一、教皇无权

□《保皇党人》　密莱斯　19世纪

本图展示的是教会和皇室的矛盾白热化之际，一位清教徒少女正在帮助她的恋人——一位保皇党人逃亡。他们紧张戒备的神色，能让人感受到这段浪漫爱情面临的严峻形势。

·罗马教廷机构图·

```
                                          神父议会
          ┌─ 教会公共事务理事会 ─┬─ 基督徒合一秘书处      教友会议
          │                      ├─ 非基督徒秘书处        国际神学委员会
          │                      └─ 无信仰者秘书处        移民与观光委员会
          ├─ 大公会议                                     家庭委员会
          │   世界主教代表会议 ──────── 大众传播媒介委员会  妇女职务委员会
          │                      ┌─ 信仰理论部          天主教与犹太教关系委员会
          │       ┌─ 文书委员会   ├─ 主教部              天主教与伊斯兰教关系委员会
          │       │              ├─ 神职人员部    ┌─ 教廷秘书处      宗教事务委员会
          │       │              ├─ 册封圣人部    ├─ 教廷人事管理处  圣经委员会
   教皇 ──┼─ 国务院 ─── 圣部 ────┼─ 圣事礼仪部  办事处── 教廷宫廷管理处 委员会── 历史科学委员会
          │       │              ├─ 东方教会部    ├─ 教廷遗产管理处  考古委员会
          │       └─ 中央同级处   ├─ 修会与世俗修院部├─教廷经济会计处 东欧教会常设委员会
          │                      ├─ 公教教育部    ├─ 教廷慈善事业管理处 教廷历史艺术品保管委员会
          │                      └─ 万民福音传播部 ├─ 梵蒂冈第二届大公会 梵蒂冈委员会
          │                                       └─ 议档案管理处    人类发展委员会
          ├─ 枢机院                                                  文化委员会
          │                                                         拉丁美洲委员会
          ├─ 最高法院                                                 天主教与圣公会关系委员会
          ├─ 圣轮法院                                                 教友传教委员会
          └─ 圣赦院                                                  东方教会法典编纂委员会
                                                                    ……
```

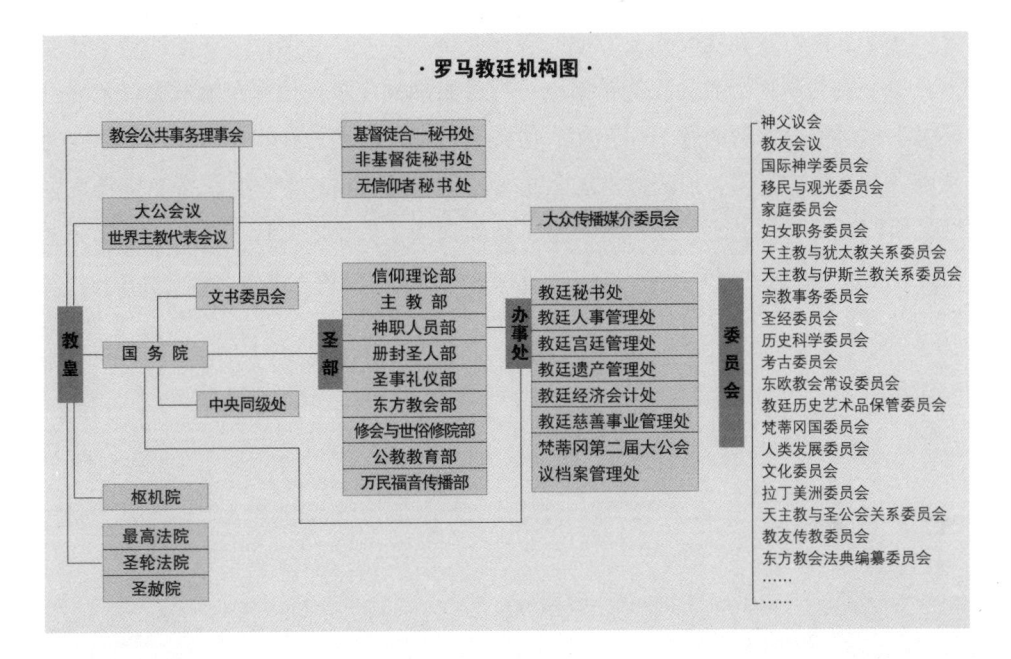

□ **罗马教廷机构图**

  罗马教廷是天主教会的中央行政机构,协助教宗处理整个教会的事务,简称教廷。罗马教廷从古代罗马主教府发展而来,最初无固定机构。1588年教皇西克斯图五世设立教廷各部门,罗马教廷宣告形成。

  一般说来,罗马教廷的首脑为教皇,枢机团成员有选举或被选举为教皇的权利;枢机团成员分枢机主教、枢机神父、枢机执事三级,因皆穿红衣,通称红衣主教。狭义上,人们称的教廷仅指天主教的最高行政管理机构,主要包括各圣部、各法庭、教廷各秘书处、办事局和理事会以及一些常设委员会,均由教宗授权进行工作。

解散会议,在某些方面还必须服从会议的有关决定;二、会议决定未来的教皇必须每七年召集一次全教会议;三、废黜了教皇约翰二十三世,并劝说罗马教皇辞职。教皇拒绝辞职,他死后,在阿拉贡王主使下又选出了一位新教皇。然而,此时的法兰西却拒绝承认这个新教皇。最后,他的势力越来越衰微,终于退出了历史舞台。由于这一原因,全教会议选出的教皇没遭到任何力量的反对,教皇号称马丁五世。

  康斯坦斯全教会议挽救了分裂,但会议的目的还不止于此,它还想有更大的作为:以君主立宪体制来代替教皇专政。马丁五世在当选前曾许下诺言,有些他遵守了,有些他没有遵守。他同意每七年召集一次全教会议,并严格地执行了这一决定。1417年,康斯坦斯宗教会议解散,1431年,在巴泽尔召开了另一次会议。马丁五世恰好在这时死去,他的继承人是尤金尼乌斯四世。在他的整个任期中,他一直与掌握全教会议的革新派进行着激烈的斗争。他宣布解散会议,但会议拒不承认他的解散教令。1433年,他曾有过一段时期的让步,但在1437年,他又重新下令解散会议,但仍然没能阻止会议的召开。1439年,会议宣布废黜尤金尼乌斯四世,另外选立一位敌对教皇,从而失去了舆论的支持。这个新教皇一上任就辞职了。会议一直坚持到1448年,这时,尤金尼乌斯四世已经大获全胜了。

威克利夫

威克利夫（约1320—1384）是一个俗世的祭司，这是他与其他经院学者的不同之处。他在牛津享有盛名，并在1372年获得了牛津神学博士学位。威克利夫在巴里欧学院当过一个时期的院长，也是最后一位重要的牛津经院学者。在哲学上，威克利夫是个实在论者，也是一个柏拉图主义者。他对上帝的看法与某些人不同，他认为上帝的命令不是随意的，现实世界是一个唯一可能的世界，因为这个世界是上帝选择的，而上帝是有选择最善的义务的。他的人生和很多学者不同，因而成为一个人们感兴趣的人物：他自愿从牛津大学引退，成为一个乡间的教士。在他生命的最后十年，他当了敕命路特渥尔兹教区的祭司，但他却继续在牛津大学讲学。

威克利夫的思想发展是值得人们关注的。1372年，在他五十岁左右时，他还信奉正统教义；但之后他却变成了一个异端。人们认为，他之所以信奉异端完全因为道义的原因——他对穷人的同情及对那些富有的世俗僧侣的嫌恶。最初，他攻击教廷还只限于政治和道德方面，并未涉及教义；后来逐渐地走上了更加全面反抗的道路。

威克利夫脱离正统教义，始于1376年。这一年，他在牛津作了"论公民统治权"的系列演讲。他提出，只有正义才配

□ 约翰·威克利夫

约翰·威克利夫是英国宗教改革家。他提出了"天恩统治论"、没收教会财产为国有、建立"民族的廉俭的教会""体临在说"等一系列宗教改革思想，认为个人与上帝可以直接沟通，无须中介；声称来自上帝的直接统治才是真正的统治。他的观点实质上是要把统治权从教会手中夺回到市民的手中，这给了教会沉重的打击。

享有统治权与财产权,非正义的僧侣是没有这些权益的;一个教士是否有权保留财产,这一问题必须由俗界政权来决定。他认为,财产是罪的结果,基督和信徒们不应该有财产,因此,僧侣也应该无产。毫无疑问,除了托钵僧外,他的这些言说触犯了所有教士的利益。当然,英格兰政府对他的这些教义十分欢迎,因为教皇经常从政府那里拿走巨额的税赋。这个问题在当时的情况下特别突出,因为教皇本身屈从于法兰西,而英格兰又在同法兰西交战之际。在他的观点得到政府的支持的同时,格雷高里九世则谴责了威克利夫论著中存在的18种论点。威克利夫被押上了审判台,一个由主教们组成的法庭对他进行了审判。然而,他却得到了女皇和暴民的保护;而牛津大学也不承认教皇对该大学教师有司法权。即使在那样一个年代,英格兰各大学都保持了学术的自由和尊严。

□ 《基督面对大祭司》 洪特霍斯特
约1617年

祭司,是指在宗教或祭祀活动中,为了祭拜或崇敬所信仰的神,在祭坛上担任辅祭或主祭的神职人员。图中基督和大祭司相对而视,面对大祭司,基督双手交叉,神态谦逊,神情耐心而宽容,显示出他不同于一般人的超脱。

从1378年到1379年,威克利夫写作了一系列学术论著,他认为国王是上帝的代理者,因而主教应该服从于国王。在大分裂以后,他更肆无忌惮地攻击教皇,说教皇是基督的敌人,又说承认君士坦丁的赐予使历代教皇都成为了叛教者。他把拉丁文《圣经》译成英文,并在俗界僧众中建立了"贫苦祭司"僧团,并派遣"贫苦祭司"僧团的教士在贫民中巡回传道。

1381年,发生了瓦特·泰勒领导的农民起义,这一事件使威克利夫陷入了更加困难的境地。他竭力避免对这一事件进行谴责,但起义军中的一个名叫约翰·鲍勒的领袖,曾赞扬过威克利夫,这事使威克利夫感到十分尴尬。这个起义军领袖早在1366年就遭到了破门处分,而那时威克利夫仍是正统教义的忠实信奉者。虽然威克利夫的共产主义的见解被"贫苦祭司"广泛传播,但他这些见解都是用拉丁文写的,一般农民是无法读懂的。

文化伟人代表作图释书系

虽然如此，威克利夫并没有因为他的见解和民主活动而受到迫害，牛津大学对他进行了全力保护。

这时，英国贵族院和众议院产生了矛盾，当贵族院谴责他的巡回传教士时，众议院则持相反的态度。总之，直到他在1384年去世，也没有被正式判罪。他死在路特渥尔兹，并被埋葬在那里。后来，康斯坦斯全教会议下令掘出他的骸骨，并将其焚毁。

□ 审判威克利夫

威克利夫批评宗教政策，认为教会既然有罪，就应当放弃财产而恢复安贫乐道的本来状况，剥夺教会资产应由国家特别是国王执行。为此，教皇在1377年逮捕他。图为审判威克利夫的情景。

他在英格兰的追随者命运更糟，他们遭到残酷迫害，最后被完全消灭。然而，由于理查二世的皇后是波希米亚人的缘故，他的学说得以在波希米亚流传。虽然他的追随者们在波希米亚也受到迫害，但他们一直坚持到了宗教改革时期的到来。在英格兰，他们虽被迫转入了地下，但反对教廷的思想却深入人心，这些，无疑为新教的成长准备了滋生的土壤。

15世纪，政治文化发生了迅速变化。火药消灭了封建贵族，从而巩固了中央集权政治。在法兰西和英格兰，路易十一世和爱德华四世团结国内富裕的中产阶级，他们帮助他平定了贵族政治的无政府状态。在意大利，15世纪末以前，几乎一直未受到北方军队的骚扰，经济和文化建设取得了迅速发展。这种新文化在本质上具有异教性质，它仰慕希腊、罗马，蔑视中世纪，在建筑和文学风格上效仿古代。当君士坦丁堡这个古代最后的残余象征被土耳其人攻陷后，那些逃往意大利的希腊难民受到了人文学者的欢迎。瓦斯寇·达·伽马和哥伦布扩大了世界，而哥白尼则扩大了天界。所谓"君士坦丁的赐予"被斥为无稽之谈，受尽了学者们的嘲笑。人们从拜占庭人那里直接通晓了柏拉图的著作，不再阅读经过新柏拉图主义者及奥古斯丁的第二手资料了。人世间已经不再是一个淌满眼泪、在朝圣途中走向彼岸世界的地方，而是一个能够为异教提供快乐、名誉和冒险机会的地方了。人类经过了数世纪的禁欲主义，而今它已被艺术、诗歌和快乐的喧嚣代替了。旧时代的恐怖，已经吓不了人了，新的、精神的自由使人们如痴如醉。这是一种消除了恐惧的陶醉。在这个人类解放的快乐时刻，近代世界诞生了。

第三卷 | 近代哲学

人类进入近代社会，世俗文化开始替代了中世纪的僧侣文化，国家越来越代替教会成为支配文化的统治力量。近代社会总的特点是：教会的威信衰落了，科学知识日益深入人心。这一时期，大师级的哲学家如雨后春笋般涌现。他们是：马基雅维利、霍布斯、笛卡尔、洛克、休谟、康德、黑格尔、叔本华、尼采、马克思、柏格森、杜威等。这些大师的学说，深刻影响了人类的精神生活及国家的政治结构，成为推动近代历史前进的重要力量。

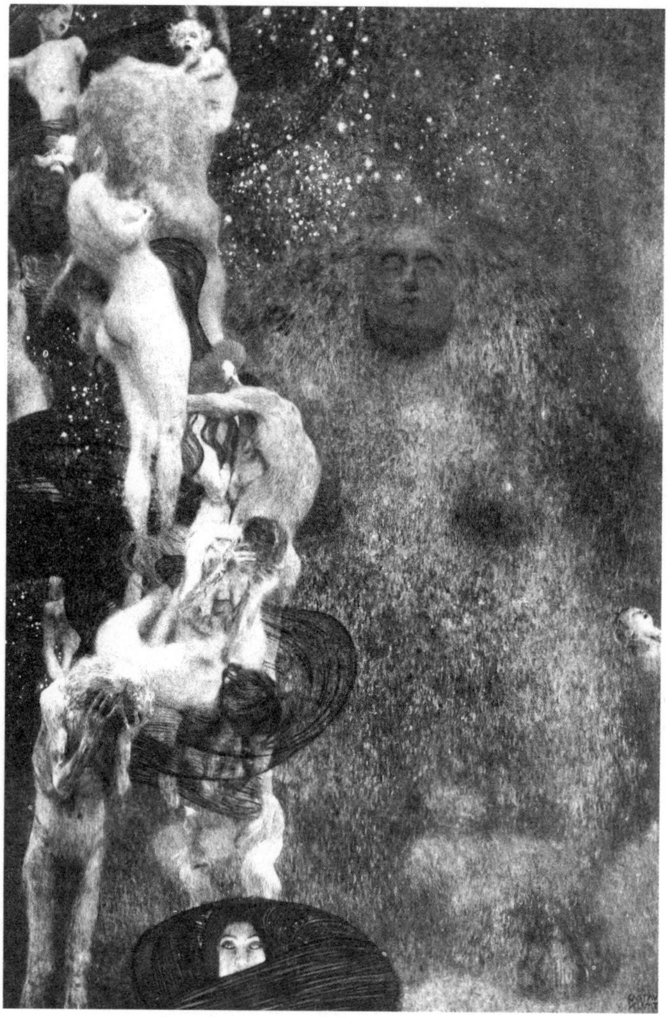

第一章
近代哲学与意大利文艺复兴运动

　　近代时期，社会生活出现了两个特点：一是教会的威信衰落，二是科学的威信上升。近代文化是一种世俗文化，国家越来越代替教会成为支配文化的统治力量，各国的统治大权最初大都归国王掌握，后来，国王逐渐被民主国家所代替。

　　文艺复兴不是在哲学上有伟大成就的时期，但它培养了人们独立思考的习惯，这对伟大的17世纪来讲，是一个必要的准备。

近代哲学与科学

自美国独立和法国大革命以来，近代意义的民主制成了重要的政治力量。和建立在私有制财产基础上的民主制相反的社会主义，在1917年初次获得了胜利。这一种政治制度如果蔓延开来，很明显会带来一种新的文化。

在意大利文艺复兴运动中，科学的地位并不显著。科学的第一次大入侵是1543年哥白尼学说的发表，不过，这一学说直到17世纪，经过开普勒和伽利略的改进，才得到发展。随后，科学与教义之间展开了长期的战斗，在这场战斗中，守旧派在科学面前打了败仗。

科学的威信被近代大多数哲学家所承认。由于它不是统治威信，而是科学理智上的威

□ 美国独立

1783年9月,双方正式签订和约,英国承认美国独立。历时8年的美国独立战争结束了。1789年华盛顿成为美国第一任总统。美国独立战争不仅开创了现代文明的美国历史,给美国人民留下了光荣的革命传统,而且给了欧洲资产阶级革命以强大的支持动力。

文化伟人代表作图释书系

信，因此和教会威信完全不同：教会威信宣称自己的论断绝对真实，一万年也更改不了，科学的论断是尝试性提出来的，认为随时都可能修正。科学使人们的心理气质变得更加豁达起来。

人们对科学的重要性的认识首先是从战争开始的，伽利略和雷奥纳都精于改良大炮和筑城术，因而获得政府职务。之后，科学家在战争中的作用越来越大。

在民用品方面，随着机器生产的发展，民间开始使用蒸汽、电力，科学家的作用才开始显现出来。科学家对政治的影响大约在19世纪末才出现。

□ 断头台　18世纪

近代哲学的世界观是"科学主义世界观"，它是自然科学世界观的哲学化。此种世界观的本质是对生活的切割、遗忘和抽象。其最终结局是理论上的怀疑主义、相对主义，是王国的毁灭。图为路易十六被推上断头台的场景。"我希望我的血能换来法国人民的幸福"，这是他最后的告别词。

从教会的说教中解放出来，在欧洲，个人主义得到惊人的发展，甚至发展到无政府状态的程度。同时，精神的枷锁一旦打破，在艺术和文学上便涌现了一批划时代的大师，表现出了惊人的才华。但这样的社会是缺乏稳定性的。宗教改革运动和反宗教改革运动的兴起，加上意大利对西班牙的屈服，终于把意大利文艺复兴运动的功过一起结束了。

近代哲学的遗产主要是个人主义的主观倾向，这在笛卡尔身上是非常明显的。虽然洛克的气质是彻底的客观气质，但也不由自主地陷入了主观论调。贝克莱在否认物质的存在后，只是依靠使用"神"的概念才脱离出完全的主观主义泥塘。到休谟，经验主义哲学发展到登峰造极，成了一种对任何事物都不相信的怀疑主义。康德的哲学是主观的，就他本人的气质来说也是主观的；黑格尔借斯宾诺莎的影响挽救了自己。卢梭和浪漫主义运动把主观主义从认识论扩张到了伦理学和政治学层面，最后的结局必然走向巴古宁式的无政府主义。

这个时代，科学的发展使人们感到：人类可以不像以前那样受自然界任意摆布了。但科学给予人的是社会能力，而不是个人能力。例如，一个人乘船遇险漂落到荒岛上，如果这事发生在17世纪，他首先会想法寻找一个栖身之地，比如一个洞穴，然后在岛上砍伐树木、觅食，总之，他会比当代人有更多的作为。科学的发展一方面增强了人们对自然界的认识，但另一方面却弱化了作为个体的人的生存能力。科学需要严密的组织，需要协作，因此，科学在本质上是反对无政府主义、反对个人主义的。与宗教不同，科学在道德上是中立的，它保证人类会创造出奇迹，但不会告诉人们该是什么奇迹。

科学的发展推动了人们对哲学的认识，但也有其负面性。它把一切事物看成仅仅是有待加工的原材料，目的不重要，只崇尚方法的巧妙。这又是一种危险的病症。

古代社会，以罗马帝国的建立为标志，结束了混乱状况；但冷酷的罗马帝国并不是人们的理想。现代世界的现实是：统治者通过暴力强加给人民一种社会秩序。这种社会秩序代表的是权贵们的意志，不是平民的愿望。为解决"美满而持久的社会秩序"问题，需要建立一种新的哲学。

意大利文艺复兴运动

震古烁今的欧洲文艺复兴运动发生于14至17世纪的欧洲,是正在形成中的资产阶级在复兴希腊、罗马古典文化的名义下发起的弘扬资产阶级思想和文化的运动。它发源于意大利中部的佛罗伦萨,然后在西欧各国得到广泛传播和高度发展。

14世纪以后,新兴资产阶级经过同封建领主的斗争,在一些城邦取得了自治权。人文主义思想家、艺术家、诗人,无不热衷于研究古代希腊、罗马文化典籍,发掘、利用其中一切与基督教神学相对立的文化因素作为思想武器,掀起了反封建、反教会的文艺复兴运动。

从哲学方面看,文艺复兴运动的主要功绩是摧毁了死板的经院哲学体系,这种体系已经成了人们智力上的障碍。从此,西欧各国恢复了对柏拉图、亚里士多德的研究,促进了人们对这两个伟大哲学家的深入认识。

文艺复兴运动促使人们养成了这样一种习惯:把知识活动看成是乐趣盎然的社会性活动。在那个伟大的时代,学习知识是一件轻松愉快、赏心悦目的事情;而不是像中世纪那样死背教条,学习过程成了人们痛苦的回忆。现代的自然研究和自然科学的形成,也是文艺复兴运动最有积极意义的成果之一。

文艺复兴不是人民的运动,它是少数学者和艺术家的运动。这个运动得到了一些社会名人及权力者的赞助,如美第奇家族、崇尚人文

□ 列奥纳多·达·芬奇

列奥纳多·达·芬奇(1452—1519),他是一位思想深邃、学识渊博、多才多艺的画家、天文学家、发明家、建筑工程师。他的杰作《蒙娜丽莎》《最后的晚餐》《岩间圣母》等作品,体现了他精湛的艺术造诣。他认为自然中最美的研究对象是人体,人体是大自然的奇妙作品,也应为绘画对象的核心。

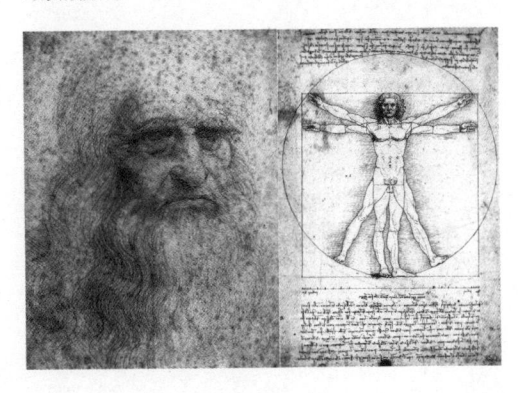

主义的教皇。如果没有这些赞助者，它取得成功的可能性就要小得多。

除哲学以外，文艺复兴运动在建筑、绘画、诗歌方面涌现了一大批杰出的大师。出现了列奥纳多·达·芬奇、米开朗基罗、马基雅维利等伟大的人物。这个运动如一股清新之风吹进知识界，把知识分子从狭窄的中古文化故纸堆里解放出来。

通过复活希腊时代的自然知识和社会知识，文艺复兴运动创造出了一种精神气氛。在这种气氛里，人们希望重现希腊人的辉煌文化，与那些辉耀古今的美丽诗篇相媲美。文艺复兴时期是一个需要天才、产生天才的时代，那个时代的政治条件创造了有利于个人发展的广阔空间；自由自在地生活、创作，成为很多艺术家、诗人追求的理想。

历史证明：稳定的社会制度是必要的，但是至今人类的一切稳定制度都妨碍了杰出人物才智的发展。虽然随着社会的不断前进，这个问题显得越来越重要，但至今人们还没找到一个完美的解决办法。

马基雅维利

文艺复兴没有产生重要的理论哲学家,但在政治哲学中造就了一个杰出的人物——尼科罗·马基雅维利。他被称为现代政治思想的主要奠基人之一。

马基雅维利(1469—1527),意大利佛罗伦萨人,出生于一个没落的贵族家庭。由于家境贫寒,马基雅维利在童年时代所受的正规教育很少。他青年时期在政府任职,担任外交使节。由于他一贯和意大利的显贵美第奇家族作对,因而被捕。获释之后,他在乡下过着退隐生活,从事著述。虽然政治上失意孤独,但他在学术上取得了显著成就。他一生的最后时期一直想和美第奇家族和解,但终归成为泡影。在查理五世的军队洗劫罗马的同一年——也是意大利文艺复兴运动终结的一年,他与世长辞。

马基雅维利的政治哲学是经验学问,其显著特点是:他拿他对事物的亲身经验做基础,力求说明为达到目的所需要的手段,而不管目的的善恶问题;他没有将政治学和道德学或神学密切结合起来,而是从纯人性的角度来论述历史和政治。《君主论》《论李维》(又名《论李维〈罗马史〉前十卷》)是他的主要著作。

《君主论》是他在1513年,刚遭到贬逐不久创作完成的,被称作"邪恶的圣经"。为了讨好美第奇家族,他把本书献给了罗伦佐二世。全书根据史实和当时的事件,具体说明一个君主应该具备哪些条件和才能,应该怎样治理和巩固自己的君主地位。他在书

□ 马基雅维利

马基雅维利是意大利政治家、思想家、外交家和历史学家。他主张建立统一的意大利国家,摆脱外国侵略,结束教权与君权的长期斗争。在他看来,君主国是最理想的。其代表作《君主论》提出了现实主义的政治理论,《论李维》中也提出了共和主义理论。他在西方被誉为"政治学之父"。

中彻底否定了公认的道德，并强调为达目的不择手段的权术政治、残暴、狡诈、伪善和背信弃义等，只要有助于君主统治就都是正当的。他说："君主一味善良，就必将灭亡；他必须像狐狸一样狡猾，像狮子一样凶猛。……如果守信有好处，君主就应该守信，否则不必守信。"

他在书中对亚历山大六世的儿子凯萨·鲍吉亚为夺取政权所施展的一切阴险卑鄙的伎俩大加颂扬，要求那些想统一意大利的君主都以他为效法对象。他表示："回顾凯萨公的所有行为，我找不出任何可指责之处；相反，我认为他是一切想依靠命运、借助他人武力掌握大权的人应效法的榜样。"

虽然马基雅维利提倡君王采用切实可行的玩世不恭和残酷无情的手段，但他本人却是个理想主义者和爱国主义者，并不很擅长玩弄他推荐的骗术。他为意大利在政治上和军事上软弱无能而大失所望。许多异族侵略者的军队在践踏着祖国河山，他渴望有一个强大的君王来统一祖国，把侵略者赶出去。在《君主论》的结尾，他满怀感情地呼吁美第奇家族"将意大利从'蛮人（法兰西人和西班牙人）'手中解放出来，这些人的统治散发着'恶臭'"。

《论李维》是论述"共和国制度"及教皇权力的书。书中关于教皇权力的议论详尽而真诚，带有鲜明的共和主义和自由主义色

□ 佛罗伦萨

意大利文艺复兴最著名的城市当数佛罗伦萨。徐志摩的《翡冷翠一夜》说的就是这座城市。这座城市创造了大量的闪耀着文艺复兴光芒的建筑、雕塑和绘画作品，成为了文艺复兴的重中之重，成为了欧洲的文化中心。

文化伟人代表作图释书系

彩。他把共和国时期的罗马与当时佛罗伦萨的实际情况进行了比较，系统地阐述了共和政体的优越性，毫不掩饰地流露出自己对共和制度的无限向往。

作者首先把著名人物排成道德上的品级。他认为，最上等人是宗教始祖，下一等是君主国或共和国奠基者，最后是文人。以上三类人是好人。而破坏宗教的、颠覆共和国或者王国的人是恶人。马基雅维利对专制制度进行了猛烈批判，他认为，凡建立专制政治的人均非善类，包括恺撒在内。他认为宗教是社会联结的纽带，因而在国家中应当占据重要位置。但他对当时的教会并不满意，他指出：教会的种种恶行给宗教信仰带来极大伤害；教皇在俗界事务中的权利和由此制定的政策，成为意大利统一的绊脚石。他的原话是很有力度的："一个人越接近我们的宗教首脑罗马教会，他的信仰就越不虔诚。……他正一步步走向惩罚和毁灭。……没有罗马教会和它的祭司，我们意大利人是无法成为不敬神的败类的；但它们还赐给我们一种更大的恩惠，一种必将我们引向彻底毁灭的恩惠，那就是它们使我们的国家四分五裂……"

马基雅维利赞赏平民政治，但并非出于"权利"观念，而是在现实生活中看到平民政治不像专制政治那样残酷、专横、动乱不定。

马基雅维利对政治的看法很特别，他认为，在政治上，有三样东西特别重要：民族独立、安全、井然有序的政治组织。最好的政治组织是在君主、贵族、平民之间，按各自的实际力量分配权利；在这种体制下，暴力革命很难成功，社会就能达到稳定。他向统治者进言：为了社会稳定，多给人民一些权利是明智的。同时他还认为，政治也需要讲究手段。不管政治目的是好还是坏，只要想实现，就必须采取一切相应手段，包括适当的暴力手段。

从表面上看，这部著作和《君主论》的观点似乎自相矛盾，其实二者之间存在着必然的内在逻辑关系。

马基雅维利最终的政治理想是在佛罗伦萨实现共和制度，但是他又认为共和制度的实现必须要以全体公民的美德为前提条件。就当时的现实状况而言，佛罗伦萨乃至整个意大利都处在普遍的"腐败"之中：内部四分五裂，各集团相互勾心斗角，加上四邻强国虎视眈眈，意大利民族的命运可谓危在旦夕，而意大利人却依然麻木不仁。他懂得，对这样一个分崩离析和缺乏"德行"的国家来说，建立共和制度只能是一种付诸将来的美好愿望，当务之急是消灭分裂、实现民族统一。因此，他面对现实，不得不寄希望于一个强有力的君主，希望这个君主依靠强权政治来统一意大利、为建立共和制度创造一个最基本的前提条件。马基雅维利的这种主张，既反映了当时意大利新兴资产阶级要求建立统一国家的迫切愿望，也代表了饱受内乱外患之苦的整个意大利民族的实际利益。可见他只是把君主制作为统一意大利的一种特殊的、临时的非常手段而已，共和制度仍是他的最终理想。

马基雅维利对现实世界的人性非常绝望。他认为，文明人几乎都是不择手段的利己主义者。他说，如果今天有人想建立共和国，他会发现，在农村的村民中推行共和国理想比在大城市的市民中推行这个理想要容易得多，因为大城市中的人已经腐化。

埃拉斯摩和莫尔

北方各国的文艺复兴运动比意大利开展得晚，而且很快又和宗教改革相混杂。跟意大利的运动先驱相比，北方运动家多致力于广泛传播学问，而不是炫耀个人知识。

埃拉斯摩和莫尔两人是北方文艺复兴运动的典型代表。二人是志同道合的密友，学识都很渊博。他们对经院哲学极为蔑视，都立志从内部革新教会。从严格意义上讲，二人并不是哲学家，本书之所以要论述这两人，是因为他们体现了革命前时代的特征。

埃拉斯摩（1466—1536），出生在鹿特丹。他是私生子，为了避羞，编造了一套极富浪漫色彩的谎言。他的父母在他还未成年时就死去了，监护人侵吞了他的钱，哄骗他当了修道院的修士。这是埃拉斯摩毕生悔恨的一件事。1493年，他成为刚布雷地方主教的秘书，从而获得很多外出游历的机会。其间他曾多次到巴黎大学学习，但获益甚少。1499年，他初访英国，并在那结识了寇理特和莫尔。1500年初离开英国后，他开始自学希腊语，并于1506年出版了一部附有新拉丁译文的希腊文新约圣经。1509至1514年期间他又两度访问英国，一段时间在伦敦，一段时间在剑桥。他对英国人文主义兴起的作用不可小觑，很久以来，英国公学的教育几乎都

□ 埃拉斯摩

埃拉斯摩生于鹿特丹，先是在巴黎攻读神学，后又到英国和意大利潜心攻读希腊学术，到晚年定居巴赛尔，已是人所瞩目的人文主义一代宗师。除了在艺术上少有发展，埃拉斯摩当之无愧是恩格斯所说的那一类极有时代特征的文艺复兴"巨人"。

是按他的蓝图在发展。

埃拉斯摩的主要著作是《愚神颂赞》。1509年，在从意大利前往英国的途中，正翻越阿尔卑斯山时他突然萌生了创作这部作品的念头。到达伦敦后，他在莫尔家中很快写完这本书，并题献给莫尔。著名的肖像画家小霍尔班为这本书画了插图，文字与插图相映生辉，使本书更有趣味。

《愚神颂赞》以愚神为主人公，通过她的自卖自夸描绘了社会各个阶级、从事所有职业的人一生中的一切方面。她自夸："人类离了我就会灭绝，因为哪个不愚能结婚？"她说人若不自私，不阿谀奉承，就不会幸福；只有那些近于畜类、不具理性的人才是最幸福的人……接着埃拉斯摩又对民族自豪感和职业上的自负冷嘲热讽。

在书中某些章节，嘲讽变成了谩骂，但主要是针对教会的种种弊端：祭司用赦罪符和免罪券来"计算每个灵魂在炼狱中驻留时间"；神学家们对"三位一体"和"道成肉身"说持续争论；经院哲学分出若干流派等等。从教皇到枢机主教和主教，他一一嘲讽了一遍。修道会僧遭到了最猛烈的攻击，埃拉斯摩将他们称为"精神错乱的蠢物"，是毫无宗教气质的俗物，他们"深深爱恋自己，是个人幸福的痴想家"。他形容教士们的全部信仰都在琐屑的礼仪上："系凉鞋要打多少个结；各式服装分别选择什么颜色，用什么衣料；腰带多宽，多长"等。"他们在末日审判席前的申辩简直妙不可言：一个极力说明自己的食物唯有鱼，完全弃绝了肉欲；另一个一再声称他将自己生命中的大部分时间都用在了吟唱圣歌上；……还有一个特别强调他在世时从未碰过一文钱，除了戴着厚厚的手套去摸索。"

埃拉斯摩对教皇的嘲讽也毫不留情："他们唯有圣神一样武器；他们毫

□《愚神颂赞》插图

《愚神颂赞》是埃拉斯摩的代表作。此书中的愚神自夸自赞，兴致勃勃，涉及人生一切方面和所有的阶级及职业，他的词句配上插图，更添声色。此图出自《愚神颂赞》，表达了对教士们的嘲讽。

不吝惜对这种武器的使用,他们禁止一些人或团体参加教会仪式、禁止教士行使职权、禁止信徒领圣体……但他们对那些受魔鬼驱使、亵渎神灵、凶恶歹毒,企图损耗圣彼得世袭财产的人,决不慷慨使用这武器。"

他在书的结尾提出:真信仰是一种愚痴。他把愚痴分为两类,一类受到嘲讽,一类受到颂扬。在他看来,基督教徒淳朴性格中显露出来的那类愚痴就是"真心的愚痴"。由此,他推导出一个重要的观点:真的宗教信仰不是因为学习有关知识建立的,而是发乎于情,从人的本性中产生的。这个观点对后世产生了很大影响,目前,新教徒中几乎普遍接受了他的这个观点。

□ 托马斯·莫尔

托马斯·莫尔是英国的空想社会主义者,其思想深受柏拉图影响,因而他的著作《乌托邦》被后人称为柏拉图《理想国》的续篇。

埃拉斯摩对男女关系的看法别出一格。在《愚神颂赞》中,他把愚神描述成一个美丽的女子,她劝男人娶妻子:"这种动物愚憨无害,但便利有用,可以柔化男人阴郁的心境。"

宗教改革以后,埃拉斯摩先是住在固守旧教传统的卢凡,后来搬到了改奉新教的巴泽尔。双方都费尽心机想要笼络他,但都徒劳无功。路德的叛教,使他对其暴戾作风极为憎恶,因而倒向旧教。他和路德进行了激烈的论战,但最终被路德凶狠的论辩逼向反动,此后他的声望与日俱下。埃拉斯摩一生胆弱心怯,但他所处的那个时代已经不再适合懦夫了。对于正直的人,可以选择的道路只有殉教或者奋起抗争,争取胜利。他的朋友莫尔选择了殉教。埃拉斯摩活得太久,他进入了这样一个时代:社会上英雄辈出,政治制度上不容异己。这两样哪一样他都是学不会的。

托马斯·莫尔(1478—1535),就人品而论,比埃拉斯摩高尚得多,但影响力却远不及埃拉斯摩。莫尔于1478年出生在英国伦敦一个不太显赫的富有家庭。莫尔幼年丧母,由父亲带大。他的父亲约翰·莫尔曾担任过皇家高等法院的法官,是一位勤俭持家、正直明达的人，对儿子要求极为严格，这对莫尔一生产生了深刻的影响。

莫尔是个人文主义者，在牛津大学读书时，因为学习希腊语言，被校方开除。后来他对卡尔图斯教团产生极大兴趣，并打算加入过一种苦行生活。与埃拉斯摩相识后，他逐渐放弃了这一想法。1504年，他成为下院议员，但因带头反对新税而激怒国王亨利七世，他的父亲因此被囚禁在伦敦塔，但在交纳一百镑罚款后又被释放。亨利七世去世后，莫尔重新从事法律职业，并受到亨利八世的宠信。1514年，他受封为爵士，并被允许参与各个外交使团的活动。亨利八世曾多次召他进宫，但他一次也未前往，国王最后只好屈尊来到他家。当时的大法官武尔济倒台后，国王任命莫尔为继任者。一反通常的惯例，莫尔对诉讼人的馈赠一概回绝，因而不久就失宠。莫尔辞官后，每年仅有一百镑的收入，可见他在职时的清廉。后来，由于他对国王的几个要求拒不执行，被判处大逆罪，并被斩首处决。

莫尔被人们所熟知，主要是由于他写的《乌托邦》一书。此书一出版，就轰动世界。《乌托邦》一书采取对话体形式写作。书中描述，乌托邦是南半球的一个岛屿，岛上的一切事物均完美无缺。和柏拉图的《理想国》一样，岛上所有东西归公有。在对话中，莫尔提出反说，共产制度会使人懒散，会造成对长官的不尊重。另一个人回答说，只要在乌托邦生活过的人都不会说这种话。

乌托邦中有54个城市，除首都以外，每个城市的建筑风格完全一样。所有私人住宅的样式也一模一样，门不装锁，人人可以任意进出其他人家。为了杜绝人的私人占有欲，乌托邦中的人每隔十年相互调换一次房屋。乡村设有农场，每个农场至少有四十

□《亨利八世的肖像》德国
小汉斯·霍尔拜因

亨利八世（1491—1547），都铎王朝第二任君主（1509至1547年在位），英格兰与爱尔兰的国王。亨利八世为了休妻另娶新皇后，与当时的罗马教皇反目，推行宗教改革，并通过一些重要法案，容许自己另娶，并将当时英国主教立为英国国教会大主教，使英国教会脱离罗马教廷，自己成为英格兰最高宗教领袖，并解散修道院，使英国王室的权力因此达到顶峰。

人，分别由德高望重的场主夫妇管理。母鸡下蛋后，将蛋放在孵卵器里孵化。除了男子和女子，已婚者与未婚者的穿着略有差别外，所有人的服装都完全相同。衣服样式始终如一，也不区分夏装和冬装。工作时，人人都穿上皮革或毛皮服装；停止工作时，再在外面套一件全都一样的羊毛斗篷。

在这个岛上，所有人不分男女，每天工作六小时，早饭后三小时，午饭后三小时；晚饭后娱乐一小时，八点准时睡觉，睡眠八小时。清晨起床后，可以去听演讲，也可以不去。岛上官员如果发觉物资有余，可以宣布暂时缩短工作时间。

乌托邦的政治制度十分优越，政体是代议制民主政体，采用间接选举制。即使身居最高地位的人，如果专制暴虐也可被罢免。被选举出来做学者的人，只要令岛民满意，就可以免于从事其他工作。政务人员全都在学者中进行挑选。

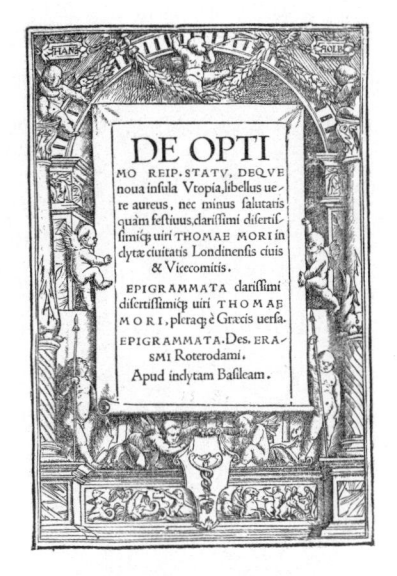

□ 法文版《乌托邦》封面

《乌托邦》是托马斯·莫尔的代表作，书中描述了一个理想的岛屿国家乌托邦的政治制度。虽然乌托邦是文艺复兴运动的产物，但它结合了柏拉图古典完美社会的概念和亚里士多德的古罗马修辞手法，因而其影响一直持续到欧洲的启蒙运动。

在这里，家族生活实行族长制。儿子结婚后仍住在父亲家中，只要父亲耳聪目明，就一直管束他。如果哪个家族的人口繁衍得太迅速，部分子女就迁到其他家族。要是某个城市规模发展得太大，就将部分居民迁往其他城市。若是所有城市都过于庞大，就在蛮荒之处建一座新城市。岛上的大多数人都在公会堂吃饭，不过也可以在家里吃。"贱活"都由奴隶们承担，包括宰杀以供食用的牲畜，但烹调菜肴则由妇女负责。吃饭时，男人们坐在一起，女人们坐在一起，奶娘们带着五岁以下的孩子在另一个房间；年龄稍大的孩子在旁侍奉。

关于婚姻，不分男女，结婚时若不是童身必受严惩。结婚前，新郎和新娘要彼此裸体对看，夫妇中一方有通奸行为或性格偏激、任性，可以离婚，但犯罪或有过错一方不能再婚。破坏婚姻关系的第三者要被罚当奴隶。

这里也开展对外贸易，主要是为获取岛上缺乏的铁，但有时也为战争服务。

岛上无人追逐战功，但不论男女所有人都必须参与作战训练。这主要出于三个目的：一是保卫国土不受侵犯，二是从侵略者手中夺回领土，三是将受压迫的民族从暴政下解放出来。但只要条件允许，他们也使用雇佣兵。在战争时期，谁能杀死敌国君主就会受到重赏；活捉君主的岛民或自愿归降的君主，会受到更丰厚的奖赏。女人也可以和男人一样上阵杀敌，但并不强迫她们参加战斗。

关于道德，乌托邦人认为快乐就是幸福；他们死后，都会善有善报、恶有恶报。他们反对禁欲、斋戒。岛上流行多种宗教，都受到宽容对待。每个岛民几乎都信仰神，都相信永生。没有信仰的人不具备公民资格，不能参加政治活动。信仰虔诚的人会戒除肉食，摒弃婚姻；人们视其为德行高尚，但并不认为是聪明的做法。对患了不治之症的岛民，可以劝其自杀，但若病人不愿自杀，便被其他人细致入微地进行照顾。

《乌托邦》全书不断强调共产制度的重要性，书的末尾的一段话，可看做该书的点睛之笔："在其他国家，见到的是富人们狼狈为奸，假借国家的名义获得自己的利益。"

总的来看，莫尔的《乌托邦》一书在很多方面有惊人的开明进步精神。

第二章　宗教改革运动与科学的勃兴

　　无论宗教改革运动还是反宗教改革运动，都是文明程度较低的民族对意大利精神统治的一种反抗形式。

　　科学在17世纪取得了极其伟大的成功，它带来的新概念对近代哲学产生了深刻的影响。在创立科学的过程中，出现了四个不同凡响的人物：哥白尼、开普勒、伽利略、牛顿。

宗教改革运动

宗教改革运动的反抗同时也是政治和神学上的反抗：教皇的权威被否定，人们不再缴纳他凭借"天国钥匙权"所获得的贡赋。反宗教改革运动只是对文艺复兴时期意大利的精神自由、道德自由的反抗；其结果是，教皇的权力不但未被削弱，反而有所增强。大致说来，宗教改革是德意志的运动，反宗教改革是西班牙的运动。

在宗教改革运动和反宗教改革运动中出现了所谓"三杰"，他们是路德、加尔文和罗耀拉。在思想上，这三个人和他们以前的意大利人相比，或者和埃拉斯摩、莫尔等人相比，其哲学观是中古式的。从哲学上看，宗教改革之后，一个世纪以来，哲学呈现出一种空白状态。路德和加尔文又重新回到了圣奥古斯丁时代，然而，他们只保存了他的教义中关于灵魂与神的关系那一部分，没有保留关于教会的那部分。这种神学削弱了教会的权力。炼狱中的亡灵可以靠弥撒祭拯救出来，但他们却废弃了炼狱。教皇收入中的很大部分来源于免罪说，但他们却否定了这一说教。他们说，死后灵魂的宿命与祭司的举措完全无关。诚然，这些革新措施在对教皇的斗争上起到了一点作用，但却阻碍了各个新教教会在新教国家中的势力发展，他们无法像旧教教会那样在旧教国家取得庞大的势力。新教牧师也和旧教神学家一样偏执，所幸他们的势力

□ **教皇出售赎罪券**

赎罪券，又叫免罪符，是16世纪天主教会为敛取金钱而印发的一种符券。教士宣称如果买了它，有罪的人就得到了教皇的赐福，可免于上帝的惩罚。1517年，当教皇派人到德意志兜售免罪符时，马丁·路德揭穿了它的欺骗性，从而引发了宗教改革运动。

小，因而危害也少。

从一开始，新教徒内部就产生了分歧，焦点在如何看待国家在宗教事务中的权限。在路德看来，不管哪国君主，只要他信奉新教，他就承认他是本国的宗教领袖。英国的亨利八世和伊丽莎白一世就坚持自己在这方面的权力，同样，德意志、斯堪的纳维亚以及荷兰的新教君主们，也都采取同样态度。这种趋势强化了王权的扩张势头。

然而，新教徒们却不愿意屈从于教皇，也不愿意顺服国王。虽然德意志的再洗礼派被镇压下去了，但他们的教义却传播到了荷兰和英国。

克伦威尔与国会长期的争斗表现在多方面。在神学上，围绕着国家在宗教事务中是否具有裁决权展开了反对者与赞同者之间的争斗。之后，由于宗教战争使人产生了倦意，宗教宽容的信念逐渐开始滋长，这一信念后来成为18、19世纪自由主义运动的一个源泉。

□ **教皇利奥十世和两位红衣主教　拉斐尔**
　　1518—1519年

欧洲各地反天主教运动针对的焦点是教皇，那些反对天主教会的人普遍视教皇为彻底的腐败和非法。此图为文艺复兴时期著名画家拉斐尔的作品，描绘的是1513年当选的教皇利奥十世和两位红衣主教。

最初，新教徒取得了很大的成功，后来因罗耀拉创立耶稣会，他们才开始遭受了挫折。罗耀拉曾是个军人，他以军队的模式创立了教团；会员对总会长必须无条件服从，他们中的每个人都认为自己正在从事对异端的斗争。耶稣会员有纪律，精明强干，有献身于事业的远大理想，而且善于宣传。他们的神学与新教神学相反；他们否定圣奥古斯丁的教义为新教徒遵从的内容。他们信仰自由意志，反对预定说。他们认为，得救不仅仅是依赖信仰，而是要依赖信仰与功德两方面。他们热诚布道，在远东赢得了很高的威信。除对异端外，他们比别的教士更具有宽厚慈悲的胸襟。他们在教育上倾注了全力，因而赢得了青年的拥护。他们在政治上团结而有纪律；他们敦促旧教君主进行残酷迫害，尾随着胜利者西班牙军的脚步，甚至在具有近一个世纪思想自由的意大利，再度制造了异端审判所的恐怖气氛。

从知识界来看，宗教改革和反宗教改革的后果，最初是不良的，但终局却是有益的。通过"三十年战争"，人们认识到，无论新教徒或旧教徒，没有哪一方在这场斗争中能获得全胜；必须放弃统一教义这个中世纪的愿望。这一共识的建立，从根本上开拓了人的独立思考和自由之路。正因为有各个国家的不同宗教信条，人们才有可能侨居外国逃脱迫害。这一时期，那些深具才能的人，由于厌恶神学中的争斗，越来越把注意力转向了现世学问，尤其关注数学及其他自然科学。由于这一原因（至少部分如此），虽然16世纪在哲学上毫无建树，但走向17世纪时，却涌现出了许多伟大人物的名字，而这一伟大的进展是由科学开端的。

科学的勃兴

在科学领域出现了四位开创性的人物,他们是哥白尼、开普勒、伽利略和牛顿。

哥白尼(1473—1543)是一位波兰教士,年轻时旅居意大利,接受过文艺复兴运动的熏陶。回国后,他成为一名僧侣会员,在工作之余,他将所有精力都用在了研究天文学上。

在意大利期间,哥白尼就确信太阳处在宇宙中心,地球和其他行星都围绕太阳转,而且地球同时在做两种运动,即自转和绕日的公转。他在40岁左右开始向朋友们散发一份简短的手稿,初步阐述了他自己对于日心说的看法。60岁时,他在罗马做了一系列演讲,提出了他学说的要点,并未遭到教皇的反对。但他却害怕教会的谴责,甚至在他的书完稿后,还是迟迟不敢公开发表。直到临近古稀之年他才最终决定将其出版,病危的哥白尼收到样书后,摸了摸封面,就与世长辞了。

哥白尼的日心说是人类对宇宙认识的革命,使人们的整个世界观都发生了重大变化。这一假说将地球赶下了几何学中唯我独尊的地位,对中世纪神学给予致命打击,使天文学从宗教神学的束缚下解放出来。路德听闻他这一学说后怒斥道:"他就是一个突然发迹的星相术士,一个蠢才;他千方百计想要证明太阳和月亮不转,而地球转,纯属居心不良,是阴谋颠倒整个天文学……"加尔文用圣经中"世界就坚定,不得动摇"的话语驳斥哥白尼,并向众人呼喊:"有谁胆敢将哥白尼的威信凌驾于圣灵的威信之上?"

哥白尼生活的时代,由于测量技术的落后,人类还不能观测到视差现象。例如:海面上的船只,从海岸某一点看是在正北,从另一点看肯定不会在正北,这种现象当时观测不

□ 尼古拉·哥白尼

"人在宇宙中并没有特殊的地位。"哥白尼这一崭新的思想震动了世界,也使他成为了神学家攻击的对象。

到；因而，哥白尼把自己的学说称为"假说"。但他对这种现象下了一个正确的推断：恒星一定比太阳遥远。从哥白尼对待科学的态度，我们可以看出什么叫科学家本色，那就是：判断一个事物的真伪，并不在于他们相信的事物本身，而在于他抱什么态度相信它，根据什么理由相信它。哥白尼同时具备了近代科学创立者的两大优点，即以百分之百的耐心进行观察，以毫不畏惧的精神作出假设。

哥白尼的"日心说"在天文学界产生了革命性影响，它的价值表现在两方面：一是证明了人类自古以来就认为是真理的东西未必是真理；二是首创了"大胆假设，小心求证"的考据法则。但由于哥白尼找不出确凿证据支持他的假说，因此在很长一段时间里天文学家们都对此持否定或折中态度。

开普勒（1571—1630）是继哥白尼之后采纳"日心说"的第一个重要天文学家。他虽然不是一个天才式人物，但拥有令人敬畏的坚强毅力。他是一个虔诚的新教徒，却又对太阳中心说感兴趣。他的伟大成就是提出了行星运动三定律。

第一定律：行星沿椭圆轨道运行，太阳占据椭圆的一个焦点。要接受这条定律，就必须克服

□ 审判伽利略　19世纪

在这场宗教对科学的审判中，伽利略被迫宣称地球是宇宙中静止不动的中心。然而，当他从审判席蹒跚走下时，仍喃喃自语道："可是地球确实是转动着的啊。"

传统思想的束缚，天文学家们长久以来一致认为：一切天体运动都是圆周运动，或圆周运动的组合。如果用圆不能确切说明行星的运动情况，就冠以周转圆。所谓周转圆，即在圆上滚动的另一个圆的圆周上一点所画出的曲线。举例来说就是：将一个大的车轮平放、固定在地面上，再取一个小车轮，轮上用一颗钉子穿过，让小车轮沿着大车轮滚动，钉子尖接触地面。这时，钉子就在地上画成了周转圆。根据第一定律，开普勒得出结论：地球围绕着太阳画圆，月球围绕着地球画圆。但这只是一种粗略的说法，通过进一步的精密观测人们就会发现，与事实完全相符合的周转圆组配系统其实并不存在。因此，必须用椭圆代替圆。

第二定律：指出了行星在轨道的不同点上的速度变化，证明了一个行星和太阳之间的连接线，在相等时间内扫出相等面积。进一步说就是，行星距离太阳最近时运动速度最快，距离太阳最远时运动速度最慢。

第三定律：一个行星的公转周期平方与这个行星和太阳之间的平均距离立方成正比。比如，一个行星与太阳之间的平均距离是R，行星的公转周期是T，那么，R^3被T^2除得的商，在不同的行星是一样的。这条定律证明了牛顿的万有引力平方反比律。

伽利略（1564—1642），是近代科学最伟大的奠基人之一。他既是重要的天文学家，也是动力学的开创者。

伽利略最早发现了加速度在动力学上的重要性。在他之前，人们一直认为地上的物体沿直线运动是"自然的"，但如若听其自然，物体就会渐渐停止运动。伽利略并不认同这种观点，他说：一切物体如果听其自然，就会沿直线匀速运动下去；只有受到某种"力"的作用，运动快慢或方向才会发生变化。后来，牛顿将其宣称为"第一运动定律"，也称惯性定律。

伽利略还是第一个确立落体定律的人。定律认为，假如排除空气阻力，物体在自由下落时的加速度始终不变；换言之，一切物体不管轻重大小，加速度完全相同。但在他生活的那个时代，人们都认为重的物体比轻的物体要落得快得多，伽利略用实验推翻了传统的习惯说法。实验证明，在真空的空间里下落的物体，羽毛和铅块落得一样快。在下落过程中，速度按一定比率增大。第一秒末，每秒速度32英尺；第二秒末，每秒64英尺；第三秒末，每秒96英尺，依此类推。他还根据惯性定律和落地定律，通过简单计算得出，子弹是沿抛物线运动的。

伽利略对太阳中心说极为赞同；他在写给开普勒的信中，表达了对其各种新

□ 牛顿

牛顿，英国伟大的数学家、物理学家、天文学家和自然哲学家。他在《自然哲学的数学原理》中提出并描述了万有引力定律和三大运动定律。它们奠定了此后三个世纪里物理世界的科学观，并成为现代工程学的基础。

发现的肯定。他自己制作了一架望远镜，通过观察，他发现银河是由成千上万颗单个星体构成的；还看到了金星的盈亏现象。在发现木星的各个卫星后，为表达对他雇主的敬意，伽利略将这些卫星命名为"美第奇家之星"。

牛顿（1642—1727），是伟大的物理学家，百科全书式的"全才"。在他墓地高耸的墓碑上，刻着诗人波普为他写的两行墓志铭体诗：自然和自然律在黑暗中隐去，神说"有了牛顿"万物才有光明。据说，有一天牛顿在苹果树下沉思，微风吹过，一个苹果落下地来。这个现象激发了牛顿的灵感，于是，"万有引力定律"应运而生，这个故事在中国广泛流传，妇孺皆知。

牛顿根据自己的"运动三定律"——前两条定律应归功于伽利略，对开普勒的三条定律进行了论证，并得出一条定理：所有行星在任何时刻都有一个趋向太阳的加速度，这个加速度随行星与太阳之间距离的平方反变。牛顿将"力"定义为运动变化的起因，也即加速度的起因。从而提出了他的"万有引力定律"："一切物体吸引其他一切物体，这引力和两个物体的质量乘积成正比，和其距离平方成反比。"由此公式，可以把行星理论中的全部事物，如行星和卫星的运动、彗星轨道、潮汐现象等都推断出来。而且后来，在行星方面，利用牛顿定律甚至能推算出轨道与椭圆形的细微偏差。

弗兰西斯·培根

弗兰西斯·培根（1561—1626）是近代归纳法的创始人，制定了系统的归纳逻辑，他被称为"英国唯物主义和整个现代实验科学的真正始祖"。

培根生于贵族家庭，父亲是国玺大臣和大法官，母亲是颇有名气的才女。在良好的家庭教育环境下，培根在各方面都表现出异乎寻常的才智。他23岁成为下院议员，1617年詹姆斯一世继位后，他被提升为国玺大臣，第二年又晋升为大法官。但仅过了两年，他就被控贪污受贿，被高级法院判处罚金四万镑，监禁伦敦塔中，并终身逐出朝廷，不得任议员和官职。虽然后来罚金和监禁皆被豁免，但培根却因此身败名裂。于是他被迫放弃政事，专心从事理论著述。1626年3月他坐车途经伦敦北部，当时他正在研究冷热理论及其实际应用问题。路过一片雪地时，他突然想到一次试验，他宰了一只鸡，把雪填进鸡肚，以便观察冷冻在防腐上的作用。但由于身体孱弱，他经受不住风寒侵袭，旧病复发并恶化，几天后便去世。

历代很多哲学家都曾强调过归纳的重要性，但培根是以科学眼光进行研究的第一人。"单纯枚举归纳法"为众多人使用，但其弱点是显而易见的。举例说：有一位户籍警去一个村庄记录全体户主的姓名，他询问的第一个户主叫威廉·威廉斯；第二个户主、第三个、第四个……都叫这名字；户籍警腻了，自己作了个判断：这个村庄的人都

□ **弗朗西斯·培根**

弗朗西斯·培根，英国文艺复兴时期最重要的散文家、哲学家。培根是一位经历了诸多磨难的贵族子弟，他的整个世界观是现世的而不是宗教的（虽然他坚信上帝）。他是一位理性主义者而不是迷信的崇拜者，是一位经验论者而不是诡辩学者；在政治上，他是一位现实主义者而不是理论家。他曾说过："知识就是力量。"

叫威廉·威廉斯。于是，他把全村人都按威廉·威廉斯登记。然而事实证明他错了，偏偏有一个人叫约翰·琼斯。这说明，如果完全无条件相信单纯枚举归纳，很可能得出错误结论。

培根创立的近代归纳法的高明之处在于：它能揭示带普遍性的一般法则。例如：发现热的本质，证明热是由物体的各个微小部分快速地不规则运动构成的。培根的方法是制作出各种热物体一览表、各种冷物体一览表，以及热度不定的物体一览表。这些表会显示一种特性：在热物体中有，在冷物体中无，在热度不定的物体中有不同程度的表现。由此得出普遍性的法则，而这些法则在新情况下也可以得到运用。

培根的哲学思想是与社会思想密不可分的，他主张哲学和神学分离，并进一步探索人类认识产生谬误的根源，由此提出著名的"四幻象说"。他说"幻象"是使人陷入谬误的不良心理习惯。"种族幻象"是人性中固有的幻象，即人的天性而引起的认识错误；"洞窟幻象"是个人由于性格、教育、环境等所产生的片面认识；"市场幻象"是由于人们交往时受语言概念限制而产生的思维混乱；"剧场幻象"是由于盲目迷信公认的权威思想和传统而造成的错误认识。培根指出，经院哲学就是利用这四种"幻象"来抹煞真理、制造谬误的。这给经院哲学带来沉重打击。但他的这一学说中渗透着经验主义倾向，未能对理智的本性和唯心主义的虚妄进行严格区分。

培根的另一个贡献是提出了"知识就是力量"这一著名格言，并从新的角度对这一格言作出了解释。其哲学理论的整个基础都是实用性的，即凭借科学发现和发明使人类能驾驭自然力量。

第三章 霍布斯的《利维坦》

霍布斯(1588—1679),英国哲学家,牛津大学毕业。在政治思想上,他提出"自然状态"的国家起源说,反对君权神授,主张君主专制。霍布斯对超乎国家之上的教会进行了猛烈抨击。

少年天才

霍布斯从小由伯父抚育，熟读古典著作。14岁时就将幼利披底斯的《米底亚》翻译成美丽的拉丁文诗篇，15岁时进入牛津大学学习。大学期间，他系统学习了经院派逻辑和亚里士多德哲学。这两类知识竟成了他晚年憎恨的对象，他认为大学没让他得到任何益处。22岁时，他做了哈德威克勋爵的家庭教师，陪伴勋爵到法国及欧洲其他国家游学。这个时期，他开始接触伽利略和开普勒的著作，这对他一生产生了深刻的影响。他还认识了本·琼生、培根、赫伯特勋爵等知名人物。勋爵去世后，他留在巴黎研究了一段时间几何学，后来又做了勋爵儿子的家庭教师。霍布斯陪他到意大利游学，并在1636年有幸拜访了伽利略。

1628年，英国国会正在起草《权利请愿书》，霍布斯发表文章反对民主政体，指出民主政体的种种弊端。1640年，长期国会开会，他的同党被投入伦敦塔，这使霍布斯大为恐慌，急忙逃往法国。

在巴黎，他成为很多一流数学家和科学家大为欢迎的人物。就连笛卡尔在出版《沉思录》之前都将手稿先拿给他看，并听取他的意见。随后他又和大批英国保皇党流亡者密切交往，还曾教授后来成为国王的查理二世的数学知识。1651年，他发表了《利维坦》一书，在书中他对旧教教会进行了猛烈抨击，这令法国当局政府大为震怒。霍布斯被迫潜逃回伦敦，

□ 霍布斯

霍布斯是英国著名的政治哲学家。他生活的年代正是欧洲自然科学和哲学思想蓬勃发展、英国政治变动最剧烈的时期，以伽利略为代表的数学、力学的发展，和克伦威尔所领导的英国资产阶级革命是霍布斯哲学思想形成的重要历史背景。他认为人性都是自私的，这也成为人类学研究的一个重要理论。

向克伦威尔妥协，不再参加任何政治活动。

　　王政复辟时期，霍布斯受到国王的优待，国王不仅在宫殿里悬挂霍布斯的肖像，还授予他每年一百镑的俸钱——可笑的是，国王一直忘记支付这笔钱。国王对一个无神论者的恩宠引起了大法官和国会的愤怒。此时，正好发生"瘟疫"和"伦敦大火"，老百姓中开始弥漫迷信恐怖。国会下院派人检查无神论著作，霍布斯的作品首当其冲被禁止。此后，凡是他所创作的存在争论的作品一律被禁止在英国印刷，甚至包括他那本叙述国会史，完全表现正统主义的《贝希摩斯》。就连1688年出版的《霍布斯作品集》都是在阿姆斯特丹印刷发行的。老年时期，他在国外拥有极大声望，远远超过在英国的名望。84岁时，他出了一部拉丁韵文自传；87岁时，还翻译出版了荷马作品的英译本。

　　作为一个哲学家，霍布斯并不太好归类。他有经验主义的倾向，但又赞赏数学方法，他的很多观点都体现出伽利略施加给他的影响。尽管相比其他哲学家，他对科学方法的理解更正确，但霍布斯的历史观却存在严重缺陷，因此，他不可能进入一流学者的行列。从个人性格来看，他太偏向于快刀斩乱麻，不耐烦做细致的事情；他有魄力，但是粗鲁。尽管如此，他的政治哲学仍值得重视，因为它比以往任何学说，甚至包括马基雅维利的学说都更趋于近代化，所以更有研究的价值。

《利维坦》

为霍布斯赢得声誉的是《利维坦》这部书，此书使他一举成名。

"利维坦"是圣经中记载的一种巨大的水生怪物，即"鳄鱼"，霍布斯把它比喻为国家。

霍布斯自称是彻底的唯物主义者。他说，生命是四肢的运动，所以机器人具有人造的生命。国家也是人工创造的东西，事实上就是一个造出来的人，主权就是人工模拟的灵魂。

□ 果实与欲望

霍布斯认为，如果一件事物是欲望的对象，那么它就会被大家认为是"好"的，因而也会产生爱，这是理性的趋向，如画中的果实之于孩子。霍布斯这种对于"理性"的理论和柏拉图认为理性是天生的观点正好相反，他主张对于理性的后天培养。

在本书的第一编，霍布斯论述了个体的人和他所认为的一般哲学，并叙述了第一运动定律。他将这条定律应用于心理学，得出："想象是衰退中的感觉，两者都是运动。睡眠中，想象的作用就是做梦；异教徒们的宗教是由于混淆了梦境和现实生活而产生的。将梦境看作未来的预兆是自欺欺人；相信巫术和鬼，也是无中生有。"

霍布斯是一个唯名论者。他说，除名目外没有普遍的东西；离了词语，没有任何概念。没有语言，就没有真，没有假；因为"真"和"假"都是语言的属性。他认为几何学是唯一真正的科学。它从定义出发，推理带有计算性；而哲学就没有做到这一点，因此，他认为哲学没有几何学严密。比如：哲学概念"无形体的实体"就是伪说。如果你

文化伟人代表作图释书系

提出神即"无形体的实体"作为理由，霍布斯可以这样回答你：第一，神不是哲学的对象；第二，哲学家一贯认为神有形体。

在对"理性"的认识上，他和柏拉图相反，柏拉图认为理性是天生的，而霍布斯主张理性是靠后天勤奋学习发展起来的。例如：如果把理性比做微小的根芽，它趋向什么就是欲望，它回避什么就是厌恶。爱和欲望是一回事，憎和厌恶是一回事。如果一件事物是人欲望的对象，大家就说它是"好"的；如果它是厌恶的对象，就说它是"坏"的。对无形力量的恐惧，如果被大家认可，叫宗教；如果不被认可，就是迷信。因此，断定什么是宗教，什么是迷信，全在立法者。

霍布斯和大多数专制制度的拥护者不同，他认为人人生来平等。在政治不存在的自然状态下，人人都想保持个人自由，但又想得到支配他人的权力。这两种欲望都受到自我保全意识主使。由于二者的冲突，发生了一部分人对另一部分人的战争，使人生变得"险恶、残酷、短促"。

霍布斯的"理想国"

在《利维坦》的第二编中,霍布斯幻想人类如何结合成若干块,每个"块"各服从于一个中央权力的社会,从而免除现实社会的弊端。他认为,人类的结合是通过社会契约发生的。他设想:许多人会聚起来,同意选择一个主权者或者主权团体,对人民大众行使权力,结束混战。这里他提出一个问题:为什么人类明知权力必然会给个人自由带来种种限制,却依然甘愿服从权力呢?霍布斯说:人类给自己加上约束,有一个重大理由,那就是当爱好个人自由和爱好支配旁人的矛盾激化后,在引起总体混战里得到自我保护。

□《利维坦》插图

霍布斯用"利维坦"这样一种巨大的怪兽来比喻国家的强势。在这部书中,他将人类幻想为若干块,它们各自服从于一个权力的社会,各个块结合起来就是国家。该书在西方产生了深远的影响,为之后所有的西方政治哲学发展奠定了根基。

霍布斯研究了人类为何不能像蚂蚁和蜜蜂那样协作的问题。他说:同一个蜂房里的蜜蜂不竞争,是因为它们没有"求荣欲"。它们的协作是天然的协作。但人类要协作只能依靠盟约,是人为的协作。这种盟约必须把权力交付给一个人或一个议会,否则就无法实施。公民作出选择后,他们的政治权力即告终止。少数派和多数派都受约束,因为盟约是多数人选择的政府。政府一旦选定,除政府赏赐的权力外,公民丧失一切权力。

如此结合起来的大众称为国家。

君主制的鼓吹者

霍布斯喜欢君主制,他设想的政体是:国家权力中存在着一种至高权力,这种权力由一个人或一个议会掌控,掌控者即为主权者。这个权力不受其他团体的限制,而它对一切反对意见有检察权。主权者主要致力于维护国内和平,因此他无须用检察权束缚人们的思想,因为任何思想只要偏离和平论调就必定是错误的。财产法应该按照主权者的要求制定和实施,因为财产不是自然存在的,而是由政府创造的。主权者也有权选定其继承者,对象通常是他的子女或近亲,也可以是其他人。

他也承认这个最高权力有可能走向专制,但他认为:哪怕最坏的专制也比无政府主义强。而且,很多地方上的主权者与臣民的利害关系一致。臣民越富足,他越富足;臣民如果守法,他就安全,等等。他反对人民造反,一是因为造反通常要失败,二是如果造反成功,便留下恶例,引诱后人学会造反。对于亚里士多德提出的僭主政治和君主政治的区别,霍布斯完全持反对意见,他认为"僭主政治"也是一种君主政治,只不过是有人出于憎恶的攻击性说法。

霍布斯列举了君主制比议会制可取的种种理由。他也承认当君主的私人利益与公共利益相冲突的时候,君主一般情况下要首先考虑他的私利,但他认为议会也同样如此。君主可能有宠臣,但谁能保证议

□ 君主制社会

霍布斯对君主制持肯定态度,这幅绘画表明:掌握国家控制工具的人的权力是无限制的,而如何限制君主的权力,也是历来政治哲学家面临的难题。

会议员没有佞人？所以，在君主统治下，宠臣佞人的总数可能比议会政体还要少些。君主能私下听取任何人进言；议会却只能听取议员们的意见。议会中某些议员的缺席，可能让另一个党派获得多数，从而改变政策。假如议会内部分裂，其结果可能发生内斗。根据这些理由，霍布斯断言：君主制最完善。

然而，在对两种政体进行对比时，霍布斯完全忽略了一个事实，即议会为防止议员以牺牲公众利益来满足私人利益，会进行定期选举。他头脑中的议会似乎不是民主选举的议会，而是由世袭贵族等特权阶级组成的英国上院之类团体。因此他对君主制的认识也并不全面。

霍布斯的国家理论

任何国家理论都必然涉及两个问题：一个是国家组成的形式问题，一个是关于国家权力问题。霍布斯认为，最良好的国家形式是君主制。但这并不是他的国家理论中的重要部分，他的国家理论的重要部分是关于"国家权力是绝对的"这一观点。

在霍布斯看来，一切社会都面临着无政府状态和专制制度两种危险；清教徒、独立教会派深恐专制制度的危险；相反，霍布斯经历了各种对抗的狂热主义斗争，因此，对无政府主义更为恐惧。面对国家政体选择的矛盾，洛克提出了"权能分立说"及"制约与均衡说"。"制约与均衡"在美国比较成功，国会和最高法院能够抵制现政府。在德国、意大利、俄国和日本，政府取得了超过霍布斯认为适当的权力。应该说，关于国家权力的理论，世界已经顺着霍布斯的理论走下去了。

霍布斯国家理论的一个致命弱点是：首先假定君主的利益和臣民的利益基本一致。这种观点在战争时期可能有些道理，为了民族、国家利益，各方利益可以化为一致；但在和平时期，一个阶级、阶层与另一个阶级、阶层的利益之间，冲突的可能性很大。而对这种态势，政府只有两种选择，一是提倡君主的绝对权力，一是在分享权力方面作某种让步。霍布斯主张前者，而历史证明，在分享权力方面作某种让步更为明智。

霍布斯虽然赞赏君主政体，但他

□ 巴黎财政会议　16世纪

当时欧洲的许多国家，都对国家的组成和国家权力的掌控进行了整顿，具体体现在对司法、军队和经济的整顿方面。这幅绘画表现了16世纪法国巴黎一次财政会议的场景，在法国，财政会议是监督国家财政制度的机构。

□ 查理二世

查理二世，1651年在苏格兰被立为王，他在经历了九年的流亡生涯之后，返回英国，恢复了君主制。他将反对国王专制的辉格派人士全部予以撤换，并以国王政权控制地方政权机构，使这一时期的专制统治规模达到了最大。

与其他的专制政治的拥护者不同；在肯定君主制的同时，他十分强调臣民的权利，这使他的哲学思想有了较大的进步意义。霍布斯认为，自由是臣民的权利。他给自由下了一个非常精辟的定义：对运动不存在外界障碍，称为自由。比如，水在运动中没有遇到障碍时，也就是说水在自由时，必然流下山岗。霍布斯认为，臣民在不违反法律时，有完全的自由。

霍布斯是第一个提出"臣民有自我保全权"的哲学家。他认为，臣民的自我保全权是一种绝对权利。他甚至认为臣民有对抗君主的自卫权。对于政府的态度，他认为：人民对于无能力给予他们保护的政府，没有任何义务。

对于国家分崩离析的原因，霍布斯做出了有趣的汇总。除了被其他国家征服，还可能是：主权者被赋予的权力太少；臣民被允许做出私人判断；违反良心的事一律论罪；主权者受到民法的约束；主权被分割；有势力的人俘获民心……

第四章　理性主义者

当教会权威受到根本性动摇时，大多数人开始逐步认识到，只有凭借理性才能获得对于外部世界的认知。这一哲学的认识催生了著名的理性主义。它始于哲学家笛卡尔，而斯宾诺莎、莱布尼茨等紧随其后。

勒内·笛卡尔

一个特立独行者

勒内·笛卡尔（1596—1650），近代哲学的始祖。他是第一个既有非凡的哲学能力，又具有新物理学和新天文学知识的人。在他的身上虽然也保留了经院哲学的许多东西，然而，他并不是站在前人奠定的基础上，而是另起炉灶，重新创造了一个完整的哲学体系。自亚里士多德以来，这是在哲学界从未有过的事。笛卡尔的著作散发出的清新气息，是从柏拉图以来的任何哲学名家的作品中所没有的。自柏拉图以来，哲学家都是教师，而笛卡尔则是个例外。他以发现者和探究者的姿态从事哲学写作，希望把自己的体会心得传达给别人。他的文笔平易清新，没有丝毫的学究气，主要原因是，他的文章不是给学生看的，而是给生活中那些明白事理的人看的。

笛卡尔的父亲是布列塔尼地方议会的议员，家中有一份相当可观的地产。父亲死后，笛卡尔继承了遗产，他把地产卖掉，从事投资活动，获得了一笔每年六七千法郎的收入。1604至1612年，他在拉夫赖士的耶稣会学校读书，这段读书生活给他打下了近代数学的基础。1612年，他只身到巴黎去闯荡，不久就厌倦了巴黎人的小市民生活，躲到郊区一个隐蔽住所研究几何学。为了保持安静，逃避朋友们的干扰，他甚至跑到荷兰军队去入伍。那时，荷兰正太平无事，他整整两年时间待在屋子里沉思。三十年战争爆发后，他参加了巴伐利亚军队。1619至1620年的冬天，他住在巴伐利亚，因为天气寒冷，他早晨就钻进一

□ 笛卡尔

笛卡尔是17世纪欧洲思想革命的关键人物。他的思想第一次系统地反映了现代早期的观念，即把人视为自主的理性存在而不是上帝掌握其命运的被动存在。因此，有人认为，现代哲学的真正开端是从笛卡尔开始的。

个有火炉的屋子，整天待在里面沉思。据他自己说，当他从屋子里出来时，他的哲学已完成了一半。

1621年，他结束了在军队中的生活，去意大利访问，后于1625年定居巴黎。法国的教会势力非常庞大，讨论宗教问题总是受到种种限制。而且在这里，他的朋友们常常每天很早就来拜访他，可他习惯于中午才起床。为逃避这种叨扰和思想约束，他于是在1628年加入了正围攻余格诺派要塞拉罗歇尔的军队。围攻战结束之后，他决定定居荷兰，其中原因，可能是为了逃避迫害。笛卡尔是个懦弱胆小的天主教徒，他在科学研究中也涉及了伽利略那样的异端学说，因此担心遭到跟他一样的审判。这从他决心不发表他的巨著《宇宙论》可以看得出来。这本书中含有两个异端学说：地球自转和宇宙无限。书中的部分片段在他死后曾刊印发行。

□ 笛卡尔的一生

这幅插图展现了笛卡尔的一生。左上图描绘了他的私生女儿弗朗西娜的去世；右上图则描绘了他成为瑞典女王克里斯蒂娜私人教师时的情景。

笛卡尔在荷兰住了20年，其间曾因公事到法国和英国做过几次短暂的访问。17世纪的荷兰是唯一一个思想自由的国度，对各种观点都极为包容：霍布斯的著作不能在本国出版，只好拿到荷兰刊印；在英国的五年反动时期，洛克也曾到荷兰避难；贝勒（《辞典》著者）也被迫在荷兰定居；斯宾诺莎如果生活在其他国家，恐怕早就不被允许从事著述了。

笛卡尔所表现出来的懦弱和胆小，其实是一种策略，是为了不招惹麻烦、不受干扰，潜心于研究。为此，他甚至阿谀奉承教士和耶稣会员，而且定居荷兰后也是如此。当然在某种程度上，也是为了减轻教会对近代科学的敌视。不过，他在荷兰也难免遭到人们的攻击。新教中的顽固人物说他的观点会导致无神论，好在法国大使和奥伦治公爵出面干涉，他才幸免于遭受迫害。但几年后，莱顿大学官方又迂回地对笛卡尔发起了攻击，并禁止传播笛卡尔的所有学说。这次又是奥伦治公爵站出来力挺他。

笛卡尔终身保持着法国骑士的风度：永远衣冠楚楚，佩挂一柄宝剑。他一生未婚，但有一个私生女儿。女儿五岁时死去，这是他生平最大的悲伤。笛卡尔不是那种勤奋好学的人，他很少长时间地工作，他似乎更喜欢在短时间内聚精会神地工作；他读书也不多。在去荷兰时，他只随身携带了圣经和托马斯·阿奎那的著作。

笛卡尔曾有过一次让所有男人羡慕的艳遇：通过法国驻斯德哥尔摩大使沙尼雨的关系，他和美丽热情的瑞典女王克里斯蒂娜有了书信交往。克里斯蒂娜非常博学，很乐意与笛卡尔这类人物切磋交流。他先是寄给女王一篇论爱情的文章，后来又寄去一篇有关灵魂炽情的论说文，这本来是他以前写给帕拉丁选侯的女儿伊丽莎白公主的。这两篇文章深深打动了女王，她于是邀请笛卡尔到宫廷一叙；

□《笛卡尔与瑞典女王克里斯蒂娜》
皮埃尔·路易·迪梅尼尔

瑞典女王克里斯蒂娜曾资助过笛卡尔，她要求笛卡尔每天清晨5点开始上课，每次接近五个小时。这曾被认为是笛卡尔一次让人称羡的艳遇，然而，由于瑞典冬天寒冷，每天的早起上课使笛卡尔得了重病，他于1650年死于肺炎。

待他同意后，女王便在1649年9月派军舰接来笛卡尔。谁知女王是想让他每天给她讲课，而且都是在清晨五点钟，因为公务繁忙的女王抽不出其他时间。在斯堪的纳维亚，冬季异常湿冷，体质本来就很弱的笛卡尔感到很不适应。而且当时，沙尼雨又身患重病，笛卡尔不得不去照顾他。结果，大使痊愈了，而笛卡尔却被恶劣的气候和劳累击倒。1650年2月，他便与世长辞。这次艳遇竟成了他的坟墓。

第二个伽利略

解析几何之父

笛卡尔既是哲学家,也是数学家,他在两个领域都取得了举世瞩目的成就。

他的主要数学成果集中在他的"几何学"中。在笛卡尔之前,几何与代数是数学中两个不同的研究领域。笛卡尔站在方法论的自然哲学的高度,认为希腊人的几何学过于依赖于图形,束缚了人的想象力。对于当时流行的代数学,他觉得它完全从属于法则和公式,不能成为一门改进智力的科学。因此他提出必须把几何与代数的优点结合起来,建立一种"真正的数学"。笛卡尔的思想核心是:把几何学的问题归结成代数形式的问题,用代数学的方法进行计算、证明,从而达到最终解决几何问题的目的。依照这种思想,他创立了我们现在称之为的"解析几何学"。他的首创在于,创立了平面直角坐标系。他用平面上的一点到两条固定直线的距离来确定点的位置,用坐标来描述空间上的点。他进而又创立了解析几何学,表明了几何问题不仅可以归结成为代数形式,而且可以通过代数变换来实现发现几何性质,证明几何性质。解析几何的出现,改变了自古希腊以来代数和几何分离的趋向,把相互对立着的"数"与"形"统一了起来,使几何曲线与代数方程相结合。

笛卡尔的这一天才创见,更为微积分的创立奠定了基础,从而开拓了变量数学的广阔领域。最为可贵的是,笛卡尔用运动的观点,把曲线看成点的运动轨迹,不仅建立了点与实数的对应关系,而且把形(包括点、线、面)和"数"两个对立的对象统一

□ 笛卡尔在军营里

笛卡尔在巴伐利亚军队服役期间,长期一个人在房子里进行哲学思考。他著名的"我思故我在"的思想体系,就来源于这期间的哲学灵感。这幅画,表现了笛卡尔沉思中出现的幻境。

起来，建立了曲线和方程的对应关系。这种对应关系的建立，不仅标志着函数概念的萌芽，而且标明变数进入了数学，使数学在思想方法上发生了伟大的转折——由常量数学进入变量数学的时期。笛卡尔的这些成就，为后来牛顿、莱布尼兹发现微积分，为一大批数学家的新发现开辟了道路。

物理和天文的融合

笛卡尔在1644年出版的《哲学原理》一书，囊括了他的大部分科学理论。

在这本书的第二章，他比较完整地表述了惯性定律：只要物体开始运动，就将继续以同一速度，并沿着同一直线方向运动，直至遇到某种外来原因造成的阻碍或偏离为止。在这里，他强调了伽利略没有明确表述的惯性运动的直线性。但不包含牛顿的"万有引力说"中所涉及的超距作用。他认为不存在真空和原子，一切物体的相互作用都带有碰撞性质。他说："只要我们的知识足够丰富，我们就能将化学和生物学转化为力学；胚胎或种子发育成动物或植物的过程纯粹属于机械过程。在亚里士多德所说的三类灵魂中，只有理性灵魂是真实存在的，并且只有人类拥有。

笛卡尔还发展了伽利略的运动相对性理论。他在书中以航行中的轮船上海员怀表的表轮为例，生动地说明了判断运动还是静止，需要选择参考系的道理。他还第一次明确提出了动量守恒定律，即物质和运动的总量永远保持不变。这为能量守恒定律奠定了基础。

笛卡尔把他的机械论观点应用到天体，发展了宇宙演化论，形成了他关于宇宙发生与构造的学说。他认为，从发展的观点来看而不只是从已有的形态来观察，对事物更易于理解。他创立了旋涡说：太阳的周围有巨大的旋涡，带动着行星不断运转。物质的质点处于统一的旋涡之中，在运动中分化出土、空气和火三

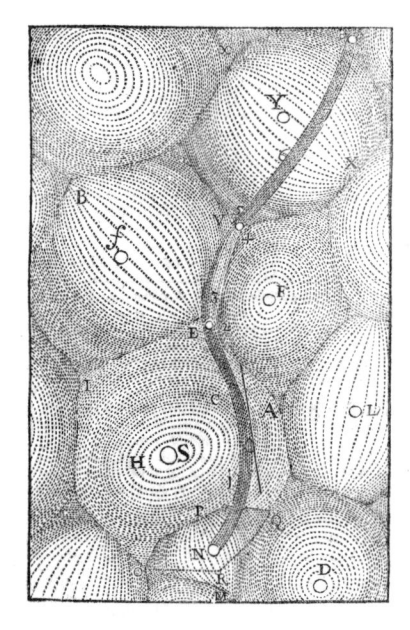

□ 笛卡尔的"新世界"

笛卡尔曾在《世界》一书中，阐述了他的宇宙观。正如图中所示，他用无数连续的旋涡来表示宇宙。他认为，宇宙间的物质是以旋涡的形式结合在一起的，每一个旋涡的核心，都有一个星体，周围围绕着许多其他星体。

种元素，土形成行星，火则形成太阳和恒星。

他认为天体的运动来源于惯性和某种宇宙物质旋涡对天体的压力，在各种大小不同的旋涡的中心必有某一天体，以这种假说来解释天体间的相互作用。笛卡尔的太阳起源的以太旋涡模型第一次依靠力学而不是神学，解释了天体、太阳、行星、卫星、彗星等的形成过程，比康德的星云说早一个世纪，是17世纪中最有权威的宇宙论。

笛卡尔的天体演化说、旋涡模型和近距作用观点，正如他的整个思想体系一样，一方面以丰富的物理思想和严密的科学方法为特色，起着反对经院哲学、启发科学思维、推动当时自然科学前进的作用，对许多自然科学家的思想产生深远的影响；而另一方面又经常停留在直观和定性阶段，不是从定量的实验事实出发，因而一些具体结论往往有很多缺陷，成为后来牛顿物理学的主要对立面，导致了广泛的争论。

"我思故我在"

笛卡尔非同凡响之处在于：自从亚里士多德以来，中断了近二千年的哲学的独创性在他手中得到复活；他没有接受前人奠定的基础，而是另起炉灶，创造了一个完整的哲学体系。他的哲学代表作是《方法论》和《沉思录》。

笛卡尔为了打牢他的哲学基础，将"怀疑"作为了第一步，他在这个过程中所采纳的系统怀疑的方法后来被称为"笛卡尔式怀疑"。他先从对各种感觉的怀疑入手，提出感官知觉的知识是可以被怀疑的，我们并不能信任我们的感官。他以从蜂巢中取出的一块蜂蜡为例进行了说明。蜂蜡生硬冰冷，上面有蜜的味道、花的香气，有颜色、形状、大小，敲击会发出声音。但如果把它放在火炉旁，这些性质马上就会发生变化。因此，感官所知觉到的不是蜂

□ 普瓦提埃大学

笛卡尔所毕业的普瓦提埃大学于1431年由教皇尤金四世创建，并由法王查理七世颁布法令批准。因此，普瓦提埃大学是欧洲最古老的大学之一，是由欧洲最古老、最声名卓著的大学组成的科英布拉大学集团的成员之一，同是成员的还有德国的海德堡大学、哥廷根大学以及英国的牛津大学、剑桥大学和布里斯托大学、爱丁堡大学等。

蜡本身。蜂蜡本身具有广延性、柔软性和可动性，这些性质靠感官是无法认识的，只能通过精神感知。他说："我凭借精神中的判断力，理解我的眼睛所看到的东西。"通过感官看到蜂蜡，只能确定我自身的存在，不能确定蜂蜡是否存在。他最终得出：认识外界事物只能靠精神感知，不可凭感官。

从"笛卡尔式怀疑"出发，他便总是对人们觉得理所当然或习以为常的事物感到疑惑，由此他推出了著名的哲学命题——"我思故我在"。其字面意思是："当我怀疑一切事物的存在时，我却不用怀疑我本身的思想，因为此时我唯一可以确定的事就是我自己思想的存在。"笛卡尔认为当"我"在怀疑一切时，却不能怀疑那个正在怀疑着的"我"的存在。因为这个"怀疑"的本身是一种思想活动，而这个正在思想着、怀疑着的"我"的本质也是一种思想活动。由此，他又推出："我"的一切本性或本质在于思维作用，不需要以场所或物质事物为存在前提。所以，灵魂完全不同于肉体，而且比肉体更容易认识；即使没有肉体，灵魂也不会有任何变化。

这句被笛卡尔当作自己的哲学体系的出发点的名言，带有明显的主观主义的倾向，而且对此后的欧洲哲学产生了重要影响。

二元论和决定论

笛卡尔认为精神世界和物质世界是两个平行、独立的世界，两者的性质完全不同。精神世界的本质在于思想，物质世界的本质在于广袤；物质世界没有思想，精神世界没有广袤，二者彼此完全独立，不能由一个决定或派生另一个。在回答当时流行于哲学界的一个著名命题"肉体感到渴时为何精神觉得'难过'"时，他的解释是：肉体和精神好像两个钟，当一个钟指示出"渴"，另一个钟就指示出"难过"。在这里，笛卡尔的哲学观念陷入了深刻的自相矛盾，最终不能驳倒"精神和物质是有联系的"这一哲学定理。而且为了说明精神实体和物质实体的来源，他不得不承认上帝是"绝对实体"，无论精神实体，还是物质实体都依赖于上帝。这样，他的二元论最终倒向了一元论。

在有关物质世界的一切理论上，笛卡尔是严格的决定论者。他认为，活的有机体和无生命之物全都受物理定律的支配，并不像亚里士多德所说的与灵魂有关。但他又承认存在一种例外，就是：尽管人的灵魂通过意志作用无法改变生命体的运动量，却能改变其运动方向。这一说法同他整个体系的精神是相违背的，而且也与力学定律相抵触，因此并未被人采纳。

斯宾诺莎

斯宾诺莎（1632—1677），是最伟大的犹太哲学家之一，也是其中人格最高尚、性情最温和的人。论才智，很多人远高于他，而论道德，却无人能及。在他生前和死后的一个世纪里，这些品质却让他成为许多人眼中的极端邪恶分子。他有纯正的犹太人血统，却被犹太人革除了教籍，赶出教会。基督徒们同样憎恨他。尽管他的全部哲学都充满泛神论色彩，正统教徒却谴责他不信神。莱布尼茨在他身上受益匪浅，却又对此讳莫如深，吝于奉上任何赞赏之词；他甚至掩盖了自己与这位犹太异教徒的私交的真实情况。

光辉而短暂的一生

斯宾诺莎的生平经历很简单。他诞生于一个为逃避宗教迫害，从西班牙（也可能是葡萄牙）逃到荷兰的犹太人家庭。最初，他接受的是犹太教神学教育，但不久后他觉得自己无法坚守这种正统信仰。他不断对正统信仰提出质疑，教会甚至情愿每年给他一千弗罗林（一种货币），以求他噤声；在他拒绝了这一请求后，随即招来一次杀身之祸，但教会的谋杀并未成功。他先后移居到阿姆斯特丹和海牙等地，以磨制镜片为生。他对物质生活没有多少欲求，甘于过简朴平静的生活。少数认识他的人，即便不赞成他的信条，也都很尊敬他。思想一贯开明的荷兰政府，对他关于神学问题的意见持宽容态度。然而，正值

□ 斯宾诺莎

斯宾诺莎是西方近代哲学史上重要的理性主义者，与笛卡尔和莱布尼茨齐名。他认为神、人和物质世界都是一种实体的组成部分，万事万物，无论是物质性的还是精神性的，都是神的衍生物。

壮年的他，在四十四岁时因患肺痨去世。

斯宾诺莎最伟大的著作是《几何伦理学》（简称《伦理学》），该著作一直到斯宾诺莎死后才得以发表。这本书在哲学史上第一次以几何方式，从各种公理和公式出发，严格按照演绎的步骤来证明哲学道理。他的其他两部重要作品是《神学政治论》和《政治论》。前者的主题是圣经批评与政治理论，而后者则只谈政治理论。

政治态度上，斯宾诺莎的立场非常鲜明，他赞成民主政体，将其看作"最自然的政体"。但他又认为主权者无过，教会应当完全从属于国家。同时，他还反对一切叛乱，即便是反对腐败无能政府的叛乱。他还认为臣民要在统治者面前坚持自己的权利，尤其是自由表达意见的权利。

斯宾诺莎的"上帝"

在哲学史上，斯宾诺莎是一位一元论者。他认为构成万物存在和统一基础的实体只有一个，就是自然界，而"神即自然"。斯宾诺莎的神既包括物质世界，又包括精神世界。他认为人的智慧是神的智慧的组成部分。斯宾诺莎还认为，神是一切事物的"内因"，神通过自然法则来主宰世界，所以物质世界中的任何事物都不是独立存在的，都受某种绝对的逻辑必然性的支配。世间发生的每一件事都是神的本性的显现。

他的这种绝对说法在善恶问题上引起了很多人的质疑，一位批评者毫不迟疑地指出：如果真像斯宾诺莎说的，一切事物都是神的本性的显现，而且都是善的，那么，尼罗杀死母亲，亚当偷吃苹果也是神的本性使然吗？斯宾诺莎回答，在这些行为中，具有肯定性的方面是善的，只有否定性方面才是恶的，而否定只存在于有限的创造物中。神是绝对无限的，因此对神来说，没有否定，也就不存在恶。此时，斯宾诺莎又披上了他泛神论的外衣。

斯宾诺莎提出，一切皆可证明。这是贯穿他哲学体系的一条精髓。他认为自然界和人生的本质，以及有关自然实体的一切精确知识都可以用几何学的方法推演出来。人们对待任何事情都应该像对待一加一等于二这个事实一样，自然接受，默默认同，因为它们同样都是某种绝对逻辑的必然结果。很明显，这是一种形而上学的理论，完全违背了科学。在我们看来，真理都要靠观察、研究等科学方法来检验，只靠推理演绎是不行的。但在斯宾诺莎眼中，几何推理法是最根本的方法，而且和他的整个哲学体系不可分割。

斯宾诺莎的哲学体系为之后的科学运动提供了蓝图，也深深影响了后来的哲学家。他的万物整体性理论所包蕴的生活智慧，仍带给我们极大启迪。当我们仰望星空，细想人类一生所经历的一切——幸福或不幸——只不过是宇宙中的沧海一粟，我们就会感到欣慰。

主张理性，反对"炽情"

情感与理性是人类心灵的两大基本要素。情感主要表现为痛苦、快乐和欲望。每个人都根据他的情感来判断或估量善恶，快乐是善，痛苦为恶。理性与情感不同，它能够使人认识神、理解神，从而产生对神的理智的爱。

在情感理论上，斯宾诺莎认为："人屈从于感情，有如套上了枷锁；只有运用理智，人才有自由。"他主张人们在理性的指示下理解一切事物和情感，人们越清晰地理解自己的情感，自身的欲望和愿望就越适度。反之，如果愿望被附着在转瞬即逝的事物上，人们又没有充分理解自己的情感，就极易被激情所奴役。

这种激情是斯宾诺莎反对的一种情感，被他称为"炽情"，他认为这种情感以"自我保全"为根本动机，会让我们显得处处受制于外界因素。各类炽情间可能都存在某种矛盾或冲突，但只要人们在生活中能遵从理性，就一定会和谐共处。

莱布尼茨和"神存在"的四大论证

莱布尼茨（1644—1716）生于莱比锡，他出生时三十年战争已接近尾声。他父亲是位教道德哲学的教授。他在大学里学习法律，1666年阿尔多夫大学授予他博士学位，并提供给他一个教授职位，但他拒绝了。1667年，他当了迈因次大主教的助手；1672年，经大主教同意他前往巴黎秘密游说路易十四国王进军埃及，并在那度过了将近四年的时间。在巴黎，他大开眼界，不但知道了笛卡尔主义和伽桑地的唯物论，还结识了斯宾诺莎。斯宾诺莎对他的哲学思想产生了巨大影响。巴黎先进的数学知识也给他极大启发，1675年至1676年间，他发明了无穷小算法，即微积分。牛顿早前就已有此发现，但直到莱布尼茨发表3年后（1687年），才正式公开发表。这引起了两人及双方的支持者对发明优先权的争论。

□ 莱布尼茨计算器

1672年莱布尼茨到巴黎从事数学研究，并开始对帕斯卡的计算器进行改进，不用连加或连减的方法而直接进行乘法和除法运算。1673年，他在巴黎科学院演示了经他改进的计算器的功能，并于同年访问伦敦时，把这个计算器献给了皇家学会。

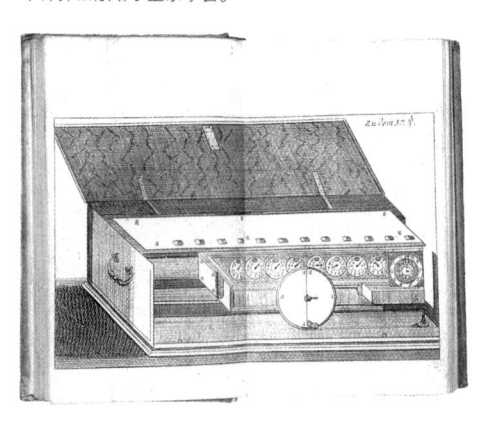

到巴黎后的第二年，他便开始和汉诺威王室往来，并在王室任职，直至去世。他从1680年起担任窝尔芬比特的王室图书馆馆长，并受聘编修布伦斯威克（德意志北部的一个公国，汉诺威王室的源头）史。他曾试图将基督教各宗派进行整合，但并未成功。他还亲自前往意大利，求证布伦斯威克家族与意大利最古老的贵族之一的埃思特家族的亲缘关系。成为英国国王的乔治一世（原为汉诺威选侯）虽然很感谢他，但还是将他留在了汉诺威，因为他与牛顿的争执使英国人对他产生了憎恶。莱布尼茨在和朋友们的通信中都提到，英王太子妃始终支持他，但直到去世好像都没有人理会他。

两个莱布尼茨

在世界知名哲学家中，莱布尼茨的双重人格最为突出。他既是一个千古绝伦的大智者，又是一个庸俗猥亵的市侩。两种人格奇妙地统一在他身上，使其成为千百年来人们争论的一个话题。

莱布尼茨一生创作了两类作品，一类是已发表作品，一类是未发表文稿。他生前发表的作品都是蓄意讨王公贵族们嘉赏的东西。那些代表他精湛思想的著作，莱布尼茨把它们束之高阁，

□ 莱布尼茨与普鲁士女王索菲·夏洛特在一起

莱布尼茨之所以完成《神正论》这本书，是因为在与普鲁士女王索菲·夏洛特的谈话中受到启发，因此，他把此书献给普鲁士女王夏洛特。由于有女王的支持，1700年7月，莱布尼茨的柏林科学院建立。

不予发表。我们现在看到的他的这些文稿，是大约两百年后人们从他的手稿中发掘出来的，称为"秘传哲学"。莱布尼茨生前公开宣扬的哲学体系讲求乐观、严守正统、玄虚离奇而又浅薄；只有在未发表稿中，他的惊人才华得到显现。因此，历史上出现了两个莱布尼茨，忽略了其中的任何一个，都是不真实的。

莱布尼茨对数理逻辑有很深的研究，如果他把当初的研究成果发表出来，他将成为数理逻辑的始祖，而这门科学将比实际上提前一个半世纪问世。他不发表的原因是：他发现了很多证据，表明亚里士多德的三段论在某些方面是错误的；但由于他非常尊崇亚里士多德，于是怀疑错误必定在自己。然而，莱布尼茨一生都想发明一种"万能数学"，能用它以计算方式代替思考，可惜没有成功。

莱布尼茨终生独身。他勤勉、简朴，在金钱方面很小气。一个流传很广的例子可以说明这一点：每当汉诺威宫殿有哪位年轻的贵族女子结婚，他都要送给新娘一套他所谓的"结婚礼物"。这些"结婚礼物"仅仅是一些生活上的格言。最可气的是，他还要附一句忠告，劝她既然得到丈夫，就不要废止洗东西。这是一句猥亵的玩笑话。可见莱布尼茨虽然是个"大智者"，但是他也不免庸俗。

莱布尼茨在为人上也有亏欠朋友之处。他和斯宾诺莎是朋友，斯宾诺莎对他

的哲学思想有重大影响；莱布尼茨曾在1676年拜访过他，和他相处了一个月，经常讨论哲学问题，并且获得斯宾诺莎《伦理学》的部分手稿，但他在晚年却附和他人对斯宾诺莎进行攻击。

莱氏"单子论"

同笛卡尔、斯宾诺莎一样，莱布尼茨的哲学也建立在所谓"实体"的概念上，但是，关于精神和物质的关系以及实体的数目，莱布尼茨的观点和前两人完全不同。笛卡尔承认神、精神、物质三个实体，并认为广延性是物质的本质；而斯宾诺莎只承认神，认为广延性和思维全是神的属性。莱布尼茨认为广延性不是实体的属性，宇宙间有无数个实体，即"单子"，而"单子"之间没有任何联系。他还说，神赋予单子某种性质，使其能够反映宇宙。举个例子：有两台钟，各自走得很准确，在同一时刻报时，这绝不是由于它们相互影响，而是这些钟是受造物主安排定在同一瞬间报时。莱布尼茨认为这是"前定的和谐"，它为神的存在提供了绝妙的证据。

莱布尼茨认为，单子是精神性的东西，没有广延，没有部分，是单纯的不可分的实体。各个单子不能相互作用或相互影响，而是彻底孤立的，因为"单子没有可供事物出入的窗子，不论实体或偶性都不能从外面进入一个单子"。单子没有量的差别，但有质的区别，"每个单子必须与任何一个别的单子不同"，单子本身的变化来自于内在的原则。单子是有知觉的，而且知觉存在等级差别，它们对宇宙的反映程度随其等级的高下而变化。最低一级的单子只有微知觉，这类单子根本没有清楚明晰的表象，无生命的东西就是由这类单子构成的；较高级的单子具有较清晰的知觉和记忆，有感性灵魂，一般的动物就是由这些单子构成的；更高一级的单子，不仅具有清晰的知觉和记忆，而且有理性灵魂，

□ 微积分插图

17世纪下半叶，欧洲科学技术迅猛发展，由于生产力的提高和社会各方面的迫切需要，经各国科学家的努力与历史的积累，建立在函数与极限概念基础上的微积分理论应运而生了。莱布尼茨在1673至1676年间也发表了关于微积分思想的论著。图为此论著中的插图。

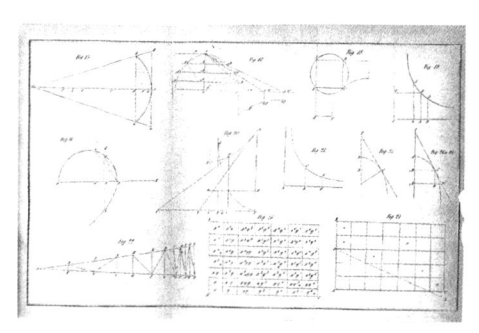

能运用概念进行判断、推理等思维活动，人就是由这类单子构成的；最高级的单子是上帝，它具有最完满的智慧。在莱布尼茨看来，世界上的一切事物都依据其单子的高低之分，形成一个不间断的系列。

单子论在莱布尼兹的眼中充满了神秘的魅力，却因为经院似的枯燥未能得到更多人的认同，但单子论试图解决物质与思维之间的关系，无疑是一个伟大的尝试。

关于"神存在"的四大论证

对于神存在的问题，莱布尼茨提出了四项论证。

（一）本体论论证

这一论证是根据存在与本质的区别展开的。莱布尼茨认为，任何一个人或者事物，一方面它存在，另一方面由于它固有的性质，构成它的本质。例如，哈姆雷特虽然不存在，但他也有某种本质：性情忧郁、优柔寡断，等等。也就是说，我们可以将一个人

□ **莱布尼茨**

戈特弗里德·威廉·莱布尼茨，德意志哲学家、数学家，历史上少见的通才，被誉为17世纪的亚里士多德。在数学上，他和牛顿先后独立发明了微积分。在哲学上，莱布尼茨的最好主义最为著名，他认为，"我们的宇宙，在某种意义上是上帝所创造的最好的一个"。他和笛卡尔、斯宾诺莎被认为是17世纪三位最伟大的理性主义哲学家。

描述得非常详细，但在现实生活中，这个人可能存在，也可能不存在。

（二）宇宙论论证

宇宙论论证是"初因"论证的一种。所谓"初因"论证很简单，意思是：一切事物都有原因，这一原因之前又先有原因，依此类推。就像中国人追问"人是如何变来的"一样，如果你回答说"人是由猴子变来的"，提问者可以继续追问"猴子又是怎样变来的？"以至于无穷。最后，追问的结果必然涉及"第一项"原因，而这"第一项"原因在当时的历史条件下无人能够回答，因此，必须把一切事物设定一个"无因的原因"，这就是神。

（三）永恒真理说论证

这个论证不太容易讲解清楚。举个例子，像"正下着雨"一类的命题，有可

能真,也有可能假;但是"2加2等于4"永远是真的。莱布尼茨把这种"永远真"的命题叫做"永恒真理"。做这一论证的关键是,先承认真理是精神的一部分,从而得出永恒的真理是永恒的精神的一部分。

莱布尼茨论证"永恒真理"的目的是想证明:永恒真理只能在神的精神中作为思维而存在。

(四)前定和谐说论证

莱布尼茨哲学有一个典型特征,即认为"可能的世界"有无数个。神在创造这个现实世界之前全都仔细思量过了。神因为性善,决定把"可能的世界"中最好的一个创造出来,这就是我们地球人类。那么,什么是"可能的世界"中的最好的一个呢?神认为:善超出恶最多的那个世界就是最好的。神本来可以创造一个不含一点恶的世界,但这样的世界没有现实世界好,因为有些大善和某种恶必然密切联系着。举个例子:一个人在热天里渴极时,喝点凉水感到非常痛快,让你觉得以前的口渴虽然难受,但可以忍耐。因为如果不口渴,随后的快乐就不会那么大。

经过"前定和谐"产生的我们这个世界虽然有恶,但善超出恶的比例比其他"可能的世界"都多,因此它是所有"可能的世界"中最好的一个。

第五章
自由主义思潮与浪漫主义运动

　　初期的自由主义充满了乐观精神，生气勃勃，理性冷静，它代表了一种增长中的力量；这一力量一旦取胜，就会给人类带来非同小可的恩惠。

　　浪漫主义运动在初期和哲学并不相干，但因为卢梭的出现，很快就和哲学发生了关系。于是，浪漫主义运动自始至终和哲学、政治联系在一起了。

自由主义的历史考察

近代哲学有一个很大特点，即：自由主义思潮在政治、哲学领域兴起，其代表人物是洛克。

关于哲学家与国家政治的关系，自由主义要回答的问题是：国家政治对有创见的思想家的思想有何影响？反过来说，思想家们对国家政治发展的影响又怎样？

对于这个问题，有两种截然不同的看法。那些成天在书斋里的先生们总把哲学家的影响估计过高，他们一见某个政党标榜自己受了某某人理论的感召，就认为这个政党的行动应归之于某某人。另一方面，一些人把哲学家看成几乎是环境的被动产物，对国家政治的发展根本不产生影响。按照这个说法，思想好比是水流表面上的泡沫，水流是由物质的、技术的原因决定的，而不是由泡沫引起的；社会的变革同样不是由思想引起的。

我相信真理在这两者之中。如果要问哪个是因、哪个是果，这跟"先有鸡还是先有蛋"的问题一样无聊。

近代自由主义是在英国和荷兰发展起来的，它的一个典型特征是：维护宗教宽容，认为宗教之间的战争是蠢事。它崇尚贸易和实业，支持方兴未艾的中产阶级，尊重财产权。如果财产是所有者靠劳动积蓄下来的，会得到特别尊重。在英国，财产权利的世袭主义虽然存在，但范围受到更多限制。

自由主义者否认王权神授说，他们认为，一切社会都有权

□ 知识分子在巴黎亚历山大咖啡馆聚会
巴黎的知识分子以其思想的尖锐和新颖而闻名于世。他们积极地参与、拥护和支持革命事业的发展，代表了先进自由的力量。这幅画描绘了法国知识分子聚会时的情景。

选择自己的政体，强调人人生而平等。以后的不平等是环境的产物，因而，自由主义者非常强调后天教育的作用。

可以看出，初期的自由主义是一种用财产权调剂了的民主主义。

在精神气质方面，初期的自由主义者既生气勃勃，又无比冷静；既充满了乐观精神，又特别理性。他们反对政治、哲学中一切中世纪的东西，因为中世纪神学认可教会和国王的权力，为迫害知识分子寻找根据，阻碍科学的发展。但对那些在当时看来像加尔文派和再洗礼派的狂热主义的东西，他们也同样反对。他们试图结束政治和神学的斗争，使人们更多关注和致力于企业及科学事业的发展，如东印度公司、英格兰银行、万有引力学说、血液循环等。在西方，整个僵化局面被开明精神打破，各个阶级都获得了发展机会。

□ **教会掌握绝对权力**

中世纪，城市的领导权掌握在教会手里，人们的思想被教会所控制，那时的知识分子深受教会的迫害，一切由宗教会议做主。在这种背景下，自由主义的产生似乎是石破天惊的事，也正是这样，它得到了蓬勃而不可阻遏的发展。

自由主义者在最初的运动中采取的形式很简单，但后来却越来越复杂。从某种意义上来说，他们所开展的运动带有鲜明的个人主义特色，但这里的"个人主义"并不是个人主义者，而是社会的一分子。在中世纪，基督教伦理中的个人主义虽然被神秘论者保持得很好，但教理、法律和风俗仍有力支配着大多数人的观念，因此人们的思想被教会控制，知识分子的所有见解都在一个"国家思想"的统一支配之下，什么是真，什么是善，个人不能独立思考，一切由宗教会议作决定。

第一个在体制上打开这个重大缺口的是基督教，它认为教会也会犯错误，决定真理不是社会的事，而是个人的事。这个时期，个人主义开始渗入到哲学领域。笛卡尔提出"我思故我在"，强调认识的基础因人而异，出发点是他自己的存在，不是他人的存在，也不是社会的存在。笛卡尔以来的哲学，大部分都有个人主义的一面。

在个人主义这个总的立场上也有各种各样的表现，在实际生活中产生了完全不同的结果。典型的是科学发现者，他的思考方式带有的个人主义成分或许是最少的了。他在科学研究中如果得出了一个新的理论，那完全是因为在他看来这个理论是正确的。他不向权威低头，因为如果这样，他无疑就承认了前人的理论的正确性。同时，他依据的是一般公认的真理标准；他希望不是依仗自己的威望，而是让别人认为可信的道理让人信服。在科学研究中，个人与社会之间的任何冲突，从本质上讲都是暂时的冲突。因为一般来说，科学家们都会承认同样的标准，所以经过讨论和研究，最后大家通常都能达成一致的意见。

上面说的，只是近代的事态发展，在伽利略时代，亚里士多德与教会的威信被人们认为和某人提供的证据一样有力。这一现象说明，科学方法中的个人主义成分是固有的、一直存在着的，尽管它并不显著。

初期自由主义在有关知识的问题上是个人主义的，在经济上也是个人主义的，但在情感和伦理方面却没有自我主张的气味。自由主义支配了18世纪的英国，对美国宪法的创制者和法国百科全书派产生了重大影响。在法国大革命时期，它的代表者是比较稳健的各党派，包括吉伦特党。然而，随着这些党派的覆灭，自由主义也在法国政治中绝迹了，时间长达一个世纪之久。在英国，拿破仑战争后，随着边沁派及曼彻斯特学派的兴起，自由主义再度得势。在美国，因为没有封建制度和国家教会的阻碍，自由主义取得了极大成功。从1776年到现在，自由主义一直在思想界占据优势。

后来，与自由主义相对的一种新哲学运动愈演愈烈，这一运动发端于卢梭，并受到浪漫主义运动和国家主义的助推。在这场运动中，个人主义从知识领域延伸到个人感情领域，而且其中所含有的无政府主义成分开始突显出来。最能体现这种运动特点的就是卡莱尔和尼采宣称的英雄崇拜，里面蕴含若干因素：对早期工业社会的反感和憎恶，对中世纪的缅怀，对反叛权的

□ 百科全书派

这是一个特殊的派别，它是指编撰《百科全书》的狄德罗、孟德斯鸠、卢梭等改革者的集合。他们致力于推动理性主义、新科学、宽容和人道主义的发展。

图为"百科全书派"的作者在讨论问题。

维护等等。

然而，由于我们不想让每个人的意志都得到无限伸张，因此，这种哲学也像各种无政府主义一样，一经采用，不可避免要造成那种成功的"英雄"的独裁统治。而他的暴力一旦确立，他对旁人的不同意见就要压制。而他压制的那些不同意见正是当初他赖以取得权力的那种自我主张观念。因此，一旦这种理论被采纳，就会出现一个个人自由受到限制、个人合法行为受到残酷镇压的独裁专制国家。

在哲学方面，对自由主义进行透彻论述的是哲学家洛克。在法国，洛克的见解在实践方面引起了对现存政体的反抗，在理论方面造成了与笛卡尔主义的对立。事实证明，政治、经济先进的国家里发展起来的哲学，在它的出生地只是流行意见的一种，但在别的地方它可能成为革命热血的源泉，最后成为现实革命的先导。

在先进国家，实践启发理论；在落后国家，理论掀起革命狂潮。

卢 梭

卢梭（1712—1778）是法国启蒙思想家、哲学家、教育学家、文学家。他出生于瑞士日内瓦一个钟表匠家庭，当过仆役、家庭教师等。后为《百科全书》撰稿人之一。1762年因发表《社会契约论》《爱弥尔》遭迫害而逃往瑞士，1767年回巴黎。他的积极思想影响了法国大革命。卢梭其他有影响的著作还有：《论人类不平等的起源和基础》《忏悔录》《音乐辞典》等。

颠沛流离的一生

卢梭并不是现代意义上所说的"哲学家"，然而，他对哲学也如同对文学、政治一样，曾经产生过广泛的影响。作为18世纪"浪漫主义之父"，他创立了"从人的情感来推断人类范围以外的事实"这一思想体系，他还是与传统君主专制相反的伪民主独裁的政治哲学的创立者。卢梭之后，政治上的改革家开始分化为两派，并产生了两个结果：希特勒成为卢梭遗产的继承者，罗斯福和丘吉尔继承了洛克的遗产。

卢梭以《忏悔录》闻名于世。在这本书中，他自责为大罪人。然而，有确切的外在证据说明他不尊重事实，缺乏一个平常人应有的道德。

卢梭生于日内瓦，母亲在他还是婴儿时就去世了，他是由姑妈抚养长大的。因为贫困，他的父亲兼做钟表匠和舞蹈教师两项职业。他12岁时就辍学，在很多行业里当过学徒，但每一行业他都憎恨。于是，在16岁时他从日内瓦

□ 卢梭

卢梭是18世纪欧洲最伟大的思想家之一。他主张人本善良，强调把判断建立在情感的基础上，而不是理性的基础之上，这对浪漫派产生了巨大的影响。

逃到萨瓦，当上了一个叫德·维齐丽夫人的男仆。可是，夫人三个月后就死了，死的时候，家人发现卢梭持有原属于夫人的饰纽。这东西其实是卢梭偷的，但他一口咬定是某个他喜欢的女仆送给他的。结果，女仆受到处罚。卢梭对此事是这样解释的："在这个残酷的时刻，邪恶远离了我，这是从来没有的事；当我控告那姑娘时，我很矛盾：我对她的爱情是我所干的事的原因。她日夜浮现在我的心头，于是，我把罪过推给了第一个出现在我面前的对象。"

这件事情过去之后，德·华伦夫人开始接济他，他在她家中度过了很长一段时间。华伦夫人在卢梭早年的生活中扮演了保护人、朋友、情妇、精神上的母亲等多重角色，并对他日后的生活产生了重大影响。卢梭听从瓦朗夫人的劝告，开始他的远途旅行。大自然的奇伟、多彩和实际的美，深深地影响了卢梭的人生观。

□ **卢梭向往的家庭生活**

卢梭出生于瑞士日内瓦，他母亲在他出生后不久就离开了人世，而父亲在他很小的时候就被流放了。因此他幼年时与家人在一起的生活十分短暂，因此他向往亲人团聚的家庭生活。

在他徒步游历四方的旅途中，发生过几次小插曲。有一次，与他一起游历的一个朋友得了癫痫，在里昂大街上发作；在朋友生命危急时刻，他趁人群围观时抛下朋友，悄悄溜走了。另一次，他在路上碰到一个自称希腊正教修道院院长的人，那人当时正前往圣墓，于是他便毛遂自荐，当了那人的秘书。还有一次，他更名为达丁，自称是苏格兰人，并冒充詹姆斯二世的党徒，搭上了一个贵妇。

离开华伦夫人后，卢梭开始自谋生活。1743年，在一位显赫贵妇的帮助下，他当上了法国驻威尼斯大使的秘书。这个大使是个酒鬼，他只吩咐卢梭做事，却不支付酬金。无奈之余，卢梭便到巴黎对他提起诉讼，尽管人人都承认他的诉求是正当的，却迟迟未作出任何判决。最终他拿到了应得的酬金，但也从此对法国政体产生了憎恶。

正是在巴黎的这段时间，他和戴莱斯相识并同居，这个女人是他所住的旅馆中的佣人。卢梭对戴莱斯怀有多种复杂的感情。戴莱斯陪伴卢梭走完了后半程人生，卢梭只是在晚年和她举行了一个极为简单的形式上的婚礼。戴莱斯为卢梭生育了五个孩子，全部被卢梭送进了巴黎的育婴堂。很多人一直想不出究竟是戴莱斯的哪一点吸引了卢梭。她既丑陋又无知，不会写也不会读；她不会计算理财，也不知道一年十二个月份的名称。她和她唯利是图的母亲，将卢梭及其朋友当作摇钱树。也许他喜欢的是在她面前的优越感，不论是在财力还是智力方面，他都高高在上。

他同时也广交各方人士，尤其是结识了大哲学家狄德罗。由于有共同的兴趣、爱好和志向，他们之间建立了深厚的友谊。狄德罗被捕后，卢梭四处向朋友求援，希望把狄德罗放出来，但收效甚微。卢梭经常前往狄德罗被关押的监狱探望他。1749年夏日的一天，他带了一本杂志步行去看狄德罗，忽然看到第戎科学院关于"科学和艺术的进步对改良风尚是否有益"的征文启事。卢梭看到这个题目时，好像被千道光芒刺射了一样，许多富有生气的思想不知不觉地从他心中涌现出来。在狄德罗的鼓励下，卢梭积极撰写了这篇论文，写成后又送狄德罗审阅，自己又反复修改了多次，最后以《论艺术和科学》为题寄出应征。1750年，他这篇论文获得了头等奖。他在这篇文章中否定艺术和科学的价值，从反面进行了论证，表露了他对巴黎社会的不信任和憎恶，并反对这种社会中所隐藏着的欺诈。他斥责科学，文学和艺术，认为这些东西被权力所主宰了。

□ 受迫害的卢梭

1762年，巴黎最高法院指责卢梭的《爱弥儿》和《社会契约论》与政府和宗教相对抗，卢梭不得不逃亡于瑞士。但他到达那里后，发现其著作仍然遭禁。经受了一系列迫害后，他应大卫·休谟之邀到了英国。

这篇论文获奖后，他声名鹊起，便陆续创作了很多作品。但他在1762年出版的《爱弥儿》和《社会契约论》却被外界视为异端邪说，并给他带来了灾难。最高法院发出逮捕令，要将卢梭打入监狱，不得已他只好离开法国去了瑞士日内瓦。不久这个国家也命令他在一天之内离开。最后，弗里德里希大王（普鲁士王国的第三代国王）出于同情，允许卢梭在他领地内的纳沙泰尔附近的莫底埃居

文化伟人代表作图释书系

住。他在那住了三年，但在1765年底，莫底埃的居民在牧师的鼓动下，控告他投毒，并企图杀害他。他只好又逃到了英国，因为英国哲学家休谟曾邀请过他。

到英国后，他最初发展得很顺利，还得到了乔治三世所赐的一份年金。但终因与休谟之间的分歧愈来愈大，并最终绝交而离开英国。他不得已改名回到法国，重新过隐居生活。卢梭晚年时在巴黎的生活非常贫困，但这并未影响到他的著述。他先后著有《忏悔录》《山中书信》等著作。1778年，卢梭在一个侯爵的庄园里逝世。

卢梭一生憎恨科学。他认为，科学与美德从来都是势不两立的，天文学起源于占星术迷信，雄辩术起源于野心，几何学起源于人类的贪婪心理，物理学起源于人类无聊的好奇心，连伦理学也发源于人类可怜的自尊，教育和印刷术更是可悲可叹。总之，在卢梭看来，文明人区别于野蛮人的一切都是祸患。

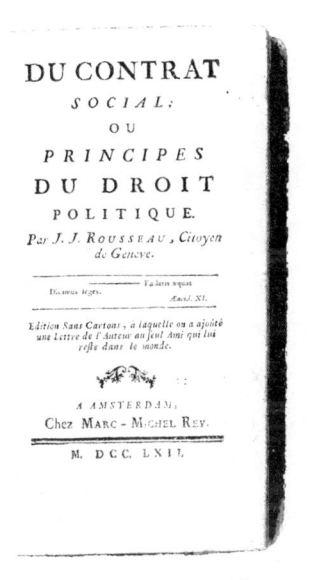

□ 1762年版《社会契约论》

《社会契约论》，又译作《民约论》。卢梭相信，一个理想的社会是建立于人与人之间而非人与政府之间的契约关系之上。《社会契约论》中主权在民的思想，是现代民主制度的基石，深刻地影响了废除欧洲君主绝对权力的运动，和18世纪末北美殖民地摆脱英国殖民统治、建立民主制度的斗争。美国的《独立宣言》、法国的《人权宣言》，以及两国的宪法均体现了《社会契约论》的民主思想。

《论人类不平等的起源和基础》

《论人类不平等的起源和基础》是代表卢梭思想的一篇主要论文。共分两大部分：第一部分详述了自然状态以及在自然状态中发展起来的、导致人类进入文明社会的因素；第二部分论述了社会状态中人类的不平等、政治奴役和道德堕落的发展。

卢梭在本书中假想人类在进入社会状态前曾生活在自然状态中：那时的人类过着离群索居的生活，没有固定的家庭生活，没有住宅，没有财产，人没有互相攻击和掠夺的本性，只有怜悯他人和自我保存的天然感情；人的各种机能诸如理性、语言、观念、欲望和情感，尤其是爱慕、虚荣、贪婪都处于低级阶段，不存在精神的、政治的不平等。但是人有独特的异于禽兽的自我完善化的能力，共同劳动、家庭的发展促进了人与人的交往，使人的潜在机能被激发起来，导致社会状态的出现。

私有制是文明社会的基础，农业和冶金术的发明是导致这一巨大变革的决定性原因。从此人类产生了许多新的欲望和偏见，道德急剧堕落，富人和穷人的差别出现了，人类落入了可怕的战争状态。于是富人哄骗穷人订立社会契约，社会和法律就是这样起源的，它们保护富人欺压穷人，这是不平等发展的第一阶段。订立了契约就需要有保障其实施的强力机构，权力的设立是不平等发展的第二阶段，它确立强者和弱者的区别。暴君政治的出现是不平等发展的第三阶段和顶点，它确立主人和奴隶的区别。既然暴君依仗暴力蹂躏法律，人民就有权用暴力推翻他。他说："人天生下来是善的，是因为制度才把人变成恶。"这和"原罪说"通过教会得救的理论正好形成对立面。

卢梭在这篇论文中把反科学的观点发挥到了极致："一次可悲的革命带来了冶金术和农业生产；粮食是我们的灾难的象征。因为欧洲有最多的粮食，有最多的钢铁，因而是最不幸的大陆。要消除这个灾害，只有抛弃现代文明。因为人性本善，野蛮人只要有饭吃，就与万物和平相处，跟所有民族友好不争。"

卢梭把这篇论文送给伏尔泰，伏尔泰的回信幽默而风趣：

"我收到了你的反人类的大作，谢谢你。在使人类变得如此愚蠢的计划上，使用这般聪明技巧，还是从没有过的事。读大作，人类一心向往四脚走路。但是，由于我已经不习惯四脚走路了，那种习惯我已经丢了60多年，很不幸，我感到已不可能再把它找回来了。而且，我也不能到加拿大去做探索野蛮人的工作，因为我生了疾病，我需要有一位欧洲的外科医生为我治疗；听说那个地方正打仗；而且因为我们自己的行为，野蛮人已经坏得和我们不相上下了。"

□ 精神之父

"人生而自由，无奈处处又有锁链相牵。以为自己是他人的主宰，其实依旧是个更大的奴隶。"卢梭这样描写人与社会的关系，对自由民主产生了巨大影响。从这幅图的寓意中，可以看出法国大革命把卢梭奉为了精神之父。

卢梭的《社会契约论》

卢梭的政治哲学发表在1762年出版的他的《社会契约论》中，此书和他的大部分作品大不相同。书中，卢梭再没有滥用感情，而是进行大量周密理智的论述。这本书共分四卷：第一卷论述了社会结构和社会契约；第二卷阐述了主权及其权利；第三卷阐述政府及其运作形式；第四卷讨论了几种社会组织。

概括起来，卢梭在《社会契约论》中表达了以下政治思想：

一、虽然赞同民主政治，但又极力为极权国家辩护。

他说，小国最适合实行民主制，不大不小的国家最适合实行贵族政治，大国实行君主制最理想。卢梭所说的民主政治，意思是每个公民直接参政；他把代议制政体称作"选举制贵族政治"。

□《爱弥尔》

在《爱弥尔》中，卢梭试图描绘一个教育体系。他以小说的形式讲述了一个孩子被隔离开来并如何成长的故事，卢梭以此来建议父母们如何培养孩子。这本书也是西方第一部完整的教育哲学小说。

二、自由在卢梭思想中只是一个标签，但实际上他最重视的是平等，他甚至认为可以牺牲自由来达到平等。

他的社会契约论初看上去似乎与洛克相同，但仔细研究，就会发现其实与霍布斯相似。在从自然状态向前发展的过程中，个人已不能再维持自己的原始独立；为了自我保全，就有了联合起来结成社会的必要。关键是：如何能够不伤害我的利益而保证我的自由？

卢梭为此开出的药方是："是这样一种结社，它要用全部力量去保护每个结社成员的人身和财产权利，每个人虽然与所有人联合起来，却仍旧可以只服从自己，和以前一样自由。"该契约是"每个结社成员将自己的一切权利完全让渡给全社会；由于每个人绝对地让渡出了自己的权利，因此，所有人的境况都一样了；这时，谁也没有兴趣给别人造成负担"。"如果个人保留下某些权利，由于没有官员在个人和公众之间作出裁决，每个人就成了自己的法官，那么，发展下去就会在所有方面也如此。……这种结社必然发展为专横的、暴虐的社会。"

从以上议论可以看出，卢梭的社会契约论有取消个人自由和全盘否定人权的意思。

卢梭的社会契约论可以用以下话来概括："我们每人把自己的人身及财产共同置于总意志的最高指导之下，我们把每个成员理解为整体的不可分割的一部分。"

卢梭在《社会契约论》中提出了"总意志说"，这一概念在卢梭的政治思想体系中占有重要地位。在卢梭看来，主权者的意志即"总意志"。每个人作为公民要分担总意志。社会契约约定：谁拒不服从总意志，就要被逼得服从。如果有人对此提出异议，卢梭的回答是："这恰恰是说他会被逼得自由。"

这种"被逼得自由"的说法非常妙。人们要问：伽利略时代的总意志大概是反哥白尼学说的吧？异端裁判所强迫伽利略放弃自己正确的意见时，他"被逼得自由"了吗？难道连罪犯被关进监狱时也是"被逼得自由"了吗？

卢梭的"总意志说"虽然重要，但同时也是含混模糊的。因为，总意志并不等于过半数人的意志，也和所有公民的意志不是一回事。那么，我们怎么知道什么是总意志呢？卢梭对此作了解答："在提供给人民资料进行评议时，若公民彼此不通声气，那么，一些细小分歧的总和就会产生总意志，根据它作出的决定也必定是好的。"

这段话的意思是：每个人的意见都受到自私心的支配。自私心由两部分组成，一部分是个人特有的，另一部分是社会全体成员共有的。如果公民们没有互相帮助的机会，他们的个人利益就是分散的，就会相互抵消，剩下一个结果代表他们的共同利益；这个结果就是总意志。

现在，我们终于知道什么是"总意志"了：一种代表了各类公民的自私心中共通的东西，它能代表该社会对自私心的最大集体满足。那么，这样的制度实际上会造成什么结果呢？为了阻止人民互通信息，国家要禁止教会、政党、工会等一切组织。最后，这个社会必然堕入公民毫无权利的极权社会。

浪漫主义的发展

从18世纪后期到现在，文学、艺术、哲学、政治，都或多或少受到浪漫主义所特有的情感方式积极的或者消极的影响。即使那些对这种情感方式心存厌恶的人们也无法忽视它，甚至他们在不知不觉中也受到了影响。因此，对于18世纪以来的哲学思潮的认识，必须放在这一文化大背景下来考察。

社会气候的变幻

最初，浪漫主义运动与哲学泾渭分明，但它们很快就联系在了一起。因为卢梭，这运动一开始就和政治相连。到卢梭所处的时代，很多人都厌倦了安逸的生活，开始寻求各种刺激。他们的这一愿望，在法国大革命和拿破仑时代得以充分实现。当人们的政治热情在1815年被熄灭后，整个社会又变得僵化保守、毫无生气，人人都几乎感到窒息，因此，人们不再像以前那样安于现状。

19世纪时，神圣同盟的体制遭到激烈反抗。这种反抗又分为两类，一类是工业主义对君主制和贵族政治的反抗；另一类是浪漫主义的反抗。前者丝毫没有浪漫主义的元素，而且在很多方面还出现了倒退；哲学上的激进派、自由贸易运动和马克思派社会主义是此种反抗的典型，浪漫主义的反抗却与此截

□《阿塔拉之死》

在卢梭之前，文学作品早就对人类的理想境界进行过描述，在这些描述中，未受文明浸染的原始人天性善良。法国作家夏多布里昂的浪漫史诗《阿塔拉》使北美的印第安人具有了浪漫色彩。这幅《阿塔拉之死》描绘了主人公查克塔斯跪在阿塔拉的灵床前，阿塔拉为了逃避诱惑，保持清白之身，选择了服毒自杀。

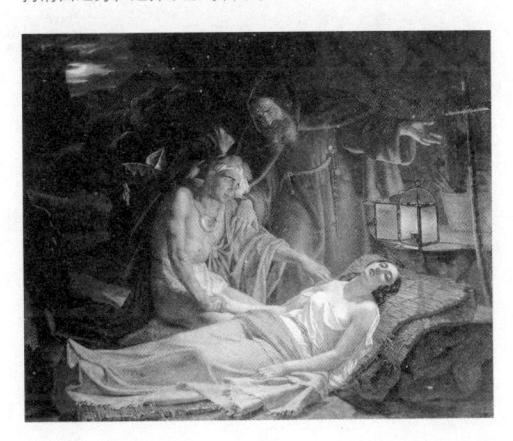

□ 雨果

雨果（1802—1885），法国浪漫主义作家的代表人物，19世纪前期积极浪漫主义文学运动的领袖。雨果除了在所撰写的剧本、诗词、小说中具有浪漫主义色彩以外，其本人的生活也充满了浪漫色彩，他于30岁时邂逅26岁的女演员朱丽叶·德鲁埃，并坠入爱河，以后不管他们在一起或分开，雨果每天都要给她写一封情书，将近50年来从未间断，共写了近两万封，直到她75岁去世。

然不同，它既有反动成分，也有革命因素。浪漫主义者所追求的不是和平与安逸，而是热情四溢、生机勃发的个人生活。工业主义在他们眼中一无是处，他们觉得它无比丑恶，他们认为高尚者不应费尽心思聚敛钱财，而且近代经济组织的发展也只会妨害个人自由。革命时代终结后，他们对民族主义产生了兴趣，并由此接触政治。19世纪上半叶，大多数浪漫主义者都强烈支持民族主义。

浪漫主义"第一人"

在浪漫主义运动中，卢梭可谓先驱人物。但是，他在某些方面表现出的是社会上已经存在的趋向。

18世纪时，法国社会有教养的人都极其推崇他们所谓的"善感性"。"善感性"的意思是：一个人容易触发感情，特别是容易触发"同情心"的一种气质。看到一个小农家庭的贫困和艰难，善感的人内心就会受到触动，并潸然泪下；可一旦提到如何改善小农阶级的生活状况，他就没有几分热情了。在浪漫主义者看来，穷人比那些有钱人具备更多的美德。他们想象中的穷人，不在都市里，也不在工业界，而是"有几块祖传的田地，靠田里面的产品过日子，不需对外贸易"。而所谓圣贤，就是从腐败的朝廷里辞官回家，在恬淡的田园风光中享受悠闲生活的人。

从历代诗人的作品中，我们几乎都能找到这种观念的缩影。在莎士比亚的《皆大欢喜》中，流亡的公爵就怀着这种态度，可他总找不同时机返回他的领地；只有多愁善感的杰克斯真正喜欢森林生活。就连遭到浪漫主义者强烈反对的波普也曾说：

谁把愿望和心计囿于几块祖留的田亩，
甘心在自己的地上呼吸乡土气，
谁便拥有幸福。

文化伟人代表作图释书系

具有善感性的人想当然地认为，穷人都会有几亩祖留的田产，自己劳动生产的物品足以满足他们的生活需要，不需要跟外界进行任何交易。可他们没有看到：有的穷人突遭变故，失去田产；有的穷人年老体衰，无法劳动，贪婪的受抵押人或奸邪的领主随时准备夺走他们的田产。据浪漫主义者的推想，都市里没有穷人，工业界更没有。"无产阶级"一词是19世纪才出现的，可能也带有某种浪漫色彩，但并不同于浪漫主义者所说的穷人。

卢梭对善感性的崇拜不是出于想象，而是基于现实。不论从他的学说来看，还是从他的趣味来看，卢梭都是个民主主义者。在他的一生中，有很长一段时期他都四处流浪，居无定所，过着颠沛流离的生活。很多名媛贵妇，或境况比他稍好的人都曾帮助过他，他也欣然接受。在施恩者看来，他的很多行为完全就是忘恩负义，但是他在情感上的反应却无比热忱。早年长期的流浪生活养成了他无拘无束的个性，因此他觉得巴黎的社交圈子令人拘束，让人腻烦。在他的影响下，浪漫主义者们也纷纷想要挣脱习俗的束缚——从服装、礼仪到小步舞曲、五步同韵对句，再到艺术和恋爱，最后波及传统道德的整个领域。

□ 戈雅

弗朗西斯科·戈雅（1746—1828），浪漫主义画派的先驱。画风奇异多变，从早期巴洛克式画风到后期类似表现主义的作品，他一生总在改变，虽然他从没有建立自己的门派，但对后世的现实主义画派、浪漫主义画派和印象派都有很大的影响。图为其代表作《着衣的玛哈》。

浪漫主义发展轨迹

浪漫主义运动虽然起源于卢梭，但最早掀

起这场运动的却是德国人。18世纪末，德国的浪漫主义者们都比较年轻，在这个风华正茂的年纪，他们乐于，也敢于提出许多独特的观点。柯勒律治和雪莱从德国浪漫主义者身上受到很大启发，但英国浪漫主义在19世纪初期流行开来并不是德国影响的结果。在法国，从王政复辟一直到雨果所处时代，浪漫主义观点极为兴盛，但这种观点是有所弱化的。在美国，梅尔维尔、索娄和创建具有空想社会主义性质的布洛克农场的乔治·瑞普莱夫妇几乎都持有纯粹的浪漫主义观点；爱默生、霍桑等人尽管不是纯粹的浪漫主义者，但也表现出某种倾向。

在英国，讽刺作家们的作品中已出现浪漫主义的萌芽。在谢立丹的喜剧《情敌》中，女主人公声称为了追求真正的爱情，宁可嫁给一个穷光蛋，也不愿嫁给有钱的男人。可笑的是，她的监护人选中的那个富人更名换姓，装成穷人向她求爱，最终赢得了她的爱情。简·奥斯丁所写的《诺桑觉寺》和《理智与情感》是对浪漫主义者的嘲讽之作，在《诺桑觉寺》中，女主人公迷上了瑞德克里弗夫人写的超浪漫主义的《乌铎尔佛的奥秘》一书（1794年出版），并被引入歧途。柯勒律治在1799年发表的长诗《古舟子吟》可谓英国第一个典型的浪漫主义作品。在这首诗中，一位古代水手讲述了他在一次航海中故意杀死一只信天翁的故事（水手们认为它是象征好运的一种鸟）。这个水手经受了无数肉体和精神上的折磨后，才逐渐明白"人、鸟和兽类"作为上帝的创造物存在着超自然的联系。这首诗有许多超自然的人物和事件，充满激昂的语调，男主人公自我纠缠，所有这一切都构成了浪漫主义文学的标志。

柯勒律治、华兹华斯和骚塞青年时期思想都较为激进，他们支持法国大革命和拿破仑，但态度又有些矛盾。随着政治形势的变幻，他们被打成了反动分子，英国的浪漫主义也随之停滞。但不久后，拜伦、雪莱和济慈又重新点燃了浪漫主义之火，而且几乎在整个维多利亚时代都熊熊燃烧着。

在阿尔卑斯山充满浪漫色彩的景致中，玛丽·雪莱（雪莱的第二个妻子）灵感迸发写成了《弗兰肯斯坦》。这部小说的内容几乎就是一部寓言体的、预言性的浪漫主义发展史。

主人公弗兰肯斯坦是一位从事人的生命科学研究的学者，他力图用人工创造出生命。在他的实验室里，通过无数次的探索，他创造了一个面目可憎，奇丑无比的怪物。开始时，这人造的怪物秉性善良，对人充满了善意和感恩之情。他要求他的创造者和人们给予他人生的种种权利，甚至要求为他创造一个配偶。但是，当他处处受到他的创造者和人们的嫌恶和歧视时，他感到非常痛苦。他憎恨一切，他想毁灭一切。他杀害了弗兰肯斯坦的弟弟威廉，他又谋害弗兰肯斯坦的未婚妻伊丽莎白。弗兰肯斯坦怀着满腔怒火追捕他所创造的恶魔般的怪物。最后，在搏斗中，弗兰肯斯坦去世，怪物很懊悔，最后跳海自杀。

这本书揭示了玛丽·雪莱的哲学观点。她认为人具有双重性格——善与恶。长期受人嫌恶、歧视和迫害会使人变得邪恶而干出种种坏事，甚至发展到不可收拾的地步。

浪漫主义的特征和价值观

浪漫主义的特征

　　浪漫主义运动在艺术上、在文学上以及在政治上，都是和这种对人采取主观主义的判断方式相联系着的，亦即不把人作为集体的一个成员而是作为一种美感上的愉悦的观照对象。猛虎比绵羊更美丽，但是我们宁愿把它关在笼子里。典型的浪漫派却要把笼子打开来，欣赏猛虎消灭绵羊时那幕壮丽的纵身一跃。他鼓励着人们想象他们自己是猛虎，可是如果他成功的话，结果并不会是完全愉快的。

　　浪漫主义运动的特征总的说来是用审美的标准代替功利的标准。例如：蚯蚓有益（研究证明蚯蚓对改良土壤有好处），然而不美丽；老虎色彩美丽，但却无益（伤人）。生物学家达尔文赞美蚯蚓，而浪漫主义诗人布雷克却赞美老虎。

　　当然，浪漫主义者也是有道德的，只不过他们的道德观念更为尖锐和强烈。然而，这种道德观念并不是建立在人们昔日所奉行、所赞赏的那类原则基础上的。自1660年以来，不论是在法国、英国、还是德国，大多数人都沉浸在对宗教战争或内战的回忆和沉思中，这一直持续到卢梭所处的时代。人们深刻意识到社会混乱极度危险，狂热和激进只会导致无政府主义，安全才是最重要的；而要缔造安全的环境，就必须做出牺牲。谨慎成为人们心目中最高尚的美德；理智被当作对付狂热之徒的有力武器；优雅的礼貌被歌颂成融化寒冰的缕缕阳光。

□《自由引导人民》　德拉克罗瓦　1831年

　　此图直接反映了法国七月革命，是画家德拉克罗瓦最具浪漫主义色彩的作品。画中的自由女神成了法国绘画中最迷人的形象，它和巴黎凯旋门、埃菲尔铁塔一样，成为法兰西文化的象征。画家德拉克罗瓦也因此成为浪漫主义艺术的领袖人物。

文化伟人代表作图释书系

在浪漫主义者的道德观念中，都含有某种出于审美目的的成分。但若要将一个浪漫主义者真实呈现给大家，就必须既考虑其审美动机，又考虑其趣味的变化，这种变化会使他们的审美感和前人的审美感大相径庭。比较突出的特点是：他们爱好哥特式建筑，欣赏自然景色的神奇。

约翰生博士对伦敦的江浦街（新闻业和出版业中心，他早年工作的地方）情有独钟，觉得这里比任何乡村风光都迷人。身为瑞士人，卢梭定是对阿尔卑斯山的壮美赞不绝口。在他的门徒所写的作品中，有水流湍急的河流、令人毛骨悚然的悬崖、无路可寻的大森林、电闪雷鸣、狂风暴雨，还有一些极具破坏力的事物。这种趣味上的变化持续的时间似乎很长久，如今很多人都对尼亚加拉瀑布和大峡谷更感兴趣，对碧草如茵的辽阔草原和金黄的麦田却没有多少热情。

□ 歌德

在德国，歌德是浪漫主义文学早期最知名的作家之一，他在1774年发表的小说《少年维特之烦恼》中，描述一名带有丰富感性和热烈情感的年轻人的故事，引发了全欧洲成千上万青年的崇拜和模仿。当时德国仍然是由大量分离的州所组成，歌德的作品对德国民族主义意识的凝聚和崛起提供了极大的助力。

浪漫主义的价值观

浪漫主义价值标准和现代社会的价值观是格格不入的。他们赞赏强烈的个人感情，不管这种个人感情是哪一类的，也不问它的后果如何。但事实证明，最强烈的个人感情几乎都是具有破坏性的，如憎恶、怨愤、嫉妒等。因此，凡是被浪漫主义所鼓舞的，特别是被拜伦的浪漫主义所鼓舞的那类人，都是强烈反社会的。他们或者是无政府主义的叛逆者，或者是有征服狂的暴君。

浪漫主义思潮之所以在那个时代打动了那么多人，一个重要原因是：人性的本质是自利的。出于自利原因，人类选择了群居，但在本质上一直非常孤独；因此，人类需要宗教和道德来补充自己。然而，为未来的利益而放弃现在的满足，人类总是不甘心。因此，个人感情一旦被激发起来，人们对社会生活中的种种行为约束便觉得无法忍受。这个时候，一旦现实的道德约束被打破，人们的内心冲突息止，由此获得了新的元气和权利感；虽然到头来他们也会遭遇大不幸，但当时却能享受一种神仙般的快感。

在对待爱情上，浪漫主义也很极端。他们赞美浪漫的爱情，特别是浪漫的、反抗社会道德的爱情更能博得他们的喝彩声。例如：德国作曲家瓦格纳在济克蒙特和济克琳德（二者都是瓦格纳歌剧《尼伯龙的戒指》中的神话人物，他们是兄妹，结婚后生了著名的英雄济克弗里特）的恋爱中流露出了类似的情感。尼采喜欢他的妹妹胜过其他一切女子。他写给她的信里说："从你的一切所言所行，我深切地感觉我们属于一脉。你比旁人对我了解更多，因为我们是出自一个门第的。这件事和我的哲学非常吻合。"

浪漫主义观点一半是贵族观点，一半是重热情，轻算计，因而，他们十分鄙视商业和金融；而犹太人以善于经商闻名于世。因此，浪漫主义自然就和反犹太主义连接在一起。浪漫主义者也宣称反对资本主义，但他们与代表无产阶级利益的社会主义者反对资本主义完全不同。浪漫主义反对的基点是厌恶经济实务。

浪漫主义运动从本质上讲，在于把人们的人格从传统道德的束缚中解放出来。诚然，每个古代社会都曾经发展过一些行为规则，除了说这些规则是老传统以外，没有一点可以称道的地方。但是，像浪漫主义者那样对待社会行为规范也是可怕的。自我中心的热情一旦任其发展，就很难再让它服从社会的需要。

18世纪后期开始的浪漫主义运动鼓励一个新的、放荡不羁的自我，因此不可能有社会的协作。它的门徒们面临无政府状态或独裁政治的选择。利我主义者当初希望从他人处得到父母般的温情；但是，他们一旦发现别人也有别人的"自我"，就感到愤慨。他们唯我主义的欲望落了空，就对社会、人生产生憎恨。人不是孤独不群的动物，只要社会生活还存在，自我实现就不能说是伦理的最高原则。

第六章　自由主义哲学家洛克

洛克（1632—1704），英国哲学家，早年在牛津大学研究哲学和医学，曾参加辉格党政治活动，后逃亡荷兰。"光荣革命"（1688年）后回国，从事著述，一度在贸易和殖民事务部任职。洛克建立并论证了唯物主义经验论的"知识起源于感觉"学说。洛克在政治上提出"三权分立"学说，教育上，主张培养具有"文雅态度"和"善于处理事务"等品质的绅士。主要著作有：《政府论》《教育漫话》《人类理解论》等。

洛克与他的理性论

洛克出生于萨默塞特郡的威灵顿村，他的父亲是清教徒，任当地法官书记的律师，英国内战时曾在议会派的军队中担任军官。1647年，在父亲友人的资助下，洛克被送至伦敦西敏中学就读。1653年，克伦威尔主政期间，洛克进入牛津大学基督教堂学院学习，并在那居住了15年。1656年，洛克获得学士学位，1658年获硕士学位。虽然洛克的成绩相当优秀，但却对大学安排的课程感到乏味，于是就将兴趣转向一些实验哲学和医学的研究，并且成为了皇家学会院士。

人生的"转折点"

□ 洛克

洛克的思想对于政治哲学的发展产生了巨大影响，他发展了一套与托马斯·霍布斯的自然状态不同的理论，主张政府只有在取得被统治者的同意，并且保障人民拥有生命、自由和财产的自然权利时，其统治才有正当性。

1666年，洛克认识了当时正被肝脏疾病折磨的沙夫茨伯里伯爵，他在接受洛克的悉心治疗后相当感激，于是说服洛克成为他的助手兼个人医生。沙夫茨伯里伯爵身为辉格党的创立者之一，对洛克的政治思想有极大影响。在此期间，洛克开始撰写其一生最重要的哲学著作《人类理解论》。伯爵于1672年被指派为英国大法官，洛克也随之参与各种政治活动。1675年，在伯爵于政坛失势后，洛克前往法国旅行。在1679年当伯爵的政治情势稍微好转时，洛克又回到了英格兰。

然而到了1683年，由于被怀疑涉嫌一件刺杀查理二世王的阴谋，洛克逃亡至荷兰。在荷兰，洛克终于有时间继续开始撰写许多著作，花了许多时间重新校对他的《人类理解论》以及《论宽容》的草稿，直到光荣革命结束为止洛克都一直待在荷兰。在1688年洛克跟随奥兰治亲王的妻子一同返回英格兰。抵达英国后不久，洛克开始将大量草稿结集出版，《人类理解论》《政府论》以及《论宽容》都在这段时期接连出版。

在密友玛莎姆女士的邀请下，洛克于1691年搬至她在艾塞克斯郡的乡下住所定居。由于健康状况不断恶化，洛克在1704年10月28日去世，并被埋在艾赛克斯郡东部小镇的一个教堂墓区。洛克终身未婚，也没有留下任何子女。

□ 光荣革命

光荣革命，1688年，英国资产阶级和新贵族发动的推翻詹姆斯二世的统治、防止天主教复辟的非暴力政变。这场革命未有流血，因此被称为"光荣革命"。这次政变实质上是资产阶级新贵族和大土地所有者之间所达成的政治妥协。政变之后，英国逐渐建立起君主立宪制。

"理性论"

洛克是1688年英国"光荣革命"的倡导者。"光荣革命"被称为人类所有革命中最温和、最成功的革命。这场革命以后，英国至今也没感觉到再有任何革命的必要了。

洛克是哲学家中最幸运的人。他本国的政权由和他持同样政见的人掌握，而他的理论哲学著作也在此时完成；在实践和理论两方面，他的学说被最有威望的政治家和哲学家所奉从。在美国、英国、法国的宪法中，都可以看到他的学说在发挥作用。

洛克的名言是："启示必须由理性裁断。"因此，他一生严谨，宁愿理论体系前后出现矛盾，也不愿意发表奇僻的悖论。虽然他是一个虔心深厚的、热诚的基督教信徒，但他仍然认为：人世间真理难以辨明，一个知书达理的人应该对现实持几分怀疑态度。洛克的这种精神气质显然和当时的宗教宽容、议会民主政治的成功及自由主义的整个一套准则有关。

洛克认为"理性"包括两个部分：其一是人类对自身确实知道的自然事物的考察；其二是人们对某些思想观念、理论主张的研究。这些观念、主张虽然只有盖然性而没有确实性作为支持，但我们应该在实践上承认它。洛克认为，盖然性必须有两个根据，即"与我们自己的经验一致，或者以其他人的经验作为证据。"

在《政府论》中，洛克提出，自然状态是一种完全自由的状态。所谓自由就是指人们在自然法的规范内，按照他们认为合适的办法，决定他们的行动和处理他们的财产和人身，而且不需要得到任何人的许可或听命于任何人的意志。自然法在自然状态中起支配作用。自然法就是理性。

洛克认为，在自然状态下，只有理性才能拯救人类。因为，如果假定人类有绝对的自由，而没有限制的话，那么如果人类一旦想要消灭自己的话，人类就没有办法生存下来。人类要保存自己，不消灭自己，就需要理性。这种理性一方面使人类失去自己消灭自己的自由，从而结束自然状态下的人可以自我毁灭的可能。另一方面，理性使人跳出战争状态，进入正常的和平与安全的社会秩序，即公民社会。人类具有理性，从而使自己能够完美实现自由成为可能。如果有谁企图将另外一个人置于自己的绝对权力之下，那么，谁就同对方处于战争状态。在自然状态中，人人自由平等，依据自己的理性成为自然法的仲裁者，人人都是自然法的执行人。

爱真理与崇尚理性，在洛克身上是统一的。洛克把"爱真理"看得十分重要，但他认为，爱真理与爱某个被宣布为真理的学说是不相同的事。他说，爱真理的一个标志是："抱任何主张时，不怀有超出这主张所依据的证明能保证的自信。"这句话的意思是：我们信仰某种学说，但信仰的范围在这一学说所依据的证明内。超过它所提供的证明范围，对这一学说就不能信仰。因此，洛克反对动辄对人民进行"指导"，他认为，这种态度缺乏"爱真理"的起码精神。

经验主义的始祖

洛克是经验主义的始祖。经验主义认为：人的全部知识（逻辑和数学除外）都是由经验来的。他的《人类理智论》一开始就反对柏拉图、笛卡尔及经验哲学家的神秘认识论，详细论述了人类"没有天生的观念或天赋的原则"这一理念。他说，"人们的心灵就像是白纸，天生不会有任何文字、不带有任何观念。那它后来又是如何具备这些东西的呢？人凭借无穷的想象力，几乎以无穷的样式，在那张白纸上描绘出来的庞大知识积累又是从哪里来的呢？它又是从哪里获有全部的推理材料和知识的呢？对此的回答是，从经验——人们的全部知识都在经验里扎根，知识归根结底来源于经验"。

人们不能像理性主义者那样预先断定人类的知识范围，首先要做的应该是严格将经验作为知识的基础。他把一切知识归结为观念，而一切观念又可被分析为简单观念。他断言，简单观念是不可再分的，是构成知识的固定不变的、最单纯的要素。所有的简单观念都有两个来源：感觉和人们对自己的心灵活动的知觉，即反醒。感觉来源于感官感受外部世界，而反醒则来自于心灵观察本身。

人们的思考只能通过感觉和反醒获得的观念为基础，而这一切观念均来自经验，因此，人们的任何知识都不能先于经验。人的心灵处理这些简单观念的能力主要有三种：一是把若干简单观念结合成为一个复合的观念；二是把两个观念

□ "启示必须由理性裁断"

洛克始终崇尚理性和真理，他认为，一个人应当为了辨别真理而对现实持理性的怀疑态度；而一切知识都来源于人类自身的经验。

（不论是简单观念或复合观念）并列起来加以考察，形成关系观念；三是把一些观念与其他一切同时存在的观念分开，即进行抽样，由此形成一般观念。

有一种观点是公认的，即人们天生就有一种既能够发展，又能使人们学到不少知识的资质。但如果人们由此而设想未受过教育的心灵也会有人们未省察到的内容，那就不对了。因为一旦如此，人们就无法把这种知识和真正来自经验的知识分辨开来，并很有可能会认为一切知识都是与生俱来的，或者如柏拉图所言，一切可察觉的知识都是对未察觉到的已有知识的怀疑罢了。

洛克关于认识论的著名论断："知觉作用是走向认识的第一步，是认识的全部材料的入口。"这个观点对我们现代人来说，简直是一个浅薄得不必说的道理，但在他生活的那个时代，却是一个革命性的新理论。自古希腊哲学家柏拉图以来，几乎所有的哲学家，最后直到笛卡尔、莱布尼茨，都说人类的知识很多不是从经验来的。

哲学发展到洛克生活的时代，人类还没有创造一种成功的既可说服人，同时又能自圆其说的哲学。洛克追求哲学的可信，他牺牲首尾一致，从而达到了可信。从历史上看，大部分伟大的哲学家和洛克相反。当然，不能自圆其说的哲学肯定不会完全正确，反过来说，自圆其说的哲学却可能全盘皆错。人类最有影响的哲学学派都包含着明显的自相矛盾；然而，正因为如此，这些著名的学说才有部分是正确的。

洛克的道德观

洛克是一个性情温和、具有同情心的人。他关于道德的理论主要表现在以下几方面。

（一）人类的一切行为都是受追求个人幸福和快乐的欲望所驱使

试看他下面几段话：

"事物或者是善或者是恶，那仅仅是个人对快乐或痛苦的感觉。凡是让我们产生了快乐或者增大了快乐，或者减少了我们痛苦的事物，我们称之为善。"

"激起欲望的是什么？一句话，是幸福，仅仅是幸福。"

"幸福满溢是我们能够获得的最大快乐。"

"驾驭我们的个人感情就是正当地改善自由。"

什么是易于激起人的快乐的事物？毫无疑问，是"欲望"。最后一句话好像源自来世报偿惩罚的观念。神制定了很多道德准则，遵奉这些准则的人死后会进入天堂，而违背准则的人很可能会被打入地狱。因此，那些目光长远，追求快乐的人一定要有道德。

□ 快乐的乡村生活

洛克认为，人们对于快乐的看重与时间成正比，即人们更看重现时的快乐而不是将来的快乐，更看重即将发生的快乐而不是遥远未来的快乐。追求现时快乐是人类不变的动机。这幅油画中，一家人尽情地享受现时的快乐，这种幸福感是无可取代的。

（二）人更重视现时快乐

洛克认为，人们对现时的快乐比对将来的快乐更看重；对最近将来的快乐比对渺远将来的快乐更看重。如果把快乐比喻为银行的利息利率，那么，未来快乐就是一般折扣的一个数量标度。假如一年后花费一千英镑的念头和眼下花费一千

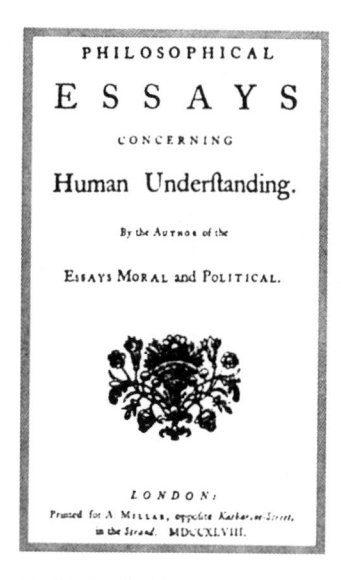

□ 《人类理智论》

《人类理智论》出版于1690年，书中阐述了洛克的哲学认识论体系，主张将人类理智本身的考察作为哲学的开端，探讨了人类知识的起源和范围，批判了天赋观念说，肯定知识直接来源于经验，并在系统论证中提出了第一性的质和第二性的质的学说。该书对18世纪法国唯物主义哲学及休谟、康德等人的思想产生了深刻的影响。

英镑的念头同样愉快，那么人们就会毫不犹豫地及时行乐，而不会考虑那微不足道的"银行利息"。因此，洛克得出结论：追求现时快乐或者避免痛苦是人类永远的动机。

（三）"远虑"是唯一美德

中国有句俗话："人无远虑，必有近忧。"可见中国人对"远虑"是持肯定态度的。令人惊奇的是，作为欧洲人，洛克的观点和中国古人惊人的一致。

按洛克的观点，就人类的长远利益而言，个人利益和全体利益是一致的。他说，人应该有远虑，尽可能以自己的长远利益为指南。他甚至认为："远虑是唯一的美德"，"因为一切失德都是失于远虑"。

洛克关于"远虑"的观点和当时资本主义的兴盛有密切关系。强调远虑，是自由主义的特色之一，因为有远虑的人发财致富，没有远虑的人贫困如故。

（四）公私利益是可以调和的

洛克认为，公私利益在短时期内不一致，但长远来看是可以调和的。

作为自由主义思想家，洛克和边沁在此点上有共同性。边沁是从法律的强制性方面强调公私利益的一致性。他认为，调和公共利益和私人利益是法律和社会制度的任务，每个人在追求个人幸福的时候，应当强调他为大家的幸福尽一些力量。而洛克是从人的内心道德约束来论述这一问题的。他说，假如一个社会一律由既虔诚又有长远利益考虑的公民组成，给他们自由，他们就会按促进社会公益的方式决定自己的行动。因此，没有必要设立约束他们的人间法律，只要有"神律"就够了。"神律"还有这样一个作用：对人类形成道德约束。例如：一个人从来就很善良，突然有一天动了恶念，想要去抢劫，他可能对自己说："我可能会逃得过人间法官，但我逃不过阴间法官的惩罚。"于是，他可能放弃他的罪恶阴谋。洛克因此推出一个结论：在由有远虑的人和虔诚的人组成的社会中，法的自由才可能完全实现；而在其他场合，社会缺少不了刑法对人的约束。

道德能够论证

洛克坚持认为道德是能够论证的。他说："我确信道德是能够推演的，就像数学也能推演一样：因为道德语词所代表的事物的本质是人们完全可以了解的，因此那些事物本身之间是否一致也能彻底发现。"

洛克将有关道德的思想归入推演的知识范畴。他认为道德也能具有数学的精密性。他说："伦理学中的关键词即'善'是能够被完全理解的，因为人人都知道'善'这个词代表什么。事物的善恶只涉及快乐或痛苦。我们称之为善的那种东西容易引起或增加快乐，或是减少我们的痛苦。"某些行为会带给我们快乐，而另一些则会带给我们痛苦。因此，道德与对善的选择或意愿有关。

在对伦理学做出进一步规定时，洛克指出："道德上的善或恶，仅仅是我们自愿的行为与某种法则的一致或冲突。"他提出了三种法则，即意见的法则、国民的法则和神的法则。这里存在一个实质性问题，即洛克是怎么知道这些法则存在的，以及他如何看待这三种法则间的相互关系。不要忘了，在洛克看来，推演出上帝存在是轻而易举的，因此他现在想从这种推演的知识中进一步引出一些推论：一个在权能、善性和智慧方面都无限的至高存在者，我们都是他的创造物并都依赖于他，他的观念和我们自己作为理智的理性存在者的观念，对我们来说都是无比清晰的；如果适当地对之加以考察和探求的话，必将为我们的行动的责任和规则提供这样一个基础，使道德跻身能够进行推演的科学行列。我坚信，在这门科学中，只要从类似于数学里的那种无可争辩的自明原理出发，再经过同样无可争辩的必然推论，区分正确和错误的标准将会清晰地呈现出来，尤其是对那些将他研究其他科学时所坚持的原则和态度运用于自己身上的人而言。

洛克的言外之意是，通过我们的理性，我们能够发现符合上帝法则的道德规则。他没有把这个计划扩充为一个伦理学体系，但他的确暗示了这些不同种类的法则间的相互关系应该是怎样的。意见的法则代表了一个社会对什么样的行动将导致幸福所作的判断。符合这条法则的行为就是善，当然不同的社会对于善所包含的内容有不同的规定。国民法则是由全体国民建立起来的，并由法庭强制施行。这条法则倾向于遵循第一条法则，因为在大多数社会中法庭施行的这些法则都体现了人民的意志。神的法则我们是可以通过自己的理性，或通过启示而获得的，它是人的行为的真实法规。洛克说："上帝提供了一条人们应当据以进行自我管理的法规，我想没有人在这里会愚蠢到否认这一点……这就是道德唯一真正的试金石。"因此，从长远来看，意见的法则和国民法则都应当与神的法则相一致。这三种法则之间会存在某种冲突，其原因在于人们总是倾向于选择当下的快乐，而不是那些具有更持久的价值的快乐。

不论这个道德论证在我们看来多么含混不清，洛克却始终相信这些道德法则具有永恒的真实性。

洛克对世袭主义的批判

洛克一生写过两篇《政府论》。第一篇是对罗伯特·费尔默爵士的《先祖论即论国王之自然权》一书宣扬的世袭主义的反驳；他的第二篇《政府论》尤其重要，它不但对初期的资产阶级革命产生过重大的影响，就是在今天，世界主要资本主义国家的政治体制也仍是以他的学说作为基石。

罗伯特·费尔默（1588—1653），贵族出身，是英国封建贵族、保王派的主要代言人，曾被英国国王查理一世授予爵位。据说他的府邸被国会党人洗劫过十余次。他的代表作《先祖论》是王党将将之作为斯图亚特王朝复辟的理论依据。他认为诺亚航行至地中海，并将非洲、亚洲及欧洲分别划给三个儿子含、闪和雅弗，很可能确有其事。他提出，根据英国宪法精神，上院只不过是向国王谏言，下院更没有多少权限。他说只有国王能制定法律，因为法律就应该是他意志的体现。费尔默主张，国王不该受人间的一切约束，无论是他先辈的律令，还是他自己的律令，都不能用来束缚他本人。从这些观点我们可以看出，费尔默是君权神授说的极端支持者。

《先祖论》开篇就驳斥这样一种"俗见"："人类禀受天赋，任何人生来就有免于一切隶属的自由，人们可以随意选择自己认为好的政治形式，任何一个人对他人的支配权，最初都是按照人民的裁夺然后授予统治者的。"费尔默认为这不是"真相"，"真相"是这样的：神把统治妻子、儿女以及世上万物的王权授予了亚当，然后亚当把王权传

□《政府论》

《政府论》分为上、下两篇，上篇批驳了保皇派思想家费尔默宣扬的"君权神授"和"王位世袭"说。下篇在批判君权神授的基础上，系统地提出了资产阶级的政治理论。他认为最好的政府形式是由民选议会掌握最高权力的君主立宪制。此书为在英国建立资产阶级君主立宪制提供了理论依据。

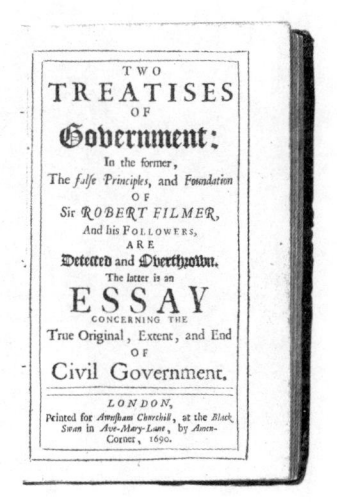

给他的继承人。"以后的国王都是全人类生身父母的那两位原始始祖（指亚当和夏娃）的隔代继承人。"

宗教改革之前，神学家们就倾向于限制王权，而且整个欧洲在中世纪大半时期内所掀起的，教会与国家间的斗争也都是围绕这个问题。在这场旷日持久的斗争中，国家依靠的是武装力量，而教会则凭借智慧和神圣。当教会同时具备这两点时，在斗争中就能取胜；可一旦只剩下智慧时，就只能一败涂地。费尔默说："经院学者个个阴险狡猾，竭力想使国王屈居教皇之下，为此他们将广大臣民置于国王之上，以使教皇权代替王权。"

费尔默论政治权力的来源，不涉及任何契约，也不从公益出发，而是追溯到人类历史上父亲对儿女的权威。他认为：君主权威的来源在于儿女服从父母，国王的权力与父亲的权力同等。而且，即便儿子长大成人也永远脱离不开父权。在现代人看来，这些说法无比荒诞。谁会从亚当与夏娃的故事探求政治权力的根呢。洛克认为，儿女满二十一岁时，亲权就应该完全终止，在这之前，亲权必须受到国家及儿女们逐渐获得的独立发言权的严格限制，而且母亲的权利也应该和父亲的相等同。

英国政治和宗教的混乱为洛克反驳费尔默提

□ 处决查理一世

这幅《处决查理一世》的油画，表现了英国人民反对专制主义的热情。洛克经历了审判查理一世的历史时刻，所以其著作受英国革命的影响很大。他把在英国革命中提出的各种基本要求概括为自由权、生命权和财产权，并把它们说成是"天赋人权"。

供了现成的依据。在英国，不仅教派繁多，而且君主、贵族和上层资产阶级也经常为赢得权利展开争斗。宗教上，自亨利八世以后，英王成为英国教会的首脑，教会不但反对天主教，还反对大多数新教宗派。国王的神学立场比较特殊，因为他既是英国国教会的首脑，也是苏格兰教会的首脑。在英格兰，他要信奉主教，排斥加尔文派教义；在苏格兰，他则要排斥主教，信仰加尔文派教义。但后来出于政治考虑，国王们同时信奉两种宗教。这使他们的宗教热忱大打折扣，也很难使人继续将其视为神化人物。因此，君权神授说的说服力被大大削弱。

在此基础上，洛克对费尔默的观点进行了猛烈抨击，指出费尔默对《圣经》的引据是断章取义和有意曲解，并通过《圣经》的考察，证明：

第一，亚当并不像费尔默等人所主张的那样，是基于父亲身份的自然权力或上帝的明确赐予，享有对于其子女的支配权及对整个世界的统治权。

第二，即使他享有这种权力，他的继承人也无权世袭这种权力。

第三，即使他的继承人可以世袭这种权力，但是由于没有自然法，也没有上帝的明文规定来确定在各种情况下谁是合法继承人，因而也无从确定应该由谁来掌握统治权。

第四，即使这也已被确定，但是谁是亚当的长房后嗣，早已无从查考。这就使人类各种族和世界上各家族之中，没有哪一个人比别人更有理由自称是最正宗的长房后嗣，从而享有世袭的权力。

因此，现在世界上的统治者要想从以亚当的个人统辖权和父权为一切权力的根源的说法中找到什么权威的根据，是不可能的。

有一个很奇怪的现象，一直沿袭到今天。世界上的民主国家在政治上都摒弃了世袭主义，但在经济上却保留了世袭主义。人们认为，把财产遗留给儿女是理所当然的。因此，我们可以说，就世袭主义而言，政治世袭消灭了，经济世袭却保留了下来。

洛克的"自然法"和财产论

自然状态与自然法

"自然法"主要是探索统治权的真正根源在哪里。

首先,洛克假定在一切政治之先,有个所谓"自然状态"存在,在这个状态中有一种"自然法",但这套律法是由神命组成的,并非世间哪个人制定的。人们根据"自然法"建立社会契约,由社会契约设立民主政治,然后,人类借助该契约脱离了自然状态。

洛克的自然状态说似乎没有什么独特之处,在这点上他远不如霍布斯。霍布斯所主张的自然状态是:里面存在所有人对所有人的斗争,人生充满险恶,粗鄙而短促。但霍布斯一般被认为是无神论者。洛克继承自前人的自然状态与自然法学说,是与神学密不可分的,甚至是以神学为依据的。现代人在涉及这一内容时,都对其神学依据避而不谈,这样一来它的逻辑基础就变得很含混。

下面是洛克描述的"自然状态"的两段精妙文字:

"人们遵循理性一起生活,在人世间没有超越众人的无上权威,对是非争执进行裁决。这是真正的自然状态。"

这段文字描述的不是蛮民的生活,而是有德行的无政府主义者所组成的空想社会里的生活情形,这里的人完全不需要警察和法院,因

□ 克鲁泡特金

彼得·阿历克塞维奇·克鲁泡特金(1842—1921),俄国地理学家、无政府主义运动的最高精神领袖和理论家。因主张废除一切形式的政府和从事反沙皇活动而被捕。在越狱逃逸后长期旅居瑞士、法、英。十月革命前回国,认为工农自发组成的苏维埃可以在没有国家权力的干预下使人类获得彻底解放从此致力于伦理史写作,把美好理想寄托在对青少年的教育上。罗曼·罗兰以著名的格言对他作出评价:"托尔斯泰追求的理想,被他在生活中实践了。"最主要的著作有《一个革命者的回忆录》《互助论》等。

为他们始终严格恪守"理性",理性等同于"自然法",而自然法又是由所谓源自于神的行为规律组成的。

"为了正确判断政治权利,并且追溯它的来源,我们必须考察人类最初处于何种'天然'状态。那状态就是:在自然法的限度内,人完全可以自由行动,自由处理自己的人身和财物;不向任何人请求许可,也不依从任何旁人的意志。"

"最清楚不过的是:属于同一类型的创造物,生来就享有毫无差别的自然惠泽、拥有完全相同的官能,因此他们之间也应该是平等的,不存在隶属服从关系……尽管自然状态属于一种自由的状态,却并不意味着放纵:处于这种状态的人虽然可以自由处置自身或自己的财物,却不能随意伤害自身,更不能肆意杀害他拥有的任何创造物,除非有更合理更高尚的理由。自然状态受到自然法的约束,每个人都必须绝对服从自然法。"

□ **法律的制定**

法律是一种强制性规范,是全体国民意志的体现,是国家的统治工具。封建社会法律由代表地主阶级利益的国王或者权臣制定;资本主义社会法律由代表资产阶级利益的议会制定;社会主义社会法律由代表无产阶级利益的人民议会制定。

洛克认为,在自然状态下人人都可以捍卫自身以及属于自己的东西。但自然法中的某些内容令人相当震惊,他说:"依自然法,正义战争中的俘虏全要充当奴隶""人生来就有权对侵害他本人或他财产的行为进行惩罚,即使为此致人死命。"

然而,洛克的"自然状态"或"自然法"有个重大缺陷,在"自然状态"中,人们要保护自己的权利只有依靠自己,人人都是自己的诉讼案中的法官。可以举这样一个例子:在不存在法律和政治制度的情况下,某甲做了哪些陷害某乙的事,某乙便有正当理由对某甲报复?在什么具体情况下,哪类报复是正当的?这一切,"自然法"都无法解释。从人类公认的道理讲,任何人对外来的、对自己的人身伤害都可以反抗,这在法律上称为自卫;必要时甚至可以把袭击者杀死,也无可指摘。

从法律层面看,个人的权利应该受到法律保护。比如,你看见某人袭击你的家人，如果你用其他办法救不了你的家人，你甚至可以把袭击者杀死。在"自然法"看来，这些都是天经地义的。但如果有法律存在，你就丧失了这个权利，法律规定：对外来袭击者的报复应该由国家来执行。

财产论

洛克提出公民社会是为了对财产权利提供保护才产生的。他所说的财产代表了一个人所拥有的一切东西——包括拥有自己。因此，洛克所谓的"财产"包括了拥有"生命、自由和财产"的权利。政治社会创立的目标便是为了提供财产权利更好的保护，因为财产能够代表其成员私人的（非政治性的）利益，但却无法代表一些只有与共同体里其他人结合才能实现的利益。

从这个理论延伸，每个人必然都在社会以外（例如在自然状态下）拥有一些财产，因此政府并不是财产权利的唯一来源，也不能够随意挪用个人的财产。如果政府存在的目标是为了保护财产权利，财产必然是先于政府存在并且完全独立的。洛克的对手罗伯特·费尔默爵士主张如果自然状态真的存在（他否认其存在），那么所有东西必然是属于公共所有的，私人财产不可能存在。托马斯·霍布斯对此也持类似的看法。洛克因此提出了一套解释财产如何在没有政府的情况下存在的解释：

首先，洛克主张每个个人都"拥有"他自己，所以每个人在自然状态下都是同样自由而平等的。因此，每个人也必然拥有他劳动所得的产品，要否认这点便等同于将他视为奴隶。也因此每个人都有权在自然赋予的资源上混合他自己的劳动：一个长在树上的苹果对所有人都没有用处，只有当某个人将其采收后它才有可能被食用，而苹果便成为了那个采收的人的财产。洛克同时提出另一种论点，他主张我们必须允许苹果被采收为私人财产，否则无论世界上的资源多么丰富，人类也只能饿死。一个

□ 罗伯特·玻义耳

罗伯特·玻义耳（1627—1691），洛克的自然学导师，他的思想深刻地影响了洛克的《人类理智论》，洛克还在这本书中为他的"物质微粒"理论辩护。这种理论认为，所有物质都由不可分的微粒组成，而微粒具有的所有属性都是客观的。

人也必须被允许进食，因此他有权利食用经过他劳动所得的果实。

不过这还没有说明为何一个个人应该被允许在自然赋予的资源上混合劳动。由于人必须进食，采收苹果也是必要的，但这还不足以解释为何人们必须尊重其他人的财产。因此洛克假设在自然状态下资源是相当丰富的：只要其他人还有机会取得"同样多"和"同样好"的资源，一个人便有权利拿走一部分的自然资源，而由于自然资源是相当丰富的，一个人可以在拿走所有他自己会用到的资源的同时，也不会侵犯到其他人的资源。除此之外，一个人不可以拿走超过他能使用到的数量，以免资源被浪费。洛克也因此提出了两个取得财产的条件："同样多和同样好"，以及避免"资源浪费"。

透过这一连串理论，洛克主张一个完整的经济体制的确可以在没有政府的自然状态下存在。私人财产因此是先于政府而存在的，社会也是为了保护私人财产才形成的。

洛克的"社会契约论"

洛克的"社会契约论"在人类政治思想史上产生过重大影响，它是资本主义社会的奠基石之一。它要回答的问题是：政府的起源、统治权力的来源究竟在何处？

关于这个问题，17世纪以来，有两派理论。一派以费尔默为代表，主张神把权力赋予了某些人，这些人的继承人构成合法政府，因此反抗它既是大逆不道，又是亵渎神灵。自古以来人们就承认这种观念：在早期的所有文明国度，为王者几乎都是神圣人物。对国王们来说，这是个再好不过的理论。贵族们对这一理论的态度，完全取决于它是否能维护他们自身的利益。这种理论强调世袭主义，由于贵族更惧怕或憎恨的是中产阶级，而不是国王，如果国王坚定地赞同抵制不断崛起的商人阶级，贵族们就会支持这理论，拥护国王。倘若事实正好相反，特别是如果贵族自己有望独揽大权，那他们通常就会极力反对国王，因而抨击一切君权神授说。

□ 牛津大学基督教会学院

在洛克的时代，基督教会学院的学者资格是终身的，他们属于学院管理层。由于与身为辉格党领袖的沙夫茨伯里伯爵交往甚密，洛克在1683年被取消了学者的资格。当年他流亡到荷兰，在那里开始酝酿《政府论》的写作。

另一派理论以洛克为代表，主张民主政治是社会契约的结果，它不是由神权确立，而是纯粹现世的事情。除却君权神授说，政治哲学家们能为统治权力找到的现世源头唯有社会契约，因此，洛克的这一理论，在所有反对王权神授说的人中大得人心。

洛克的"社会契约论"有以下要点：

（一）政府和人民各为契约的一方，

政府如果不履行契约中的义务，人民有正当理由反对它。

　　既然自由平等和财产权是人类天赋的权利，那么，政治社会和政府的起源就只能产生于其成员的同意。在自然状态下人们享有的权利是很不稳定的，面临不断受别人侵犯的威胁。于是人们便互相协议，自愿放弃一部分自然权利，把这些权力交由专门的人，按照社会一致同意或授权代表一致同意的规则来行使。这正是立法和行政权力产生的缘由，政府和社会本身的起源也在于此。但是洛克强调的是人们仅仅放弃一部分权利，其他如生命、自由和财产的权利都没有放弃。"社会契约论"在洛克这里也被用来为自由主义作论证，但其侧重点已经不同。政府权力的合法性在于保护个人财产权、和平与安全。国王本人同样要受契约的约束，如果他违反了社会契约或侵犯了人们的自然权利，就有足够的理由推翻他的统治。

□ 一战前欧洲九大君王聚会

　　这张珍贵的照片是近代欧洲九大君王聚会的合影，有英王乔治五世（第一排左二）；德皇威廉二世（第二排右一）；西班牙国王阿方索；丹麦国王弗雷德里克；挪威国王哈康七世；保加利亚国王费迪南德；葡萄牙的曼努埃尔二世；希腊国王乔治和比利时国王阿尔贝一世。

　　（二）司法部门作为一个中立力量，必须独立在政府以外，才能保持公正。立法权是每个国家中的最高权力，但这种权力不是绝对无边的。第一，它对于人民的生命和财产不是也不可能是绝对专断的。第二，立法或最高权力机关不能独揽权力，以随意的专断命令来进行统治，而是必须以颁布过的经常有效的法律，并由著名的法官来执法。第三，最高权力未经本人同意，不能取走任何人财产的任何部分。第四，立法机关不能把制定法律的权力转让给任何其他人。只有人民才能组成立法机关和指定由谁行使立法权，选定国家的形式。

　　（三）论述了自由与法律的关系。他从理性上承认，社会的一项行为以其成员过半数的同意为依据。每个成员负有服从大多数人的决定和仰仗大多数人的义务，否则原始契约就毫无意义。一方面，法律的目的不是废除或限制自由，而是保护或扩大自由。另一方面，哪里没有法律，哪里就没有自由。自由是在他所约束的法律许可范围内，自由并不是为所欲为，而是以遵守法律为界限。

（四）反对君主专制主义的政体，主张采取混合式或复合式政体。他认为君主专制不是民主政治。因为在这种体制下没有中立权威来裁定君主和臣民之间的争执。希望一个生性粗暴的人因为做了国王就会出于公心、主持公道是不可能的。暴政是指任何人运用他所掌握的权力，获取私人的利益。专制制度所拥有的权力不是契约所能让渡的权力，它犯下了侵害公民基本天赋权利的罪行。洛克不仅反对暴君的专制，而且还反对贤君的专制。他特别论述了暴力的合法性问题，暴力只能用来反抗不义的和非法的暴力，对于仅仅依靠暴力维持而失去自然法依托和人民道义支持的专制制度，公民有权加以反抗，这一捍卫革命的道义权利的思想直接被法国和美国的革命思想家所继承，成为他们反对封建专制的有力武器。

洛克的"社会契约论"在本质上多少是民主的，但民主的程度受到他所主张的公民概念的限制，他认为没有财产的人不能算公民。他的契约论虽然奠立了现代政治学的基础，但仍有一个重大缺陷，那就是：如何保护少数反对者的权利？应该说，人类迄今为止还未找到解决这一问题的最佳办法。

"制约与均衡"学说

洛克的"制约与均衡"学说是现代政治学说的基础。其意思是：国家的立法、行政、司法要各自独立，相互制约，以达到几种力量的均衡。也就是我们平常所说的"三权分立"学说。"三权分立"中，立法部门和行政部门的分离是由洛克阐明的。他说：立法部门和行政部门必须分离，以防止权力滥用。在这里，他所说的立法部门是指国会，行政部门是指国王。

在国家的三大权力中，洛克认为立法部门的权力应当高于一切，但前提是它必须能由社会罢免，也就是说，立法部门应像英国下院那样，由民众投票选举产生。

既然立法部门和行政部门是分离的，就产生了一个问题：当这两个部门冲突起来怎么办？洛克的主张是：行政部门如果违反立法部门通过的法律，或不适时召集议会，就是与人民开战（因为立法部门的议员是人民选出来的，代表了全国民意），人民可以通过暴力把它撤除。显然，这是结合当时查理一世的治国方式提出的见解。因为自1628年至1648年，查理一世多次试图解散议会，独掌大权。洛克认为必须极力阻止这种企图，甚至不惜发动内战。

洛克说："暴力只能用来反对不公正不合法的暴力。"然而，如果没有任何权威部门规定暴力在什么时候是不公正不合法，这一原则有何实际意义呢？查理一世企图绕过国会私自征收造舰税，议员们

□ **自由女神像**

洛克的自由主义思想，被美国奉为神圣的民族理想。美国宪法在起草时，也从洛克著作中汲取了思想营养。自由女神像是美国人自由、人权理念的象征，它是美国立国的根本。

对此极力反对，声称这既不公正也不合法，而查理却坚称是公正合法的。内战爆发后，查理的最终失败证明他对宪法的认识太独断，是完全错误的。美国的南北战争也出现了类似的情况。各州是否有权退出联邦呢？谁也无法回答。最后，北方的获胜给出了答案。

从洛克及当时很多著述者的文字中我们发现一个相同的见解：只要是正直的人，就知道哪类事情是公正合法的。这种观点忽略了两个事实，一是双方的党派偏见的力量；二是对于那些存在纷争的问题，不论外界还是人的内心都很难做出权威性的裁断。在实际事务中，如果纷争非常严重，正义和法律是解决不了的，只能凭借实力。

"制约与均衡"学说的历史是非常有趣的。

我们知道，"制约与均衡"学说发祥于英国，因为当时国王完全控制着行政部门，因此他的反对者们试图以此来限制国王的权力。然而，行政部门逐渐成为国会的附属，因为一个内阁只有获得下院多数人的支持才能维持下去。行政部门实际上便成了国会选出的一个委员会，因而立法权和行政权日益无法分割。在过去的五十多年里，由于首相一直手握解散国会的大权，加之政党纪律渐趋严格，情况又发生了新变化。现在，执政权归属哪个政党的问题，主要由国会中的多数派决定，但执政党被选定后，国会其实就无权对其他任何问题再做出决策了。只要不是由政府提议的法案，基本上就不能成立。因而，政府扮演了立法部门和行政部门两种角色，它的权力几乎不受任何限制，只有不时必须进行的大选对其有一定威慑。显然，这种制度完全背离了洛克的原则。

在法国，孟德斯鸠曾大力宣扬这个学说，因此法国大革命期间，很多较为温和的党派对此都极为推崇。但雅各宾派在斗争中一获胜，就将其彻底铲除。在拿破仑眼中，它毫无用处，但在王政复辟时却短暂复活，拿破仑三世一上台又将其打压得无影无踪。1871年，这一学说再次复活，而且在其推动下，法国通过了一部新宪法。根据宪法中的规定，政府无权解散议会，并且总统几乎被剥夺了一切权力。这样一来，国民议会的权限比政府和选民的都要大。这跟近代英国的权力划分异曲同工，但仍然不是对洛克所主张原则的最准确阐释，因为洛克主张的立法部门是凌驾于行政部门之上的。

洛克的分权主义理论得到了最充分、最完整应用的国家是美国。在美国，总统和国会之间完全独立，最高法院又独立于总统和国会之外。美国宪法据此制定。这部宪法自诞生以来仅引起过一次武装冲突，这一点充分说明了美国人在政治上的开明。

在工业革命之前，洛克的政治哲学总体适合社会的现状和发展。但自此以后，它在处理很多重大问题时已显得力不从心。而今天，在完全实行制约与均衡原则的国家或地区，司法部门都和立法、行政部门并列，成为政府的第三个独立力量。

洛克的影响

自洛克时代至今,在欧洲一直有两大哲学派别:一个以洛克的学说与方法为代表,一个以笛卡尔和康德为代表。康德自称将笛卡尔和洛克的哲学融合在了一起,但仅从历史观点来看,这并不准确,因为在康德的继承者身上我们看到的基本都是笛卡尔派传统,极少洛克派传统的印记。概括来讲,继承洛克哲学思想的主要有四类人:

(一)贝克莱和休谟;

(二)法国哲学家中不属于卢梭派的那些人;

(三)国际法学家边沁和哲学上的激进主义者;

(四)马克思及其门徒。他们对洛克学说作了一些重大补充。大体说,马克思的哲学体系是杂采各家的折中体系。

洛克哲学在英国和法国之所以大受欢迎,主要是因为牛顿的威望。牛顿的万有引力定律和宇宙演化论在自然科学领域取得了重大胜利,人们对英国的尊崇也随之增强,而且在哲学上的关注点也逐渐从笛卡尔转向洛克。18世纪,法国的知识分子普遍对当时的君主专制感到失望,他们认为这是一种陈旧、腐朽、衰颓的制度,而英国在他们心目中则是一个自由的国度。因此他们对洛克的政治学说颇有好感,并进而接触他的哲学思想。在大革命前夕,

□ 莱布尼茨

莱布尼茨约在1672至1676年重新发现了二进制,他认为,一切数都可以用"0"和"1"来代表,这成为基督教中上帝从"无"创造"有"的象征。在莱布尼茨的时代,数学对哲学产生了极大的影响,然而洛克却是一个例外:莱布尼茨倾向于演绎,洛克则依靠大量的事实来进行论证。

洛克在法国的影响日益增强，这主要归功于休谟，因为他在法国居住期间结识了很多一流学者。

而在英国，信奉洛克哲学的思想家们对他的政治学说始终没有什么兴趣。作为主教，贝克莱不太关心政治；身为托利党员，休谟以鲍令布卢克为表率。当时，英国的政局非常平静，因此哲学家们更乐于推究理论。在法国大革命的波及下，很多人开始对现状表示不满，甚至起来反抗，但纯粹的哲学传统仍保持得很好。由于《无神论的必要》一书中有很多源自洛克的思想，雪莱被逐出了牛津大学。

□ 神圣家庭

这幅画中，家长引导小孩对狗产生认知。洛克认为，如何引导孩子认识感知外部世界，是启蒙教育的一个重大问题。我们关于外部世界的知识来源于感觉，我们凭借感觉认识到自身以外的事物。

撇开政治，我们来对哲学上两个派别的差异做一番考察。这两个哲学派别大体可以区分为大陆派和英国派。

首先是治学方法不同。英国哲学比起大陆哲学来，明细且具有片段性；如果接受某一个一般原理，就要审查这原理的应用，并按归纳方式证明它。例如：对于某一事物的论证，洛克、休谟等人是根据对大量事实的广泛观察，再得出一个比较有限的结论；相反，莱布尼茨靠演绎方法来推论。如果用金字塔作比喻，莱布尼茨采用的是倒金字塔结构，若逻辑演绎彻底牢靠，则万事大吉；若逻辑演绎不牢固，金字塔就会崩溃瓦解。洛克和休谟则不然，他们的金字塔基底深深奠基在观测事实的大地上，塔尖是朝上的，因此是稳定的，即使金字塔出了问题也可以维修，而不至于全盘倒塌。

方法上的差异其实是和很多其他差异联系在一起的。以形而上学为例：

对于神的存在，笛卡尔进行了一些形而上学的证明，而其中最重要的证明源自11世纪时的坎特伯雷大主教圣安瑟勒姆。斯宾诺莎对神的主张完全就是泛神论，因此正统教徒根本不承认他所说的神；不论是否是神，斯宾诺莎的理论本质上是形而上学的。莱布尼茨的形而上学与之根源相同。

洛克所开创的哲学方向还不够成熟，他认为笛卡尔关于神存在的证明准确严谨。贝克莱提出了一个全然不同的证明。在休谟所处的时期，这种新哲学已得到充分发展，因此他全盘否定了形而上学。他认为，对形而上学所讨论的那些问题花费精力，根本就是徒劳无益。经验主义学派对这种见解一直持赞同态度，而康德和他的继承者们则支持与之相反，只是略作修改的见解。

在伦理学方面，两派也有很大差别。

例如：洛克认为快乐就是善，这是18、19世纪在经验主义者中流行的思潮。而它的反对者却鄙视快乐，认为快乐是卑下的。霍布斯将权力看得更重要，斯宾诺莎的观点跟他基本一致。在斯宾诺莎的思想体系中，伦理学方面的见解是存在冲突的，因为他既赞同霍布斯的意见，又提出"善就在于和神有神秘的合一"这种说法。莱布尼茨在伦理学上没有什么重要思想；而康德却将伦理学提到了首位，并据此推出他的形而上学理论。康德伦理学的重要性在于，它反对功利主义，而且是先验的、"高贵的"。

两派在伦理学上的差别，通常和政治学上的差别紧密联系。例如，洛克为人谦虚亲切，一点没有权威大家的气派，他希望让问题自由讨论解决。这一派都信仰改革，而且是一种渐进式的改革。他们的反对者自视甚高，以为自己已把事态的发展过程全部掌握，所以幻想："把现行体制猛然打碎，重新塑造得符合自己的心意。"这是一种革命者的作风。

以现代的观点来看，财产崇拜是洛克以及他的继承者们的一大政治缺点。但是，那些以此对他们横加批评的人，往往都是为君主、贵族或军阀阶级的利益服务的。

洛克学派的反对者大都赞赏战争。他们向往战争的英勇壮烈，蔑视和平年代的舒适安逸。然而，那些伦理观带有明显功利主义色彩的人大都认为战争是愚蠢的。

应该说，开明的自私自利虽然不是崇高的动机，但那些贬斥它的人可能有比它坏得多的动机，例如憎恨、嫉妒、权力欲等。总的说来，洛克倡导的开明自利学派同那些自诩为有英雄品质与自我牺牲精神，从而鄙视开明自利的学派比起来，对增加人类的幸福作出了更大贡献。

第七章　经验主义哲学家

经验主义强调外部世界的信息在感官中就能呈现出来，心灵的主要作用就是对这些信息加以判别和组织，从中引申出意义。意识主体所体验到的是意识的内容，除此之外的存在都不可知。

贝克莱

贝克莱(1685—1753),英国哲学家。他生于爱尔兰,15岁考入都柏林圣三一学院,19岁获得学士学位,22岁获得硕士学位,此后留校担任讲师和初级研究员。贝克莱是一个虔诚的基督教徒,曾任爱尔兰南部克洛因地区基督教新教教主。贝克莱是主观唯心主义与唯心主义经验论的主要代表之一。主要著作有:《视觉新论》《人类知识原理》《海拉和菲伦诺的三篇对话》。

《视觉新论》是贝克莱1710年发表的一篇关于人类视觉的科学论文,主要对视力和视觉,所视之物的大小和距离等方面的问题作了深入研究。正是这篇文章引起了人们对他的注意。同年出版的《人类知识原理》是一本关于知识的来源和知识的原理的书。这本书让他大获成功,并且收获了很多好名声,可谓名利双收。但贝克莱认为这本书对于思想之外的感知形式的描述还不够详细,因此又在1713年出版了《海拉和菲伦诺的三篇对话》。

贝克莱在哲学上的重要地位是建立在他对物质存在的否定理论上的。他提出,物质对象是因为被人们感知才存在的,比如一棵树,假如人们没有看见它,它就不再存在。如果有人对这个问题提出异议,他的回答是:神总在感知一切;如果没有神的存在,我们眼中的物质对象就会变得很不稳定,我们看它时它就存在,不看它时就不存在;而实际上,树木、岩石等物在神的知觉作用下,是连续存在着的。他将这作为证明上帝存在的有力证据。

□ 贝克莱

贝克莱的重要影响是他的唯心主义,其哲学的基本观点包括两方面:一是物质就是"虚无",二是"存在就是被感知"。

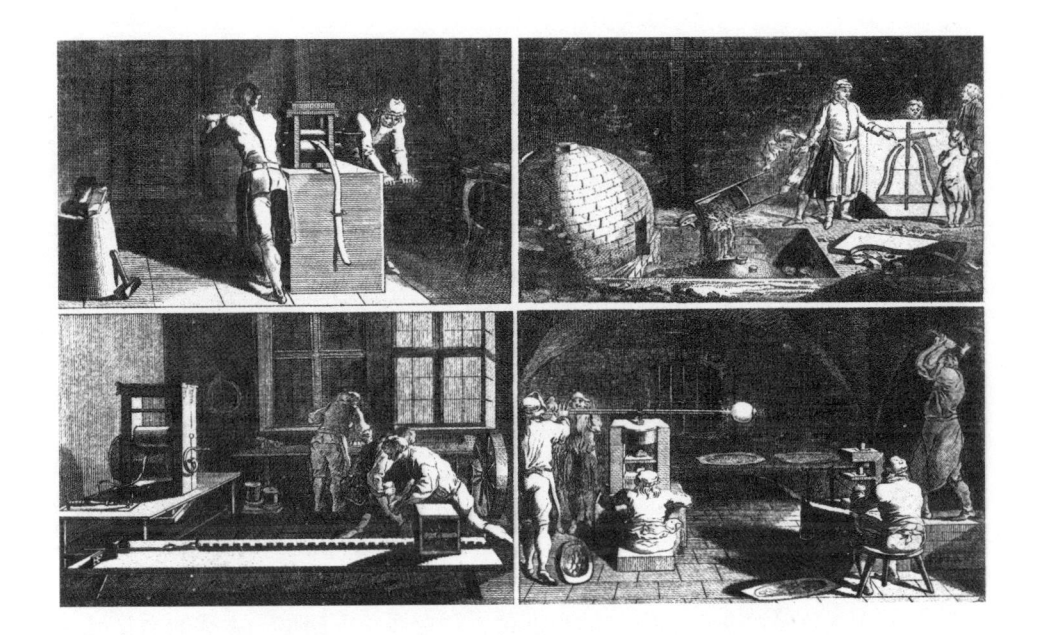

罗诺尔·纳克斯写过一首五行打油诗，附带一首和韵诗，颇能说明贝克莱的物质对象理论：

曾有个年轻人说道：

上帝一定要认为太稀奇，

如果他发觉这棵树

存在如故，

那时候却没有一个人在庭院里。

答：

敬启者：

你的惊讶真稀奇；

我们时时刻刻在庭院里。

这就是为什么那棵树

会存在如故，

因为凝视着它的是

你的忠实的

上帝。

贝克莱在22岁时成为都柏林大学的特别研究员。他曾由英国作家斯威夫特

□ 对性质的感知

贝克莱认为，宇宙间只存在着主体及其经验，别无他物。人们感知的不是事物，而是诸如颜色之类的性质，这些性质因人而异。对于此图中的劳动者来说，产品的性质类似或者不同。

推荐，进宫拜谒；斯威夫特的情人瓦妮莎把她财产的一半遗赠给他。贝克莱曾制定了一个在百慕大群岛建立"理想国"和大学的宏伟计划，抱着这一目的去了美国。三年后，由于资金短缺他放弃了这一计划回国。

他有一行闻名世界的诗句：

帝国的路线径直向西

由于这句诗，美国加利福尼亚州的一个城市曾用他的名字命名。

《海拉和菲伦诺的三篇对话》

贝克莱否定物质的理论发表在《海拉和菲伦诺的三篇对话》里。对话中有两个人物，海拉代表受过科学教育的人，菲伦诺就是作者自己。

在"对话"中，菲伦诺主要通过以下几个方面来力证"可感物的实在性在于被感知"：

（一）关于"冷热"。海拉的观点是："存在是一回事，被感知则是另一问题。"菲伦诺的观点是："感觉是属于心的。"他举冷热为例，说道：强热是一种痛苦，痛苦必是在某个心中，所以，热是属于心的；冷也是一样的道理。接着，他又用温水来进一步证明。假如你的手一只热，一只凉，你把两只手同时放进温水中，一只手感觉水非常凉，另一只手感觉水烫手，但水不可能同时又凉又热。海拉被驳倒了，于是他承认"冷热是存在于我们心中的感觉"。但他仍然相信其他可感性质的存在。

（二）关于滋味。菲伦诺说，甜味是快乐，苦味是痛苦，欢乐和痛苦都是属于心的。"他不存在于有知觉的实体，即心以外的任何实体中。"在这里，贝克莱假定，不是物质所固有的东西，必是心灵实体固有的。任何东西不能既是心灵的又是物质的。

□ 都柏林圣三一学院图书馆

贝克莱所毕业的三一学院位于爱尔兰首都都柏林，是1592年英国女王伊丽莎白一世下令为"教化"爱尔兰而参照牛津、剑桥大学模式而兴建。其为英语世界七大最古老的大学之一，到18世纪已基本形成目前的规模。

（三）关于声音。海拉极力想通过声音来反驳菲伦诺。他提出，声音是空气中的运动，真空中并不存在。他说："我们一定不能将感知到的声音和声音本身相混淆；或者说，一定不能将直接感知到的声音和存在于我们身外的声音相混淆。"菲伦诺随即指出，海拉所说的"实在的"声音作为一种运动，也许能够看到或感触到，但一定听不到；因此这不是我们知觉到的那种声音。海拉听后不得不承认"在心外声音并不存在"。

（四）关于颜色。接着他们又转到了颜色，海拉自信满满地说："抱歉，说到颜色，那可完全不同。没有什么比我们在某种事物上看到的颜色更清楚。"他提出，存在于人类心外的实体本身就具有人们所看到的颜色。他的这种观点根本难不倒菲伦诺。他以夕阳下的云彩为例指出，在远处看这片云彩红中透着金黄，而逼近来看则不是这种颜色。他又接连指出：在显微镜下事物会有差异；黄疸病人看到的所有东西都是黄的；微小的虫子看见的东西，一定远比我们看到的小。海拉只好辩说颜色并不在对象中，而在光里，颜色非常稀薄，是流动的实体。跟讨论声音问题时一样，菲伦诺指出，按海拉的说法，"实在的"颜色和我们所看到的颜色并不相同。这就说不通了。

海拉只好更换话题，试图扭转刚才的败局。他从物体的运动和大小入手，接着转向视觉，最后又论及脑海中的痕迹，但全都被菲伦诺驳倒。

□ 《人类知识原理》书封

1710年贝克莱出版了作品《人类知识原理》。书中集中阐述了贝克莱的非物质主义哲学，他认为只要否定了物质的客观存在，就可以驳倒唯物主义，"移掉"无神论的基石。为了避免唯我论，他肯定观念来自上帝，并认为观念的存在就能证明上帝存在。

贝克莱哲学思想批判

（一）关于"对象存在于一切心的外面"

有一种观点认为，人们必须将"感知"这一举动和被感知的对象区别开，因为前者属于心，而后者则不属于。贝克莱对这一见解表示反对，但他又没有提出清晰的理由。这其实也很容易理解，因为贝克莱是相信存在心灵实体的，不可能对此作出有力的驳斥。他说："感官直接知觉到的对象存在于不具思维的实体内，换言之，存在于一切心的外面。"这话本身就是一个明显的矛盾。有点像以下这个例子的谬误："没有舅舅，就不可能有外甥；那么，如果甲是外甥，所以甲按逻辑必然性讲，必有舅舅。"如已确知甲是外甥，这当然是符合逻辑必然性的。但是从分析甲可能知道的任何事情都推不出这种逻辑的必然性。所以说，假如某物是感觉的对象，就有某个心和它有着联系；但并不见得某物如果不是感觉的对象，它就不存在了。

（二）经验论据

贝克莱将经验论据和逻辑论据糅合在了一起，这是一个极大的弱点，因为后者如果成立，前者就完全没有必要。如果我要证明正方形并不是圆的，根本不需要罗列出哪些城市的方形广场不是圆的。但是，既然我们已经排除了逻辑论据，就不得不按经验论据的规则来评判经验论据。

关于冷热的手放进温水的议论。严格来说，只能证明在这一实验中我们所感知的并不是冷和热，而是较冷和较热。这丝毫不能证明这一客观事实具有主观性。

关于声音的论证。海拉说声音是空气中的运动，而菲伦诺反驳说："运动能看到、触摸到，却不能听到，因此'实在的'声音是听不到的。他的这一论据似乎并不公正，因为贝克莱一直主张，运动的知觉表象也是主观的东西。

对"心"和"物质"的拷问

大家都知道，"心"是唯心论者坚持的东西，认为舍此不能解释世界，而"物质"是唯物论者坚持的东西，也认为舍此不能解释世界。按照传统看法，唯心论者是善良人，唯物论者是恶人。（西方人心目中有个固有观念：唯物论者即无神论者，即恶人）

至于"心"，被排除实体之后，"心"必然是种种事件所组成的某种集团结构。人的记忆是典型的例子："心的"事件就是进行记忆的事件或被记忆的事件。

根据上述定义可知，一个"心"和一类物质都各有自己的事件集团。不能说一切事件都属于这类或者那类事件集团，也不能说某些事件不会同属于这两个事件集团。因此，一些事件可以既不是心的，也不是物质的；而另一些事件既可以是心的，又可以是物质的。

休谟

休谟（1711—1776），英国哲学家、历史学家、经济学家、美学家。曾在爱丁堡大学就读。1734年到法国后，担任过英国驻法大使馆秘书、代办。1767年任副国务大臣。休谟认为哲学是关于人性的科学，主张知识来源于经验。认为人们不可能知道知觉如何获得及知觉之外是否有客观事物存在。他自称他的理论为"怀疑论"，哲学史上则将其称为"不可知论"。

休谟的主要著作有《人性论》《人类理智研究》等。

曲折坎坷的经历

下面一段文字是休谟自己给自己写的"讣闻"：

"我这个人秉性温和，善于克制脾气，性情开朗，喜欢交游；我爱我的朋友，从不记仇；我在情感上也非常有节制。即便我有在学术上追求名声的欲望，但这种欲望也从来没使我的脾气变得乖戾，尽管我因此而失望。"

休谟是哲学史上相当重要的一个人物，他把洛克和贝克莱的经验主义哲学发展到了它的逻辑顶点。从某种意义上讲，他的哲学走向了一条死胡同，沿着他的道路，人们不可能再前进。他的著作问世以后，很多形而上学家将驳斥他的观点当作一种消遣。

1734年，休谟结束他在布里斯托短暂的经商生涯，前往法国。他的主要哲学著作《人性论》就是在定居法国期间写成的，前两卷于1739年出版，第三卷在翌年出版。当

□ 休谟

休谟生于爱丁堡，12岁进入爱丁堡大学学习，并于1729年开始专攻哲学。1732年开始撰写他的主要哲学著作《人性论》。这幅休谟的肖像画是由英国画家阿兰·拉姆塞所画，他擅长以肖像手法表现英国新兴资产阶级形象。

□ 爱丁堡大学

　　1582年，爱丁堡大学在苏格兰国王詹姆斯六世的特许和爱丁堡市议会的资助下展开筹建，其最初的名称是"唐尼斯学院"。在18世纪欧洲启蒙运动的浪潮中，爱丁堡大学逐渐成为学术中心和欧洲主要大学之一。著名的大哲学家休谟年轻时便在学校受教和成长。

时他年仅26岁，没有半点名气，哲学界的各个学派都不欢迎他。他期待着哲学界的猛烈攻击，打算用堂堂皇皇的理由来还击。谁知，书出版后并没有获得多少重视。他自己曾说："它从印刷机上一出生就死了。媒体对这本书的反应是一片死寂，甚至连对那些狂热的读者群都没有半点交代。"不过他的个性本来就乐观开朗，很快就从这样的挫折里站了起来，并继续在乡下努力地进行研究。他开始致力于散文的写作，1741年出版了第一本散文集。1744年，他试图在爱丁堡大学获得一个教授职位，结果又失败。以后，他先后做过家庭教师、将军的秘书等职。

　　坎坷曲折的经历磨炼了休谟的胆识。中年后，他又再度投身哲学界。他把《人性论》中冗长的议论缩短并精简，然后将其更名为《人类理智研究》再次发表；此书虽然没有引起太大轰动，但比《人性论》要著名，也为他赢得了一定名声。

　　休谟一直没有承认自己是《人性论》一书的作者，直到1776年他去世的那年为止。他的《自然宗教对话录》一书，以及论文《论自杀》和《论灵魂不朽》都是遵照他的遗嘱，在他死后才出版的。因为，休谟在当时被传说是无神论者，导致他求职时四处碰壁和受阻。但他生前发表的另一篇论文《论奇迹》却受到众人的欢迎。

休谟在做家庭教师期间开始撰写他的历史巨作《英国史》一书,这本书的写作持续了15年,写成时已超过了一百万字,最后在1755年和后来的若干年间分册出版。他在书中极力证明辉格党人比托利党人优秀,苏格兰人比英格兰人优秀。这本书让他成为一位著名的评论家和历史学家。

1763年,休谟开始担任巴黎的哈特福伯爵的秘书,在那里他受到了伏尔泰的钦佩并且被捧为巴黎社交圈的名人。同时他也认识了卢梭,并结下深厚的友谊,但后来两人因理念不合发生了著名的争论。休谟对朋友多次忍让,但患有被害妄想症的卢梭一点不顾友谊,最后,两人分道扬镳。休谟这样描写他的巴黎生活:"我真的时常想回归爱丁堡那平凡而粗糙的扑克牌俱乐部……以矫正并缓和这段时间以来那么多的感官刺激。"1768年,休谟回到爱丁堡定居。1770年前后,随着德国哲学家康德夸赞休谟是让他从"教条式的噩梦"中觉醒过来的人,休谟的哲学著作开始获得大众的注意,也是在那之后他才获得了他一辈子都没有获得的声誉。

休谟替自己写的墓志铭是:"生于1711,死于[……]——空白部分就让后代子孙来填上吧。"休谟在1776年去世后被埋葬在他生前所安排的"简单的罗马式墓地",地点位于爱丁堡卡尔顿山丘的东侧,俯瞰山坡下他位于城内的老家。

论"印象"和"观念"的区别

休谟认为,"印象"和"观念"是两类知觉。印象是"具有猛烈性的、较多力量的知觉",观念是指"印象的模糊心象,而这种模糊心象在思考和推理中"。他认为,在"单纯观念"情况下,"观念和印象类似,但比印象模糊"。"我们的所有单纯观念在第一次出现时全是由单纯印象来的,这种

□《贝戴勒儿童之死》 拉伊赫

拉伊赫的这幅画,尽管色彩明亮,但仍笼罩于悲伤的氛围中,能使人感受到人们脸上痛苦的表情。休谟认为,就算是人类的基本情绪——诸如痛苦,也不存在必然的因果联系。

单纯印象与该单纯观念相对应,而该单纯观念代表了这种单纯印象。"从相反方面看,休谟认为复合观念与印象不同。比如:我们虽没有见过带翅膀的马,但我们能够想象有一种带翅膀的马,并可以用图画把它表现出来。然而,这个复合观念的构成要素归根到底是由印象来的(至少有了马的印象,才有"带翅膀的马"的想象)。例如,生来就失明的人不可能有颜色的观念。

在论述印象与观念的区别时,休谟有一个重大弱点:仅仅把观念看成印象的摹本,忽略了事物的含混性。例如:某人见过一个身高1.80米的男人,并保留了对他的心象,但这心象对于再高一寸或更矮一寸的人大约也会合适。含混性和一般性是有区别的。由于没注意到含混性,休谟陷入了理论上的困局,例如:可以想象一种从未见过的色彩,它介乎于人们见过的两种极相似的色彩之间。可以说,如果这两种色彩十分相似,人们所形成的任何心象会同样适用于这两种色彩以及介于二者之间的"中间色彩"。

关于知识的"盖然性"

在《人性论》一书中,"论知识和盖然性"一节最为重要。休谟所谓的"盖然性"不是指数理概率论中的"盖然性",如:两个骰子掷出双六的机会等于三十六分之一。这不是盖然的,它本身具有限度内的确实性。休谟所说的"盖然性"是指:靠非论证性推论从经验的资料所得到的不确实的知识。它包括:有关未来的、过去的、现在的未观察部分的全部知识。通过对这种"盖然性"知识的分析,休谟得出了怀疑主义结论。

休谟重视经验,他认为,在经验中,当两个对象经常相连时,我们往往会从一个去推论另一个。例如:见到甲使人想到乙,于是让我

□ 《门闩》 让·霍诺雷·弗拉戈纳尔 约1777年

在休谟看来,一个行为的合理与否应该是取决于这个行为能否达成其预定的目标和欲望,无论这些目标和欲望为何。理性只是扮演着一种媒介和工具的身份,用于告诉我们怎么样的行为才能达成我们的目标和欲望,但理性本身永远不能反过来指挥我们应该选择怎样的目标和欲望。这幅画,表达了人类不可抑制的情感——欲望。

们相信甲乙之间有必然的关联。这个推论不是由理性决定的，而是由经验推导出来的。

因果关系

大多数人都认为，只要一件事物伴随着另一件事物而来，两件事物之间必然存在着一种关联。休谟并不赞同这种观点。他在《人性论》以及后来的《人类理智研究》中反驳了"因果关系"具有真实性和必然性的理论，并指出尽管我们能观察到一件事物随着另一件事物而来，但并不能观察到任何两件事物之间的关联。休谟主张，我们对于因果的概念只不过是我们期待一件事物伴随另一件事物而来的想法罢了。他说："我们无从得知因果之间的关系，只能得知某些事物总是会连接在一起，而这些事物在过去的经验里又是从不曾分开过的。我们并不能看透连接这些事物背后的理性为何，我们只能观察到这些事物的本身，并且发现这些事物总是透过一种经常的连接而被我们在想象中归类。"

□ 《因与果》　詹姆斯·吉尔雷　19世纪

休谟认为，大多数人都相信只要一件事物伴随着另一件事物而来，那么两件事物之间必然存在着一种关联，使得后者伴随前者出现，并且每一个因果事件都是独立的事件。休谟用桌球之间的碰撞来说明此因果关系。

休谟在这里提出了"经常连接"这个词，经常连接代表当我们看到某件事物总是"造成"另一事物时，我们所看到的其实是一件事物总是与另一件事物"经常连接"。因此，我们并没有理由相信一件事物的确造成另一件事物，两件事物在未来也不一定会一直"互相连接"。我们之所以相信因果关系并非因为因果关系是自然的本质，而是因为我们所养成的心理习惯和人性所造成的。他的这一说法有力驳斥了因果关系理论。

休谟主张人类（以及其他动物）都有一种信赖因果关系的本能，这种本能则是来自我们神经系统中所养成的习惯，长期下来我们便无法移除这种习惯，但我们并没有任何论点，也不能以演绎或归纳来证明这种习惯是正确的，就好像我们对于世界以外的地方一无所知一样。

值得注意的是虽然"经常连接"的理论一般被认为是休谟所提出的，可能有其他哲学家早在休谟之前便已提出类似的概念。

怀疑主义者的休谟

休谟是哲学史上"不可知论"的始祖，下面一段话比较典型地代表了他的思想：

"我如果相信一个原理，那不过是一个观念，它有力地印在我的心上。如果我认为此议论比彼议论可取，那只是我个人对于这一议论的感染力所持的感情作出的判断而已。……我们从一个对象出现推论另一个对象存在，根据的也不是什么原理，只是想象力的习惯罢了。"

怀疑主义发展到极端，必然否定人的理性精神，紧接着就是非理性信念大爆炸。休谟和卢梭的争吵就是一个实证：卢梭癫狂，对后世产生了较大影响；休谟神态正常，但却缺少追随者，他的怀疑论被后起的英国经验主义者否定。卢梭和他的信徒虽然同意休谟的观点：信念都不是以理性为基础的，但他们却认为情胜于理。感情引导他们产生了和休谟的怀疑主义理论迥然不同的信念。

哲学在整个19世纪以及20世纪的非理性发展，是休谟破坏经验主义的必然结果。

第八章 康德

康德（1724—1804），德国哲学家、德国古典唯心主义的创始人，生于东普鲁士的柯尼斯堡，柯尼斯堡大学毕业。其思想分为"前批判时期"与"批判时期"。在"前批判时期"，以自然科学研究为主，提出了太阳系起源的星云假说。在"批判时期"，主要研究人的认识能力及其范围与限度。康德在政治上同情法国革命，主张自由平等；教育上，认为应该重视儿童天性，养成儿童自觉遵守纪律的习惯。

康德的主要著作有：《纯粹理性批判》《实践理性批判》《判断力批判》等。

哲学家之路

康德深居简出，一生都没踏出过他的出生地东普鲁士的柯尼斯堡。在他所处的时代，欧洲出现过多次动荡，七年战争期间东普鲁士被俄国人短暂占领；法国大革命波及欧洲多个国家；拿破仑发动全面战争……但这些都没影响到他，他始终过着一种学院式的平静生活。他最初接受的是武尔夫派传述的莱布尼茨哲学，但在卢梭和休谟哲学思想的影响下，他最终放弃前者。他说："休谟的提示在多年以前首先打破了我教条主义的迷梦，并且在我对思辨哲学的研究上给我指了一个完全不同的方向。"但他又承认自己并不赞同休谟的因果性概念批判结论。卢梭对康德产生了一种更大的震动和影响，最重要的就是使他的思考中心由纯粹的有关自然和宇宙的知识转向有关人的知识。康德有一段著名的话："我渴望知识，不断地要前进，有所发明才快乐。曾经有一个时期，我相信这就是使人生命有其尊严。我轻视无知的大众。卢梭纠正了我。我臆想的优越消失了，我学会了尊重人，认为除非我相信我的哲学能替所有人恢复其为人的共有的权利，否则我就还远不如寻常劳动者那样有用。"

康德的生活非常有规律，他的每项活动，如起床、喝咖啡、写作、讲学、进餐、散步，时间几乎从未有过变化，就像机器那么准确。在他的故乡，至今还流传着他的一个故事：有着绅士风度的康德每天下午3点钟准时从书房出来，在居所附近一条林荫道上散步。由于他特别准时，以至于周围的居

□ 康德

康德哲学理论的一个基本出发点是，认为将经验转化为知识的理性（即"范畴"）是人与生俱来的，没有先天的范畴我们就无法理解世界。他的这个理论结合了英国经验主义与欧陆理性主义，对德国唯心主义和浪漫主义影响深远。

民根据他散步经过各人门前的时间来对钟表。一次，他因为读卢梭的《爱弥尔》入了迷，不得不放弃每天例行的散步。这使得他的邻居们竟一时很不适应。他逝世后，这条小路被称为"哲学家之路"。

　　康德的父母都是信仰新教的虔信派教徒，虔信派强调宗教的精神，重视虔诚的信仰感情，康德小时候的精神世界也受到很深的虔信派影响，但学校的教育改变了他的宗教态度，他后来成为政治和神学上的自由主义者。在大规模镇压、枪杀革命党和革命分子的恐怖统治时期到来前，康德对法国大革命一直抱支持态度，而且还坚定信仰民主主义。他对自由的热爱从下面一句话可见一斑："再没有任何事情会比人的行为要服从他人的意志更可怕了。"

　　康德的著作涉及众多论题，从自然科学、美学、神学甚至到巫术应有尽有，但贯穿其中的问题只有一个，那就是哲学研究应该如何进行：是从理性的观点出发，从普遍真理中推导出有关事物的真理还是从经验出发，通过观察得出普遍的结论。但他的早期著作谈论的多是科学问题，哲学方面的很少，如地震、风、天体理论等。他最重要的一部科学著作就是《自然通史与天体理论》，在这本书中，他提出了太阳系起源于星云的假说；虽然没有任何科学根据，但这种大胆的设想给后人极大启发。

　　康德家境很贫寒，大学毕业时几乎衣食无着，前途一片黯淡。以至于他在金钱方面的观念给后人留下了笑料。据说这位大学者经常声称，他最大的优点是不欠任何人一分钱。他曾说："当任何人敲我的门时，我可以永远怀着平静愉快的心情说：'请进。'因为我肯定，门外站着的不是我的债主。"康德一生未婚。有人据此认为他是一位刻板保守、不苟言笑的老学究。其实不然，他年轻时曾深深眷恋一位贵族夫人，为了每天能见她一面，他甚至屈尊到这位贵族夫人家中担任她的家庭教师。但由于社会等级制度的制约，康德的"爱梦"终于成为泡影。之后，他再也没有爱过其他女人。晚年时，他说：当我需要女人的时候，我没有钱养活她；我有钱养活她时，我已不需要女人了。

　　康德去世时形容枯槁，瘦得只剩下一把骨头。柯尼斯堡的居民排着长队瞻仰这个城市"最伟大的儿子"。当时天寒地冻，土壤几乎无法挖掘，整整16天后康德的遗体才被下葬。

康德的两组哲学命题及二律背反说

康德将世界分为"现象界"与"自在之物世界",将人的认识分为"感性、知性、理性"三个环节,由此提出了两组命题:分析命题和综合命题,先天命题和经验命题。

分析命题即谓语是主语一部分的命题,如:高个子的人是人,等边三角形是三角形。这种命题是矛盾规律的归结。若主张高个子的人不是人,就会陷入自相矛盾。所谓综合命题,即不是通过分析得来的命题,我们通过经验才认识的命题都属于综合命题。例如,仅凭分析,我们不能发现像"星期二是下雨天"或者"拿破仑是个伟大的将军"之类的真理。但康德又提出了一个跟很多哲学家不同的观点,即不能说"一切综合命题通过经验才知道"。他由此提出了第二组命题。

经验命题就是除借助于感官知觉外人们无法知道的命题。历史和地理上的事实属于经验命题,那些通过观测资料证明是正确的科学定律也属于。而先天命题则是:由经验虽然可以把它引申出来,但一旦认识了它,就发现它无经验以外的其他基础。纯数学里的所有命题都是先天命题。

"先天综合判断"是康德《纯粹理性批判》的核心内容。在"先天综合判断"中,康德认为时间和空间是感性的先天形式;因果性等十二个范畴是知识固有的先天形式,理性要求对本体——自在之物有所认识,但这已超出了人的认识限度,必然要陷入难以自解的矛盾,即"二律背反"——也就是说,困于两个相互矛盾的命题。康德举出四种这样的二律背反,它们各自是由正题和反题组成的。

第一种,正题:"世界在时间上有一个起点,就空间来说,也是有限的";反题:"世界在时间上没有起点,在空间上没有界限;就时间和空间双方面来说,它都是无限的"。

第二种,证明:每一个复合体既是由单纯部分构成的,又不是由单纯部分构成的。

第三种，正题：主张因果关系有两类，一类是依照自然律的因果关系，另一类是依照自由律的因果关系；反题：主张只有依照自然律的因果关系。

第四种，证明：既有又没有一个绝对必然的存在者。

《纯粹理性批判》中这一部分对黑格尔产生了很大影响，直接催生了他的辩证法学说。在论证方式上，黑格尔的辩证法完全是通过二律背反进行的。

康德认为，神、自由和永生是三个"理性的概念"。纯粹理性虽然使我们形成这些理念，但它本身却不能证明这些理念的实在性。这些理念是与道德关联的，理性的唯一正当行使就是用于道德目的。之后，他在《实践理性批判》中对此作了详尽的发挥。他说：道德律要求正义，要求与德行成比例的幸福。然而，今世显然没有保证这一点，所以存在神和来世。

□《盲女》 约翰·埃夫雪特·密莱司 1856年

康德认为，如果人的身体不能把握事物，它就不能成为我们的经验。正如盲女可以欣赏音乐，触摸女儿的手，闻到女儿头发的味道，却永远不能"感受"身后天空的彩虹。

在康德看来，一切道德概念都先天地寓于理性，来源于理性。人出于义务感而行动，那些自私自利而又诚实的生意人，那些出于仁爱冲动而助人的人，都不能称为有道德。道德的精髓应当从理念中引申出来。

康德认为，人的认识只能达到"现象"。在"自在之物"世界中，上帝、自由、灵魂等为超自然的东西，属信仰范围，它们的存在是为了适应道德的需要。由于两个世界之间存在明显的鸿沟，康德试图通过审美判断与自然界的目的论达到沟通，最后以培养有文化、有道德的人为其哲学体系的终结。

康德的《道德形而上学》

在《道德形而上学》一书中，康德阐述了他的伦理学体系，它的历史意义非常重大。他所追求的是"一种不掺杂任何神学、物理学或超物理学内容，完全孤立的道德形而上学"。他说一切道德概念都源自理性，寓于理性之中。他把人看作理性行为者。他认为人之所以区别于动物最重要的是在于理性能力。人的行动只有出于义务感，才会具有道德价值。为谋取私利而诚实的商人，或在正义感的驱使下而帮助他人的人，都不能说是有德之人。他认为世界分为自然世界和道德世界两个不同的范畴，其区别就在于，在道德世界里理性能够为行为提供行为准则，使每个人的行为不完全是顺从于个人欲望。这种准则对人的意志具有强制性，可以将其称作理性命令。

命令分为有条件的（假言的）和无条件的（定言的），前者只是为达到某个具体目的的技术性的明智的劝告，即"如果你想达到什么目的，就必须怎样做"；后者则是道德上的"绝对命令"，它唯一的原则只是实践理性本身，即"行动与任何目的无关，是客观必然的"。康德又指出定言命令只有一个，即"你要这样行动，就像你行动的准则应当通过你的意志成为一条普遍的自然法则一样"。康德试图通过这个命令来强调意志自律和道德原则的普遍有效性，它体现了康德伦理学的实质。然而，道德律的这种表达方式还只是从行为的后果上来考虑的，而未考虑行为的实质性动机，这就有可能被利用来掩盖某种并非理性的目的。

对于定言命令的作用，康德以借钱为例做了说明，他说："借钱是不对的，因为如果人人都想借钱，就没钱可借。以此类推，盗窃和杀人也是不对的"。还有一些行为，也是康德认为不对的，但他的原则却无法证明这一点，如自杀，一个患上抑郁症想自杀的人可能希望每个人都自杀。

康德还提出，以理性自身为目的，就是人作为理性存在物，以自身为目的，即"人就是最绝对的目的"。康德伦理学的这一重要原则被称为"实践命令"，即命令人们在大的实践中必须承认"人是目的"。于是康德提出了第二种、更高的表达形式:"你的行动,要把你自己人身中的人性,和其他人身中的人性,在任何时候都同样看作是目的,永远不能只看作是手段。"依康德而言,人作为有限理性存在者是作为自在目的而存在着的,独立、自由、平等的特性决定了人是与社会整体或国家相区分相对立的个体存在。因而,在任何时候人都只能被当作是目的而不是手段,人在目的王国中是有尊严而不是仅有价值的。

　　从康德的道德律可以看出,"命令"和"人是目的"其实有个共同的基点,那就是"自由",它独立于自然规律,无任何约束,并且最重要的就是能够自我决定。康德通过自由传达出的信息就是作为理性存在者,人相对于自然来说是独立的、自由的、具有尊严的。

作为和平主义者的康德

□ 康德墓碑

政治上，康德是一名自由主义者，他支持法国大革命以及共和政体，在1795年他还出版过《永久和平论》一书，提出议制政府与世界联邦的构想。康德晚年以一名出色的哲学家闻名于世，他去世后，人们为他举行了隆重的葬礼。此图是位于现俄罗斯加里宁格勒的康德墓碑。

康德晚年的重要著作是他的《永久和平论》。在这本著作中，他提倡各个自由国家根据禁止战争的盟约结成一个联邦。他说，理性是谴责战争的，只有国际政府才能够防止战争。联邦的各成员国的政体应当是"共和"政体。在这部著作中，康德提出了组建世界联邦作为保障和平的手段这一重要思想。

当然，由于这本书是在恐怖时代的影响下写成的，他对民主制抱有怀疑。他说，民主制必然是专制政治，因为它"执行自己的政策的所谓'全民'，并不是全体人，只是过半数人；于是这就与普遍意志自相矛盾，而且与自由原则相矛盾"。

作为德国唯心主义的奠基者，康德哲学对后世发生了很大影响。他的直接后继者谢林虽然在当时赫赫有名，但在哲学上并不重要。对康德哲学作出重大发展的是黑格尔。

康德的空间和时间理论

在康德的《纯粹理性批判》一书中，有关空间和时间的理论最为重要，但他的阐释不太清楚，理解起来有一定难度。在这里，我将这一理论尽量梳理得较为明晰。

康德认为，感性或直观是由两种成分结合而成的，这就是用来接受的先天直观形式，即空间和时间形式，以及通过自在之物刺激感官而后天获得的直观形式，包括直觉、印象、感觉。空间和时间不分自在之物本身或它的形式，而只是认识主体的先天直观形式，它是一切直观对象之所以可能的先天条件。所以这些直观对象并不是自在之物，而是自在之物刺激感官而在我们的直观中形成的现象。因此康德推论出：空间是外部感觉的形式，即感知一切外部现象的先天直观条件；时间是内部感觉的形式，即感知一切内部现象的先天直观条件。

在康德看来，时间和空间是两个先天特殊的概念。他指出，没有人可以想象一个存在于没有时间与空间的世界中的物体，因此他强调没有时间与空间，经验就是不可能的，这两者先于一切经验。此外康德也认为经验必需来自于心灵以外。也就是说，一个人可以感知、理解他周围的世界，但永远无法感知、理解自己本身，因为知识的产生需要时间、空间与范畴三个要件。

为了证明空间和时间形式的先天性，康德提出了两种论点：形而上学的论点和认识论的论点

□ 康德博物馆

康德深居简出，终身未娶，一辈子过着单调刻板而且贫寒的学者生活。至1804年去世，他从未踏出过出生地柯尼斯堡（现为俄罗斯加里宁格勒）。因此诗人海涅说，康德是没有什么生平可说的。

（先验的论点）。因为他的先验论点有较明显的缺陷，我只介绍前一种论点。

形而上学的论点直接得自空间和时间的本性。他提出了四个关于空间的形而上学论点：

一、空间不是从外在经验抽引出来的经验概念，因为把感觉归于某种外界事物时先已假定了空间，而外界经验只有通过空间表象才可能有。

二、空间是一种先天的、必然的表象，一切外界知觉都以这种表象为基础；因为尽管我们可以想象空间里什么也没有，却不能想象没有空间。

三、空间不是关于一般事物关系的推论的概念或一般概念，因为空间是唯一的，所谓的"诸空间"都是它的各个部分。

四、空间被想象为无限而已定的量，包含空间的所有部分；这种关系不同于概念跟其实例的关系，因此空间不是概念，而是一个直观。

关于时间的论点他没有详细阐述，因为他认为这与空间论点是根本一致的。

康德在提出以上论点前都事先假定了一个前提，即知觉表象是由"物自体"引起的，换句话说就是由物理学世界中的事件引起的。但是，从逻辑上来看，这个假定根本不是必要条件。如果去掉这个假定，不论从何种意义来说，知觉表象也不可能是"主观的"，因为与它对比的东西不存在了。

"物自体"在康德的哲学中显得非常多余，因此他的后继者完全将其抛弃，但由此产生的思想几乎变成了"唯我论"。康德的哲学中存在大量矛盾，以至于那些受他影响的哲学家们不是沿着经验主义的方向往下发展，就是走向绝对主义。

第九章　19世纪思潮

　　19世纪的精神生活比以前任何时代都要复杂，其原因有四。一、美国和俄国在人类精神生活方面作出了重要贡献；欧洲哲学界比以前更多地注意到了古代和近代的印度哲学。二、科学在这个时期取得了新的胜利，尤其是在地质学、生物学和有机化学方面成果显著。三、机器生产深刻改变了社会结构，人类对自己在自然环境方面的能力，有了一种新的认识。四、针对政治、思想、经济领域的传统观念，在哲学上、政治上出现了激烈反抗，引起了对传统上看成是颠扑不破的"真理"和制度的攻击。这种反抗有两种不同的形式，一个是浪漫主义的，一个是理性主义的。浪漫主义的反抗从拜伦、叔本华和尼采开始，演变到墨索里尼及希特勒；理性主义的反抗是从大革命时代的法国哲学家开始的，后来传给英国哲学上的激进主义者，最终在马克思身上得到了更深入的发展，产生了苏联这个国家。

德国、法国、英国哲学思潮

德国

从康德开始,德国哲学在知识上取得了优势。尽管莱布尼茨是德国人,但他著书立说时所使用的几乎全是拉丁文或法文,他自己的哲学基本没受到德国的任何影响。康德之后的德国哲学深受德国历史的影响;德国哲学思想中许多奇特的东西,反映了这个精悍民族的心境。

□ 青少年时期的腓特烈大帝

腓特烈大帝(1712—1786),又译腓特烈二世或弗雷德里希二世,普鲁士国王,军事家、政治家、作家、作曲家。他是欧洲"开明专制"君主的代表人物,在政治、经济、哲学、法律、甚至音乐诸多方面都颇有建树,为启蒙运动一大重要人物。在其铁腕统治下,普鲁士的国力迅速上升,在很短时间内便跃居欧洲列强之列。

19世纪初,德国的文化和经济都变得极为繁杂。在东普鲁士,农奴制依然存在;农村里的大多数贵族非常愚昧,劳动者没有接受过任何教育。而在西德意志,古代时曾隶属于罗马的部分地区自17世纪以来,一直处于法国控制之下;法国大革命时,这里获得了同法国一样自由的制度。很多聪慧的邦主在自己的宫廷中模仿文艺复兴时期的邦主们,大力倡导和支持艺术与科学的发展。其中最典型的代表就是魏玛大公,他十分欣赏歌德,为了将其留在魏玛,他不仅送给歌德一栋二层别墅,还任命他为枢密参赞。

19世纪中期,新教德意志的文化在普鲁士的影响下,逐渐失去自身特色。腓特烈大帝崇尚自由主义和法国哲学,他曾耗费大量精力想将柏林打造成一个文化中心;他任命来自法国的数学家和天文学家穆伯杜依为柏林科学院的终身院长,可不幸的是，这位院长却一直遭到伏尔泰的辛辣嘲讽。弗里德里希尽管也很开明，但和其他专制君主一样，他也没有对经济或政治进行过任何改革。他付出的各种努力，只不过是为他聚拢了一群前来造势的知识分子。在他去世之后，新教德意志几乎没有几个文化人了。

德国的文学、艺术及哲学都跟普鲁士存在联系，但哲学上的联系更为密切。康德是腓特烈大帝忠实的臣民；费希特和黑格尔是柏林大学的教授。普鲁士对康德几乎没有多少影响；而且，为了他主张的自由主义神学，他还和普鲁士政府发生过纷争。但费希特和黑格尔二人都是普鲁士的哲学喉舌，在德国人的爱国精神与普鲁士崇拜合二为一这件事上，他们作出了很大贡献。德国的大史学家，如蒙森和特莱奇克等人后来也致力于这方面的事情。在俾斯麦的铁血政策下，德意志民族最终被置于普鲁士的统一之下，从而使德意志文化里的民族主义精神凌驾于国际主义精神之上。

黑格尔死后的整个时期，大部分学院哲学依旧是传统派的，没有多大意义。在英国，经验主义哲学一直盛行到19世纪末尾，在法国，它也一直占据优势；之后，康德和黑格尔逐渐征服了法国和英国大学里的哲学教师。不过，除了哲学界，社会上一般有教养的大众几乎没有感受到这个运动的影响，因而它在科学家中没有多少信徒。这一时期，坚持学院传统的学者中，属于经验主义的有约翰·斯图亚特·穆勒，属于德国唯心主义的有洛策、济格瓦特、布莱德雷和鲍赞克特等。他们中，没有一个是

□ 爱尔维修

爱尔维修是18世纪法国唯物主义者，主张感觉是一切知识的来源，也是全部精神活动的原动力。他出身于宫廷医生家庭，生活富裕。由于有着亲身体验，他看到了封建专制制度的腐败，同情当时的第三等级，认为物质利益决定人的行动。他主张人的幸福在于拥有财产、生命和自由，财富的分配必须平等。

□ "铁血宰相"俾斯麦

奥托·爱德华·利奥波德·冯·俾斯麦（1815—1898），德意志帝国首任宰相，人称"铁血宰相""德国的建筑师"及"德国的领航员"。他靠"铁血政策"自上而下地统一了德国。他是保守派，维护专制主义；但他通过立法，建立了世界上最早的工人养老金、健康医疗保险制度、社会保险。俾斯麦在外交上纵横捭阖，成为19世纪下半叶欧洲政治舞台上的风云人物。

哲学家中的一流人物；他们没有建立自己的体系，只是采纳别人的体系而进行阐述。从历史上看，学院派哲学从来就与当代最有生气的思想脱节，例如在16、17世纪，经院哲学是学院派哲学的主流。然而，在哲学史家笔下，凡涉及那一时代的哲学问题，很少谈到这些教授们，他们涉及最多的都是些非职业的异端者。

法国

法国大革命时期，很多哲学家都将科学和源自卢梭的各种思想结合在一起。爱尔维修和孔多塞就是其中的典型代表。

爱尔维修（1715—1771），其主要作品是《精神论》，但出版不久即遭到索堡恩大学的谴责，由绞刑吏焚毁。

国际法创立者边沁读了他的这部著作，立即下决心一生献身于立法工作。他说："爱尔维修之于道德界，有如培根之于自然界。因此，道德界已有了他的培根，但是，如牛顿这样伟大的科学家尚待来临。"詹姆斯·穆勒一直将爱尔维修当作典范，来教育自己的儿子约翰·斯图亚特·穆勒。

爱尔维修信奉洛克的"心灵白板"学说。他认为人与人之间的差异完全是由于教育的差异造成的。人们具有何种才能和道德，都取决于他们所受的教育。爱尔维修认为天才往往出于偶然，他说："如果莎士比亚当年偷猎时没有被发现，他也可能会成为一个毛织品商。爱尔维修之所以对立法产生兴趣，是因为他相信：在人的青年期，政体及由此而生的风俗习惯给了人们最大的教导。人生来是无知的，但不是愚钝的，是教育使得人变得愚钝了。

在伦理学上，爱尔维修是一个功利主义者，他认为快乐就是善。在宗教上，他是一个自然神论者，对政权持激烈反对态度。在认识论上，他和洛克一致认为，感性是人的行动、思想、感情的唯一来源。跟卢梭不同，他认为知识具有极大的价值。他的学说充满了乐观精

□ 约翰·斯图亚特·穆勒

约翰·斯图亚特·穆勒是英国著名哲学家和经济学家，19世纪影响力很大的古典自由主义思想家，其著作是有史以来捍卫个人自由的最重要作品之一。他认为，自由是任何一个公正而合理的社会的神圣基础。

神，因为他认为，人只要接受完善的教育，就能成为完善的人。

孔多塞（1743—1794），他在哲学上的见解和爱尔维修相仿，但受卢梭影响较深。

他说，人权是由下述这一条真理推出来的："人是有感觉的生物，是可以进行推理和获得道德观念的；可是人不能够再分成统治者和被统治者，说谎者与受骗者。"孔多塞十分推崇洛克，他认为洛克最先指出了人类认识的限度，"他的方法将成为所有哲学家的方法，由于把这个方法运用到了伦理学、政治学和经济学上，这些学问终于能够走向和自然科学几乎同样可靠的道路。"

□ 罗伯斯庇尔

罗伯斯庇尔（1758—1794），法国大革命时期雅各宾派的领袖人物。罗伯斯庇尔在恐怖统治时期的行为为世人所争议。批评者认为他应为恐怖时期大量遇害者负责。包括拿破仑在内的一些同时代人认为他在热月期间本打算节制恐怖，惩罚滥杀无辜的富歇等人，才导致后者与右派联合。一些支持者认为法国当时内忧外患，实施恐怖专政不可避免。

孔多塞对美国独立战争给予了高度评价："常识教导了英国殖民地的居民，在大西洋出生的英国人和在格林尼治子午线上出生的英国人具有相同的权利。"他说，美国宪法以人的天然权利为基础，独立战争使整个欧洲都知道了人权。他说，法国大革命的原则"比那些指导了美国人的原则更纯正、精严、深刻"。他在写下这些话时，已经身处险境，正藏匿在一个不为外人所知的地方，为的是躲开罗伯斯庇尔的耳目。然而，不久后他就被捕下狱了，最后死在狱中。

孔多塞主张妇女平权，他也是马尔萨斯人口论的首创者，但他的人口理论与马尔萨斯有很大的区别，其中关键之点是：他强调人口论和节育必须同时并提。马尔萨斯的父亲曾在孔多塞门下学习，因此马尔萨斯才接触到了人口论。

孔多塞比爱尔维修更狂热、乐观。他坚信，随着法国大革命的原则广泛传播，社会的主要弊病全都会化为乌有。他没活到1794年以后，这也许是他的幸运。

英国

这个时期，法国哲学由激进派带进了英国，这派人中以边沁为代表。边沁早期几乎只对法学感兴趣，但随着年龄的增长，他的兴趣越来越广，见解也愈发尖锐。1808年以后，他逐渐变成一个共和主义者，和坚决反对帝国主义的民主主义者，他同时也信奉妇女平权。

哲学上的激进派与爱尔维修、孔多塞等人在很多地方不同。从气质上讲，他们都是一些有耐性的人；他们热衷制定详细的理论，非常重视经济学，认为应该把经济学作为一门科学发展起来。边沁和约翰·斯图亚特·穆勒都具有狂热倾向，但这种情况在马尔萨斯、詹姆斯·穆勒身上则不存在。这主要是受到了马尔萨斯人口论的抑制，因为按照马尔萨斯的观点，除瘟疫过后外，大部分雇佣劳动者的所得是可以维持自己及家庭的最低生存的。边沁主义者和他们以前的法国哲学家之间的一个重大分歧点是：在工业化的英国，雇主和雇佣劳动者之间开始产生剧烈的冲突，引起了工会主义和社会主义运动。在这一冲突中，总的来看，边沁主义者是站在雇主一方反对工人阶级的。不过，这一派的最后代表人物约翰·斯图亚特·穆勒开始发生转变，他不再固守父亲的教条，对社会主义也越来越不敌视了，相反，他对古典经济学的真理性逐渐产生了怀疑。他在自传中曾说，是浪漫派诗人的作品让他开始变得缓和。

最初，边沁主义者带有相当温和的革命性，后来却逐渐转变了；其原因，一是他们在使英国政府转向他们的观点上取得了成功，二是反对社会主义和工会主义的势力日益增长。边沁主义者都是理性主义者，他们既反抗现存经济秩序又反抗社会主义。19世纪的社会主义运动直到马克思出现才获得了完整的哲学体系。

浪漫主义形式的反抗和理性主义形式的反抗虽然都出于法国大革命和这以前的哲学家们，但两者大不相同。我们可以在拜伦作品里看到裹在非哲学外衣下的浪漫主义形式的反抗，但在叔本华和尼采的作品中，它已经学会了使用哲学用

□ 费希特向德意志人发表演讲

在康德的伦理思想的基础之上，费希特提出了一种彻底的唯心主义哲学。这是1808年，他在柏林发表《对德意志人的演讲》的场景。他在演讲中提出了国家复兴和强盛的看法，从而大大地激发了德国人的爱国精神。

文化伟人代表作图释书系

语。这种反抗是牺牲理智而强调意志，并颂扬某些暴力。在实际政治斗争中，它作为民族主义的盟友是很重要的。然而，它对理性主义明显地抱有敌意，而且往往是反科学的。它的一些最极端的形式在俄国的无政府主义者身上非常典型地表现了出来，然而，在俄国最后得势的却是理性主义形式的反抗。德国是一个比任何国家都容易接受浪漫主义的国度，也正是在德国，为那些赤裸裸的反理性主义哲学提供了政治出路。

科学和机器生产

19世纪哲学还有两个根源,即科学和机器生产。第一个根源从17世纪以来就很重要,但到19世纪出现了很多新形式;第二个根源在理论上的影响是从马克思开始的。

达尔文对于19世纪的意义,如同伽利略和牛顿之于17世纪。达尔文的理论可以分为两部分。

第一部分是进化学说,主张各种生物都是由共同祖先逐渐发展起来的。这个学说虽然不是达尔文首创的,但他给出了大量证据,加之他在理论的第二部分阐明了进化的原因,这一学说因此大受欢迎。

第二部分是生存竞争和适者生存。达尔文经过科学考察,发现一切动植物因为繁殖太快,以致自然界无力供养它们,因此每一代都有许多动植物在达到生殖年龄以前就死掉了。那么,是什么决定哪些动植物生存下来呢?除了纯粹的运气,还有一个更重要的原因。一般而言,动植物与其亲代不是完全相同的,总会存在某些差异。在特定环境中,同种的个体为生存下去而展开竞争,那些最能适应环境的生存机会最大。因此在动植物所发生的各种偶然变异中,有利的变异会使后代变得更能适应环境,生

□ 纺织女工
工业革命诞生了新的阶级,即工人阶级。为了改善生存条件,欧洲工人阶级展开了各种形式的斗争,领导他们思想的马克思主义也就因此诞生。图为工业革命期间英国纱厂女工在休息时间用餐的情景。

存能力更强。所以，鹿一代比一代跑得快，猫在接近猎物时越来越悄无声息，长颈鹿的脖子也越变越长。达尔文提出，只要时间足够长，从原生动物进化到人类的漫长历程也能够通过这种过程予以说明。

很多生物学家都不赞同达尔文的这部分理论，他们认为要附加很多重要的限制条件理论才有可能成立。

达尔文本人是个自由主义者，但他的理论中却含有不利于传统自由主义观念的结论。自由主义者强调一切人生来平等，认为人与人之间的差异主要是由于后天接受教育的不平等造成的；而达尔文的进化论证明：同种个体间是存在先天差异的。这二者是不相容的。达尔文的进化论对自由主义其实也存在有利的一面，即进步的信念大大增强了。而且，进化论提出的新论据也成为驳斥正统神学的有力武器，因此世间只要还有乐观主义的容身之地，自由主义者就不会排斥进化论。

□ 查尔斯·达尔文

查尔斯·达尔文（1809—1882）是英国生物学家、进化论的奠基人。曾经乘坐贝格尔号环球航行，对动植物和地质结构等进行了大量的观察和采集。出版《物种起源》，提出了生物进化论学说，从而摧毁了各种唯心的神造论以及物种不变论。恩格斯将"进化论"列为19世纪自然科学的三大发现之一（其他两个是细胞学说、能量守恒转化定律）。

这个时期，随着工业革命的兴起，人们的思想开始受到科学技术的影响。哲学家们通常并不接触机器。浪漫主义者注意到了工业革命正在产生丑恶，注意到那些在商业上发了财的人的庸俗，他们憎恨这种丑恶和庸俗。他们因此和中产阶级成了对立方，以至于在某些时候貌似和无产阶级结成了同盟。社会主义者欢迎工业革命，但是想把产业工人从雇主剥削中解放出来。

机器生产对人的世界观最重要的影响就是使人类权能感百倍千倍增长，人对自然界的认识发生了革命性变化。以前，山川河流都是大自然中的现象；如今，给人带来不便的山可以铲除，对人有利的河流可以开凿。只要人们认为有价值，就可以将沙漠变成绿洲，将沃土变成沙漠。以前，农民们世代过着同样的生活，信奉同一种宗教，教会全然没有力量根除各种异教；而如今，政府就能决定农民子弟该接受哪种教育,并改变农民们的生活。

那些拥有一定管理权的人,或与其密切接触的人便逐渐产生了一种新权能观,即人在与自然斗争中的权能,以及统治者对被统治者的权能。他们大力宣传科学知识,不断提高教育的重要性,以此控制被统治者的意志。因而,有权能的人变得似乎无所不能,一切东西在他们手中都可以被改变。大自然是他们的原材料,处于被统治地位的人也是原材料。以前的"神"和"真理"概念逐渐被抛弃,或丧失原有的意义,因为它们的存在只能说明人力是有限的。这些观念完全是新生事物,没有可参照的历史来引导人类如何去适应。它已经给自然和人类社会带来了巨大变革,以后肯定还会出现其他变革。因此,建立一种新哲学成为现代最紧迫的任务,这种哲学既要让那些迷信"权能无限"的人满意,又要能鼓舞悲观失望的手无寸权者。

人类平等和民主的观念虽然仍扎根在很多人心中,但19世纪完全不民主的工业体制所构成的社会组织形式对人们的思想产生了深刻影响。一方面产生了众多的实业巨头,另一方面是广大的工人。在民主国家中,普通民众还没有意识到民主制度内部出现的这种分裂,但自黑格尔以来的大多数哲学家早已将此问题放到了研究的首位。面对多数人和少数人利益的对立,哲学家们做出了不同的选择:尼采厚颜无耻地站在少数人一边,马克思真诚地站到了多数人一边;而边沁则满心想调和双方的利益冲突,结果是双方都对他无比憎恶。

第十章　黑格尔

黑格尔（1770—1831），德国哲学家，德国古典唯心主义的集大成者。杜宾根大学哲学博士，海德堡大学、柏林大学教授。1830年任柏林大学校长。黑格尔创立了欧洲哲学史上最庞大的客观唯心主义体系，并极大地发展了唯心主义辩证法。他认为思维和存在统一于绝对精神，绝对精神是一个独立主体，是万事万物的本原与基础。

黑格尔在美学上提出了"美是理念的感性显现"的著名论点。他的主要著作有：《精神现象学》《逻辑学》《哲学全书》《美学》等。

一个神秘主义者

一般认为，德国哲学的高峰是从康德开始的，到黑格尔时，德国哲学发展到了顶点。如果没有康德，绝不会产生黑格尔的哲学体系。黑格尔哲学的影响不仅限于德国，从19世纪末起，美国和英国一流的学院派哲学家大都是黑格尔派。他的历史哲学对政治理论发生了深远影响。例如：马克思在青年时代就是黑格尔的信徒，他在自己的哲学体系中保留了重要的黑格尔派特色。

黑格尔一生没有发生什么重大事件。他最先在耶拿大学做无俸讲师，其间，完成了他的第一部重要著作《精神现象学》；以后又在纽伦堡大学当讲师，后来成为海德堡大学的教授。从1818年直到逝世，他一直在柏林大学做教授。黑格尔青年时代恰逢法国大革命，他被法国革命崇尚的自由精神深深打动，对拿破仑非常崇拜。但后来拿破仑战争的失败、欧洲封建势力的复辟，使他的政治态度发生变化，放弃了激进的政治主张，开始赞颂现存的普鲁士王国。到了晚年，黑格尔对普鲁士王国表现出忠顺态度，成为国家的忠仆，享有公认的崇高威望。

黑格尔哲学非常艰深。他在青年时代就热衷于神秘主义。由于对神秘主义的兴趣，他一生坚持这一信念：分立性是不实在的。依他的见解，世界并不是一些各自完全独立的单元的集合体。有限事物外观上的自立性是幻觉。他认为，除全体以外，任何事物都不是完全实在的。从这一观点出发，他不相信时间与空间本身的实在性；因为，如果认为时间和空间是完全实在的，必然会

□ 黑格尔

黑格尔的思想，代表了19世纪德国唯心主义哲学运动的顶峰，对存在主义和马克思主义都产生了深远的影响。更重要的是，由于黑格尔的政治思想兼具自由与保守两者之义，因此，对于那些因看到自由主义在承认个人需求、体现人的基本价值方面的无能为力，而觉得自由主义正面临挑战的人来说，他的哲学无疑是为自由主义提供了一条新的出路。

出现分立性和多重性（如：空间是由多种物质构成的，这就是分立性）。

黑格尔有句名言：凡是现实的就是合理的，合理的就是现实的。但是，他讲这句话时，他的"现实"一词并不是经验主义者所说的意思。他甚至强调，凡经验主义者所认为的现实，都是不合理的。只有把事实作为"全体实在"来看，它才是合理的。

同与他持相似的形而上学观点的人相比，黑格尔有两点明显的不同之处。一是他强调逻辑；二是提出了被称作"辩证法"的三元运动。他最重要的著作是分别出版于1816年和1817年的两部《逻辑学》，通称《大逻辑》和《小逻辑》。他的很多观点的依据都源自这两本书。

□ 绝对精神

黑格尔把现实的历史过程也就是绝对精神（也即最高存在）朝着自我意识的发展这一过程，比作基督的受难、死亡和复活。他认为只有认识了这一过程，才谈得上拯救。

黑格尔认为，逻辑就是形而上学，但他所说的逻辑跟我们一般的理解截然不同。

辩证法和"绝对理念"

黑格尔吸收培根、洛克等归纳派的思想，对笛卡尔等人的唯理派思想进行了修正，从而得出自己的辩证法。他的辩证法反对唯理派的基础主义，因为他们主张将普遍原理当做知识的基础，而他认为不可能一次性找到普遍原理，然后将其作为理论的基础。

黑格尔的辩证法由三部分构成，即正题、反题、合题。"正题"是指演绎派和归纳派所说的"普遍概念""普遍命题"，只是演绎派是从绝对意义上说的，归纳派通常是从相对意义上说的，而黑格尔接受了归纳派的这种思想，通常也是从相对意义上来说的；"反题"是指对正题的反对性概念、命题和事例；"合题"则是更高层次、更基本的普遍概念和命题。举一个实例：如果我们假定一个概念"绝对是纯有"，而不给它加任何其他的质。但是，没有任何质的纯有是"无"，于是，我们就有了反题："绝对即是无。"然后转入合题："有"与

"非有"的合一是"变易",所以说"绝对是变易"。

再看一个实例:我们说"实在是舅舅",这是正题。但是,存在舅舅就必然存在外甥。既然除"绝对"外任何东西都不真实地存在,而现在又出现了外甥,所以我们不得不说"绝对是外甥",这是反题。但是,这同样有缺陷。于是,我们只好说"绝对"是舅舅和外甥构成的全体,这是合题。但这个合题仍不全面,因为一个人必须有个姐妹做外甥的母亲,他才能当舅舅。因此,我们被迫扩大我们的视野,把姐妹、姐夫或妹夫都包括进来。如此推断下去,它的最后结论就叫做"绝对理念"。在整个过程中,有一个基础假定:任何事物若不是关于整体"实在"的,就不可能是实际真实确切的。

黑格尔正是用这种"正题—反题—合题"的辩证法思想去修正传统形式逻辑的"三段论"——大前提—小前提—结论——的。但需要注意的是,这里的传统形式逻辑仅指传统演绎逻辑,而不包括归纳逻辑,因为归纳逻辑并不是"三段论"的,而是"从多个小前提中归纳出大前提"。许多人所犯的错误,就是以为辩证法好像是对整个形式逻辑(包括归纳逻辑)的颠覆。其实形式逻辑是通过演绎与归纳的互补和交替运用,来弥补演绎逻辑的不足的。

有很多人认为形式逻辑是静态逻辑,辩证逻辑是动态逻辑,理由是形式逻辑研究的是事物的量变,而辩证逻辑研究的是事物的质变。这种论述是错误的、荒唐的,根本就没有弄懂黑格尔辩证法的实质。辩证法之所以是动态的,是因为它是反基础主义的,或者说它的基础是动态变化的;形式逻辑之所以是静态的,是因为它是有基础的,它有一个固定不变的、静态的基础。

黑格尔的"绝对理念"和亚里士多德讲的"神"非常相似。在他看来,"绝对理念"纯粹是精神领域内的东西,与物质世界没有关系,这从他下面一段话可以看出来,他说:"精神及精神发展的过

□ 海德堡大学

1816至1817年,黑格尔任海德堡大学哲学教授。海德堡大学是德国最古老的大学,也是神圣罗马帝国开设的第三所大学,成立于1386年。16世纪下半叶,海德堡大学就成为欧洲科学文化的中心。

程，是历史哲学的研究对象。把精神和它的对立物，即物质加以比较，便可理解精神的本质。物质的实质是重量，精神的实质是自由。物质在自己以外，而精神在自身以内，且具有中心。"黑格尔据此推断出：这种"理念"或"理性"，是真实、永恒、绝对存在的；它显现在世界中，而且，在这个大千世界中，除它和它的荣耀外，再也没有别的事物能将"理念"显现出来。

黑格尔把绝对精神看做世界的本原，并创立了一个完整的客观唯心主义哲学体系。他认为："绝对理念"是宇宙之源，万物之本。世界的运动变化乃是"绝对理念"自我发展的结果，认为他自己的哲学就是"绝对理念"的最高表现，普鲁士王国是体现"绝对理念"的最好国家制度。所以黑格尔的哲学是为普鲁士专制制度辩护的，但是在他的唯心主义哲学体系中，提出了有价值的辩证法思想，认为整个自然的、历史的和精神的世界是一个过程，是在不断地运动、变化和发展着的，而其内部矛盾乃是发展的源泉。

黑格尔关于国家和战争的观点

黑格尔认为，历史发展的本原是民族精神。在每一个时代，都有某一个民族担负起引导世界达到一个新的"辩证法阶段"的责任。当然，现在担负这一历史责任的，就是德意志民族。然而，除民族以外，我们还必须考虑到个人在世界历史中的作用。有这样一种人，他们的目标体现着当代应发生的辩证转变。毫无疑问，这种人是英雄，他可能违犯世俗的道德律，这些都不为过。为此，黑格尔举了亚历山大、凯撒和拿破仑为实例。

黑格尔对民族的看法，和他独特的"自由"概念，是他的政治哲学中极其重

□ 法国大革命中的妇女
　　黑格尔认为，法国大革命是人类有史以来第一次在西方社会中引入真正的自由。它象征着朝向自由之路的进军，这是坚持意志自由的原则，是坚持自身对于现存环境的抗争。

文化伟人代表作图释书系

要的一面。

从近代来看，对国家的颂扬是从宗教改革开始的。罗马帝国的皇帝被神化了，由此，国家披上了神圣性的光环；然而，在中世纪，由于哲学家基本上是教士，因而教会的地位实际上在国家之上。

路德因得到新教邦主们的支持，对此持相反的态度。霍布斯是新教徒，因而宣扬国家至上说，斯宾诺莎跟他所见略同。卢梭更认为国家不应当容忍其他政治组织与自己持相反的观点。黑格尔属于路德派的激进新教徒，而普鲁士国家则是一个专制君主国；本来，黑格尔对国家的地位高度重视并不出人意料，但他走到这种可怕的极端，还是令人惊讶的。

黑格尔的国家观继承和发展了康德、费希特以来德国古典哲学的传统。他用哲学的思辨揭示国家的本质，反对17、18世纪的"社会契约论"从国家的外部特征解释国家的本质，认为国家不是契约的任意产物。

□ 马丁·路德张贴《九十五条》

马丁·路德（1483—1546），出生在德国日耳曼中部绍森几亚的曼斯菲德附近的艾斯里本—撒克森伯爵（选侯）领地。他是16世纪欧洲宗教改革倡导者，基督教新教路德宗创始人。《九十五条论纲》是他于1517年10月31日张贴在德国维滕堡城堡教堂大门上的辩论提纲，普遍被认为是新教的宗教改革运动之始。

黑格尔在《历史哲学》里说："国家是现实存在的、实现了的道德生活。"人所具有的全部精神现实性，都是通过国家才具有的。"因为'真的东西'是普遍意志和主观意志的统一，而'普遍的东西'要在国家的法律、极其合理的制度中发现。国家是地上存在的神的理念。""国家是人的意志及其自由的外在表现中的精神的理念。"

因此，黑格尔的国家概念不是指现存的国家制度，而是精神的国家理念。他认为现实的国家只是国家理念的表现。国家的本质在于它是伦理理念的现实，是绝对自在自为的理性的东西。黑格尔用唯心主义的观点对国家与社会进行了区分，认为市民社会是"外在的国家"，是主观意志、个人利益的结合形式。国家以它至高无上的意志、伦理精神把整个民族凝聚为一个有机的统一体。国家先于并高于家庭、市民社会，是它们存在的前提，是决定的力量，是人类生活的最高形式。它是自我与他人、个人与社会、特殊利益与普遍利益的统一。个人只是国家的一些环节，生活在国家中，才能获得个人的人格、自由和价值。黑格尔对德国古典哲学中整体国家观的倾向给予充分发挥，表明了他对古希腊以伦理和整体为特征的城邦国家观的崇尚。

在国家制度方面，黑格尔认为世袭君主制是国家制度的顶峰，王权是普遍利益的最高代表，国王拥有最后的主观决断权。但他主张限制王权，认为三权只是政治国家统一意志的象征，只能依法签署议会通过的决议。

在行政权方面，他认为行政权是执政权，应当掌握在为社会服务、与普遍利益相一致的等级手中。他反对封建的官职世袭制度，主张任用官吏应以才智为标准，并面向所有市民。他强调国家制度的整体性和有机性，反对机械的分权理论。

在对外关系上，黑格尔强调国家、民族的独立性。他认为，独立性是一个民

□ 腓特烈·威廉三世送制服给儿子

黑格尔思想在诸多领域产生了重大影响，甚至包括历史和政治学领域。他对君主立宪的普鲁士国家赞赏有加，认为那是最理想的国家，没有必要实行进一步的变革。图为1803年圣诞夜，普鲁士国王腓特烈·威廉三世把军队制服送给儿子作为礼物。

□ 论战争

黑格尔认为战争有着崇高的意义，通过战争，各国人民的伦理健康就在他们对各种有限规定的固定化的冷淡上保全下来。和平是僵化；国与国的争端只能由战争来解决；因为国家彼此之间的关系既不是法的关系，也不是道德关系，而每个国家的利益就是它自己的最高法律。道德与政治不成对比，因为国家是不受一般意义上的道德约束的。

族最基本的自由和最高的光荣。因此，为维护国家的独立性，应拒绝所有性质的国际联盟。公民对外也只有一个义务，那就是维持本国的独立和主权。

黑格尔对战争的看法是：战争不全是罪恶。由此出发，他反对设立阻止战争发生的国际机构，如"世界政府"。他认为，不时发生战争是一件好事。他说："为了不让公民们陷入孤立、因此不能任意让他们在家庭中堕落而任精神化为泡影，政治应该时不时地通过战争，来使他们从家庭中走出来。""战争有一种实际的道德价值，战争还有更崇高的意义。通过战争，各国人民的伦理观念就在他们对各种有限规定的固定化的冷淡上保全下来。黑格尔说，公民对国家的伦理关系就像眼睛对身体的关系，作为国家的成员他们是有价值的，而离开国家则像离开身体的眼睛一样毫无意义。

□ 威廉一世

普鲁士王国（1701—1871），是欧洲中部的封建国家。其崛起并统一除奥地利帝国以外的所有德意志邦国，建立了德意志第二帝国，所以普鲁士有时也是德意志帝国精神、文化的代名词。图为统一了德意志的普鲁士国王、德意志第二帝国的首位皇帝威廉一世，号称"威廉大帝"。

和平是僵化。国家与国家之间的争端只能由战争来解决；因为国家本身处于自然状态，它们的关系既不是法律的关系，也不是道德关系；而每个国家的利益就是它自己的最高法律。道德与政治不成对比，因为国家是不受一般意义上的道德约束的。"

这就是黑格尔的国家学说。对这样一个学说，如果承认了，那么，凡是可能想象得到的一切国内暴政强权和一切对外侵略掠夺就都有了借口。

黑格尔的国家理论和他的形而上学观点存在极大矛盾，这主要是因为他对残酷和国际劫掠行为的赞同。如果他的结论是迫于逻辑而做出的，还能够原谅；但如果是为了大力宣扬犯罪而违背逻辑，则不可宽恕。根据自己的逻辑，黑格尔相信，同部分相比，全体中含有更多实在性或优越性，而且随着全体愈加组织化，其中的实在性和优越性也不断增多。这样来看，他欣赏国家，憎恶无政府的个人集群也不无道理；以此类推，他也应该赞赏世界国家而讨厌无政府式的国家集群，可事实却并非如此。依据他的一般哲学，在国家内部他应该更崇敬个人，因为他在《逻辑学》中所说的全体既不同于巴门尼德的"太一"，也完全不像斯宾诺莎的神；他所主张的全体是：个人依然存在其中，并且在与更大的有机体的和谐相处中获得更充分的实在性。

第十一章　拜伦、叔本华、尼采

　　拜伦（1788—1824），英国浪漫主义诗人，出身贵族，剑桥大学毕业。曾任上议院议员。学生时代即深受启蒙思想影响，之后，创作长诗《恰尔德·哈罗德游记》，表达自己对封建专制的憎恨，对资产阶级自由和民主的向往。

　　叔本华（1788—1860），德国哲学家，唯意志论者。曾在哥廷根大学、柏林大学就读，1813年获耶拿大学哲学博士学位。一生致力于柏拉图、康德哲学的研究。

　　尼采（1844—1900），德国哲学家，唯意志论者。曾任瑞士巴塞尔大学教授。他认为自然界与社会中的决定力量是意志。

拜伦

拜伦诗歌对欧洲浪漫主义文学有较大影响,他的诗歌的代表作有:《唐璜》《青铜时代》等。

一个贵族叛逆者

拜伦是贵族叛逆者的典型代表。贵族叛逆者完全不同于那些领导农民或无产阶级叛乱的首领。穷人被饥饿折磨,满心想的是如何填饱肚子,精雕细琢的哲学或任何类似的东西跟他们没有任何交集,在他们眼中,这些都是无所事事的富人的消遣。他们需要的是实实在在的东西,看不见摸不着的哲学之类对他们毫无意义。与中古时期提倡共产主义的叛逆者一样,他们对基督徒的爱可能也无比推崇,但目的可能大不相同,他们的动机其实特别简单。他们认为,穷人的苦难就是缺乏这种爱的富人造成的,而参与叛乱的成员们则满怀这种爱,这恰恰是取得成功的关键。然而,在实际斗争中,爱并未带给他们力量,真正推动他们战斗的反而是深深的恨。这样的叛逆者们如果也要创造一种哲学,很可能就是一种纯粹证明本党派最终会取得胜利的哲学,与价值等没有任何关系。在他们看来,能吃饱就是善,其他任何事情都是空中楼阁。一个饥肠辘辘的人不可能有别的什么想法。

显然,贵族叛逆者是没有挨饿之苦

□ 拜伦

作为英国浪漫主义文学的泰斗,拜伦的作品具有重大的历史意义和艺术价值,其嘲笑卑劣,鼓舞崇高。拜伦的代表作有《恰尔德·哈洛尔德游记》《唐璜》等。他被评论家称为是19世纪初英国"满腔热情地辛辣地讽刺现实社会"的诗人。

的，激起他不满的肯定是其他事情。一般来讲，不外乎有两种：一、权力欲，这在他们对现实政治的非难和无边无际的自我主张中可以看出来；二、撒旦主义的形式。这两种成分在拜伦身上都能找到。

作为一个贵族，如果他的气质和生活环境没有什么特别之处，那他就不会成为叛逆者。拜伦的生活环境是非常特殊的。他出身于没落贵族家庭，他对幼年时代的回忆就是父母永不休止的争吵。他的母亲是一个残酷、庸俗的女人，他对她既恐惧又鄙视；他的保姆品行恶劣，是加尔文主义神学的忠实信徒。由于天生跛脚，他内心极为敏感，在学校中很少参加群体活动。十岁时，他突然做了勋爵，拜伦家族的产业纽斯提德府也成为他的府邸。这个爵位世袭自他的叔祖父，三十三年前由于他的叔祖父在一次决斗中致人死命而被人唾弃。拜伦家族长久以来就有放纵不羁的传统，而他母亲一族也同样如此。

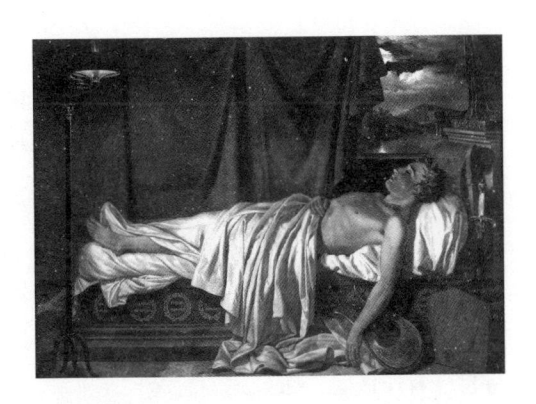

□ 拜伦之死

拜伦不仅是一位伟大的诗人，还是一位为理想战斗一生的勇士；他积极而勇敢地投身革命，除了支持英国的民主改革外，还十分同情希腊的独立运动。1823年他领导了一支义勇军，前往希腊支持作战，却不幸于1824年因疟疾死于希腊。

然而，他的贵族亲戚们对他的家世和爵号十分冷漠，他们不但对他敬而远之，还常称他是"小恶魔乔治·拜伦"。由于他的母亲惹人厌恶，大家也拿猜疑的眼光来看他。他清楚母亲的庸俗无可救药，时常暗自担心自己也会变成母亲那样的人。这种恐惧以及生活境遇上的大起大落，使他产生了心理上的势利与叛逆的奇妙混合。他决定，要么成为近代派绅士，要么成为他祖先那样英勇潇洒的大臣。于是，他阅读了大量的中世纪骑士小说和历史书籍，并热衷于射击、打猎、游泳、拳击等活动。

孤独而敏感的他想从恋爱中寻找安慰。他在各种社交场合跟女士们打情骂俏、逢场作戏，有一段时期他几乎深陷感情的旋涡。但是，由于他不自觉地在寻找母亲而不是在寻找情妇，因而处处碰壁。除了在纯朴温和的异母姐姐身上，他能找到快乐和满足，其他所有人都令他感到失望。然而，他却在1815年突然和安娜·密尔班克小姐结婚，很多人都无法理解他这一举动，甚至后来他自己都认为这是他一生最大的错误。因为安娜思想偏狭，非常虚伪，对拜伦的事业和见解完全不能理解。一年后，安娜以拜伦与其异母姐姐关系暧昧为由同他分居，并随后带出生不久的女儿回到自己家。这使得流言四起，很多人对他进行恶意的诽谤和污蔑，几乎整个社会都开始将他视为敌人。

他的加尔文派信仰也使他感觉自己是邪恶的，但他说：邪恶是他血统中遗传的。他狂暴的脾气和整日闷闷不乐的坏心情使他看起来真的有几分邪恶。他甚至将自己看作该隐、撒旦式的恶魔。

拜伦的英雄崇拜

拜伦的叔祖父是一个出名的"恶勋爵"，曾在青年时代与人决斗而杀人。当然，他当时也是一个八方作战的英雄。拜伦曾经写过一首诗，对曾经在十字军中、在克雷西、在马斯顿荒原作过战的祖先表达自己的仰慕之情：

他要像你们一样生，

像你们一样死：

尸体腐烂后，

愿他的骨骸和你们的混在一起。

□ 拿破仑在滑铁卢

1815年6月18日，由法军对反法联军在比利时小镇滑铁卢进行的决战。战役结局是反法联军获得了决定性胜利。这次战役结束了拿破仑帝国。此战役也是拿破仑一世的最后一战。拿破仑战败后被放逐，自此退出历史舞台。

拜伦的英雄崇拜并不限于本国及当代的英雄，地中海各国及中世纪的英雄们都是他崇拜的对象。对19世纪的欧洲人产生重大影响的拿破仑就是他的英雄偶像。在"百日江山"（拿破仑从埃尔巴岛逃回后准备重建帝国的一段时期）其间，拜伦公开表示，他希望拿破仑取得胜利，当他听到滑铁卢战败时说："我难过死了！"

出于对英雄的崇拜，他在作品中塑造了大量英雄人物；

这些英雄中有海盗、异教徒、被放逐者，他们都是高傲、孤独、倔强的叛逆者，对社会现实极度不满，敢于蔑视旧制度，反抗恶势力，追求自由。但他们同时又非常悲观、迷茫，易走极端，看不到群众的力量，找不到正确的出路，因而抗争总是以失败告终。如他的抒情长诗《恰尔德·哈洛尔德游记》中的贵公子哈洛尔德，《东方叙事诗》之一《海盗》中的主人公康拉德，哲理剧《曼弗雷德》中的主人公曼弗雷德，以及最著名的长诗《唐璜》中的西班牙贵族子弟唐璜等。

拜伦的遗产——民族主义、撒旦主义和英雄崇拜，构成了德意志精神的一部分。他的性格，如暴风雨一般暴烈。下面的诗句可以作为他自己的"自画像"：

在炽情上投下魅惑，

由苦恼绞榨出滔滔雄辩者……

他知道

怎样给疯狂加上美装，

在行动思想上涂抹一层绝妙的色调

和许多其他著名人物一样，把他当做神话人物来看可能比真实的他更重要。

叔本华

叔本华受印度哲学影响较深，认为物质现象只是"摩耶"（幻觉）或观念，意志才是宇宙的本质。主要著作有：《作为意志和表象的世界》《论视觉和色彩》等。

弃商从文

叔本华出生于波兰但泽（今格但斯克）。父亲是非常成功的商人，母亲也来自商业望族。幼年时期他随父亲迁到汉堡居住，后来又在巴黎待了两年。在英国一所寄宿学校学习了两年后，他被迫选择经商以继承父业，但他对商业非常反感，更喜欢文人学者的生活。这可能是受母亲的熏陶。他的母亲是当时颇有名气的作家，与歌德等文化人交往密切，她还在魏玛主办过一个文艺沙龙。她一直主张儿子放弃经商，进入大学学习。父亲自杀后，他得偿所愿进入大学。这样来看，他应该更喜欢母亲，讨厌父亲才对，但事实却正好相反。因为他感觉母亲总是挑他的毛病，对他特别苛刻，在她身上他感受不到一点母亲的慈爱。而且，他对母亲在文人们面前卖弄风情也极为不满。当父亲去世，他继承了丰厚的家产后，跟母亲更无法相处，彼此几乎都不能容忍对方。他之所以轻视妇女，跟母亲对他的影响不无关系。

1809年，他进入格廷根大学攻读医学，但后来又将兴趣转向了哲学。两年后，他进入柏林大学，在那里他学习的主要是科学，其间他对费希特和施莱尔马赫（德国19世纪神学家、

□ 叔本华

叔本华是新的生命哲学的先驱者，他从非理性方面来寻求哲学的新出路，提出了生存意志论。他对人间苦难很关注，被称为"悲观主义哲学家"。他所开启的非理性哲学对后世思想发展影响深远。

哲学家，被称为现代神学、现代诠释之父）产生了浓厚的兴趣。1814至1819年间，他创作完成了《作为意志和表象的世界》一书，这部作品受到了印度哲学的影响，被认为是将东方和西方思想融合的首部作品，但发表后却无人问津。不过，1819年，这本书使他成为了柏林大学的无俸讲师。他在这里引发了一场著名事件：他自负地认为，黑格尔只是一个沽名钓誉的诡辩家，于是选择和他同一时间授课。但黑格尔当时正处于声名的巅峰，他不仅没能将黑格尔的学生吸引过去，甚至连自己班上的学生最后也一个不剩。不久，他就停止讲课，凄凉地离开了柏林大学。

□ 乡村音乐会

叔本华是个涉猎甚广的美学家，他把艺术看做是解除人类痛苦的一个可能途径。他认为借助艺术尤其是音乐，人们可以从痛苦中解脱出来，音乐是抽象的，能使人获得超越时空的体验。这幅《乡村音乐会》的作品，就表达了音乐能够给人快乐的主题。

1833年，他移居德累斯顿，并在那度过了最后27年的单身汉生活。在漫长的寂寞岁月中，陪伴他的只有一条他称之为"宇宙精神"的鬈毛狗。他在书房里放置了一个康德的半身雕像和一尊铜佛，并极力模仿康德的生活方式：每天散步两小时，用长烟斗吸烟，阅读伦敦《泰晤士报》。

矛盾的悲观主义者

在哲学家中，叔本华有些与众不同，因为从某种意义上讲，哲学家几乎都是乐观主义者，而他却是个悲观主义者。他的博士论文《论充足理由律的四重根》曾得到歌德的赞赏，他的悲观主义倾向也在这篇文章中流露了出来，歌德告诫他道：如果你爱自己的价值，那就给世界更多的价值吧。

在叔本华看来，人生充满痛苦。宇宙意志是邪恶的，它是我们永无止境的苦难的源泉。知识每增加一点，苦难也随之加深。意志并没有一个"假如我达到了就会满足"的固定目的。人类永远在追求"无益的目的"。"就像我们把肥皂泡尽量吹得久，吹得大，虽然我们完全知道它终归是要破裂的。"他认为：幸福这种东西是根本没有的；因为一个人如果愿望得不到满足他就痛苦，达到之后他就餍足。人的本能驱使着人们孕育后代，后代又产生出苦难和死亡。这就是性行为和羞耻结合在一起的原因。

面对这一切怎么办？叔本华在印度宗教中找到了出路。

他认为，佛教的"涅槃"可以引导人类走出痛苦的阴影（涅槃的意思是：断绝一切烦恼，达到至福境界）。佛教认为，苦难的原因是人的意志太强烈，人们越少运用意志，就越少受苦难。由此出发，他认为佛教是最高的宗教，佛教的伦理学说全亚洲都认同。当然，除那个"可恶的伊斯兰教义"盛行的地方外。

如果我们根据叔本华自己的真实生活来判断，可以发现，他的理论是矛盾的，也是不真实的。他常常在上等酒楼品尝美味佳肴；他有多次色情的"恋爱事件"；他喜欢争吵，而且异常贪婪。有一次，一个上了年纪的女裁缝在他房间门外对朋友说话，他大为光火，将女裁缝扔下楼去，造成她终身残疾。法院判决叔本华在她生存期间必须每季付给她15塔拉。20年后她终于死了，叔本华在他的账本上写下了六个字："老妇死，重负释。"

叔本华一生只对动物大发慈悲。除此以外，很难找到他还有任何美德，而他对动物的慈悲已经到了为反对伪科学而做动物活体解剖的程度。在其他方面，他完全是自私的。很难相信，一个崇信禁欲主义且宣扬忍耐顺从是美德的人，却从来不在实践中体现自己的信念。

叔本华的"意志论"

强调"意志"是19世纪以来许多哲学流派的特征，这一哲学思潮是从叔本华开始的。

□ 佛陀涅槃

涅槃，原意是指火的熄灭或风的吹散，后为佛教中指称宗教修行所达到的最高境界。佛教认为，众生既受烦恼、欲望等诸苦的折磨，涅槃就是对烦恼、欲望、生死诸苦的最后的断灭。众生通过宗教修行实践，可以获得涅槃的境界。后来作为佛或高僧死亡的美称。

叔本华对康德的很多理论做了修正，他将康德的"物自体"等同于意志，并提出：知觉作用所认为的我的身体其实是我的意志，即身体是现象，意志才是实在本质。

康德认为时间和空间都只是现象，物自体并不存在于空间或时间中，叔本华完全同意他的这一看法。因此，根据他的"意志是实在"的说法，意志既没有时日之分，也不由若干单独的意志动作构成，因为"个体化原则"就是源自空间和时间的。因此，他说："我的意志是唯一的，而且也没有时间性。"他接着又说："不，不仅如此，我的意志和全宇宙的意志也是等同的。"

到这里，我们也许会认为叔本华会将他的宇宙意志和神的意志说成是一回事，但在悲观主义的影响下，他转而提出了另一种观点。他认为，宇宙意志是邪恶的，所有意志都是邪恶的，意志是一切邪恶和苦难的源泉。他说："我们应该坦率承认，在废除意志之后那些残留的东西，对于一切充满意志的人来说确实是一无所有；反之，对于意志已经转化而且已经否定它的人来说，我们的世界，一个太阳与银河——才是虚无的。"

更为极端的是，叔本华把圣贤与"邪恶"联系在一起。他说："圣贤是因为保留意志这种恶才存在的。他可以靠削弱意志来减少恶的量，但决不能获得善。"

尼 采

尼采是"超人哲学"的创立者,他认为历史的进程就是强力意志实现其自身的过程,人生的目的在于"扩张自我"。尼采的主要著作有:《查拉图斯特拉如是说》《强力意志》等。

狂人尼采

尼采自认为是叔本华的后继者,其实他在许多地方胜过了叔本华。

尼采生平简单,父亲是一个新教教师,他的教养有很强的宗教色彩。由于他在大学里研究古典文献学和古典语言学展现出过人的才华,在他尚未取得学位时,瑞士巴塞尔大学在1869年就给他了一个语言学教授的职位,他接受了这个职位。他在这里结识了很多朋友,并成为巴塞尔学术界的精英和当地上流社会的新宠。但他的身体从小就很虚弱,任职后有很长一段时间都在休病假,1879年他最终提出辞呈。这十年是尼采一生中相对快乐的时期。

以后,他便开始了漫游生涯,同时也进入了创作的黄金时期。他那场短暂的初恋就是在这期间到来的。1882年,他应梅森葆夫人和朋友雷埃的邀请到罗马旅行。在那里,两位朋友把一个富有魅力、极其聪慧的俄国少女莎乐美介绍给他,做他的学生。尼采对她一见钟情,莎乐美也被尼采的独特个性所吸引。两人结伴到卢塞恩旅行,途中尼采向莎乐美娓娓叙述往事,回忆童年,讲授哲学。但是,生性羞怯的

□ 尼采

尼采在宗教、道德、现代文化、哲学以及科学等领域都提出了广泛的批判和讨论。其写作风格独特,经常运用格言和悖论的技巧。尼采对于后代哲学,尤其是对存在主义和后现代主义的发展影响极大。

他不敢向莎乐美吐露真心，于是他恳请雷埃替他求婚，殊不知雷埃自己也爱上了莎乐美。莎乐美对这两位追求者的求爱都没有应允。最后，两人只能像朋友一样友好相处。

后来的三年中，他完成了《查拉图斯特拉如是说》的创作。1886年到1887年，尼采将他漫游时写下的箴言、警句、辞条汇集起来，组成了两个集子：《善恶的彼岸》和《道德的系谱》。1888年的一天，长期不被人理解的尼采突然精神失常，而就在那天的前夜，他还一气呵成写出了《瓦格纳事件》《偶像的黄昏》《反基督徒》和《尼采反驳瓦格纳》。被朋友带回柏林后，他住进了耶拿大学的精神病院，后被家人带回家中照料，直至1900年去世他也没有恢复正常。

□ 《跨越阿尔卑斯山圣伯纳隧道的拿破仑》
大卫

这幅画再现了1799年至1802年第二次反法同盟战争期间，拿破仑率领4万大军，跨越阿尔卑斯山，扫平意大利的壮举。堪与公元前3世纪迦太基统帅汉尼拔大败罗马军队以及8世纪查理曼大帝征意大利的战绩相媲美。这为拿破仑赢得了威望和地位，为他后来登上权力的顶峰打开了通道。

尼采的伦理观

尼采的伦理观是贵族式的，他认为平常人的幸福并不是善的一部分。善与恶只存在于少数优越者方面，其余人的遭遇是无足轻重的。

这就提出一个问题：少数优越者怎样定义？在尼采看来，战争的胜利者及其后裔通常比失败者有生物学上的优越感。这就是他说的"少数优越者"定义，根据这个定义，自然推出以下结论：世界应该由这些贵族去掌握，他们可以为自己的利益去处理一切事务。

尼采对宗教及哲学的批评，完全是因为伦理上的动机。他赞美贵族人物的个人品质，认为多数人只是极少数人完成人生"优越性"的手段，他们自身没有要求幸福或福利的独立权利。他说，普通人是"粗制滥造的人"，如果他们的受苦受难对产生伟人是必需的，他认为就不应该反对。出于这一理由，尼采对拿破仑作了高度评价："法国大革命产生了拿破仑这样的伟人。假如我们的全部文明混乱崩溃能够产生这个结果，我们就应该希望这个世界混乱崩溃。拿破仑实现了民族主义，这就是后者的理由。"

他喜欢以悖论的方式发表意见，目的是要让读者震惊。比如，他说他喜欢"恶"，而不喜欢"善"。他的《善恶的彼岸》这本书，目的在于改变读者关于善和恶的看法。

他认为，真正的美德跟传统美德相反，而且也不是任何人都具备的，只有在少数贵族身上才能发现。这样的美德不会带给人庸俗的现实利益，也不会束缚人的手脚；具备这种美德的人会自动远离其他人。庸庸碌碌的庶民们联合在一起，企图建立民主秩序，成为主人，高等人必须对他们宣战，抵制并粉碎这一图谋。他说："一切纵容、软化以及把'民众'或'妇女'推在前面的事情，都有利于普选制或者'劣'民统治。"卢梭把女人描绘得非常有趣，因而将人领上了邪道；哈丽艾特·比彻·司托的《汤姆叔叔的小屋》刺激了废奴主义的兴起；社会主义者为改善工人和穷人的生活与地位坚持战斗。这些人都要加以强烈抵制。

尼采的伦理思想不是通常的自我放纵的伦理思想，他信仰斯巴达式的纪律，赞赏意志的力量甚于一切。他说："我按照一个意志所能作出的抵抗的量和它所能忍受的痛苦的量来检验它的力量，并且我知道如何对它因势利导。我无须指责生存的罪恶和痛苦，反而怀着希望：有一天，生活会变得比过去更多罪恶、更充满痛苦。"他带着狂喜预言将有一个大战时代到来，"目标是要达到庞大的、伟大性的能力，通过消灭千千万万个'粗制滥造者'来塑造未来的人"。

尼采不是国家主义者，对德国并不过分赞赏。他希望有一个国际性的统治种族，要他们来做世界的主人："一个以最严酷的训练为基础的贵族社会，在那里，有哲学思想的强权人物

□ 五月广场宣誓

尼采提出，每个人都应当充分认识到自己的潜能和强力意志。"强力意志"不仅体现在文化政治中，还体现在战争中，拿破仑就是一个对自身"强力意志"认识充分的人。图为拿破仑的军队在五月广场向他宣誓效忠的情景。

和有艺术才能的专制君主，他们的意志要给千秋万代烙下印记。"

"你去女人那里吗？别忘了你的鞭子"

在古往今来的哲学家中，对妇女的轻蔑，尼采恐怕是第一人。

他常常不厌其烦地痛骂妇女。在他的预言体著作《查拉图斯特拉如是说》中，他说，现在还不能和妇女谈友谊；她们仍旧是"猪、鸟，或者母牛"。男人应该去训练作战，女人应该训练来供战士享乐。他的最有名的警句是："你去女人那里吗？别忘了你的鞭子。"

他对女人虽然轻蔑，但似乎并不凶猛。在《强力意志》里，他说："我们对女人感兴趣，就像是对一种优美、娇弱、灵妙的动物感兴趣一样。和那些心里只有跳舞、废话、华丽服饰的动物相会是一件乐事！它们可以给一个紧张而深沉的男性的灵魂带来快乐。"

□ 冲突的挑战

人生是一个矛盾体。尼采认为，如果一个人充分地享受生活，就会与他人发生冲突。图为1806年耶拿战争中，法国士兵为夺得普鲁士旗而欢呼。

不过，就连女人的这些美质，在尼采看来，只有当她们被男人管束得老老实实的时候，才能在她们身上找到；她们如果得到独立地位，就不能容忍了。"女人有很多无耻的理由；她们是如此浅薄、琐屑、骄矜、放肆、轻率……迄今为止，由于她们对男人的恐惧才把这些恶习控制得极好。"他还说，我们应该学习东方人，将女人当做财产。然而，他对女人的谩骂没有任何可靠的证据，仅有的所谓依据也只是来自他的妹妹。

对基督教的批判

尼采在他的《反基督：对基督教的诅咒》一书中对基督教的道德观发起了论战式的批判攻势。这本书可以说是他以往对于基督教的各种批评的结集，但用一种讽刺手法重新进行了阐述。他提出，是基督教中的"奴隶道德"败坏了高尚的古罗马道德。基督教企图鼓吹软弱和不健康以牺牲掉那些更强壮的道德。他将基督教中的一些元素，如福音书、保罗、殉教者、神父以及十字军等视为"奴隶道德"中的怨恨，他说："虚伪的圣保罗是'神圣的癫痫患者'，《新约》是卑鄙无耻者的福音。"他认为基督教是有史以来最魅惑人心的信仰，是赤裸裸的谎言。

尼采对基督教的否定基于这样一个理由：不管在任何方面，他都不想把所有人当做平等的人看待。

尼采认为，基督教之所以要受到谴责，是因为它否定"自豪、伟大的责任、光辉的兽性、战争和征服的本能、复仇、愤怒、酒色、冒险、知识"的价值。而这一切都是好的，但基督教都把它说成是坏的。

他说，基督教的目的是要驯化人心，但这是错误的。野兽自有某种光彩，如果把它驯服，它的"光彩"也就失掉了。尼采非常厌恶基督教提倡的"悔改和赎罪"，他把这两种事称作"循环的蠢事"。

下面一段文字，把尼采反对基督教的缘由披露得入木三分。

"在基督教中，我们反对的是什么呢？反对的是它存心要毁灭强者，要打击强者的锐气，把他们的信心转化成焦虑和良心苦恼；反对的是它懂得怎样毒化高贵者的本能，使他染上病症，一直到强者由于过度自卑和自我牺牲而死亡。"

第十二章　功利主义者

19世纪,在欧洲哲学界出现了一股"功利主义思潮",其代表人物是边沁和穆勒。

功利主义的代表人物——边沁

边沁（1748—1832），英国的法理学家、功利主义哲学家、经济学家和社会改革者。边沁出生在伦敦一个保守党律师家庭，他的父亲和祖父都是律师。边沁幼年时身体矮小羸弱，秉性沉静勤勉。他3岁多一点时就开始学习拉丁文，只要能到手的书就贪婪地阅读。幼年时曾被视为一个神童。边沁12岁时即入读牛津大学的女王学院，18岁就获得了文学硕士学位。边沁给后人留下了卷帙浩繁的著作，其中最为著名的有：《政府片论》《道德和立法原则概述》和《立法理论》。他的重要思想都集中体现在前两部著作中。

□ 边沁

边沁是一个激进的社会改革者，也是英国法律改革运动的先驱和领袖，并以功利主义哲学的创立者、动物权利的宣扬者以及自然权利的反对者而闻名于世。在他的《道德和立法原则概述》一书中，功利主义的原则第一次得到明确的表达。

边沁的功利主义哲学以两个原理为出发点和前提：联想原理和最大幸福原理。在哈特里强调联想原理之前，人们尽管承认观念联合的存在，但只是将其看作微小错误的根源。边沁接受哈特里的观点，把联想原理当做心理学的基本原理，并试图以此说明各种精神现象。所谓最大幸福原理，就是人们一切行为的准则取决于增进幸福抑或减少幸福的倾向。不仅私人行为受这一原理支配，政府的一切措施也要据此行事。按照边沁的看法，社会是由各个人构成的团体，其中每个人可以看作是组成社会的一分子。社会全体的幸福是由组成此社会的个人的幸福的总和。社会的幸福是以最大多数的最大幸福来衡量的。如果增加社会的利益即最大多数的最大幸福的倾向比减少的倾向大，这就适合于最大幸福原理。

文化伟人代表作图释书系

边沁主张，善便是快乐或幸福，所谓恶便是痛苦。因此，一个事件如果其中包含的快乐超过痛苦，而且其"盈余"大于另一个事件，或者说痛苦超过快乐的"盈余"小于另一个事件，它就比另一个事件善。在一切"事件"中，快乐超过痛苦的最大盈余的那个事件是最善的。

以上就是边沁关于"善恶学说"的核心。这个学说被人称为"功利主义"。

边沁不仅主张善即是幸福，而且主张每个人总是追求他所认为的自己的幸福。按边沁的说法：什么是快乐、什么是痛苦，每个人自己最清楚，所以什么是幸福也是各个人所知道的。各个人在原则上是他自身幸福的最好判断者。同时，各个人追求一己的最大幸福，是具有理性的一切人的目的。在人类社会生活中，自利的选择占着支配地位。当人们进行各种活动的时候，凡是对自己的最大幸福能有最高的贡献，不管对自己以外的全体幸福会带来什么样的结果，他都会全力追求，这是人性的一种必然倾向。

所以，立法者的职责是在公共利益和私人利益之间进行调和。边沁认为，用刑法来惩治人是为了"防止犯罪"，不是因为我们憎恨犯人。刑法分明比刑法严

□ **国际法庭**

边沁是国际法的开创者，也是英国立法、司法和监狱制度的重要改革家。在他1776年出版的《政府论片断》中，对英国宪法进行了探讨。他认为，要尽可能地减少对罪犯的惩罚。

厉更重要。他认为，惩罚程度应当达到这种结果：因犯罪而招致的痛苦程度应当大于犯法活动的既得利益。他提倡除极恶犯外，对一切犯罪废止死刑。

对于民法，他认为应当有四个目的：生存、富裕、安全、平等。注意，边沁没有提自由。事实上，他是不大爱好自由的。他赞赏法国大革命以前的仁慈的专制君主。他非常轻蔑人权。他说：人权纯粹是胡说，绝对的人权是浮夸的胡说。当法国的革命者提出"人权宣言"时，边沁把它叫做"一个形而上学的作品"。他说"人权宣言"的条文可以分为三类：一、无法理解的；二、错误的；三、既无法理解又错误的。

□ 人权宣言

《人权宣言》又称《人权和公民权宣言》，于1789年8月26日颁布，是法国大革命时期颁布的纲领性文件。该宣言采用了18世纪的启蒙学说和自然权论，其中宣布自由、财产、安全和反抗压迫是天赋不可剥夺的人权，肯定了言论、信仰、著作和出版自由，阐明了权力分立、法律面前人人平等、私有财产神圣而不可侵犯等原则。两百多年来，人权宣言的精神、原则和规范已融入到社会生活的各个方面，不但形成了法国宪政文化的鲜明特色，而且对西方近现代的历史产生了深刻的影响。

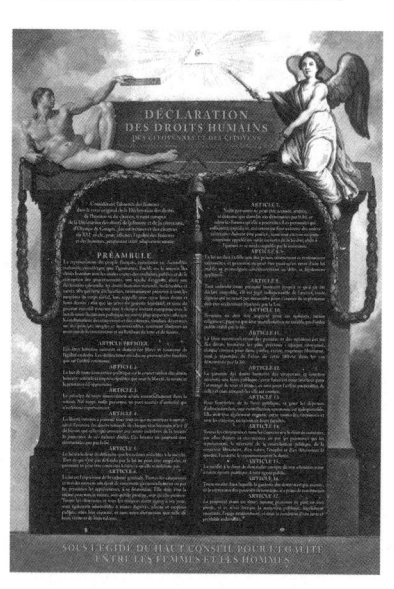

边沁的伟大梦想就是建立一种完善、全面的法律体系，一种"万全法"。力图让普遍、完善的法律之眼洞察社会生活的每个角落，并要澄清英国法中"普遍性的不准确与紊乱之处"。而边沁对英国法的澄清工作的核心，就是将普通法去神秘化。他大力鞭笞自然法和普通法，因为在他眼中，自然法与普通法的许多逻辑虚构，不过是神话而已，必须借助彻底的法律改革，才能建设真正理性的法律秩序。在他逝世前，法律制度有所改善。

作为边沁学说的热诚信徒，穆勒和边沁一样，认为快乐是唯一的善，痛苦是唯一的恶，但他最看重"适度"的快乐。他认为知识上的乐趣是最高的乐趣，节制是最重要的美德。他反对现代人的重感情。他和其他功利主义者一样，反对各种各样的浪漫主义。

穆勒的儿子"小穆勒"也一直奉行边沁派的学说，但他的观点较为缓和，他的功利主义主张是对他父亲和边沁的理论的完善与发展。小穆勒认识到边沁早期的理论中有两个漏洞。一是，在幸福计算法运用于相对大量的痛苦与幸福的过程中，边沁将好坏作为等量的单元衡量。小穆勒认识到快乐不能只是一个定量分析而不考虑某些特性。失去一只心爱的宠物是无法与失去一个亲人所受的伤痛相比的，但是在一些特定场合和有些人心中，这可能是等同的。边沁的方法是无法表现出这种差异的。二是，小穆勒坚信有些快乐的价值是高于其他的。他曾写道：最好是人而不是猪满意不满意；是哲人而不是蠢蛋满意不满意。因此，小穆勒主张在功利计算中对快乐的相对更多或更少进行区分。

边沁派学者几乎都是法学家，在整个19世纪中期，他们对英国的立法和政策制定产生了重大影响。

边沁学说有一处明显的疏漏，如果人人都追求自己个人的快乐，我们怎么能保证立法者要"追求一般人的快乐呢"？换句话说：如果人人都追求自己的利益，如何保证立法者在立法上保护公众的利益呢？按边沁的想法：在民主政体的适当监督下，立法者是可以控制的，他们个人利益的实现只能建立在服务一般公众的基础上。由于当时的民主制度并不完善，他的这种乐观主义的想法也有一定道理，但在当今这个变幻莫测的时代，就显得有点幼稚了。

达尔文主义与社会主义

哲学上的功利主义者是一个过渡学派，他们的学说催生了两个比其自身更重要的哲学派别，即达尔文主义和社会主义。

达尔文主义是马尔萨斯人口论在整个动植物界的应用，而马尔萨斯人口论则是边沁派的政治、经济学的重要组成部分。达尔文主义讲的是自然界的自由竞争，在这一竞争中胜利属于和那些资本家极其类似的动物。达尔文深受马尔萨斯的影响，他的某些观点和激进主义哲学家们的非常相似。但正统经济学派所支持的竞争，与被达尔文当做进化原动力的生存竞争有很大不同。正统经济学派认为，"自由竞争"是一个受法律限制的概念。比如，两个竞争者之间，甲可以比乙

□ 苏格兰新拉纳克的乌托邦

欧文是19世纪早期最活跃的空想社会主义者之一，他对工业革命带来的管理问题和社会问题进行分析并提出解决办法。作为苏格兰新拉纳克的工厂主，欧文关心工人的社会经济状况，大大地改善了他们的住房、卫生和抚养孩子的条件。

文化伟人代表作图释书系

更低价贱卖商品，但甲不得杀害乙；甲不能在国家军队的帮助下战胜外国厂商。那些运气不佳，缺乏资本的人不能企图通过革命来扭转自己的时运。边沁派所认为的自由竞争，绝对是名不副实的。

而达尔文学说中的竞争不是这种有限制的竞争，不存在任何限制卑劣途径的法则。因为法律体制在动物中间是不存在的，以战争为竞争方式也不受排斥。达尔文是一个自由主义者，尼采对他充满了蔑视，但如果达尔文的"适者生存"理论被全社会所接受，就会产生一种和尼采哲学极为类似的东西。当然，这是后来一段时期才出现的结果，因为达尔文是在1859年发表他的《物种起源》的，最初几乎没有人意识到其中的政治含义。

□ 达尔文的进化论

达尔文主义是由达尔文的生物进化论演绎而来的。达尔文的进化论认为，地球上的生物随着环境的变迁，有一个由低级生命形态向高级生命形态逐渐进化的必然趋势。生物若不能随着环境的变迁而发生相应的变化，则必然遭到灭绝。从生物进化论的角度看，达尔文主义无疑是科学的、正确的，并且具有巨大的哲学意义。

相反，社会主义学说是在边沁学说鼎盛时期产生的，是正统派经济学的一个直接结果。经济学家李嘉图跟边沁、马尔萨斯和穆勒都有密切往来，他首先在经济上论证了商品的交换价值完全出于生产该商品时花费的劳动。1817年，他正式发表了这一理论。1825年，曾任海军军官的托马斯·霍治司金发表了一篇名为《反对资方的要求而为劳方辩护》的文章，在文中他指出：如果真如李嘉图所说，商品的全部价值都是由劳动创造的，那么全部报酬就应该属于劳动者；地主和资本家们获得的那部分完全来自对劳动者的盘剥。罗伯特·欧文在当过很长时间的工厂主后，深刻体会到了这一点，并逐渐对后来被称为社会主义的学说坚信不疑。他说：机器已渐渐排斥劳动者，而政府的自由放任政策没有使工人阶级得到和机械力量相抗争的手段。他由此提出的处理这一矛盾的办法，是近代社会主义的最早期形式。

虽然边沁和欧文是很好的朋友，边沁还对欧文的工厂有大量投资，但作为哲学上的激进主义者，他并不十分赞同欧文的新学说。而实际上，社会主义理论出现后，他们对哲学的重视程度已有所减弱，也没有原来那样激进。在伦敦，很多人成为霍治司金的追随者，穆勒为此非常担忧。他说："这群人的财产观真是丑陋……他们好像觉得不应该存在财产，财产的存在会给他们带来灾难似的。显然，他们中混进了恶棍……这些愚蠢的家伙们根本没有意识到，他们热切追求的东西对他们而言完全就是不幸。"

资本主义与社会主义之间漫长的斗争，可能就开始于穆勒在1831年写的这封信。在后来的一封信中，穆勒称正是霍治司金的"疯狂的胡说"催生了社会主义。他说："这种见解如果传播开去，文明社会会因此覆灭；其后果比匈奴和鞑靼人排山倒海似的泛滥还要可怕。"

社会主义只是政治上或者经济上的主义，本来不在一部哲学史范围以内。但到了马克思手中，社会主义开始建立了一套哲学体系。

第十三章　卡尔·马克思

卡尔·马克思（1818—1883），生于普鲁士莱茵省特里尔城一个律师家庭，先后在波恩大学、柏林大学法律系就读，1841年获哲学博士学位。马克思是共产主义学说的创始人。其主要著作有《资本论》《关于费尔巴哈的提纲》以及和恩格斯合著的《共产党宣言》等。

马克思其人

艰难的人生旅程

在人们心目中，马克思是这样一个人：他自称把空想社会主义变成了科学社会主义；他创造了世界上的一个强大运动，比同时代的任何人都作出了更多贡献。

从哲学角度看，马克思有三个方面值得注意。如果强调一个方面而忽视其他方面，对他的哲学都可能产生歪曲、失真的看法。这三个方面是：

（1）他和霍治司金（英国激进主义者，1825年发表《反对资方的要求而为劳方辩护》一文，主张"既然全部价值都是劳动赋予的，那么，全部报酬便应该归劳动者；地主和资本家所得必定是纯粹榨取物"）一样，是哲学上的激进主义者，也信仰理性主义，反对浪漫主义。

（2）他是一个复兴唯物主义的人，唯物主义被他加上了新的解释，从此，唯物主义和人类历史有了新的联系。

（3）他是康德—黑格尔哲学体系缔造者中最后一人，是黑格尔学说的直接继承人；而且也像黑格尔一样，相信有一个合理的公式可以概括人类进化的全部历史。

我们从他一生的坎坷经历中可以找出造成他思想如此复杂的某些原因。

1818年，马克思出生于德意志联邦普鲁士王国的特里尔城。在法国大革命和拿破仑时代，特里尔曾深受法国人的影响；在思想意识上，人们的世界主义色彩比德意志大部分地区都浓厚得多。马克思的先祖是犹太教的律法博士，然而，在马克思的幼年时代，

□ 马克思

1845年，马克思因为从事革命活动被驱逐出法国和德国。1849年，他定居于伦敦，在那里的大英图书馆度过了许多时光。他去世后被安葬于海格特公墓。

文化伟人代表作图释书系

他的父母却成了基督教徒。18岁后马克思从波恩大学转到柏林大学学习法律，但他大部分时间都用在研究哲学和历史上。毕业后他在《莱茵报》担任主编，其间发生了对马克思的思想发展极为关键的"林木盗窃事件"：

在德国西部有大片的森林和草地，原来生活在这里的居民都可以在这些地方砍柴、放牧。可是后来，一些贵族地主把这大片的森林和草地都霸占了，不许居民们靠近一步。不

□ 马克思和恩格斯

1842年，在《莱茵报》被查禁之后，马克思迁居巴黎。在巴黎，他与恩格斯相识，从此开始了两人的终身友谊。1849年，马克思定居伦敦，把毕生精力投入到《资本论》的研究与写作中，直至逝世。这期间，恩格斯一直是马克思生活与工作中最真挚的朋友。图中，马克思与恩格斯在讨论《资本论》手稿中的问题。

少居民想到山林中去拾些柴草，却被认为是"盗窃"。广大居民不满，德国议会不得不认真审议这些事情。可是，他们只为贵族地主考虑，审议结果是：居民们的行为确为盗窃！如果再持续下去，要用法律手段来解决！

这引起了全国民众对议会的强烈不满，人们愤怒谴责议会的不公平处理。马克思也感到十分气愤，他便在《莱茵报》上写了一系列文章发表自己的看法，文中严厉抨击了普鲁士政府的做法，立场坚定地站在民众一边，维护了农民的利益。对于《莱茵报》所发表的观点，普鲁士政府非常气愤，他们立刻派人查封了《莱茵报》，迫使它停止印刷。马克思一气之下，辞去了报纸的主编职务。马克思对自己的所作所为毫不后悔，相反，他更认清了反动政府的丑恶本质。他在寻找着时机，去继续与反动政府作坚决斗争。

1843年，新婚不久的马克思夫妇一同踏上流放的征途，远赴法国巴黎。在此期间他着手研究政治经济学、法国社会运动及法国历史。在这里，马克思认识了弗里德里希·恩格斯。恩格斯是工厂主子弟，却十分欣赏马克思的主张，经常出钱赞助马克思的活动与生活，马克思做学问认真严谨，但生活随性，经常拖延要交给报社的文稿，恩格斯常协助马克思的工作并代笔部分文章。马克思也通过恩格斯了解到英国的劳工状况和英国的经济学。这一原因，使他在1848年革命以前

就具备了一种超乎寻常的国际性眼光。对于西欧，他毫不表露其民族偏见，但对于东欧就不同了，因为马克思素来是轻视斯拉夫人的。

马克思参加了1848年的法国革命和德国革命，但反动势力将他驱逐出了巴黎，他只好携带家小辗转到比利时的布鲁塞尔。在这里他创作完成了《共产党宣言》，可刚出版一个月，反动警察便以从事政治活动的罪名将马克思和他的妻子燕妮拘捕、关押起来，随后又将马克思驱逐出比利时。1849年，马克思只好变卖掉所有日常用品，携带全家，来到雾都伦敦避难。这以后，除几个短暂时期外，他的余生都是在伦敦度过的；这期间，马克思虽然遭受了穷困、疾病、丧子的痛苦，但他仍然孜孜不倦地积累知识，著书立说。一直以来，对社会革命抱有的深切希望是激励马克思从事工作的力量来源，他坚信，社会革命即使不在他生前发生，也会在并不遥远的未来发生。

理性的科学主义者

□ 1867年版《资本论》

《资本论》是马克思用德语写作，由恩格斯等编辑的一部政治经济学著作。这部作品被称为"工人阶级的圣经"，它对资本主义进行了批判性的分析，影响了世界上一半以上的人口，对社会科学和人文科学的诸多领域也有着深远影响。

与边沁、詹姆斯·穆勒一样，马克思的学说与浪漫主义没有丝毫关系；追求理论的科学性始终是他的目的。他的经济学源自英国古典经济学，但他把原动力改变了。古典经济学家们无论自觉或不自觉，都企图谋求既同地主又同雇佣劳动者相对立的资本家的福利；马克思与之相反，他的学说一开始就代表了雇佣劳动者的利益。他和恩格斯在1848年联合发表的《共产党宣言》表现出了年轻的马克思对新的革命运动所抱有的炽烈情感，虽然如此，马克思总是追求证据，从不信赖任何超科学的直观。

马克思是唯物主义者，但并不是18世纪出现的那类唯物主义者。在黑格尔哲学影响下，他把自己的唯物主义称作"辩证"唯物主义。这种"辩证"唯物主义和传统的唯物主义不同，比较接近现在所说的工具主义（即实用主义哲学）。他说，旧唯物主义的错误在于：把人的感觉作用看

文化伟人代表作图释书系

成是被动的，因而把感觉活动归之于客体。在马克思看来，一切感觉作用或知觉作用都是主体与客体的相互作用；客体离开了知觉者的活动，只是原材料。他说：

"人的思维是否具有客观的真理性，这并不是一个理论问题，而是一个实践问题。"

"人应该在实践中证明自己思维的真理性，即自己思维的现实性和力量……至于离开实践的思维是否具有现实性的争论，是一个纯粹经院哲学的问题……哲学家们只是用不同的方式解释世界，而问题在于改变世界。"

对于马克思的观点，我们可以做另一种解释：长久以来，哲学家们总是称作追求认识的那种过程，一直被认为是客体恒定不变、而只有认识者一方在适应的过程。然而事实并非如此，主体与客体、认识者与被认识的事物，都处在不断适应彼此的过程中。因为不出现完全适应的状态，这个过程就永远不会结束，他将其称为"辩证的"过程。

从现实需要出发，对英国经验主义者所声称的那种"感觉作用"予以否定是必要的，而且对这个理论也至关重要。当实际发生的事情与英国经验主义者所说的"感觉作用"最接近时，我们最好还是将其称作"察知"，因为这说明了人具有能动性。事实上，我们对事物的察知，只是与事物相关联的行动过程的一部分，所有刻意忽略行动的理论都是抽象的，只会误导人的思想。马克思肯定也赞同这一点。

马克思的名声向来很特殊。在他的祖国，他的学说产生了社会民主党的纲领，这个党派不断发展壮大。第一次世界大战后，社会民主党曾一度执政，魏玛共和国的第一任总统艾伯特就是这个党派的成员；但这时候社会民主党已不再坚持正统的马克思主义了。在俄国，马克思主义得到广泛传播，无产者取得了统治权。但在西方，比较大的工人运动从来没有一个是以马克思主义为主导的运动。不过，在美国和英国，不少知识分子受到了马克思主义的深刻影响。而在德国，纳粹分子严厉禁止传播马克思的学说，但在纳粹被推翻后，马克思的学说可能还会复活。

马克思的唯物史观

马克思的历史哲学是黑格尔哲学和英国经济学的一个结合体。他和黑格尔一样，认为世界是按照一个辩证法公式发展的；但是，关于人类社会发展的原动力，他和黑格尔的观点完全不同。黑格尔认为，人类社会的发展，是由"精神"这一神秘实体推动的，为此，黑格尔在《逻辑学》中为辩证法设计了各个发展阶段。然而，为什么"精神"必须经历这些阶段，黑格尔没有说明。马克思的辩证法和黑格尔不同，在他看来，推动力不是精神而是物质。但这种物质又不同于原子论者所谓的"完全非人化"物质，它具有一种特殊的意义，准确地说是人与物质的关系，其中最重要的是人们的生产方式。这样一来，马克思的唯物论就变成了经济学。

□ 贫富两极分化

资本制度的中心是资产阶级与无产阶级的关系，资产阶级拥有资本，无产阶级拥有劳动力。马克思认为，科学技术的发展使财富越来越集中在少数人手中，贫富差距越来越大，两个阶级利益的直接冲突，最终导致了历次革命。

文化伟人代表作图释书系

在马克思看来，任何时代的政治、宗教、哲学和艺术，都是那个时代的生产方式的产物，或者说，是分配方式的必然结果。但这只是对文化的整体脉络而言的，并不针对文化中所有细枝末节的东西。马克思把它称作"唯物史观"。这是一个非常重要的学说，虽然这个学说并非完美无缺，但应该承认，它里面包含着极重要的真理成分。

从主观方面讲，每一个哲学家都自认为自己所追求的东西是"真理"。虽然哲学家们对于"真理"的定义充满了分歧，但真理总是客观存在的，在某种意义上来说，是一种人人都应该承认的东西。然而，所有哲学家会一致认为，哲学家中有不少人在学术研究中是有偏见的，他们为自己的见解持有一种不自觉的、超乎理性以外的理由。马克思和其他哲学家一样，他相信自己的学说是真实的；他并不认为自己的哲学只是19世纪中叶一个喜欢反抗的德国中产阶级犹太人所特有的情绪的表现。

□ 马克思在第一国际成员登记卡上的签名

马克思创建了"第一国际"，并担任负责人。这个组织名称直译为"国际工人协会"，马克思为它起草了成立宣言和临时章程。不久之后，第一国际成为世界的强大力量，它为解放工人阶级和推翻阶级统治进行了伟大的斗争。

大体上说，一直到亚里士多德为止，希腊哲学主要表现了城邦制所特有的思想状况；斯多葛哲学适合世界性的专制政治；经院哲学是教会组织的精神表现；从笛卡尔，或者说从洛克以来的哲学，体现了商业中产阶级偏见的倾向；马克思主义和法西斯主义是近代工业国家所特有的哲学。我觉得，这一点既是真实的，也是很重要的。不过，我认为马克思有两点是错误的。第一，社会状况既有经济的一面，也有政治的一面，这些情况同权力有关，而财富只是权力的一种表现形式。第二，不能任何问题都从社会关系上寻找原因，一些细节上的和专门性的问题，社会因果关系大多不再适用。

对于第二点错误，我想可以通过几个实例加以说明：

第一，共相问题。柏拉图、亚里士多德、经院哲学家、英国经验主义者以及近代的逻辑学家对这一问题做过讨论。要说偏见没有影响到哲学家们对这个问题的认识，是很不准确的。柏拉图深受巴门尼德和奥尔弗斯教派的影响；他追求一个永恒的世界，不相信时间是永远处于流转中的。亚里士多德倾向于经验主义，对现实的平凡世界更感兴趣。近代的纯粹经验主义者所抱的偏见与柏拉图的恰恰相反：在他们眼中，超感觉的世界只会令人不快，他们竭力阻止自己相信这种世界的存在。而这几种相互对立的偏见一直存在着，跟社会制度并没有多大关系。有人认为，只有那些自己不劳动，靠别人的劳动为生的有闲阶级才热衷于追求永恒的事物。这种说法显然有失偏颇。艾比克泰德是奴隶出身，斯宾诺莎以磨镜片为生，他们都不是有闲的贵族。

第二，本体论论证问题。根据前文可知，这是安瑟勒姆首创的一个论证；托马斯·阿奎那对此持否定态度，笛卡尔欣然接受了它，康德无情地批判了它，黑格尔又使它重新复活。但我现在十分确信，根据现代逻辑对"存在"概念的分析，这个论证已经被证明是错误的。这一问题跟个人气质或社会制度都没有关系，只是一个纯粹的专门性问题。但即使推翻了这个论证，我们也不能断然说它的结论，即神存在是不对的；如果由此真能推出神是不存在的，托马斯·阿奎那当初肯定就承认这个论证了。

第三，唯物主义问题。"唯物主义"的意义有很多种，到马克思，它的含义发生了根本变化。由于哲学家们向来没有给唯物主义做出准确的定义，关于它正确与否的激烈争论就一直持续不断。然而一旦给这个词下定义，就会出现非常复杂的情况：根据哲学家可能会下的一些定义，唯物主义也许会被证明是错误的；而按照另一些定义，又很有可能是正确的。这种情形跟社会制度完全没有关系。

所有这些问题其实都很容易理解。人们常说的"哲学"，是由两类截然不同的要素构成的。一类是具有科学性或逻辑性的问题，这类问题用一般人普遍赞同的方式就能

□ 恩格斯

弗里德里希·冯·恩格斯（1820—1895），德国哲学家、革命家，全世界无产阶级和劳动人民的伟大导师，马克思主义创始人之一。恩格斯是卡尔·马克思的挚友，被誉为"第二提琴手"，他为马克思从事学术研究提供大量经济支持。马克思逝世后，将马克思遗留下的大量手稿、遗著整理出版，并众望所归地成为国际工人运动的领袖。

解决。另一类是很多人都非常感兴趣，却又找不出任何确实证据的问题。在第二类问题中，有些是非常实际的，人们不可能做到超然对待。当战争爆发时，我必须站在自己的国家一边，不然肯定会陷入与朋友及政府的痛苦纷争中。长久以来，对于公认的宗教，人们在很多时期不是支持就是反对，没有出现过中间态度。出于某种原因，绝大多数人都觉得也许不能对那些与纯粹理性无关的问题产生怀疑。对"哲学"一词最普通的解释就是：超越理性的各种决断的一个有机整体。马克思的哲学理论在这种意义上才算基本正确。不过，即使从这个意义出发，一套哲学也不仅仅是由经济因素决定的，还有其他社会因素的作用。

□ 演讲中的马克思

马克思与恩格斯认为工人阶级是没有任何生产资料的，他们的劳动产物被资产阶级所占有。无产阶级被大工业生产所集中，所以社会的前进将由无产阶级所推动。并且，无产阶级是全世界最受剥削、最受压迫的阶级，等级在社会当中是最低的。所以他们的要求也是最多的。因此，满足了无产阶级的要求，也就等于满足了全社会的要求。换句话说，共产主义事实上是关于全人类解放的学说。

　　马克思把他的历史哲学纳入了黑格尔辩证法的框架，但事实上他只关心一个三元组：封建主义，以地主为代表；资本主义，以工业雇主为代表；社会主义，以雇佣劳动者为代表。黑格尔把民族看作是传递辩证法的媒介；马克思将民族换成了阶级。他否认他站在社会主义或者说站在雇佣劳动者的立场上是基于道德上或者人道主义的理由，而是说这个立场是辩证法在其运动中所采取的立场。他相信，社会主义一旦建成，会比以往任何社会给人类带来更多幸福。这些信念支配了他的一生，但我们看他的著作就会发现，这些信念大部分在书中是隐而不露的。不过，有时候他也抛开冷静的预言，积极地激励反叛，在他写的所有的东西里都隐含着他的那些貌似科学的预言的感情基础。

　　如果把马克思作为一个纯粹的哲学家来看，他有着严重的缺点。他过于崇尚实际，他将全部精力贯注在他那个时代的问题上。他的眼界局限于我们的这个星球，在这个星球范围之内，又局限于人类。自从哥白尼以来，科学已经表明，人类并没有过去自认为的在宇宙中占有重要地位。凡是没彻底领会这个事实的人，谁也没有资格把自己的哲学称为科学的哲学。

19世纪，人们局限于地上事务的同时又乐于信仰进步，这在当时是一个普遍规律，马克思和那个时代的其他人一样存在这种倾向。如果社会主义将要到来，那一定是这一事态的改进，他会毫不迟疑地承认。当然，在地主或资本家看来，社会主义不是改进，这只不过是表示他们同时代的辩证运动不谐调罢了。马克思自称是个无神论者，却又保持了一种只能从有神论找到根据的宇宙乐观主义。

总的来说，在马克思的哲学中，凡是从黑格尔那里吸取来的都是不科学的。

马克思给他的社会主义加上了一件哲学的外衣，其实，这和他的理论基础实在没有太大的关系。一点不提及辩证法，也很容易把他主张的最重要部分改述一遍。他通过恩格斯和皇家委员会的报告，彻底了解了一百年前英国工业制度下骇人听闻的残酷性，这些给他留下了深刻印象。经过分析，他认为这种制度很可能从自由竞争向垄断性发展，由这一制度引起的不公平现象必然会触发无产阶级的反抗运动。他认为，在彻底工业化的社会变动中，如果不走私人资本主义的道路，那么就只有走土地和资本国有的道路。这些主张与哲学本身无涉，这里不打算讨论或是或非。问题是，如果这些主张正确，就已经足以证实他的学说体系里的重要之点，在这种情况下，把那一套黑格尔哲学的装饰丢下可能更有益处。

必须承认，在某些方面，马克思的理性主义是有限度的。他希望从阶级斗争中得到一切。因而，他在实践上不可避免地陷入了强权政治，陷入了主宰阶级论。由于社会革命的结果，阶级可能终究会消失，人类在政治上和经济上达到完全和谐。然而，这有些像基督复临一样，是一个遥远的理想。在达到这一理想以前的漫长时间，充满斗争和独裁，而且必然要强化思想意识的正统化。

第十四章
柏格森、詹姆斯、杜威及逻辑分析哲学

柏格森（1859—1941），法国哲学家，生命哲学与直觉主义的主要代表之一，"创造进化论"的提出者。巴黎高等师范学校文学博士。曾任法兰西学院教授。1915年当选为法兰西语文学院院士。获1928年诺贝尔文学奖。主要著作有《物质与记忆》《时间与自由意志》《笑》等。

詹姆斯（1842—1910），美国哲学家、心理学家，实用主义主要代表之一，机能心理学创始人之一。哈佛大学医学博士。历任哈佛大学、英国爱丁堡大学教授。他自称其哲学为"彻底经验论"。主要著作有《心理学原理》《彻底经验主义论文集》等。

杜威（1859—1952），美国哲学家、教育学家。出生于美国佛蒙特州的伯灵顿，1894年开始在芝加哥大学做哲学教授。

逻辑分析哲学用新的逻辑来分析日常语言，从而开辟了全新的哲学方向。

柏格森

柏格森是20世纪最重要的哲学家。他影响了詹姆斯和怀海德，在法国思想界具有崇高的地位。

我们一般是按方法或结果来给各个哲学派别分类："经验主义"的哲学和"先验"的哲学是按照方法分的，"实在论的"哲学和"观念论的"哲学是按照结果分的。但是，假如要从这两方面来给柏格森的哲学进行分类，可能并不容易，因为他的哲学中几乎包含所有门类的内容。不过另外一种不太精确的分类方法可能有用，尤其是对非哲学界的人而言。这是一种按照驱动哲学家思考的主要欲望进行划分的方法，以此能够分出由热爱幸福而产生的感情哲学、由热爱知识而产生的理论哲学，以及由热爱行动而产生的实践哲学。这样来看，柏格森就是实践哲学的代表人物。

柏格森的哲学和以往的哲学体系不同，他的整个体系是二元论的。在他看来，世界分为两个根本对立的部分，一个部分是生命，另一部分是物质。整个宇宙充满了两种反向运动，即向上攀登的生命和向下降落的物质的矛盾冲突。自从世界开端，生命便迸发出来，它是一股伟大的力量，一个巨大的冲力活动；它遇到物质的阻碍，奋力在物质中间冲出一条道路，它通过组织化来利用物质。在这个过程中，生命的一部分被物质征服了，但是它始终保持着自由活动能力，在一些对立的物质中间寻求更大的运动自由。

□ 柏格森

柏格森反对科学上的机械论、心理学上的决定论与理想主义。他认为人的生命是意识之绵延或意识之流，是一个整体，不可分割成具有因果关系的小单位。他对道德与宗教的看法，也主张超越僵化的形式与教条，走向主体的生命活力与普遍之爱。

不同于目的论和机械论对进化的看法，柏格森主张进化就像艺术家的作品，是富于创造性的。他认为，一种行动冲动、一种不明确的要求是预先存在的，但在这种要求被满足之前，我们不可能知道什么东西能满足这种要求，这种事物的性质又是什么。例如：我们假定无视觉的动物有一种想在接触到物体之前就能够知晓物体的欲望，由此产生的努力是创造了眼睛。视觉满足了这个欲望，然而视觉事先是不能想象的。因为这个原因，进化是无法事先预测的。

□ 生命力

柏格森提出，在进化过程中，一种特殊的冲力把有机体引向更精致的复合体和更高级的个体。柏格森把这种冲力 称作"生命力"。

柏格森叙述了地球上生物的实际发展。生命最初被分为植物和动物；植物以在储藏库中积蓄能量为目的，而动物的目的则是利用能量快速猛然地运动。但到了后期，动物中间出现了一种新的分歧：本能与理智的分离。

柏格森认为，本能的最佳状态是直觉。他说："我所说的直觉是指那种已经成为无私的、自意识的、能够思考自己的对象，并能将这一对象无限制扩大的本能。"

理智，"当离开自然的双手时，就以无机固体作为它的对象"，它只能对不能运动的东西形成清晰的观念。在空间上，理智起的是分离作用，而在时间上却是固定作用。"理智的特征是天生没有能力理解生命。"几何学与逻辑学是理智的典型产物。理智的起源和物质的起源二者是彼此相关的，都是通过互相适应而发展起来的。

这种物质和理智同时成长的想法非常奇妙。我们可以把物质世界看成一个不尽的生成之流，可能向上运动也可能向下运动：如果向上运动，叫做生命；如果向下运动，就是被理智误认为的所谓物质。

柏格森说："理智是生命向外观望。"举一个例子：如果把宇宙比作一条登山铁道，生命就是向上开行的列车，物质是向下开行的列车。理智是当下降列车从我们乘坐的上升列车旁经过时，我们注视的下降列车。把注意力集中在我们自己的列车上的那种高尚的能力就是本能或者直觉。我们也可能会从一个列车跳到另一个列车上，但那是在我们被自动习惯"控制"后，喜剧要素的本质就在于此。或许我们还能把自己分成上升和下降的两部分，那样的话只有下降的部分具

□ **自由意志与时间**

柏格森认为自由意志和时间有密不可分的关系，曾提出：“如果两种动作是同样可能的，那我们的选择是怎样进行的呢？如果其中只有一种是可能的，那我们为什么相信我们自己是自由的呢？这两个问题归根结底就是：时间是空间吗？”

有喜剧色彩。然而理智本身并不是下降运动，只是上升运动对下降运动的观望。

在柏格森看来，造成事物分离的理智是一种梦。按说我们的整个生命都具有能动性，可事实却并非如此，因为理智完全是观照的，没有任何能动性。他说："做梦时，自我会分散开，过去会撕裂成碎片，相互渗透着的事物被看成是完全孤立的。"因此，有分离作用的理智都具有几何学倾向，而逻辑学就是从几何学产生的。空间知觉的存在是演绎和归纳的前提，"在终点有空间性的那个运动，沿途设置了演绎能力和归纳能力，更确切地说，设置了整个理智能力"。

正如理智和空间联系在一起一样，本能或直觉和时间联系在一起。与大多数哲学家不同的是，柏格森认为时间和空间存在极大差异，这也是柏格森哲学的一个显著特点。物质的特征——空间，是由于分割而产生的，这种分割是一种错觉。反之，时间是生命的根本特征。他说："凡是有什么东西生存的地方，就存在着正把时间记下来的记录器显露在某处。"但他在这里所说的时间并不是数学时间。

柏格森认为，对生命万分重要的时间是他所谓的"绵延"。"绵延"在他的哲学里是个基本概念，也是一个非常难懂的概念。他自己给"绵延"下的定义是："纯粹绵延是：当我们的自我让自己生存的时候，即当自我制止把它的现在状态和以前各个状态分离的时候，我们的意识状态可采取的形式。"

从这一定义可以看出，纯粹绵延把过去和现在当成一个有机整体，其中存在着相互渗透，存在着无区别的继起。注意"继起"这个词。

绵延在记忆中表现得特别突出，因为在记忆中，过去的印象残留于现在。所以，记忆论在柏格森的哲学里显得非常重要。因为记忆"正是精神和物质的交叉"；通过对记忆进行分析，他断言精神和物质都是实在的。他说："过去以两种判然有别的形式残留下来：第一，以运动机制的形式；第二，以独立回忆的形式。比如，一个人如果能背诵一首诗，也就是说，他具有了使他能够重复一个以前的行动的某种习惯。但是，从理论上来讲，他完全能够丝毫不回想起以前他读这首诗的情景而重复这首诗；因而，这类记忆里不包含以往事件的意识。只有第二种记忆才真正称得上记忆，这种记忆表现在他对读那首诗时的每一次情景的回忆中，而每一次情景都是独特的，并且是有年月日期的。他认为，在这种情况下谈不到习惯问题，因为每个事件只发生过一次，必须直接留下印象。他指出，我们所遭到的一切事情都被记住，但常常只有有用的事物才进入意识。他论述了脑生理学和记忆丧失症的事实来证明这种看法，由此得出的结论是：真记忆不是脑髓的功能。

"从原则上讲，记忆是一种绝对不依赖于物质的能力。如果精神是一种实在，那么，在记忆现象中，我们可以从实验上接触到它。"

柏格森的绵延说和他的记忆论有密切关联。按照这种理论，记住的事物残留在记忆中，并和现在的事物渗透在一起：过去和现在不是相互外在的，而是在意识的整体中融混起来。他说："构成存在的是行动；而数学时间只是一个被动的受容器，它没有做任何事，因而什么也不是。"他又说，过去就是不再行动者，而现在则是正在行动者。不过，在这里或者说在他关于绵延的所有观点中，柏格森都无意识地假定了数学时间；因此，如果去掉数学时间，他的理论就没有任何意义。

总括起来说，柏格森的关于绵延和时间的全部理论，是以一个基本混淆为依据，即把"回

□《麦克白》 约翰·马丁

莎士比亚的经典戏剧"四大悲剧"之一《麦克白》，创作于1606年，改编自史学家拉斐尔·霍林献特的《苏格兰编年史》中的古老故事。其中第五幕第五场麦克白的著名台词："熄灭了吧，熄灭了吧，短促的烛光！人生不过是一个行走的影子，一个在舞台上指手划脚的蹩脚而拙劣的伶人，登场片刻，就在无声无息中悄然退下；人生如痴人说梦，充满着喧哗与骚动，却没有任何意义。"人生如行走的影子，充满着宿命般悲剧意味的虚无与荒诞之感，莎翁的警世名言响彻古今，振聋发聩。

想"这样一个现在事件同所回想的过去事件混淆起来。这种做法中包含的恶性循环一目了然。实际上,柏格森叙述的是知觉与回想——两者都是现在的事实差异,而他以为自己所叙述的是现在与过去的差异。只要认识到这种混淆,就会知道他的时间理论简直是一个把时间完全省略掉的理论。

之所以出现这种混淆,是因为他一开始就把主观与客观混淆起来。但并不是只有柏格森混淆了主观和客观,很多唯心论者和唯物论者都犯过这种错误。有些唯心论者认为,客观其实是主观;而有些唯物论者又认为,主观其实是客观。他们感觉彼此的说法存在很大差异,但仍然坚称主观和客观是一回事。不能否认的是,柏格森在这点上比他们强,因为在他看来,客观和主观是同一的,主观和客观也是同一的。这种同一化一旦被否定,他的整个哲学体系便会瓦解。

柏格森哲学中有很大一部分,不依据议论推理,所以没法凭议论把他推翻。他把对世界的富于想象的描绘,看做是一件诗意作品,既不能证明也不能反驳。莎士比亚说生命不过是一个行走的影子,雪莱说生命像是一个多彩玻璃的圆屋顶,柏格森说生命是一个炮弹,他炸裂后的各部分又是一些炮弹。假如你比较喜欢柏格森的比喻,那也完全可以。

詹姆斯

威廉·詹姆斯是一个心理学家，但由于两点理由而在哲学上占有重要地位：他创造了称之为"彻底经验论"的学说；他是"工具主义"或"实用主义"理论的三大倡导者之一。在晚年，他是美国哲学界公认的领袖。

对于哲学，詹姆斯主要在两个方面感兴趣，一是科学的，二是宗教的。在科学方面，他侧重于研究医学，这也使得他的思想带有唯物主义倾向，但其宗教情绪对这种倾向又有极大抑制。他的宗教感情中饱含温情和民主精神，散发着浓厚的新教徒气息。

詹姆斯待人热情温厚，因而受到很多人的爱戴。据我所知，只有桑塔雅那（美国批判实在论的倡导者）对他完全没有好感，他的博士论文曾被詹姆斯说成是"腐败的典型"。他们两人的气质是截然不同的。桑塔雅那对宗教也很感兴趣，但主要是在审美和历史方面，并未将其当作道德生活的指引者，因此他自然更偏向于天主教教义。从理智上来说，他是否定一切基督教理的，但他倒乐意别人去信仰，而自己只欣赏他所谓的基督教神话。在詹姆斯眼中，他的这种态度是非常不道德的。受其清教徒家族中一个根深蒂固的信念的影响，他将人的善良行为看得非常重要，而且出于民主感情他也不能容忍对哲学家讲一套真理，对普通人讲另一套的行为。

詹姆斯的"彻底经验论"学说，是在一篇叫做《意识存在吗》的论文中首先发表

□ 詹姆斯

威廉·詹姆斯是美国心理学会和宗教心理学的创始人之一。他从科学和实验意义上来重新认识、理解心理学，推崇实用主义思想方法与心理学实验研究的结合，其理论对美国机能心理学、科学心理学和行为主义思想体系的发展都产生过直接影响。

□ 笑

詹姆斯有关心理现象的解释，最独特的部分是，与感情相关的主题的感觉是由相关的生理引起的，而不是相反的过程。比如幸福的感情可能是由微笑这样的动作引起，而并非是幸福引发人的微笑。

的。这篇文章否认主体和客体的关系是根本性的关系。他说："意识是一种非实体性的名称，它没有资格在第一原理当中占一个席位。那些至今仍旧死死拥抱它的人，不过是在死死拥抱一个回声，即渐渐消逝的'灵魂'给哲学留下的微弱余音罢了。"在这段话中，詹姆斯所否定的是这样一个见解：意识是一种"事物"。他认为，只有物质是实体，而物质"仅有一种原始的素材或材料"，世界的一切都是由它构成的。这种素材他称之为"纯粹经验"。他说，认识作用就是纯粹经验的两个部分之间的特殊关系。主体客体关系是导出的关系："我相信经验并不具有这种内在的两重性。"在他看来，只有"被经验到的东西才是真实的"。

他给"纯粹经验"下了一个定义：为我们以后的反省提供材料的直接的生命流转。

因此，如果将精神和物质的区别看作詹姆斯所称的两类不同"素材"间的区别，那精神和物质似乎就完全没有区别了。那些持同种见解的人因而提出了一种"中性一元论"：世界既不是由精神材料构成的，也不是由物质材料构成的，构成它的是某种先于这两者的东西。詹姆斯的理论中也暗含这种意思，但他并未展开，反而提出了"纯粹经验"的说法。

常识认为，有许多已经出现的事物未被"经验到"，例如月球看不见的那一面上发生的事件。贝克莱和黑格尔出于不同理由，全盘否定这一点，他们主张凡是未经验到的就没有。现在，大多数哲学家都认为这种说法是错误的，我想也是这样。因为如果我们将事物看作"经验"，就必须绞尽脑汁对月球上看不见的那一面做出解释，而这解释似乎很难使人信服。我们只能通过所"经验到"的事物推测尚未"经验到"的，否则便难以说明存在于我们自身之外的所有事物。

我们说的"经验"是指什么呢？为寻找到一个答案，最好的办法是拷问一下："未被'经验到'的事件和'经验到'的事件到底有什么不同？看见或者身体感触到正在下的雨是被"经验到"了，但是完全没有生物存在的沙漠中下的雨，就一定不会被"经验到"。于是，我们得出一个论点：除有生命的场合外不存在经验。但是经验和生命的范围不同，有许多事我经历过了，可是没注意；但难讲我是否"经验到"这种事。毫无疑问，只要我记得的事总是我所经验的事，但是，有些事情我不记得，难道说我就没经历过吗？被大火烧伤过的小孩怕火，即使他已经完全不记得他被大火烧伤的情景了，你也不能说他没有经历过那场悲剧。"我想，一件事情如果使人形成某种习惯，这习惯就可以说是"被经验到"；记忆就是一种习惯。总的来说，只有生命体才会形成习惯。拨火棒常常被烧得通红灼热，但它是不怕火的。

詹姆斯在《信仰的意志》中主张，我们在实践中，常常在不存在适当的理论根据下，不得不对某些事物作出决断。他说，宗教问题就属于此类。这属于一种"道德义务"。

据他讲，求实这种道德义务包括两个同等的戒条，即"相信真理"和"避开错误"。这是不对的。假如相信真理和避开错误同等重要，那么在面临二者择一时，我只好随意相信各种可能性中的一个，因为这样我便有一半的机会相信真理，如果犹豫不决，我可能丝毫机会也没有。

如果认真对待这一说法，就会产生一种极古怪的行为推测。假设我在火车上遇见一个陌生人，我心里自问："他的姓名是不是叫艾本尼泽·威尔克思·史密斯？"如果我自认我不知道，那么，关于这个人的姓名我就确实没有真信念。反之，如果我决定相信这就是他的名字，我就有可能抱的是真信念。

令人难解的是，詹姆斯虽然是个心理学大家，但在这一点上却表现了一种极为不成熟的想法。在他看来，可以选择的路子仿佛只有完全相信或者完全不相信，不容许在这二者之间有各种不同程度的怀疑。举例来说，当我正在书架上找一本书时，我会想："书有可能在这个架子上"，因此我便过去找；但在我找到这本书之前，我并不会想："书一定在这个架子上"。出于习惯，我们不会完全像确定情况下那样行动，而是按照某种假设去行动，因为这时我们还留心着新证据。

经过一段时间的发展后，詹姆斯的信仰意志成了实用主义。从其著作来看，他所说的实用主义原本是给"真理"下的一个新定义。在"真理"的讨论中，他主要倾向于宗教和道德方面。大致来看，他几乎提倡一切能使人怀有道德、感到幸福的学说，而这样的学说便是他主张的"真理"。

关于实用主义与宗教的关系，他说："任何一个假说，如果由它可以推论出对生活有用的结果，我们就不能排斥它"，"有神这个假说如果在最广泛的意义上起到了满意的作用，这假设便是真的"。

这真是典型的"实用主义"！

詹姆斯的这些说法与他的宗教观不无关系。在他眼中，宗教只是人间的一种现象，他不关心宗教关注的是什么。他希望人人都能幸福，如果对神的信仰能带给他们幸福，他们便可以信仰神。他会说："我信仰神，所以我幸福"；但不愿接受"我如果信仰神，我就幸福"的说法。他认为神是现实的存在者，不只是人们出于良好的愿望想象出来的。

詹姆斯的"彻底经验论"学说企图在怀疑主义的基础上建造一个信仰的上层建筑，而这和任何此类企图一样，都有赖于谬误。就詹姆斯来说，谬误是由于他忽视一切超人类的事实而产生的。从哲学史来看，贝克莱派的唯心主义结合怀疑主义，促使他以信仰神来代替神，似乎这样就行得通。然而，这不过是近代大部分哲学家所特有的主观主义病狂的一种罢了。

杜 威

杜威是美国现代哲学的重要代表人物。他不仅在哲学界，而且在教育界、思想界都有深远影响。

杜威和詹姆斯一样，也是新英格兰（美国东北部佛蒙特等六个州的总称）人。但他并不是纯粹的哲学家，他最感兴趣的是教育学，他的实用主义教育思想体系对美国教育产生了极大影响。1894年，他到芝加哥大学任教，除了哲学，他当时还教授教育学，任教的十年间他创作了大量教育学作品。1904年从那辞职后，他又到哥伦比亚大学任教，直到1930年退休。在那里他不再研究心理学，而只是把心理学应用到教育和哲学方面，宣扬他的实用主义哲学和教育学思想。

在政治理论上，他的思想基本上是自由主义的。他曾访问过俄国和中国，前者给他的是消极影响，后者给他的是积极影响。作为一个自由知识分子，他认为：通过暴力革命造成独裁政治并不是达到一个理想社会的方法。杜威主张在经济问题上进行积极的改革，但他从来不是马克思主义者。他曾说：我既然好不容易从传统的正统神学中把自己解放出来，就不会去用另一套神学来约束自己。

从严格的哲学观点来看，杜威哲学的重要性主要在于他对传统的"真理"概念的批评，这个批评主要表现在被他称之为"工具主义"的理论中。

在大部分哲学家们看来，真理是静止

□ 杜威

杜威是实用主义哲学最著名的代表，而实用主义是美国出现的第一个最有特点的哲学流派，他们试图让哲学落实到行动上，这对于坐在书房里空谈哲学的先生们是一个沉重打击。

的、永恒的，也是完美的不可更改的。从宗教的角度来看，它与神的思维具有同一性，与人类和神共同的思维具有同一性。九九乘法表可谓真理的完美代表，它无比精确，没有任何瑕疵。自毕达哥拉斯，特别是自从柏拉图以来，数学就总是跟神学联系在一起，很多哲学家的认识论因此受到极大影响。杜威不是从数学，而是从生物学的角度来考察思维，并将其看做一种进化过程。根据传统观点，人的知识会逐渐增多，但知识一旦被掌握，就成为固定不变的了。但黑格尔的观点与此不完全相同，他认为人类的知识是一个有机整体，每一部分都在不断发展，只要整体没有达到完全状态，部分也不可能。杜威在青年时代曾受过黑格尔哲学的影响，但他并未接受其中的"绝对"和"永恒世界"的观点。因为在他看来，任何实在都具有时间性，进化过程也不是黑格尔所说的永恒理念的展开。

杜威把探究当做逻辑的要素，不把真理或知识当做逻辑的要素。他给探究下了如下定义："探究，即有控制地，或有指导地，把不确定的事态变换成一个在区别成分及关系上十分确定的事态，以至把原事态的各要素转化为一个统一的整体"。大概他意识到这个定义不全面，又补充说："探究涉及将客观素材加以客观地变换。"可以说，补充后的定义同样是不妥当的。我们需要在先承认他这一定义的前提下，分析它到底有何不妥。

□ 杜威号召成立第三党

杜威是美国有色人种促进会和美国民权联盟的创始人之一。关注现实政治，他对美国民主的基本原则作了深刻的阐述，并为公民自由而不懈奋斗。本图为他在独立政治行动同盟年会上发表演讲，号召成立一个自由的第三党。

杜威所讲的"探究"属于使世界更加有机化的过程的一部分。而探究的结果就应该是"有机的整体"。杜威之所以对有机的东西感兴趣，我想主要是受生物学和黑格尔的影响。倘若不是无形中将黑格尔派形而上学当作基础，探究为何要以"有机的整体"为结果呢。黑格尔认为，现象也许是杂乱无章、支离破碎的，而实在则总是井然有序、有机统一的。但杜威在其学说中好像并未明确表达这一点。

他的理论可以这样来叙述：

有机体与其环境之间的关系有时候是令有机体满意的，有时候是令它不满意的。在关系不满意的情况下，局面可以通过相互调节得到改善，使得局面有了改善的种种变化。若主要在有机体一方，该过程就叫做"探究"。例如：在作战中，你主要力求改变环境，即打败敌军；但是在作战之前的侦察时期，你主要力求使自己一方的兵力适应敌军的部署，这就是"探究"时期。

继续看这个实例，假设某个将军指挥这场战争。如果此时侦察兵带回敌方的一些情报，将军根据情报做了对抗准备。如果事实上敌军采取了情报中所涉及到的措施。依常识来说，该情报就是"真的"。那么，即使将军后来打了败仗，这情报仍不失为真。但杜威否定这种见解。他不把信念分成"真的"和"假的"，他有另外两类信念：若将军打了胜仗，我们就说信念是"满意的"；打了败仗，叫"不满意的"。直到战争发生之后，将军才能知道对他的侦察兵提供的情报该有什么意见。

总的来讲，杜威和其他所有人一样，把信念分为两类，一类是好的，另一类是坏的。不过他认为，一个信念可能在某个时候是好的，在另一个时候是坏的。一个信念是好是坏，要看该信念是否使拥有它的那个有机体对其活动所产生的效果满意或不满意而定。因而，关于某个事件的信念应该划为"好的"或者"坏的"，并不是根据这个事件是否真的发生了，而是根据这个信念未来的效果。这一来结果更妙了。假如有人对我说："你今天早晨喝咖啡了吗？"我如果是个一般的人，就要回想一下。但如果我是杜威的弟子，我就会说："等一下，我去做个实验再告诉你。"于是，我先让自己相信喝了咖啡，观察可能有的后果；然后我让自己相信没有喝咖啡，再观察可能有的后果。比较两组后果，看哪一种后果我觉得更满意。假如有一方的满意程度较高，我就决定作那种回答。如果两方不相上下，我只好自认我无法回答这个问题。

从以上实例可以看出，杜威是以"效果"来判断信念的。而我则认为：应该在信念涉及某个事件时，从信念的原因上来判断。一个同其自身原因存在某种关系的信念就是"真的"，或者说最大程度上接近于"真的"。但在杜威看来，一个信念如果具有某种效果，就有"真实性"。

杜威的哲学是一种权能哲学，固然并不是如尼采哲学那样的个人权能哲学；他把社会的权能看得很重要。正是工具主义哲学中的这种社会权能要素，使得工具主义对不少人产生了诱惑力。

逻辑分析哲学

自从毕达哥拉斯以来，哲学上一直存在着两个对立的派别：一派人的思想主要是在数学的启发下产生的，另一派人则深受经验科学的影响。柏拉图、托马斯·阿奎那、斯宾诺莎、康德属于叫做"数学派"的那一派；德谟克里特、亚里士多德，以及洛克以来的近代经验主义者们属于相反的一派。

现代兴起了一个新的哲学派别，即逻辑分析哲学。它开始消除"数学派"中的毕达哥拉斯主义，并且想把经验主义和关注人类知识中的演绎部分结合起来。这个学派的目标没有过去大多数哲学家的目标那样堂皇壮观，然而，它取得的成就却像自然科学家的成就一样牢靠。

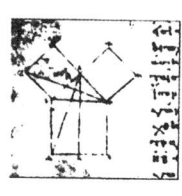

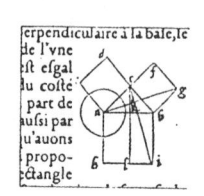

对于数学中存在的很多谬误和不够严谨的推理，数学家们都逐一做了纠正和完善，这个学派的哲学理论便源自他们这些努力的成果。17世纪时，大部分数学家都是一些乐观主义者，行动起来往往急于求成。即便他们明白解析几何与无穷小算法的基础并不稳固，也全然不理，只求尽快得到结果。莱布尼茨坚信"实际无穷小"的存在，然而这尽管在他的形而上学讲得通，却并没有切实的数学依据。19世纪中期以后，魏尔施特拉斯提出了不借助无穷小而建立微积分学的方法，微积分学最终在逻辑上得以稳固。后来，盖奥尔克·康托又发展了连续性和无穷数的理论。在此之前，"连续性"的含义一直非常含混，而康托对其作出了一个精确的定义，这一定义也

□ 毕达哥拉斯定理

毕达哥拉斯定理，是指在一个直角三角形中，斜边边长的平方等于两条直角边边长平方之和。它在17世纪已经传到世界各国。下图是从欧几里得著作中摘出的各种译本。

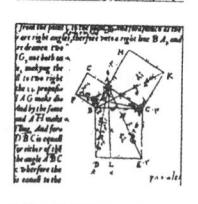

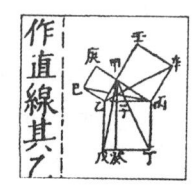

正好满足数学家和物理学家的需要。康托还攻克了在无穷数方面存在已久的逻辑难题,并建立起一种非常有趣的无穷数的数学理论,从而使整个数学领域有了严密的逻辑性。

逻辑分析证明:数学知识不是根据经验进行归纳获得的;我们相信2加2等于4,其理由并不在于我们因为观察发现两件东西跟另外两件东西合在一起是4件东西。从这一点看,数学知识不是经验的知识,也不是关于世界的先验知识。可以说,这种知识仅仅是词句上的知识。"3"的意思是"2+1","4"的意思是"3+1"。由此可见,"4"和"2+2"指一个意思。它和一码有三尺这个"天经地义"的道理一样,完全属于一个性质。

□ 弗雷格

弗雷格(1848—1925),德国数学家、数理逻辑学家和哲学家,是数理逻辑和分析哲学的奠基人。他的工作在他在世时并没有得到广泛认可,二战后它们才广为人知,这些工作对分析哲学产生了巨大的影响。

除数学之外,物理学也为逻辑分析哲学提供了材料,特别是通过相对论和量子力学为逻辑分析哲学提供了材料。

相对论中,对哲学家最重要的一点是:以时空来代替空间和时间。根据常识,物理世界是由一些在某一段时间内持续,而且在空间中运动的"事物"组成的。哲学和物理学把"事物"概念发展成"物质实体"概念,而把物质实体看成是由一些粒子构成的,每个粒子都非常小,并且都具有永久性。爱因斯坦用"事素"取代了粒子,提出:每一事素之间都存在一种叫做"间隔"的关系,这种关系能通过不同方式分解成一个时间因素和一个空间因素。对于不同方式的选择是随意的,因此从理论上讲,没有哪种方式比其他的方式更优越。

根据爱因斯坦的观点,我们似乎可以推断出:物理学的"素材"是事素,而不是粒子。人们一直以来所认为的粒子,也要看作一系列事素。这种事素系列之所以取代了粒子,主要是因为它具有某些重要的物理性质,对此我们不能忽视;但是,同我们任意选出的其他任何事素系列相比,它并不具有更多的实体性。因而"物质"只是把各种事素集合起来的一个简便方式,不是组成世界的素材。量子论也对这个结论做出了证明,但是它在哲学上的重要意义并不在此,提出物理现象可能是不连续的才是它的主要贡献。物理学在不断削弱物质的物质性，而心理学则不断在削弱精神的精神性。

逻辑分析哲学通过这种"现代分析经验主义"来认识物质。这种经验主义与洛克、贝克莱和休谟的经验主义不同，它结合了数学，并且根据一种有力的逻辑技术来对问题进行科学的分析，从而得出明确的答案。这种答案与其说具有哲学的性质，不如说它更具有科学的性质。现代分析经验主义和其他各派哲学比起来，有利条件是能够一个一个地处理问题，而不是一举就创造关于整个宇宙的一套理论体系。从这点上看，它的方法和科学的方法相似。毫无疑问，社会只要有哲学，它就需要靠这样的方法来探索；依靠这种方法，人类历史上许多古老的哲学问题是有希望得到完全解决的。

不过，对于传统哲学上的精神领域内的问题，科学方法是不够的。这个领域包括关于价值的一些根本问题。例如，单凭科学不能证明以对人残忍为乐是坏事。科学的发展，使人类相信，自然、宇宙，只要能够知道的事，通过科学都能够知道；但是，那些属于感情问题的事情，科学方法却无能为力。

哲学在其全部历史中，一直由两个不调和的、混杂在一起的部分构成：一个部分是关于世界本性的理论，另一方面是关于人类追求的最佳生活方式的伦理学说和政治学说。人类对这两部分的认识从来就不清晰，这是造成大量思想混乱的一个根源。而哲学家们的偏见，也是造成混乱的一个因素。从道德上讲，一个哲学家除了大公无私地探索真理外，如果利用他的专业知识做其他任何事情，就是犯了一种变节罪。如果他在进行研究以前先假定某些信念是真理，他就是限制了哲学思辨的范围，从而使哲学成为琐碎无聊的工具。真正的哲学家随时准备审查一切先入之见。假如有意无意给追求真理加上限制，哲学便会因为恐惧而瘫痪。

□ 《概念文字》

《概念文字》是弗雷格的第一本重要著作，它于1879年出版。本书提出了一种全新的演算方法，这构成了现代逻辑的核心内容，标志着逻辑学史的转折，被后人誉为"自古以来最重要的逻辑学著作"。

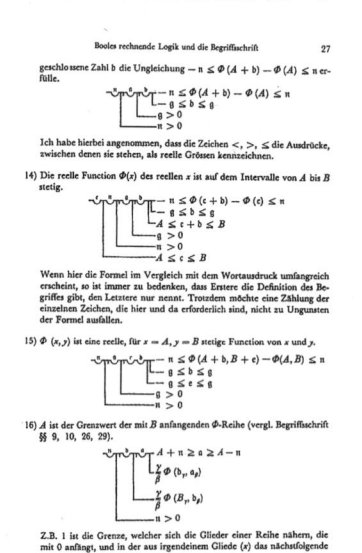

而有些哲学家，正在为政府惩罚那些吐露"危险思想"的人的检查制度开辟道路。

从理智上讲，错误的道德考虑对哲学的影响从来就会严重阻碍思想的进步。很难相信，哲学能够证明宗教教条是真理或不是真理；但是，自从柏拉图以来，大多数哲学家都把对永生和神存在的"证明"看成了自己的任务。他们对前人的证明大加指责，如圣托马斯否定圣安瑟勒姆的证明，康德否定笛卡尔的证明；不过他们都提出了自己的新论证。为了让自己的证明更有说服力，他们曾对逻辑作出错误的理解，曾给数学披上神秘的外衣，甚至将一些固有的偏见说成是源于神的启示。

这一切都被把逻辑分析方法作为哲学研究工具的哲学家否定了。他们坦率承认，人的理智无法给许多对人类生活极为重要的问题找出最后的答案；他们不相信有某种"高级"的认识方法，使我们能够发现科学和理智认识不到的真理。他们因此得到的补偿是：已经发现有许多从前被形而上学迷雾所笼罩的问题可以得到精确的解答。比如：数是什么？空间和时间是什么？精神是什么？物质又是什么？并不是说逻辑分析哲学能够给这些古老的问题提供确定的答案，但是，沿着这条道路，已经发现了一个像在科学中那样能够逐步接近真理的方法：其中每一个新的发展阶段都是由改良以前的阶段产生的，而不是由否定以前的阶段产生的。

对于各种对立的混乱狂热学说，某些力量能起到一定的协调统一作用，其中就有"科学的实事求是"。我所说的科学的实事求是，是指我们在观察事物和推导结论时，能够不带个人色彩、不带地域性及气质性的偏见。对这种精神的一贯提倡和坚持，使我所隶属的哲学派别创造出一种能给哲学带来丰硕成果的方法，这一派别的最大功绩就在于此。在对这种哲学方法的不断运用中，我们可以逐渐养成细致认真、科学求实的习惯，而这一习惯对人类从事任何活动都大有助益。现代哲学，正在放弃武断的浮夸作风，它发展着，继续在提示、启发一种新的生活方式。

文化伟人代表作图释书系全系列

第一辑

《自然史》
〔法〕乔治·布封 / 著

《草原帝国》
〔法〕勒内·格鲁塞 / 著

《几何原本》
〔古希腊〕欧几里得 / 著

《物种起源》
〔英〕查尔斯·达尔文 / 著

《相对论》
〔美〕阿尔伯特·爱因斯坦 / 著

《资本论》
〔德〕卡尔·马克思 / 著

第二辑

《源氏物语》
〔日〕紫式部 / 著

《国富论》
〔英〕亚当·斯密 / 著

《自然哲学的数学原理》
〔英〕艾萨克·牛顿 / 著

《九章算术》
〔汉〕张苍 等 / 辑撰

《美学》
〔德〕弗里德里希·黑格尔 / 著

《西方哲学史》
〔英〕伯特兰·罗素 / 著

第五辑

《菊与刀》
〔美〕鲁思·本尼迪克特 / 著

《沙乡年鉴》
〔美〕奥尔多·利奥波德 / 著

《东方的文明》
〔法〕勒内·格鲁塞 / 著

《悲剧的诞生》
〔德〕弗里德里希·尼采 / 著

《政府论》
〔英〕约翰·洛克 / 著

《货币论》
〔英〕凯恩斯 / 著

第六辑

《数书九章》
〔宋〕秦九韶 / 著

《利维坦》
〔英〕霍布斯 / 著

《动物志》
〔古希腊〕亚里士多德 / 著

《柳如是别传》
陈寅恪 / 著

《基因论》
〔美〕托马斯·亨特·摩尔根 / 著

《笛卡尔几何》
〔法〕勒内·笛卡尔 / 著

第七辑

《蜜蜂的寓言》
〔荷〕伯纳德·曼德维尔 / 著

《宇宙体系》
〔英〕艾萨克·牛顿 / 著

《周髀算经》
〔汉〕佚 名 / 著 赵 爽 / 注

《化学基础论》
〔法〕安托万–洛朗·拉瓦锡 / 著

《控制论》
〔美〕诺伯特·维纳 / 著

《福利经济学》
〔英〕A.C. 庇古 / 著

中国古代物质文化丛书

《长物志》
〔明〕文震亨 / 撰

《园冶》
〔明〕计 成 / 撰

《香典》
〔明〕周嘉胄 / 撰
〔宋〕洪 刍 陈 敬 / 撰

《雪宧绣谱》
〔清〕沈 寿 / 口述
〔清〕张 謇 / 整理

《营造法式》
〔宋〕李 诫 / 撰

《海错图》
〔清〕聂 璜 / 著

《天工开物》
〔明〕宋应星 / 著

《髹饰录》
〔明〕黄 成 / 著 扬 明 / 注

《工程做法则例》
〔清〕工 部 / 颁布

《鲁班经》
〔明〕午 荣 / 编

"锦瑟"书系

《浮生六记》
刘太亨 / 译注

《老残游记》
李海洲 / 注

《影梅庵忆语》
龚静染 / 译注

《生命是什么?》
何 滟 / 译

《对称》
曾 怡 / 译

《智慧树》
乌 蒙 / 译

《蒙田随笔》
霍文智 / 译

《叔本华随笔》
衣巫虞 / 译

《尼采随笔》
梵 君 / 译